IATF 16949 质量管理体系文件编写实战通用教程

张智勇 编著

机械工业出版社

本书共 8 章。第 1 章讲述了 IATF 16949：2016 对文件的要求、如何建立质量方针、如何编写经营计划以及在文件编写过程中如何落实过程方法。第 2 章是一个质量手册案例。第 3 章至第 7 章是 27 个程序文件案例及其配套的表格。第 8 章是企业中比较重要的作业指导书案例。

本书案例具有实用性、可操作性和可移植性的特点，读者稍作改写，即可成为其企业的质量管理体系文件。

本书的读者对象为实施 IATF 16949：2016 的各类组织的管理人员、内审员及质量管理体系负责人。

图书在版编目（CIP）数据

IATF 16949 质量管理体系文件编写实战通用教程/张智勇编著. —北京：机械工业出版社，2018.3（2025.6 重印）
ISBN 978-7-111-59263-1

Ⅰ. ①I… Ⅱ. ①张… Ⅲ. ①汽车工业-质量管理体系-国际标准-教材 Ⅳ. ①F407.471.63-65

中国版本图书馆 CIP 数据核字（2018）第 038363 号

机械工业出版社（北京市百万庄大街 22 号　邮政编码 100037）
策划编辑：李万宇　　责任编辑：李万宇
责任校对：刘雅娜　　封面设计：马精明
责任印制：张　博
北京建宏印刷有限公司印刷
2025 年 6 月第 1 版第 11 次印刷
169mm×239mm・29 印张・554 千字
标准书号：ISBN 978-7-111-59263-1
定价：85.00 元

凡购本书，如有缺页、倒页、脱页，由本社发行部调换

电话服务　　　　　　　　　　　　网络服务
服务咨询热线：010-88361066　　机 工 官 网：www.cmpbook.com
读者购书热线：010-68326294　　机 工 官 博：weibo.com/cmp1952
　　　　　　　010-88379203　　金　书　网：www.golden-book.com
封面无防伪标均为盗版　　　　　　教育服务网：www.cmpedu.com

前言

与 ISO/TS 16949：2009 相比，IATF 16949：2016 在结构、内容，尤其是理念上有了很大的变化。

IATF 16949：2016 采用 ISO/IEC 导则——第 1 部分——ISO 补充规定附件 SL 规定的管理体系的通用结构，这一通用结构有利于对多个管理体系进行整合。IATF 16949：2016 强调按照"过程方法+基于风险的思维+PDCA"的模式进行运行，以便有效利用机遇并防止发生非预期的结果，从而达到提高组织的有效性和效率，满足顾客要求、增强顾客满意的目的。IATF 16949：2016 在内容上新增了"理解组织及其环境""理解相关方的需求和期望""应对风险和机遇的措施""组织的知识""外部供方财产的管理"等要求；强化了过程方法的应用、最高管理者的责任、更改控制、绩效评价等要求。IATF 16949：2016 的这些变化为质量管理体系的实施和审核提出了挑战。

质量管理体系文件的编写是质量管理体系运行的前提条件，文件的好坏在很大程度上决定了质量管理体系能否有效运行。

为了帮助企业按照 IATF 16949：2016 的要求编写出一套行之有效的文件，笔者编著了这本《IATF 16949 质量管理体系文件编写实战通用教程》。

本书中的文件案例来自于作者的现场实践，摒弃了繁琐的理论说教，具有实用性、可操作性和可移植性的特点，读者稍作改写，即可成为其企业的质量管理体系文件。

在 ISO 9001、IATF 16949 认证日趋商业化的今天，笔者给企业领导人一点忠告：必须实实在在地推行 ISO 9001、IATF 16949 质量管理体系标准！如果 ISO 9001、IATF 16949 这些基本功都没有做扎实，就去赶形式搞什么零缺陷、六西格玛，只会让员工越来越糊涂，企业越来越劳民伤财。其实，踏踏实实地把 ISO 9001、IATF 16949 这些基础的工作做好，企业的产品质量就会有很大的提高。

在写作本书的过程中，参考了一些网络上的资料，在此对这些作者表示感谢！

希望这本书能为读者带来裨益，读者交流请加 QQ 群：103229461。

笔者新浪博客：http：//blog. sina. com. cn/qiushiguanli。

笔者电子信箱：zzyiso@ 163. com。

对本书中的不足之处，请读者不吝赐教！

张智勇

2018 年 3 月于深圳

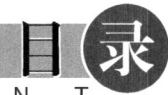

前 言
第1章 IATF 16949:2016 质量管理体系文件的几个要点 ········· 1
1.1 IATF 16949:2016 对文件的要求 ········· 1
1.1.1 IATF 16949:2016 有关文件、程序的术语 ········· 1
1.1.2 IATF 16949:2016 所需的成文信息 ········· 2
1.1.3 IATF 16949:2016 文件的命名 ········· 3
1.1.4 IATF 16949:2016 文件的结构 ········· 11
1.2 如何建立质量方针 ········· 13
1.3 经营计划的建立与控制 ········· 15
1.3.1 经营计划的建立 ········· 15
1.3.2 经营计划的实施 ········· 20
1.3.3 经营计划实施结果考核 ········· 21
1.3.4 考核结果的应用 ········· 21
1.4 在文件编写过程中落实过程方法的几个要点 ········· 21
1.4.1 单一过程的构成要素 ········· 21
1.4.2 IATF 16949:2016 过程的分类 ········· 23
1.4.3 过程网络图 ········· 25
1.4.4 过程关系矩阵 ········· 25
1.4.5 单一过程分析图——乌龟图 ········· 34
1.4.6 过程流程图 ········· 42
第2章 IATF 16949:2016 质量手册 ········· 44
2.1 IATF 16949:2016 质量手册的内容要求 ········· 44
2.2 IATF 16949:2016 质量手册的结构形式 ········· 44
2.3 IATF 16949:2016 质量手册案例 ········· 51
第3章 IATF 16949:2016 程序文件——策划类 ········· 93
3.1 风险控制程序 ········· 93
表 3.1-1 风险后果的严重性判断标准 ········· 98
表 3.1-2 风险发生的可能性判断标准 ········· 99
表 3.1-3 风险等级判断标准 ········· 99
表 3.1-4 风险接受准则 ········· 99

表 3.1-5 风险识别、风险分析与评价表 ··················· 100
表 3.1-6 风险应对计划 ··················· 100
表 3.1-7 机遇评估与应对措施表 ··················· 100
表 3.1-8 风险控制情况检查表 ··················· 100
3.2 预防措施控制程序 ··················· 102
  表 3.2-1 预防措施报告单 ··················· 106
3.3 经营计划管理程序 ··················· 107
  表 3.3-1 组织环境外部因素监视和评审表 ··················· 113
  表 3.3-2 组织环境内部因素监视和评审表 ··················· 115
  表 3.3-3 相关方需求和期望监视和评审表 ··················· 118
  表 3.3-4 经营（质量）目标清单 ··················· 119
  表 3.3-5 经营计划 ··················· 120
  表 3.3-6 经营计划实现情况检查表 ··················· 121

第4章 IATF 16949：2016 程序文件——支持类 ··················· 122

4.1 设备管理程序 ··················· 122
  表 4.1-1 过程运行有效性评价记录表 ··················· 129
  表 4.1-2 设备验收单 ··················· 131
  表 4.1-3 设备台账 ··················· 132
  表 4.1-4 设备日常检查保养记录 ··················· 132
  表 4.1-5 设备定期检查保养记录 ··················· 133
  表 4.1-6 年度设备保养计划 ··················· 133
  表 4.1-7 设备月度预见性维修计划 ··················· 134
  表 4.1-8 设备检修单 ··················· 135
4.2 工装管理程序 ··················· 136
  表 4.2-1 工装验收报告 ··················· 141
  表 4.2-2 工装台账 ··················· 142
  表 4.2-3 工装履历卡 ··················· 143
  表 4.2-4 工装定期检查保养记录 ··················· 144
  表 4.2-5 易损工装更换计划 ··················· 145
4.3 监视和测量设备管理程序 ··················· 146
  表 4.3-1 监测设备台账 ··················· 154
  表 4.3-2 监测设备年度检定/校准计划 ··················· 154
  表 4.3-3 监测设备校准（内校）记录表 ··················· 155
  表 4.3-4 监测结果的评估报告（监测设备不符合预期用途时） ··················· 156
4.4 知识管理控制程序 ··················· 157
  表 4.4-1 专题文件发布申请表 ··················· 161
  表 4.4-2 专题文件评审表 ··················· 162
4.5 培训管理程序 ··················· 163

表 4.5-1	培训计划	168
表 4.5-2	培训效果评价表	169
表 4.5-3	员工培训记录表	170

4.6 文件控制程序 …… 171

表 4.6-1	文件取号登记表	177
表 4.6-2	文件分发清单	178
表 4.6-3	文件领用申请表	178
表 4.6-4	文件更改申请单	179
表 4.6-5	文件更改通知单	179
表 4.6-6	文件评审表	180
表 4.6-7	文件使用情况检查表	180
表 4.6-8	文件分发回收记录	181
表 4.6-9	文件归档编目清单	181
表 4.6-10	部门使用文件清单	181
表 4.6-11	文件借阅登记表	182
表 4.6-12	顾客技术文件更改实施记录表	182

第5章 IATF 16949：2016 程序文件——运行类 …… 183

5.1 合同管理程序 …… 183

表 5.1-1	立项（制造）可行性评审报告	188
表 5.1-2	合同/订单评审表	189
表 5.1-3	合同/订单更改通知单	190
表 5.1-4	合同/订单跟进控制表	190

5.2 顾客投诉处理程序 …… 191

表 5.2-1	顾客投诉记录表	195
表 5.2-2	顾客投诉处理报告单	195

5.3 APQP 控制程序（有设计责任） …… 196

表 5.3-1	计划与确定项目阶段总结评审报告	212
表 5.3-2	方案设计评审报告	213
表 5.3-3	试制过程记录表	214
表 5.3-4	试制总结报告	214
表 5.3-5	（样件）鉴定报告	215
表 5.3-6	测量系统分析（MSA）计划	216
表 5.3-7	过程能力研究计划	216
表 5.3-8	过程设计和开发阶段总结评审报告	217
表 5.3-9	生产试制通知单	218
表 5.3-10	产品鉴定报告	219
表 5.3-11	产品图样及技术文件移交清单	220
表 5.3-12	设计更改申请表	220

表 5.3-13　图样及技术文件更改通知单 ·················· 221
5.4　APQP 控制程序（按顾客图样生产）················ 222
5.5　供应商管理程序 ································· 236
　　表 5.5-1　供应商基本情况调查表 ···················· 246
　　表 5.5-2　供应商现场审核评价表 ···················· 247
　　表 5.5-3　供应商入选审批表 ······················· 251
　　表 5.5-4　供应商业绩评价表 ······················· 251
5.6　采购管理程序 ··································· 252
　　表 5.6-1　采购月计划 ····························· 258
　　表 5.6-2　采购订单 ······························· 258
　　表 5.6-3　采购进度控制表 ························· 258
5.7　生产过程管理程序 ······························· 259
　　表 5.7-1　作业准备验证——生产条件确认表（1）······ 267
　　表 5.7-2　作业准备验证——生产条件确认表（2）······ 270
　　表 5.7-3　特殊过程确认报告 ······················· 271
　　表 5.7-4　生产统计日报表 ························· 271
5.8　产品交货管理程序 ······························· 272
5.9　产品检验控制程序 ······························· 276
　　表 5.9-1　进料检验报告单 ························· 283
　　表 5.9-2　首件确认表 ····························· 284
　　表 5.9-3　质检员巡查记录表 ······················· 285
　　表 5.9-4　成品检验报告（1）······················ 286
　　表 5.9-5　成品检验报告（2）······················ 287
5.10　不合格品控制程序 ······························ 288
　　表 5.10-1　返工报告单 ···························· 295
　　表 5.10-2　让步接收申请表 ························ 296

第 6 章　IATF 16949：2016 程序文件——绩效评价类　297
6.1　顾客满意度评定程序 ······························ 297
　　表 6.1-1　顾客满意度 I 调查表 ····················· 303
　　表 6.1-2　顾客满意度 I 调查结果及分析报告 ········· 304
　　表 6.1-3　顾客满意度 II 内部评定表 ················ 305
6.2　分析与评价控制程序 ······························ 306
　　表 6.2-1　数据和信息传输要求一览表 ··············· 312
6.3　内部质量管理体系审核控制程序 ··················· 313
　　表 6.3-1　内部审核方案 ··························· 319
　　表 6.3-2　内部审核实施计划 ······················· 320
　　表 6.3-3　内部审核检查表（格式一）················ 322

		表6.3-4 内部审核检查表（格式二）	325
		表6.3-5 内部审核方案实施效果评价报告	326
6.4	过程审核控制程序		327
6.5	产品审核控制程序		334
6.6	管理评审控制程序		340

第7章 IATF 16949：2016 程序文件——改进类 347

7.1	纠正措施控制程序		347
		表7.1-1 临时应急措施要求表	353
		表7.1-2 纠正措施报告单	354
7.2	创新管理程序		355
		表7.2-1 课题选择评估表	359
		表7.2-2 课题实施对策表	359

第8章 质量管理体系作业指导书 360

8.1	设计和开发类		360
	8.1.1	产品图样和技术文件的编号方法	360
	8.1.2	产品图样及设计文件完整性要求	365
	8.1.3	技术更改管理规定	367
	8.1.4	过程控制临时更改管理规定	371
8.2	质量检验类		373
	8.2.1	产品质量不合格严重性分级标准	373
	8.2.2	进料检验规程	376
	8.2.3	实验室样品管理规定	377
8.3	监测设备、生产设备管理类		379
	8.3.1	内部校准规程	379
	8.3.2	设备操作及维护保养规程	379
	8.3.3	安全操作维护规程	380
8.4	人力资源类		382
	8.4.1	岗位说明书	382
	8.4.2	岗位绩效指标	385
8.5	五大工具类		386
	8.5.1	控制计划管理规定	386
	8.5.2	顾客PPAP生产件批准作业规范（公司作为供货方）	391
	8.5.3	供应商PPAP生产件批准作业规范（公司作为采购方）	394
	8.5.4	潜在失效模式及后果分析（FMEA）作业规范	399
	8.5.5	$\bar{x}-R$ 控制图应用作业指导书	404
	8.5.6	测量系统分析（MSA）控制程序	406
8.6	其他类		413

8.6.1　应急计划管理规定 ··· 413
8.6.2　运行环境管理规定 ··· 415
8.6.3　实验室管理规定 ·· 417
8.6.4　合理化建议管理办法 ·· 419
8.6.5　产品防护管理规定 ··· 421
8.6.6　生产计划管理规定 ··· 424
8.6.7　事态升级管理规定 ··· 425
8.6.8　质量成本指南 ·· 427
8.6.9　记录管理制度 ·· 428
8.6.10　协商和沟通管理制度 ·· 431
8.6.11　产品标识和可追溯性管理制度 ·· 434
8.6.12　检验和试验状态管理制度 ··· 435
8.6.13　顾客财产管理制度 ··· 437
8.6.14　返工、返修作业指导书 ·· 439
8.6.15　产品安全性管理规定 ·· 441
8.6.16　防错法应用作业指导书 ·· 442
8.6.17　员工反腐败反贿赂行为规范 ··· 444
8.6.18　法律法规和其他要求控制规定 ·· 445
8.6.19　服务工作规范 ·· 447
8.6.20　审核员管理规范 ··· 448

参考文献 ·· 452

第 1 章
IATF 16949：2016 质量管理体系文件的几个要点

1.1 IATF 16949：2016 对文件的要求

IATF 16949：2016 倡导组织在建立、实施质量管理体系以及提高其有效性时采用过程方法，要求组织确定质量管理体系所需的过程。为了确保过程的有效运行，IATF 16949：2016 在其 4.4.2 条款中明确要求：

1）保持成文信息以支持过程运行；

2）保留成文信息以确信其过程按策划进行。

成文信息是一个笼统的概念，包括"质量手册""形成文件的程序""文件""记录"等。

IATF 16949：2016 中的 7.5.1.1 条款，明确要求组织应将其质量管理体系形成文件，并指明文件是由包括质量手册在内的一系列文件构成的。

所以组织要建立、实施并保持文件化的质量管理体系，并保留质量管理体系按策划的要求进行运行的记录。

下面对 IATF 16949：2016 中有关文件、程序的术语，IATF 16949：2016 所需的成文信息，IATF 16949：2016 文件的命名，IATF 16949：2016 文件的结构进行讲解。

1.1.1 IATF 16949：2016 有关文件、程序的术语

IATF 16949：2016 采用 ISO 9000：2015 界定的术语和定义。读者有必要了解数据、信息、文件、成文信息、程序、规范、质量手册、记录的定义。

1. 数据

数据是指"关于客体的事实"。客体是指产品、服务、过程、体系、人、组织、体系、资源等。

2. 信息

信息是指"有意义的数据"。

3. 文件

文件是指"信息及其载体"。文件可以是记录、规范、程序文件、图样、报告、标准。文件的载体可以是纸张、磁性的、电子的、光学的计算机盘片，照片或标准样品，或者它们的组合。一组文件，如若干个规范和记录，英文中通常被称为"documentation"。

4. 成文信息

成文信息（documented information）是指"组织需要控制和保持的信息及其载体"。

成文信息可以以任何格式和载体存在，并可来自任何来源。

成文信息可涉及：

1）管理体系，包括相关过程。
2）为组织运行产生的信息（一组文件）。
3）结果实现的证据（记录）。

5. 程序

程序是指"为进行某项活动或过程所规定的途径"。程序可以形成文件，也可以不形成文件。形成的文件可称作"程序文件"。

6. 规范

规范是指"阐明要求的文件"。规范可以是质量手册、质量计划、技术图样、程序文件、作业指导书。规范可能与活动有关（如程序文件、过程规范和试验规范）或与产品有关（如产品规范、性能规范和图样）。

规范可以陈述要求，也可以附带设计和开发实现的结果。因此，在某些情况下，规范也可以作为记录使用。

7. 质量手册

质量手册是指"组织的质量管理体系的规范"。

为了适应组织的规模和复杂程度，质量手册在其详略程度和编排格式方面可以不同。

8. 记录

记录是指"阐明所取得的结果或提供所完成活动的证据的文件"。

记录可用于正式的可追溯性活动，并为验证、预防措施和纠正措施提供证据。通常，记录不需要控制版本。

1.1.2 IATF 16949：2016 所需的成文信息

在 ISO 9001：2008 中使用特定的术语，例如文件，或者形成文件的程序、质量手册或质量计划的地方，ISO 9001：2015 以"保持（maintain）成文信息"的形式加以表达。IATF 16949：2016 针对规范性文件，既有"保持（maintain）

成文信息"的表述，又有使用特定术语的表述，例如文件、质量手册等。

在 ISO 9001：2008 中使用术语"记录"以指明所需提供满足要求证据的文件的地方，ISO 9001：2015 则以"保留（retain）成文信息"的形式加以表达。IATF 16949：2016 针对证据性文件，既有"保留（retain）成文信息"的表述，又有使用"记录"这一特定术语的表述。

ISO 9001：2015、IATF 16949：2016 提及"信息"而非"成文信息"的地方，并不要求将此信息形成文件。在此情况下，组织可以决定是否有必要适当保持成文信息。

IATF 16949：2016 提及"建立××过程"而非"形成文件的过程"的地方，并不要求将此过程形成文件。在此情况下，组织可以决定是否将此类过程形成文件。

IATF 16949 所需的成文信息包括以下内容。

1）IATF 16949 标准明确要求的成文信息。在标准中凡是有"保持（maintain）成文信息（保持记录）""保留（retain）成文信息""形成文件（成文信息）""形成文件的过程"的地方，则需根据标准要求形成成文信息（见表 1.1-1）。这些成文信息中，有些是必需的，有些可根据需要设置。

2）组织为确保质量管理体系有效运行而适当增加的成文信息。除上述 1）提到的成文信息外，组织可以根据自身产品、服务及过程的实际情况增加成文信息。这类成文信息包括质量管理体系策划和运行所需的外来文件的信息。

质量管理体系成文信息的范围和详细程度取决于组织的规模，活动、过程、产品和服务的类型，过程及其相互作用的复杂程度，人员的能力等。

成文信息可以以任何形式和载体出现。成文信息的形式可以是视频、音频、图像、文字等，载体可以是纸张、电子格式等。

1.1.3 IATF 16949：2016 文件的命名

ISO 9001：2015 减少了对管理体系文件的"限定性"要求，用"成文信息（documented information）"取代了老版本中"文件"和"记录"的表述，不再硬性提出"形成文件的程序""质量手册""记录"等规定要求，文件可以有多种表现形式。需注意的是，IATF 16949：2016 对"质量手册""记录"提出了明确的规定。

但"成文信息"是一个笼统的概念，企业从方便管理出发，有必要对"成文信息"进行分类、分层。至于"成文信息"分类、分层后叫什么名字，除非标准中有明确规定，否则可由企业自定。也就是说，你可以把制度性文件称为管理制度，或者称为程序文件；同样也可以把证据类文件统称为记录。总之，只要有效、方便就行。

表 1.1-1　IATF 16949：2016 标准明确要求的成文信息

序号	条款	要求的成文信息	保持成文信息（保持记录）	保留成文信息	形成文件（成文信息）	形成文件的过程
1	4.3	组织的质量管理体系范围应作为成文信息，可获得并得到保持	√			
2	4.3.1	删减应以成文信息（见 ISO 9001 之 7.5）的形式进行证明和保持	√			
3	4.4.1.2	组织应有形成文件的过程，用于与产品和制造过程有关的产品安全管理				√
4	4.4.2	在必要的范围和程度上，组织应： a) 保持成文信息以支持过程运行 b) 保留成文信息以确信其过程按策划进行	√	√		
5	5.2.2	质量方针应： a) 可获得并保持成文信息	√			
6	5.3.1	最高管理者应指定人员，赋予其职责和权限，以确保顾客的要求得到满足。这些指定应形成文件			√	
7	6.1.2.1	组织应保留成文信息，作为风险分析结果的证据		√	√	
8	6.1.2.2	d) 所采取措施的成文信息		√	√	
9	6.1.2.3	g) 将应急计划形成文件，并保留描述修订以及更改授权人员的成文信息		√		
10	6.2.1	组织应保持有关质量目标的成文信息	√			
11	7.1.5.1	组织应保留适当的成文信息，作为监视和测量资源适合其用途的证据		√		
12	7.1.5.1.1	替代方法的顾客接受记录应与测量系统分析结果一起保留		√		
13	7.1.5.2	a) 对照能溯源到国家或国际标准的测量标准，按照规定的时间间隔或在使用前进行校准或（或）检定，当不存在上述标准时，应保留作为校准或检定依据的成文信息		√		

第1章 IATF 16949：2016 质量管理体系文件的几个要点

（续）

序号	条款	要求的成文信息	保持成文信息（保持记录）	保留成文信息	形成文件（成文信息）	形成文件的过程
14	7.1.5.2.1	组织应有一个形成文件的过程，用于管理校准、验证记录用以提供符合内部要求、法律法规要求及顾客规定要求证明的所有量具、测量和试验设备（包括员工所有的测量设备、顾客所有的设备或驻厂供应商所有的设备），其校准/验证活动的记录应予以保留…… d) 当在计划验证或校准期间，或在其使用期间，检验、测量和试验设备被查出偏离校准要求存在缺陷时，应保留这些检验、测量和试验设备先前测量结果有效性方面的成文信息，包括校准报告上最后一次校准合格的日期和下一次校准到期日		√		√
15	7.2	保留适当的成文信息，作为人员能力的证据		√		
16	7.2.1	组织应建立并保持形成文件的过程，识别包括意识（见7.3.1）在内的培训需求，并使所有从事影响产品质量要求合作的人员具备能力				√
17	7.2.3	组织应有一个形成文件的过程，在考虑顾客特殊要求基础上，验证内部审核员的能力…… 在通过培训来取得人员能力的情况下，应保留成文信息，证实培训师的能力符合上述要求		√		√
18	7.3.1	组织应保持形成文件的过程，证实所有员工都认识到其对产品质量的影响……	√			
19	7.3.2	组织应保持形成文件的过程，激励员工实现质量目标，进行持续改进，并建立一个促进创新的环境		√		√
20	7.5.1.1	组织的质量管理体系应形成文件，文件由包括质量手册在内的一系列文件构成，文件的格式可以是电子格式或硬拷贝格式		√	√	
21	7.5.3.2.1	组织应有一个确定的形成文件的并且被执行的记录保存政策。对记录的控制应满足法律法规、组织及顾客批准文件的要求……		√	√	

（续）

序号	条款	要求的成文信息	保持成文信息（保持记录）	保留成文信息	形成文件（成文信息）	形成文件的过程
22	7.5.3.2.2	组织应有形成文件的过程，以保证按顾客要求的时间安排及时评审、发放和实施所有顾客工程标准、规范及其更改……组织应保留每项更改在生产中实施日期的记录。实施应包括对文件的更新				√
23	8.1	e) 在必要的范围和程度上，确信过程已经按策划进行 1) 确信过程已经按策划进行 2) 证实产品和服务符合要求	√			
24	8.2.3.1.1	组织应保留形成文件的证据，证明对 ISO 9001 之 8.2.3.1 中正式评审要求的放弃有顾客授权		√		
25	8.2.3.2	适用时，组织应保留下列方面有关的成文信息： a) 评审结果 b) 产品和服务的新要求		√		
26	8.3.1.1	组织应将设计和开发过程形成文件				√
27	8.3.2	j) 证实已经满足设计和开发要求所需的成文信息		√	√	
28	8.3.2.3	组织应按照风险和对顾客潜在影响的优先级，为软件开发能力自评估保留成文信息		√	√	
29	8.3.3	组织应保留有关设计和开发输入的成文信息		√	√	
30	8.3.3.1	组织应对作为合同评审结果的产品设计输入要求进行识别，形成文件并进行评审		√		
31	8.3.3.2	组织应对制造过程设计输入要求进行识别，形成文件并进行评审		√		
32	8.3.3.3	组织应采用多方论证方法来建立、形成文件并实施用于识别特殊特性的过程		√		√
33	8.3.4	f) 保留这些活动的成文信息		√		
34	8.3.4.4	如顾客有所要求，组织应在发运之前获得形成文件的产品批准。此类批准的记录应予以保留		√	√	
35	8.3.5	组织应保留有关设计和开发输出的成文信息		√		
36	8.3.5.2	组织应将制造过程设计输出形成文件			√	

第1章 IATF 16949：2016 质量管理体系文件的几个要点

（续）

序号	条款	要求的成文信息	保持成文信息（保持记录）	保留成文信息	形成文件（成文信息）	形成文件的过程
37	8.3.6	组织应保留下列方面的成文信息： a) 设计和开发变更 b) 评审的结果 c) 变更的授权 d) 为防止不利影响而采取的措施	√			
38	8.3.6.1	如顾客有所要求，组织应在生产实施之前，从顾客处获得形成文件的批准或弃权 对于带有嵌入式软件的产品，组织应对软硬件的版本等级形成文件，作为更改记录的一部分		√		
39	8.4.1	对于这些活动和由评价引发的任何必要的措施，组织应保留成文信息	√			
40	8.4.1.2	组织应有一个形成文件的供应商选择过程				√
41	8.4.2.1	组织应识别外包过程并选择控制类型和程度的文件化的过程，以验证外部提供的产品、过程和服务对内部（组织的）要求和外部顾客要求的符合性				√
42	8.4.2.2	组织应有形成文件的过程，确保所采购的产品、过程和服务符合收货国、发运国和顾客确定的目的国（如有）的现行适用法律法规要求				√
43	8.4.2.3.1	组织应按照风险和对顾客潜在影响在影响，要求供应商对软件开发能力进行自我评估并保留成文信息		√		
44	8.4.2.4	组织应为供应商绩效评价制定形成文件的过程和准则				√
45	8.4.2.4.1	基于风险分析，包括产品安全/法规要求、供应绩效和质量管理体系认证水平，组织应至少将供应商第二方审核范围的确定准则形成文件 组织应保留供应商第二方审核报告的记录		√	√	
46	8.5.1	可获得成文信息，以规定以下内容： a) 1) 拟生产的产品、提供的服务或进行的活动的特征 2) 拟获得的结果			√	

(续)

序号	条款	要求的成文信息	保持成文信息（保持记录）	保留成文信息	形成文件（成文信息）	形成文件的过程
47	8.5.1.3	b) 为验证人员保持成文信息 …… e) 保留作业准备和首件／末件确认后过程和产品批准的记录	√	√		
48	8.5.1.5	组织应制定、实施并保持一个形成文件的全面生产维护系统 …… f) 形成文件的维护目标		√	√	
49	8.5.2	当有可追溯要求时，组织应控制输出的唯一性标识，且应保留所需的成文信息以实现可追溯		√		
50	8.5.2.1	组织应对所有汽车产品的组织内部、顾客及法规要求的可追溯性进行分析，包括根据风险等级或失效对员工、顾客的严重程度，制定可追溯性方案并形成文件 …… d) 确保成文信息被保留，保留的形式（电子、硬拷贝、档案）能够使组织满足响应时间要求		√	√	
51	8.5.3	若顾客或外部供方的财产发生丢失、损坏或发现不适用情况，组织应向顾客或外部供方报告，并保留所发生情况的成文信息		√		
52	8.5.6	组织应保留成文信息，包括有关更改评审的结果、授权进行更改的人员以及根据评审所采取的必要措施		√		
53	8.5.6.1	组织应有一个形成文件的过程，对影响产品实现的更改进行控制和反应 …… c) 将相关风险分析的证据形成文件 d) 保留验证和确认的记录 …… f) 在实施更改之前获得形成文件的批准		√	√	√

第1章　IATF 16949：2016质量管理体系文件的几个要点

（续）

序号	条款	要求的成文信息	保持成文信息（保持记录）	保留成文信息	形成文件（成文信息）	形成文件的过程
54	8.5.6.1.1	组织应识别过程控制手段，包括检验、测量、试验控制化的清单并予以保持，清单应包含基本过程控制以及经批准的备用或替代的方法…… 基于严重程度，并在确认防错装置或过程恢复成文件的所有特征均得以有效恢复的基础上，在规定时间内对重新启动验证形成文件			√	√
55	8.6	组织应保留有关产品和服务放行的成文信息。成文信息应包括： a) 符合接收准则的证据 b) 可追溯到授权放行人员的信息		√		
56	8.6.1	组织应将验证产品和服务要求以满足的策划安排纳入到控制计划中，并按照控制计划规定的方式得到实施形成文件	√			
57	8.7.1.1	组织应保持授权的期限或数量方面的记录			√	√
58	8.7.1.4	组织应有一个成文信息的符合控制计划的返工确认过程，或者其他形成文件的相关信息，用于验证对原有规范的符合性 组织应保留与返工产品处置有关的成文信息，包括数量、处置、处置日期及适用的可追溯性信息		√	√	√
59	8.7.1.5	组织应有一个成文信息的符合控制计划的返修确认过程，或者其他形成文件的相关信息 组织应获得顾客对待返修产品的形成文件的让步授权 组织应保留与返修产品处置有关的成文信息，包括数量、处置、处置日期及适用的可追溯性信息		√	√	√
60	8.7.1.7	组织应有一个形成文件的过程，用于不进行返工或返修的不合格品的处置			√	√

（续）

序号	条款	要求的成文信息	保持成文信息（保持记录）	保留成文信息	形成文件（成文信息）	形成文件的过程
61	8.7.2	组织应保留下列成文信息： a) 描述不合格 b) 描述所采取的措施 c) 描述获得的让步 d) 识别处置不合格的授权		√		
62	9.1.1	组织应评价质量管理体系的绩效和有效性。组织应保留适当的成文信息，以作为结果的证据		√		
63	9.1.1.1	应记录重要的过程事件，如更换工装或修理机器等，并将其当作成文信息予以保留 组织应保持过程更改生效日期的记录	√			
64	9.2.2	保存一个形成文件的方案以及审核结果的证据		√		
65	9.2.2.1	组织应保留有一个形成文件的内部审核过程			√	
66	9.3.3	组织应保留成文信息，作为管理评审结果的证据		√		
67	9.3.3.1	当未实现顾客绩效目标时，最高管理者应建立一个文件化的措施计划并实施		√		
68	10.2.2	组织应保留成文信息，作为下列事项所采取的证据： a) 不合格的性质以及随后所采取的措施 b) 纠正措施的结果		√		
69	10.2.3	组织应有形成文件的问题解决过程				√
70	10.2.4	组织应在过程风险分析中（如PFMEA）形成文件，以确定使用适当的防错方法。所采用方法的详细信息应在过程风险分析中（如PFMEA）形成文件，试验频率应规定在控制计划中 过程应包括防错装置失效或模拟失效的试验。应保持记录……	√		√	√
71	10.3.1	组织应有一个形成文件的持续改进过程				√

很多企业，企业制度编写一套文件，推行 ISO 9001、IATF 16949 时编写一套文件，推行标准化时编写一套文件，推行 3C 认证时编写一套文件，产品出口商检时又编写一套文件，整个企业文件系统繁杂。实际上应该对这些文件进行整合，形成一套完整的文件系统。

按管理对象来分，可将文件分为技术标准、管理标准、工作标准；按文件层次来分，可将文件分为管理手册（质量手册）、程序文件、作业指导书。一份文件，比如"供应商管理程序"，在 ISO 9001、IATF 16949 系统内是"程序文件"，在标准化系统内是"管理标准"，但都是同一份文件，只是从不同的角度来区分而已。就像一位少女，从性别看，她是女性；从年龄看，她是少年。

不要认为写有"标准"字样的东西才是标准，"××管理程序""××作业指导书"等，都可以是"标准"。同样，不要认为写有"作业指导书"字样的东西才是作业指导书，工艺卡、工序卡、检验规范等，都可以是"作业指导书"。

从作用上分，"成文信息"可分为规范性文件、证据性文件。我们平常所说的质量手册、程序文件、作业指导书等都是规范性文件，而记录属于证据性文件（表格是规范性文件，当表格填写了内容后，变为证据性文件，则称为记录）。

1.1.4　IATF 16949：2016 文件的结构

IATF 16949：2016 在其"0.1 总则"里开宗明义地强调：
1) 不要求所有组织要有统一的质量管理体系架构。
2) 不要求组织的文件与 IATF 16949：2016 标准的条款结构一致。
3) 不要求组织使用的术语与标准特定术语一致。

这些要求使得组织在建立文件化质量管理体系、确定文件结构时，有更多的自主权。

在质量管理体系标准已经推行数十年的今天，人们已经习惯了质量手册、程序文件、作业指导书这样的文件结构模式，轻易地进行改变只会引起企业认知上的模糊、操作上的混乱，所以笔者建议组织继承原来的文件结构模式，不必在这方面做形式上的改变，而应把主要精力放在如何使现有文件更加具有实用性、如何使质量管理体系不再徒具形式上。

质量管理体系文件的层次见图 1.1-1。必须说明的是，这种划分不是唯一的。图中任何层次的文件，既可以分开，又可以合并。

质量管理体系文件还涉及记录（在本书中，"记录"与"证据性文件"具有一样的内涵）。图 1.1-1 中未将记录列入，是由于记录一般是以其他文件为载体存在的，在不同层次的文件中都有可能存在。

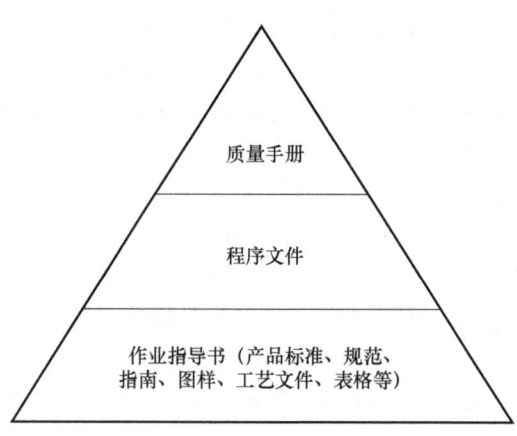

图 1.1-1　质量管理体系文件层次

1. 质量手册

质量手册是阐明组织的质量方针、质量目标并描述其质量管理体系的纲领性文件。IATF 16949 对质量手册提出了明确要求。

1）质量手册的形式和结构由组织自行决定，取决于组织的规模、文化和复杂性。如果组织的质量管理体系文件包括质量手册、程序文件等一系列文件，则应编制一份文件清单作为质量手册的一部分。

2）质量手册应至少包括以下内容：

① 质量管理体系的范围，包括覆盖的 IATF 16949 的要求、覆盖的产品、覆盖的部门。如有删减，则应明确说明并陈述理由。

② 为质量管理体系建立的形成文件的过程或对其引用。为此，一般要建立 IATF 16949 标准条款与过程文件对应表，或过程与 IATF 16949 标准条款矩阵表（此表可以帮助组织建立起组织的过程与 IATF 16949 标准之间的联系，见 1.4.4 节表 1.4-3）。

③ 组织的过程及其顺序和相互作用（输入和输出），包括任何外包过程控制的类型和程度。为此，一般要建立过程分析表（参考 1.4.5 节）、过程网络图（详见 1.4.3 节）、过程关系矩阵（详见 1.4.4 节）。

④ 顾客特殊要求与质量管理体系过程的矩阵图（也可使用表格、清单等方式）。此图显示了组织质量管理体系内哪些地方满足了顾客特殊要求。

2. 程序文件

程序文件是描述开展质量管理体系过程活动的文件。

程序文件是质量手册的展开和具体化，使得质量手册中原则性和纲领性的要求得到展开和落实。

程序文件规定了执行质量活动的具体办法，内容包括：活动的目的和范围；

第1章 IATF 16949：2016质量管理体系文件的几个要点

做什么和谁来做；何时、何地和如何做；如何对活动进行控制和记录；如何对过程中的风险和机遇进行控制；如何对过程绩效进行监视。

3. 作业指导书

规定基层活动途径的操作性文件，包括产品标准、规范、指南、图样、工艺文件、表格等，这类文件统称为"作业指导书"。

作业指导书属于程序性文件范畴，只是层次较低，内容更具体而已。并非每份程序文件都要细化为若干指导书，只有在程序文件不能满足某些活动的特定要求时，才有必要编制作业指导书。特定的要求是由于产品或服务、过程、部门、岗位的不同而产生的。

1.2 如何建立质量方针

1. 质量方针内容上的要求

最高管理者应制定质量方针，质量方针在内容上应做到"一个适应与支持，两个承诺，一个框架"。

（1）适应组织的宗旨和环境并支持其战略方向（一个适应与支持）

组织总的宗旨、方针是全面的、多方位的，通常有必要首先建立，包括经营利润、业务发展、营销或销售策略、财务策略、环境安全绩效、员工队伍建设等，可涉及组织各方面的管理，如经营管理、财务管理、质量管理、环境管理、职业健康安全管理和人力资源管理等。质量方针是为实现组织总方针服务的，应与以上其他方面的追求相辅相成、协调一致。在组织总方针的基础上建立质量方针是适宜的、容易的。

质量方针的制定离不开组织的环境、行业特点，一定要考虑组织的内、外部环境。一个十几个人的五金厂，管理还停留在初级阶段，却把"世界一流"作为自己的质量方针，就不太合适。

质量方针应具有挑战性，应支持组织的战略方向。战略是"实现长期或总目标的计划"。

这是一家汽车配件厂的质量方针：全员参与，确保公司生产的产品满足顾客及相关法律法规要求；持续改进质量管理体系，精益求精，不断提高汽配零件质量，成为行业翘楚，进而壮大企业。这家企业的质量方针充分体现了企业的宗旨与行业特点，并支持其"成为行业翘楚，进而壮大企业"的战略方向。

（2）对满足适用要求做出承诺，对持续改进质量管理体系做出承诺（两个承诺）

① 质量方针中必须做出满足适用要求的承诺。要求至少包括顾客的要求和适用的法律法规的要求。要求可由不同的相关方提出，包括明显的、通常隐含

的或必须履行的需求或期望。

② 质量方针中必须做出持续改进质量管理体系的承诺。

某发动机厂的质量方针如下：

> 以市场需求为中心，提供符合要求的产品；
> 以持续创新为动力，改进质量表现；
> 以相关方满意为宗旨，实现公司发动机产业的再发展。

"以市场需求为中心，提供符合要求的产品"体现了满足要求的承诺；"以持续创新为动力，改进质量表现"体现了持续改进的承诺；"以相关方满意为宗旨，实现公司发动机产业的再发展"与企业的宗旨与环境相适应，并支持组织的战略方向。

（3）提供制定质量目标的框架（一个框架）

质量方针是宏观的，但不能空洞无内容。质量方针应能为质量目标的建立、评审提供方向、途径。

质量目标是质量方针展开的具体化，质量目标应与质量方针相对应，并依据质量方针逐层展开、分解。

如铁路旅客运输服务质量方针中的"安全、正点"可以通过具体量化的质量目标来落实：行车安全事故为0；火灾爆炸事故为0；旅客人身伤亡事故为0；不发生食物中毒、行包被盗事故；不发生旅客坠车、跳车、挤砸、烫伤事故；责任晚点事件为0，确保客车正点运行等。

"质量是生命，顾客是上帝""科学管理，世界一流"，"质量第一，顾客满意"，"科技、创造、发展"等"放之四海而皆准"的口号作为质量方针是不适宜的。

2. 质量方针的制定技巧

质量方针可长可短，只要能体现出上面的要求即可。

质量方针分为如下两类。

一类是语言精炼，易于记忆，读起来朗朗上口。这类质量方针容易被员工理解和宣传。

企业将针对这类质量方针的管理性内容放在质量手册中进行描述。

例如，某塑胶制品厂的质量方针如下：

> 以市场需求为中心，提供符合要求的产品；
> 以持续创新为动力，改进质量表现；
> 以相关方满意为宗旨，实现公司塑胶制品再发展。

另一类质量方针内容比较详尽，它将形成文件、传达到全体员工、可为公众所获得等管理性内容也列入其中。这类质量方针的好处是员工也能知道一些

第1章 IATF 16949：2016质量管理体系文件的几个要点

管理内容，缺点是不易记忆。

1.3 经营计划的建立与控制

1.3.1 经营计划的建立

1. 经营目标的建立

（1）经营目标的组成部分

质量目标是企业经营目标的一部分。如果从大的质量观来阐述质量目标，那么企业经营目标就是质量目标。

"目标"与"指标"这两个术语的含义是兼容等效的，只是在不同的场合使用不同的术语而已。一般而言，在目标管理中，我们使用"目标"这个术语，而在绩效管理中，我们更多地使用"指标"这个术语。

应从哪几个方面建立经营目标呢？怎样才能保证经营目标的完整性呢？采用双坐标设置法建立经营目标可以解决这些问题。双坐标即类别系—结果系（见图1.3-1）。

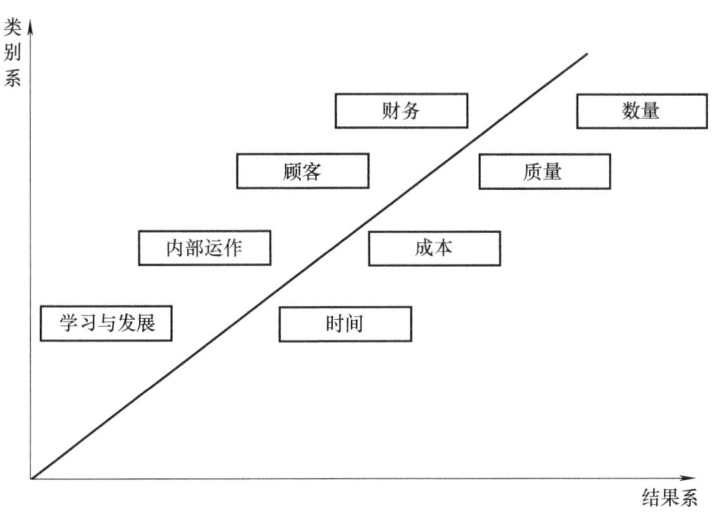

图1.3-1 经营目标系统

类别系主要是从组织的长远发展出发，在财务、顾客、内部运作、学习与发展4个方面建立经营目标，这就是通常所说的平衡计分卡BSC（Balanced Score Card）的4个维度（见图1.3-2）。表1.3-1是按类别系建立的经营目标。

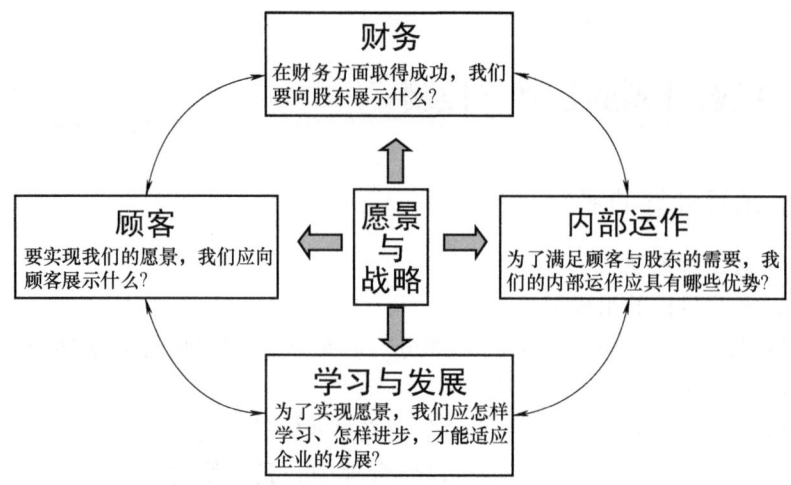

图 1.3-2　平衡计分卡的 4 个维度

表 1.3-1　用平衡计分卡 4 个维度建立的经营目标

财务类目标： 利润总额，净销售收入，资产回报率，毛利率，现金流量，成本费用预算达成率，总资产周转率，应收账款周转率，呆账比率，坏账比率，在制品周转率，材料周转率	顾客类目标（外部顾客）： 市场占有率，新顾客增加数，重要顾客满意度，公共关系活动的次数、准时交付比例、顾客投诉数量
内部运作类目标： 产品工时定额普及率，产品市场调查及时完成率，新产品上市周期，研发样品交验及时率，研发样品一次交验合格率，采购及时到货率，来料合格率，订单需求满足率，生产计划完成率，产品一次交验合格率，平均送货时间，客户投诉妥善处理率，周转期	学习与发展类目标： 任职资格达标率，培训计划的及时性，培训合格比率，员工流失率，员工满意度

结果系主要是从工作的效益和效果出发，在数量、质量、成本、时间 4 个方面建立经营目标。表 1.3-2 是按结果系建立的经营目标。

表 1.3-2　按结果系建立的经营目标

数量类目标： 产量，销售额，利润率，客户保持率，每年推出的新产品数量等	质量类目标： 合格率，满意度，通过率，达标率，投诉率等
成本类目标： 成本节约率，回报率，折旧率，费用控制率，劣质成本等	时间类目标： 期限，天数，及时性，推出新产品周期，计划达成率等

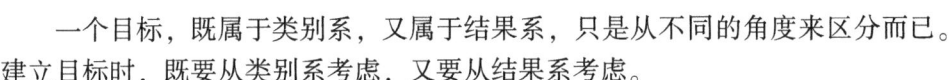

一个目标,既属于类别系,又属于结果系,只是从不同的角度来区分而已。建立目标时,既要从类别系考虑,又要从结果系考虑。

一个企业为了长远的发展,必须从财务、顾客、内部运作、学习与发展4个方面建立经营目标,但一个部门、一个过程(或岗位)可能就没必要从财务、顾客、内部运作、学习与发展4个方面建立经营目标。例如设备部,其经营目标中就不存在顾客类的目标。一个部门应包括哪些类别的目标,应根据实际情况而定。

(2)经营目标的构成要素

1)定量目标。定量目标的构成三要素包括目标项目、目标值、期限。例如:到2018年10月产品一次交验合格率要达到99%,其中,产品一次交验合格率是目标项目,99%是目标值,2018年10月是期限。

2)定性目标。定性目标的构成二要素包括目标项目、期限,例如:到2018年9月组织应通过IATF 16949质量管理体系认证,其中,组织应通过IATF 16949质量管理体系认证是目标项目,2018年9月是期限。

(3)经营目标的建立原则

目标建立时,要遵循SMART原则。

1)Specific:明确具体。也就是说,制定的目标一定要明确具体,而不要模棱两可。比如说,"员工要热情对待顾客"这样的目标就不具体。什么叫"热情"呢?含含糊糊。沃尔玛对此有明确的要求:3米之内,露出你的上8颗牙微笑。

2)Measurable:可衡量的。表示目标是可以衡量的。如果目标不能衡量,就意味着将来没法考核。

3)Attainable:可实现的。指目标在付出努力的情况下是可以实现的,这要求我们避免设立过高或过低的目标。

4)Relevant:相关性。建立的目标必须与部门、工作岗位紧密相关。例如,一名前台员工,让她学点英语以便接电话的时候用得上就很好;让她去学习六西格玛,就与其工作内容毫不相关了。

5)Time - based:时限性。目标的时限性是指目标的实现是有时间限制的。

(4)经营目标的建立流程与展开方式

1)经营目标的建立流程。

经营目标的建立流程见图1.3-3。

企业的经营目标来自于企业的经营战略、经营方针。企业各部门根据上一级的经营目标,结合本部门的工作流程与问题点,制定本部门的经营(绩效)目标。下一级的经营目标是由上一级的经营目标展开而来的。上一级的经营(绩效)目标可能展开到几个下级部门。各岗位的目标是根据本部门的目标、本岗位的工作流程以及本岗位的问题点制定的。

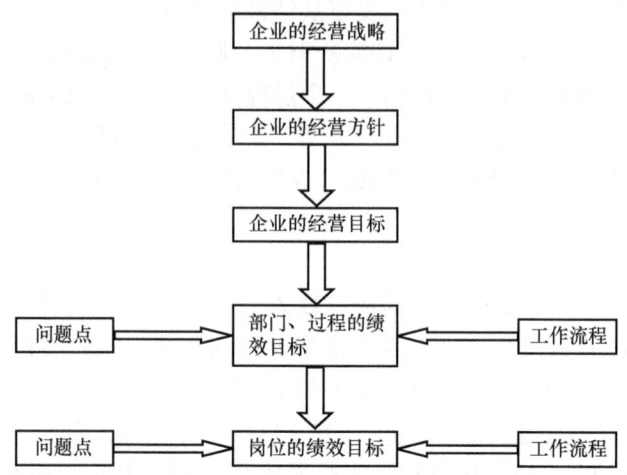

注：从部门层次往下，企业的经营目标转化为各部门（过程）、各岗位的绩效目标（指标）。

图1.3-3　经营目标的建立流程

将问题点作为部门、过程、岗位目标的输入条件，是为了体现持续改进的思想。

将工作流程而不是部门（或岗位）职责作为部门（或岗位）目标的输入条件，是为了体现过程管理的思想。笔者认为，传统的强调岗位的责任是不够的，必须强调过程（流程）的责任。

2）经营目标的纵向展开方式。

上面讲到，下一级的经营目标是由上一级的经营目标展开而来的。那么经营目标是如何展开的呢？

举个例子，总经理的经营目标是利润，为了实现这个目标，就要采取很多措施，其中之一是增加销售收入。这一措施与销售部有直接关系，这样销售收入就成了销售部的经营目标。同样销售部经理为了实现销售收入这个目标，也要采取很多措施，比如增加在网络上的广告投入是其中的一个措施。这样，广告的点击量就成了广告工程师的绩效目标。

从这个例子可以看出，公司级目标相应的措施构成了部门的目标；部门目标的措施构成了岗位的目标。每个中间环节都身兼两职：既是上一级别的措施，又是下一级别的目标，构成了一个连锁系列。只要岗位级的措施得到落实，基层管理得到保证，就能依次向上层层保证，最终实现企业的战略目标。图1.3-4形象地说明了这一经营目标的纵向展开方式。

3）经营目标的横向展开方式。

横向展开是随着时间展开的，一般分为长期经营目标、中期经营目标、短期经营目标。

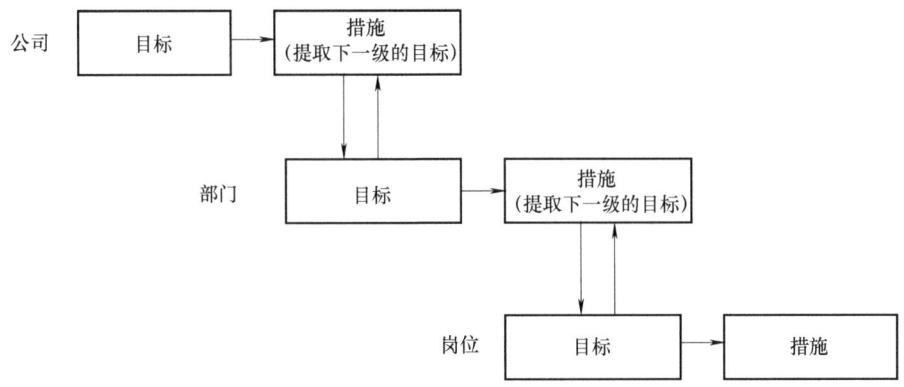

图 1.3-4　经营目标的展开方式

4）开展协调活动。

目标展开过程中涉及大量的部门、车间和人员之间的关系。由于立场角度不同，对同一事物员工们常有看法上的分歧，必须经过充分协调，才能统一意见、协同工作。因此要采取多种方式进行协调沟通。

2. 制订经营计划

经营计划是实现经营目标的行动方案。经营计划的制订和实施是经营目标能否实现的关键。

经营计划一般包括 5W1H 作为最基本的内容，即 Why（为什么做，经营目标）、What（做什么，实现目标的措施）、Who（谁做，职责和权限）、Where（哪里做）、When（何时做）、How（如何做，步骤、方法、资源，以及如何评价结果等）（见表 1.3-3）。

表 1.3-3　经营计划

序号	目标	方法措施	负责人	资源需求	启动时间	完成时间	结果评价方法
1	客户验货一次通过率≥98%	1）在顾客验货前，由QA质量员对出货进行抽检，抽检的AQL值要比顾客的小一个等级	QA质检员	……	2016年8月	一直进行下去，直到另有规定	每个月统计一次客户验货一次通过率
		2）对去年的客户验货情况进行统计，找出主要的不合格项目，制定措施加以解决	品管部经理	……	2016年7月5日	1）2016/7/10 制定措施 2）2016/8/30 进行效果验证	1）2016/7/11 号检查措施制定情况 2）2016/9/1 对7、8月份的客户验货一次通过率进行统计分析

如果发现员工要达到经营目标存在能力、经验方面的差距，还需同员工一起制订学习与发展计划，以确保员工能力、经验的提升。

为了确保企业经营计划的实现，要根据需要制订各部门的工作计划，其格式与企业经营计划差不多。

1.3.2　经营计划的实施

为了确保经营目标能够实现，在经营计划的实施过程中，要做好经营计划完成情况的跟踪检查，并要求员工适时汇报工作情况。

1. 跟踪检查

有些管理者认为，经营计划制订好了，员工技能没问题，员工素质也不错，经营目标应该就能达到。这种想法大错特错！

在企业的例会中，我们经常会看到很多总经理经常恼怒地对部门经理说："这个问题我几个月前就讲过了，怎么还没解决？"为什么"讲过了"没有执行？因为他只是"讲过了"。讲过了不等于做过了，做过了也不等于做到了，做到了也不等于做好了。

讲过了以后，还需要跟进，还需要检查。要用跟进、检查去确认结果。经营计划的管理也是一样的：经营计划实施过程中，要适时地进行跟踪检查、确认结果。

跟踪检查在确认结果的同时，还有一个目的，就是及时发现下级工作过程中存在的问题，在最短的时间内将问题化解，从而确保经营目标的实现。

常用的跟踪检查方式有以下两种。

（1）例会

例会是一种好的监控方法。公司级的例会可以一个月开一次，部门级的例会则可以一周开一次。我们可以利用例会总结一段时期的工作经验以及问题，在这种会议上，员工可以把自己在实现目标的过程中遇到的困难摆出来，让大家一起谋求解决的方法。

（2）工作检查

要设计好检查重点，没有重点的检查容易流于形式。定期检查容易让被检查人提前准备，于是有检查时一切都好，无检查时则各种问题。为了避免出现这种情况，要进行不定期检查，让不定期检查和定期检查相互补充。不定期检查是随机的，被检查人一般无法作假，所以能够达到较好的效果。

2. 要求员工及时反馈

要求下级定期递交工作报告，反映工作中的成绩和存在的问题，这样，上级就可以按时得到合理的信息，也就达到了合理监控的目的。

1.3.3 经营计划实施结果考核

经营计划实施结果考核是对经营计划结果进行衡量、评价的过程，是经营计划管理最核心的内容。

考核的方法、考核的标准、考核的周期、考核的流程都应在经营计划编制阶段设计好。

1.3.4 考核结果的应用

对考核结果要进行分析，并根据分析的结论进行处理。

有考核，无分析，无处理，考核将流于形式。

处理包括对工作的处理、人员的处理：

1）对人员，要根据考核结果，进行奖惩。

2）对工作，每当发现结果与目标有差距时，就要适时采取纠正和纠正措施。

1.4 在文件编写过程中落实过程方法的几个要点

1.4.1 单一过程的构成要素

过程的定义是"利用输入实现预期结果的相互关联或相互作用的一组活动"。从过程的定义看，过程应包含3个要素：输入、预期结果和活动。组织为了增值，通常对过程进行策划，并使其在受控条件下运行。组织在对每一个过程进行策划时，要确定过程的输入（包括输入的来源）、输出（包括输出的接收者）和为了达到预期结果所需开展的活动，也要确定监视和测量过程绩效的控制和检查点。每一过程的监视和测量检查点会因过程的风险不同而不同。图1.4-1是单一过程要素示意图。

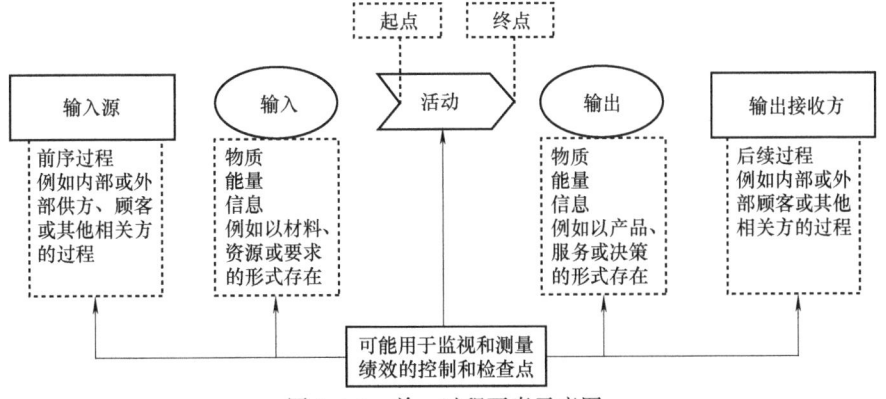

图 1.4-1　单一过程要素示意图

此处的单一过程要素分析示意图，采用的是 SIAOR 图或 SIPOC 图（宏观流程分析图，六西格玛中常用），见图 1.4-2、图 1.4-3。SIAOR 图和 SIPOC 图表达的意思相同。

图 1.4-2　SIAOR 图

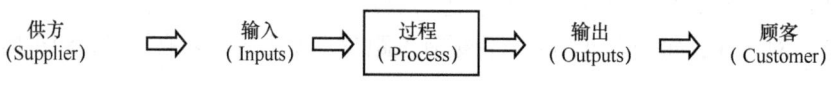

图 1.4-3　SIPOC 图

SIAOR 来自于输入源、输入、活动、输出和输出接受方的第一个英文字母的缩写；SIPOC，名字来自于供方、输入、过程、输出和顾客的第一个英文字母的缩写。

1) S（Sources of Inputs）/输入源：前序过程，如内部或外部供方、顾客或其他相关方的过程。也可以把 S 理解成供方、供应者（Supplier），即提供输入的组织和个人。

2) I（Inputs）/输入：物质、能量、信息，例如以人员、机器、材料、方法、环境或要求的形式。

3) A（Activity）/活动：将输入转化为输出的活动，也就是过程（Process）。过程是使输入发生改变的一组步骤，理论上，这个过程（由这些步骤组成的过程）将增加输入的价值。要设立对过程绩效进行监视和测量的监控点（风险点），确保过程的活动得到管理和控制。

4) O（Outputs）/输出：物质、能量、信息，例如以产品和服务或决策的形式存在。

5) R（Receiver of Outputs）/输出接受方：后续过程，如内部或外部顾客或其他相关方的过程。也可以把 C 理解成顾客（Customer），即接受输出的人、组织或过程。

表 1.4-1 是一个设备租赁过程的 SIPOC 工作表。

表 1.4-1 SIPOC 工作表（示例）

供方 S	输入 I	过程 P	输出 O	顾客 C
申请人	租赁申请	顾客信用调查	批准的申请表	申请人
	资质证明	设备确认与准备	出租的设备	
	信用证明	随机文件的准备	随机文件	
信用调查部门	信用报告		服务信息	
		收取押金		
		交付		

1.4.2 IATF 16949：2016 过程的分类

IATF 16949 按过程的管理对象，将质量管理体系过程分为顾客导向过程、支持过程和管理过程。

1. 顾客导向过程 COP

顾客导向过程（Customer Oriented Process，COP）：指通过输入和输出直接与外部顾客联系的过程。如：顾客产品要求、订单、投诉等过程。COP 多存在于 IATF 16949 标准第 8 章"运行"中。

IATF 推荐用章鱼图（见图 1.4-4）识别组织里的顾客导向过程。圆圈内表示组织内部，圆圈外表示组织外部顾客。识别出的顾客导向过程的输入和输出构成了章鱼的脚。

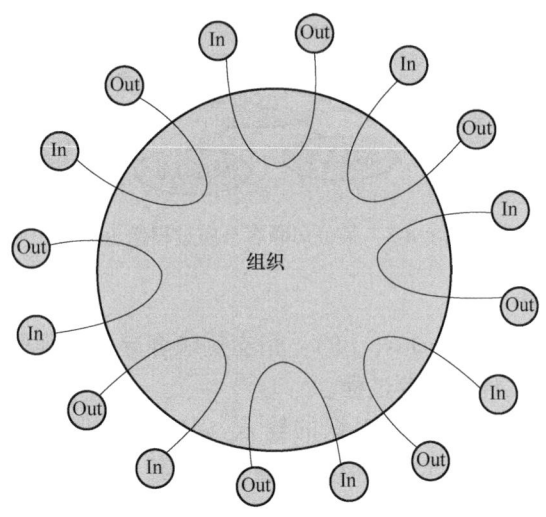

图 1.4-4 识别顾客导向过程的章鱼图

以下 10 个顾客导向过程是 IATF 推荐的，但不是强制的，组织应根据其实际运行情况，增加或去掉一些 COP。

1）市场分析/顾客要求。
2）招投标/标书。
3）订单/申请单。
4）产品和过程设计。
5）产品和过程验证/确认。
6）产品生产。
7）交付。
8）付款。
9）保修/服务。
10）售后/顾客反馈。

图 1.4-5 是某公司的顾客导向过程章鱼图。

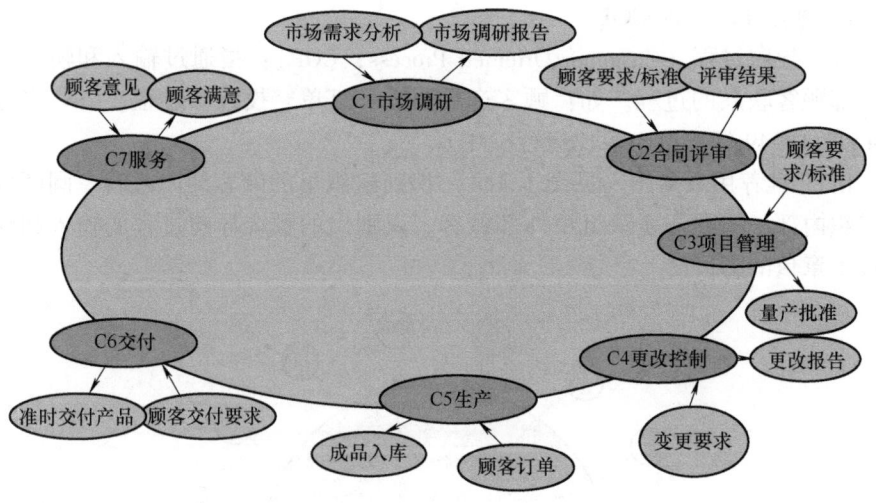

图 1.4-5　某公司顾客导向过程章鱼图

2. 支持过程 SP

支持过程（Support Process，SP）：指支持顾客导向过程的过程。如：采购、设备维护、培训、文件控制等过程。

顾客导向过程（COP）是组织的输入（IN），为保证将输入转化为输出（OUT），需要在组织内部建立起很多过程，如步骤1、步骤2、步骤3、步骤4，我们称之为支持过程（见图 1.4-6）。支持过程支持顾客导向过程的实现，是一个增值的过程。SP 多存在于 IATF 16949 标准第 7 章、第 8 章中。

支持过程（SOP）还可以分为若干个子过程。

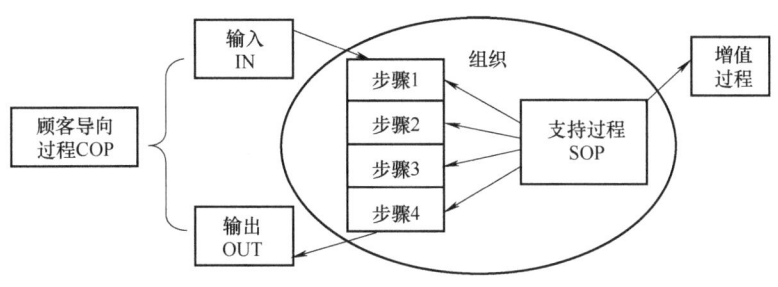

图 1.4-6　COP 与 SP 的关系

3. 管理过程 MP

管理过程（Management Process，MP）也可视为支持性过程（SP），只是管理层次较高而已。如：管理评审、内部审核等过程。MP 多存在于 IATF 16949 标准第 6 章、第 9 章、第 10 章中。

过程的识别与确定并不是千篇一律、一成不变的。同样的过程，在不同的组织，有时可能定义为 SP，有时可能定义为 MP。

1.4.3　过程网络图

质量管理体系是由多个过程组成的，过程与过程之间存在一定的关系。一个过程的输出通常是其他过程的输入，这种关系往往不是一个简单的按顺序排列的结构，而是一个比较复杂的网络结构：一个过程的输出可能成为多个过程的输入，而几个过程的输出也可能成为一个过程的输入。

为了了解质量管理体系中各个过程的关系，建立质量管理体系过程网络图是很有必要的。

建立过程网络图的方式因企业的具体情况不同而有所差异。

在 IATF 16949：2016 中，明确要求建立过程或/和建立文件化的过程的地方见表 1.4-2。具体实施时，这些过程可单独建立，也可与其他过程一起建立。图 1.4-7 是某企业的过程网络图，图中 C 代表顾客导向过程、S 代表支持过程、M 代表管理过程。

1.4.4　过程关系矩阵

过程关系矩阵包括 IATF 16949 标准条款——过程矩阵（见表 1.4-3）、COP、MP、SP 相互关系矩阵（见表 1.4-4）、过程——职能部门矩阵（见表 1.4-5）。

表1.4-2 IATF 16949：2016 要求建立过程的地方

序号	条款	条款内容	过程	形成文件的过程
1	4.4.1.2	组织应有形成文件的过程，用于与产品和制造过程有关的产品安全管理		√
2	6.1.2.2	组织应建立一个用于减轻风险负面影响的过程	√	
3	6.1.2.3	作为对应急计划的补充，包含一个通知顾客运作状况的程度和持续时间，告知影响顾客运作状况的程度和持续时间	√	
4	7.1.5.2.1	组织应有一个形成文件的过程，用于管理校准/验证记录 d) 用以提供符合内部要求、法律法规要求及顾客规定要求证明的所有量具、测量设备、顾客所有的设备或制造商/供应商所有的设备（包括员工所有的测量设备、顾客所有的设备或制造商/供应商所有的设备），其校准/验证活动的记录应予以保留 d) 当计划验证或校准期间，或在其使用期间，检验、测量和试验设备被查出偏离校准或存在缺陷时，应保留这些检验、测量和试验设备先前测量结果有效性方面的成文信息，包括校准报告上最后一次校准合格的日期和下一次校准到期日		√
5	7.2.1	组织应建立并保持形成文件的过程，识别包括意识（见7.3.1）在内的培训需求，并使所有从事影响产品要求和过程要求活动的人员具备能力		√
6	7.2.3	组织应有一个形成文件的过程，在考虑顾客特定要求的基础上，验证内部审核员的能力		√
7	7.3.2	在通过培训来获得人员能力的情况下，应保留成文信息，证实培训的能力符合上述要求		√
8	7.5.3.2.2	组织应保应保持形成文件的过程，激励员工实现质量目标，进行持续改进，并建立一个促进创新的环境		√
9	8.3.1	组织应建立、实施和保持适当生产中实施的设计和开发过程，以保证按顾客要求的时间安排及时评审、发放和实施所有顾客工程标准/规范及其更改	√	
10	8.3.1.1	组织应将产品设计和开发过程形成文件		√

第1章 IATF 16949：2016 质量管理体系文件的几个要点

（续）

序号	条款	条款内容	过程	形成文件的过程
11	8.3.2.3	组织应有一个质量保证过程，用于其带有内部开发的嵌入式软件的产品	√	
12	8.3.3.1	组织应有一个过程，将从以往的设计任项目、竞争产品分析（标杆）、供应商反馈、内部输入和其他相关资源中获取的信息，推广应用于当前和未来相似性质的项目	√	
13	8.3.3.3	组织应采用多方论证方法来建立、形成文件并实施用于识别特殊特性的过程		√
14	8.3.4.4	组织应建立、实施并保持一个符合顾客规定要求的产品和制造批准过程	√	
15	8.4.1.2	组织应有一个形成文件的供应商选择过程		√
16	8.4.2.1	组织应有一个识别外包过程并选择控制类型和程度的文件化的过程，以验证外部提供的产品、过程和服务对内部（组织的）要求和外部顾客要求的符合性		√
17	8.4.2.2	组织应有形成文件的过程，确保所采购的产品、过程和服务合收货国、发运国和顾客确定的目的国（如有）的现行适用法律法规要求		√
18	8.4.2.4	组织应为供应商绩效评价制定形成文件的过程和准则	√	
19	8.4.2.4.1	组织在其供应商管理方法中应包括一个第二方审核过程	√	
20	8.5.2.1	可追溯性的目的在于支持对顾客所收产品的开始和停止点的清楚识别，或者用于发生质量和/或安全相关不符合的情况。因此，组织应按照下文中描述实施标识和可追溯性过程	√	
21	8.5.5.1	组织应确保建立、实施并保持一个在制造、材料搬运、物流、工程和设计活动之间沟通服务同题信息的过程	√	
22	8.5.6.1	组织应有一个形成文件的过程，对影响产品实现的更改进行控制和反应 …… c）将相关风险分析的证据形成文件 d）保留验证和确认的记录 …… f）在实施更改之前求得形成文件的批准		√

(续)

序号	条款	条款内容	过程	形成文件的过程
23	8.5.6.1.1	组织应识别过程控制手段，包括检验、测量、试验和防错装置，形成文件化的清单并予以保持，清单包含基本过程控制以及经批准的备用或替代方法 组织应有一个形成文件的过程，对替代控制方法的使用进行管理 基于严重程度，并在确认防错装置或过程装置的所有特征均得以有效恢复的基础上，在规定时期内对重新启动验证形成文件		√
24	8.6.4	组织应有一个采用以下一种或多种方法保证外部提供的过程、产品和服务质量的过程：……	√	
25	8.7.1.4	组织应有一个形成文件的符合控制计划的返工确认过程，或者其他形成文件的相关信息，用于验证对原有规范的符合性 组织应保留与返工产品处置有关的形成文件的信息，包括数量、处置、处置日期及适用的可追溯性信息		√
26	8.7.1.5	组织应有一个形成文件的符合控制计划的返修确认过程，或者其他形成文件的相关信息 组织应获得顾客对待返修产品的形成文件的让步授权 组织应保留与返修产品处置有关的形成文件的信息，包括数量、处置、处置日期及适用的可追溯性信息		√
27	8.7.1.7	组织应有一个形成文件的过程，用于不进行返工或返修的不合格品的处置		√
28	9.2.2.1	组织应有一个形成文件的内部审核过程		√
29	10.2.3	组织应有形成文件的问题解决过程		√
30	10.2.4	组织应有一个形成文件的过程，以确定使用适当的防错方法。所采用方法的详细信息应在过程风险分析（如PFMEA）中形成文件，试验频率应模拟失效的试验。过程应包括防错装置失效时产品提供保障，组织应实施一个保修管理过程		√
31	10.2.5	当组织被要求为其产品提供保修时，组织应实施一个保修管理过程	√	
32	10.3.1	组织应有一个形成文件的持续改进过程		√

第1章 IATF 16949：2016 质量管理体系文件的几个要点

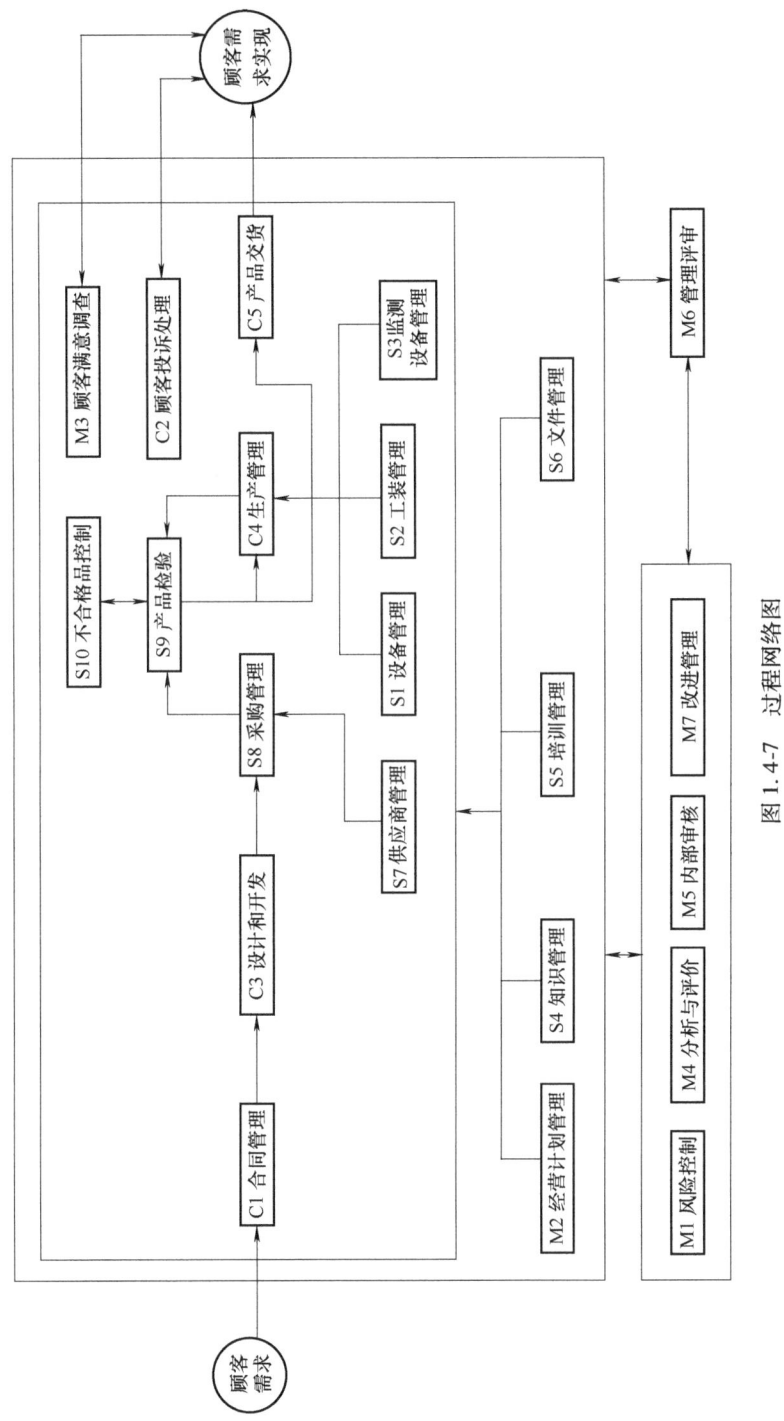

图 1.4-7 过程网络图

表 1.4-3　IATF 16949 标准条款——过程矩阵

IATF 16949 条款	C1 合同管理	C2 顾客投诉处理	C3 设计和开发	C4 生产管理	C5 产品交货	M1 风险控制	M2 经营计划管理	M3 顾客满意调查	M4 分析与评价	M5 内部审核	M6 管理评审	M7 改进管理	S1 设备管理	S2 工装管理	S3 监测设备管理	S4 知识管理	S5 培训管理	S6 文件管理	S7 供应商管理	S8 采购管理	S9 产品检验	S10 不合格品控制
4 组织环境	□	□	□	□	□	□	■	□	□	□	□	□	□	□	□	□	□	□	□	□	□	□
5 领导作用	□	□	■	□	□	□	■	□	□	□	■	□	□	□	□	□	□	□	□	□	□	□
6 策划																						
6.1 应对风险和机遇的措施	□	□	□	□	□	■	□	□	□	□	□	□	□	□	□	□	□	□	□	□	□	□
6.2 质量目标及其实现的策划	□	□	□	□	□	□	■	□	□	□	□	□	□	□	□	□	□	□	□	□	□	□
6.3 变更的策划	□	□	□	□	□	□	□	□	□	□	□	□	□	□	□	□	□	□	□	□	□	□
7 支持																						
7.1 资源																						
7.1.1 总则	□	□	□	□	□	□	□	□	□	□	□	□	□	□	□	□	□	□	□	□	□	□
7.1.2 人员	□	□	□	□	□	□	□	□	□	□	□	□	□	□	□	□	■	□	□	□	□	□
7.1.3 基础设施	□	□	□	□	□	□	□	□	□	□	□	□	■	□	□	□	□	□	□	□	□	□
7.1.4 过程运行环境	□	□	□	□	□	□	□	□	□	□	□	□	□	□	□	□	□	□	□	□	□	□
7.1.5 监视和测量资源	□	□	□	□	□	□	□	□	□	□	□	□	□	□	■	□	□	□	□	□	□	□
7.1.6 组织的知识	□	□	□	□	□	□	□	□	□	□	□	□	□	□	□	■	□	□	□	□	□	□
7.2 能力	□	□	□	□	□	□	□	□	□	□	□	□	□	□	□	□	■	□	□	□	□	□
7.3 意识	□	□	□	□	□	□	□	□	□	□	□	□	□	□	□	□	□	□	□	□	□	□
7.4 沟通	□	□	□	□	□	□	□	□	□	□	□	□	□	□	□	□	□	■	□	□	□	□
7.5 成文信息	□	□	□	□	□	□	□	□	□	□	□	□	□	□	□	□	□	□	□	□	□	□
8 运行																						
8.1 运行策划和控制	■	□	□	□	□	□	□	□	□	□	□	□	□	□	□	□	□	□	□	□	□	□
8.2 产品和服务的要求	□	■	□	□	□	□	□	□	□	□	□	□	□	□	□	□	□	□	□	□	□	□

第1章 IATF 16949：2016 质量管理体系文件的几个要点

（续）

IATF 16949 条款	C1 合同管理	C2 顾客投诉和处理	C3 设计和开发	C4 生产管理	C5 产品交货管理	M1 风险控制	M2 经营计划管理	M3 顾客满意调查	M4 分析与评价	M5 内部审核	M6 管理评审	M7 改进管理	S1 设备管理	S2 工装管理	S3 监测设备管理	S4 知识管理	S5 培训管理	S6 文件管理	S7 供应商管理	S8 采购管理	S9 产品检验	S10 不合格品控制
8.3 产品和服务的设计和开发	□	□	■	□	□	□	□															□
8.4 外部提供的过程、产品和服务的控制	□	□	□	□	□								□					□	■	■	■	□
8.5 生产和服务提供																						
8.5.1 生产和服务提供的控制	□	□	□	■	□	□	□	□	□				□	□	□	□	□	□			□	□
8.5.2 标识和可追溯性	□	□	□	■	□								□					□			□	□
8.5.3 顾客或外部供方的财产	□	□	□	□	■													□				
8.5.4 防护	□	□	□	■	□								□					□			□	□
8.5.5 交付后活动	□	□	□	□	□													□				
8.5.6 更改控制	□	■	□	□	□	□	□	□	□	□	□	□	□	□	□	□	□	□	□	□	□	□
8.6 产品和服务的放行	□	□	□	□	□								□					□			■	□
8.7 不合格输出的控制	□	□	□	□	□													□			□	■
9 绩效评价																						
9.1 监视、测量、分析和评价																						
9.1.1 总则	□	□	□	□	□	□	□	□	■	□	□	□	□	□	□	□	□	□	□	□	□	□
9.1.2 顾客满意	□	□	□	□	□	□	□	■	□	□	□	□						□				
9.1.3 分析与评价	□	□	□	□	□	□	□	□	■	□	□	□	□	□	□	□	□	□	□	□	□	□
9.2 内部审核	□	□	□	□	□	□	□	□	□	■	□	□						□				
9.3 管理评审	□	□	□	□	□	□	□	□	□	□	■	□						□				
10 改进																						
10.1 总则	□	□	□	□	□	□	□	□	□	□	□	■	□	□	□	□	□	□	□	□	□	□
10.2 不合格和纠正措施	□	□	□	□	□	□	□	□	□	□	□	■	□	□	□	□	□	□	□	□	□	□
10.3 持续改进	□	□	□	□	□	□	□	□	□	□	□	□	□	□	□	□	□	□	□	□	□	□

注：■——强相关；□——相关。

表1.4-4 COP、MP、SP相互关系矩阵

	C1 合同管理	C2 顾客投诉处理	C3 设计和开发	C4 生产管理	C5 产品交货	M1 风险控制	M2 经营计划管理	M3 顾客满意调查	M4 分析与评价	M5 内部审核	M6 管理评审	M7 改进管理	S1 设备管理	S2 工装管理	S3 监测设备管理	S4 知识管理	S5 培训管理	S6 文件管理	S7 供应商管理	S8 采购管理	S9 产品检验	S10 不合格品控制
C1 合同管理		×	×	×	×	×			×	×	×	×					×	×				
C2 顾客投诉处理	×			×				×	×	×	×	×					×	×				×
C3 设计和开发	×			×		×		×	×	×	×	×			×	×	×	×		×	×	×
C4 生产管理	×	×	×		×	×	×		×	×	×	×	×	×	×	×	×	×	×	×	×	×
C5 产品交货	×			×		×			×	×	×	×					×	×		×		×
M1 风险控制	×	×		×	×		×	×	×	×	×	×					×	×				
M2 经营计划管理	×		×	×		×				×	×	×					×	×	×			
M3 顾客满意调查		×				×			×	×	×	×					×	×				
M4 分析与评价	×	×	×	×	×	×		×		×	×	×	×	×	×	×	×	×	×	×	×	×
M5 内部审核	×	×	×	×	×	×	×	×	×		×	×					×	×	×			
M6 管理评审	×	×	×	×	×	×	×	×	×	×		×					×	×	×			
M7 改进管理	×	×	×	×	×	×	×	×	×	×	×						×	×				
S1 设备管理				×					×	×							×	×				×
S2 工装管理				×					×	×							×	×				×
S3 监测设备管理			×	×					×	×							×	×			×	×
S4 知识管理	×	×	×	×	×	×	×		×	×	×	×					×	×				
S5 培训管理	×	×	×	×	×	×	×		×	×	×	×						×				
S6 文件管理	×	×	×	×	×	×	×	×	×	×	×	×	×	×	×	×	×		×	×	×	×
S7 供应商管理	×			×					×	×								×		×		×

第1章 IATF 16949：2016 质量管理体系文件的几个要点

（续）

		C1 合同管理	C2 顾客投诉处理	C3 设计和开发	C4 生产管理交货	C5 产品交货	M1 风险控制	M2 经营计划管理	M3 顾客满意调查	M4 分析与评价	M5 内部审核评审	M6 管理评审	M7 改进管理	S1 设备管理	S2 工装管理	S3 监测设备管理	S4 知识管理	S5 培训管理	S6 文件管理	S7 供应商管理	S8 采购管理	S9 产品检验	S10 不合格品控制
S8	采购管理			×				×			×		×						×	×			×
S9	产品检验				×						×		×						×		×		×
S10	不合格品控制			×	×						×		×						×		×	×	

注：×——相关。

表1.4-5 过程——职能部门矩阵

职能部门	C1 合同管理	C2 顾客投诉处理	C3 设计和开发	C4 生产管理交货	C5 产品交货	M1 风险控制	M2 经营计划管理	M3 顾客满意调查	M4 分析与评价	M5 内部审核评审	M6 管理评审	M7 改进管理	S1 设备管理	S2 工装管理	S3 监测设备管理	S4 知识管理	S5 培训管理	S6 文件管理	S7 供应商管理	S8 采购管理	S9 产品检验	S10 不合格品控制
总经理	■	◇	◇	◇	◇	◇	■	◇	◇	◇	■	◇	◇	◇	◇	◇	◇	◇	◇	◇	◇	◇
管理者代表		■				◆	◆		■	■	◆	■				◆	◆	■	■	■	■	■
副总经理	◇	◇	■	■																		
仓库																						
质量部	◇	◆	◇	◇		◇			◆	◆	◆	◆			◆		◇	◇	◇	◇	◆	◆
产品研发部			◆																			
生产部		◇	◇	◆																		
营销部	◇	◇			◆			◆														
采购部																				◆		
工艺设备部													◆	◆								
人事行政部																	◆	◆				

注：■ 为归口领导，◆ 为主职能部门，◇ 为配合部门。

1.4.5 单一过程分析图——乌龟图

一般使用乌龟图（见图 1.4-8）进行单一过程的分析。图 1.4-9 是一个 APQP 产品设计和开发过程乌龟图。

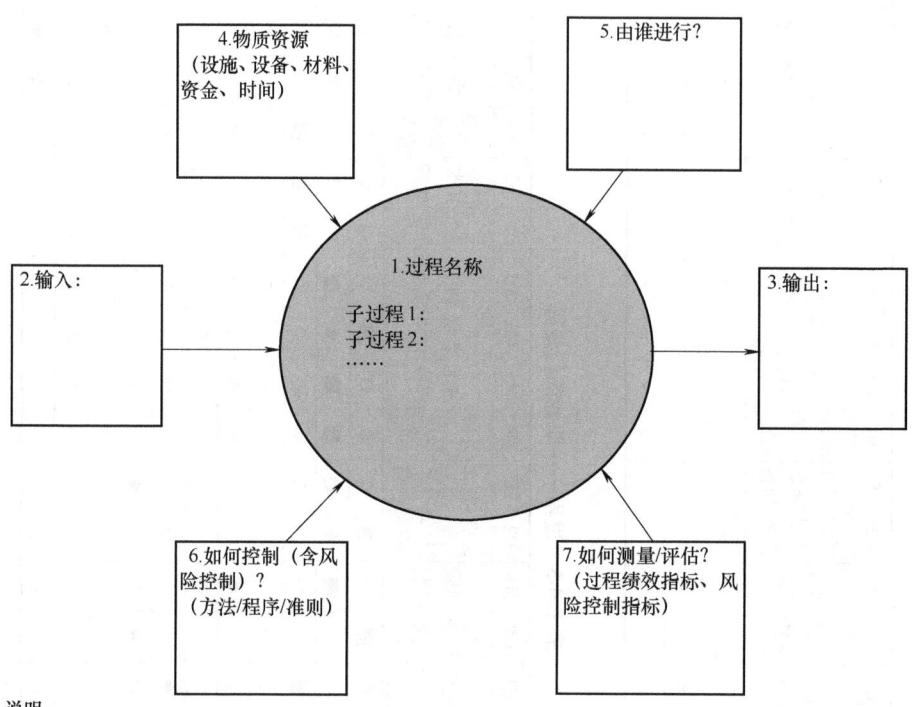

说明：

编号	内容
1	过程名称及主要活动（或子过程）
2	过程输入，如文件、要求、报告、信息、计划等
3	过程输出，如产品、文件、计划、报告、信息等
4	过程中使用的物质资源，包括设备、计算机系统（硬件和软件）、材料、工具等（填上重要的即可）
5	责任部门/人的职责，要考虑与之匹配的教育、培训和经历要求
6	对过程进行控制（含风险控制）的方法、程序、准则
7	反映过程有效性和效率的过程绩效指标、风险控制指标等

图 1.4-8 乌龟图（示意图）

表1.4-6是某公司质量管理体系过程分析表。

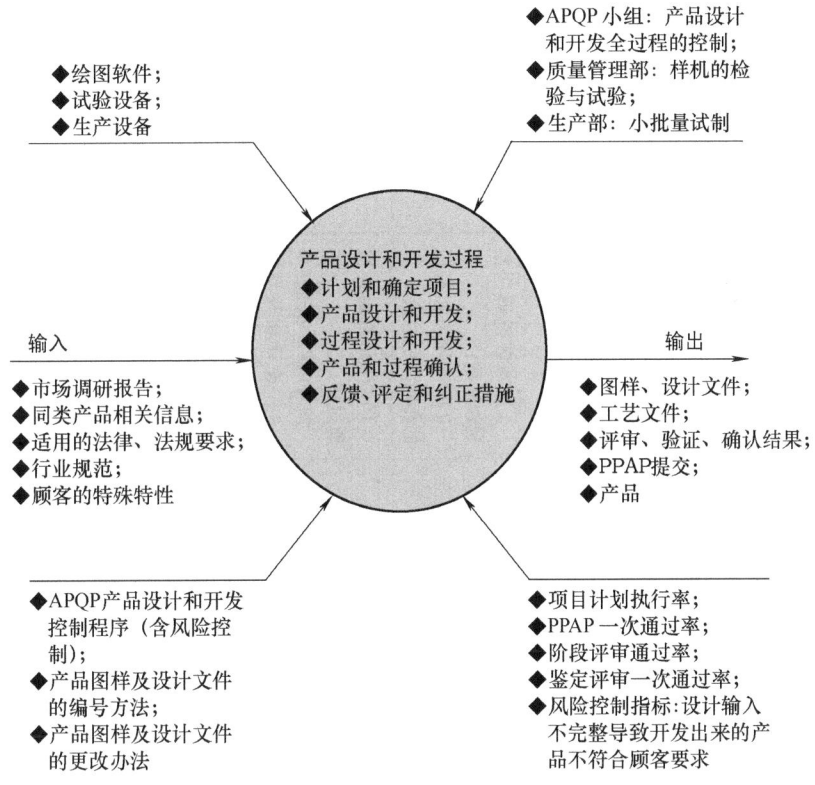

图1.4-9　APQP产品设计和开发过程乌龟图

表 1.4-6 质量管理体系过程分析表

过程编号	过程名称	过程输入	过程输出	过程绩效指标	过程所需物质资源	过程中的风险	主管人部门	方法/相关文件
C1	合同管理	◆ 顾客合同/订单及其变更； ◆ 法律、法规要求	◆ 合同/订单评审表； ◆ 顾客订货要求表； ◆ 制造可行性风险分析报告； ◆ 签订正式合同，合同/订单更改通知单； ◆ 合同/订单统计台账	1) 合同/订单评审及时率； 2) 订单交期准确率	(略)	因合同评审不严谨导致开发出的新产品不能满足顾客要求	营销部	合同管理程序
C2	顾客投诉处理	◆ 顾客投诉； ◆ 顾客退货	◆ 临时应急措施要求表； ◆ 顾客投诉处理报告单	1) 顾客投诉回复延误次数； 2) 每月顾客投诉的相同问题数量		顾客投诉得不到及时回复或回复不能令顾客满意	质量部	顾客投诉处理程序
C3	APQP 设计和开发	◆ 市场调研报告； ◆ 同类产品相关信息； ◆ 适用的法律、法规要求； ◆ 行业规范； ◆ 顾客的特殊特性	◆ 图样、设计文件； ◆ 工艺文件； ◆ 评审、验证、确认结果； ◆ PPAP 提交； ◆ 产品	1) 产品鉴定一次通过率； 2) PPAP 一次通过率； 3) 设计和开发输出资料的差错率； 4) 研发延长的时间不超过计划时间的百分数		设计输入不完整导致开发出来的产品不符合顾客要求	产品研发部	APQP 设计和开发控制程序
C4	生产	◆ 生产计划； ◆ 订单要求； ◆ 原辅材料、零件	◆ 合格产品； ◆ 检验记录； ◆ 生产报表	1) 生产计划达成率； 2) 入库检验一次通过率； 3) 物料报废率		1) 停水、停电； 2) 人员短缺	生产部	生产过程管理程序

第1章 IATF 16949：2016 质量管理体系文件的几个要点

（续）

过程编号	过程名称	过程输入	过程输出	过程绩效指标	过程所需物质资源	过程中的风险	主管人部门	方法/相关文件
C5	产品交货	◆ 待出产品； ◆ 顾客订单； ◆ 合同/订单跟进控制表	◆ 产品交付给顾客； ◆ 送货单	1) 交货准时率； 2) 交货合格率； 3) 造成顾客生产中断次数； 4) 产品质量不合格，而导致本组织向顾客提出让步接收/产品的次数； 5) 本组织向顾客提出延期交付产品的次数		货物不能按时出厂	营销部	产品交货管理程序
M1	风险控制	◆ 企业内、外部的环境信息； ◆ 组织的业务活动及活动场所	◆ 风险识别、风险分析与评价表； ◆ 风险应对计划； ◆ 风险应对计划实施的检查记录	风险控制达标率		风险应对措施引起次生风险	质量部	风险控制程序
M2	经营计划管理	◆ 公司内外部环境、相关方的需求和期望； ◆ 公司战略； ◆ 工作流程、问题点	◆ 公司经营计划； ◆ 经营计划实施检查记录	经营（质量）目标达成率		经营（质量）目标不能按时达成	总经办	经营计划管理程序
M3	顾客满意度调查	◆ 顾客满意的信息	◆ 顾客满意度调查结果及分析报告； ◆ 纠正措施报告单	1) 调查表发放覆盖率； 2) 调查表回收率		调查的项目不能反映顾客的真实感受	营销部	顾客满意度调查程序

(续)

过程编号	过程名称	过程输入	过程输出	过程绩效指标	过程所需物质资源	过程中的风险	主管人部门	方法/相关文件
M4	分析与评价	◆ 监视和测量获得的适当的数据和信息	◆ 数据和信息分析结果的利用（确定质量管理体系的绩效和有效性以及需要的改进）	分析和评价报告提交的准时性		分析和评价报告中的数据和信息不真实	管理者代表	分析与评价控制程序
M5	内部审核	◆ ISO 9001标准； ◆ VDA 6.3过程审核； ◆ VDA 6.5产品审核； ◆ 质量管理体系文件； ◆ 产品标准； ◆ 相关法律法规； ◆ 顾客要求	◆ 内部质量管理体系审核报告； ◆ 过程审核报告； ◆ 产品审核报告； ◆ 不合格项报告表； ◆ 纠正措施要求单	1) 每次审核不合格项按时关闭率； 2) 不合格项重复发生率		审核组不具备有效地实施审核的整体能力	管理者代表	内部审核控制程序
M6	管理评审	◆ 标准9.3.2要求的管理评审输入的内容； ◆ 标准9.3.2.1要求补充的管理评审输入人的内容	◆ 管理评审报告（含改进的机会、质量管理体系所需的变更、资源需求）	管理评审输出中的决定和措施的按时完成率		管理评审输入人不完整	总经理	管理评审控制程序
M7	改进管理	◆ 不合格信息； ◆ 潜在不合格信息； ◆ 企业发展的需要； ◆ 市场竞争的压力； ◆ 产业发展的方向	◆ 临时应急措施要求表； ◆ 纠正措施报告单； ◆ 预防措施报告单； ◆ 创新成果； ◆ 创新活动实施对策表； ◆ 创新活动验收报告	1) 纠正措施按时完成率； 2) 预防措施按时完成率； 3) 创新活动延长的时间不超过计划总时间的百分数； 4) 创新活动价值实现率		1) 同样问题仍然重复出现； 2) 严重超出预算	管理者代表	改进管理控制程序

第1章 IATF 16949：2016 质量管理体系文件的几个要点

（续）

过程编号	过程名称	过程输入	过程输出	过程绩效指标	过程所需物质资源	过程中的风险	主管人部门	方法/相关文件
S1	设备管理	◆ 工艺改进的需求； ◆ 设备保养的需求； ◆ 设备配置/更新的需求	◆ 合格的设备； ◆ 设备台账； ◆ 设备操作指导书、保养计划； ◆ 设备保养、维修记录	1) 设备月平均故障时间； 2) 设备月故障次数超过3次的机台百分数； 3) OEE 设备综合效率； 4) MTBF 平均故障间隔时间； 5) MTTR 平均维修时间		关键设备出现故障	设备部	设备管理程序
S2	工装管理	◆ 新产品开发需求； ◆ 老产品改进需求； ◆ 生产和更换需求； ◆ 现有工装状况	◆ 状态良好的工装； ◆ 工装台账； ◆ 工装更换计划、记录； ◆ 工装维护、保养、处置记录	1) 工装月平均故障时间； 2) 月故障次数超过3次的工装百分数； 3) 工装采购/制作及时率		Ⅰ类工装出现故障	设备部	工装管理程序
S3	监视和测量设备管理	◆ 监测设备的配置需求； ◆ 监视和测量的需要； ◆ 国家法律法规的要求	◆ 合格的监视和测量设备； ◆ 监测设备台账； ◆ MSA 测量系统分析报告； ◆ 检定/校准证书	1) 按期校准/检定完成率； 2) 周期校准/检定合格率； 3) MSA 计划达成率； 4) %$GRR \leq 10\%$ 的测量系统比例		监测设备偏离校准状态	质量部	监视和测量设备管理程序

（续)

过程编号	过程名称	过程输入	过程输出	过程绩效指标	过程所需物质资源	过程中的风险	主管人/部门	方法/相关文件
S4	知识管理	◆ 内部来源：失败和成功的项目、未成文的个人经验等； ◆ 外部来源：学术交流、专业会议等	◆ 作业指导文件； ◆ 发布在公司网站共享的知识	知识发布准时率		关键工位依赖1~2个能人	人力资源部	知识管理控制程序
S5	培训管理	◆ 新进员工； ◆ 转岗员工； ◆ 在职提高需要	◆ 员工培训记录表； ◆ 培训效果评价表； ◆ 特殊作业资格证、上岗证	1）培训计划达成率； 2）培训效果满意度； 3）多能工比例		从事特殊任务的员工未经培训并取得资格证书	人力资源部	培训管理程序
S6	文件控制	◆ 文件编写的需求； ◆ 文件更改的需求； ◆ 外来文件	◆ 受控文件分发回收记录； ◆ 文件更改通知单； ◆ 现场表格有效版本的受控文件； ◆ 文件得到妥善保护	1）每月在现场发现非有效版本文件的份数； 2）每月发现的该有文件的地方没有文件的次数； 3）在收到顾客工程规范后1周内，对其进行评审		作废文件没有从现场收回	文控中心	文件控制程序
S7	供应商管理	◆ 供应商开发需求； ◆ 现有供应商动态管理需求	◆ 供应商选审批表； ◆ 合格供应商名单； ◆ 供应商业绩评价表	1）A类供应商比例； 2）质量评价得分大于35分的供应商百分数； 3）第二方审核通过率		A类供应商未得到PPAP批准	采购部	供应商管理程序

第1章 IATF 16949：2016质量管理体系文件的几个要点

（续）

过程编号	过程名称	过程输入	过程输出	过程绩效指标	过程所需物质资源	过程中的风险	主管人/部门	方法/相关文件
S8	采购管理	◆ 物料需求计划； ◆ 物料请购单	◆ 符合要求的采购物料； ◆ 进料检验报告； ◆ 外购入库单	1）来料批合格率； 2）交期准时率； 3）因供应商质量、交付问题，导致本公司通知顾客次数； 4）因供应本公司原因造成本公司顾客产品滞留/停止出货次数； 5）发生附加运费次数		重要物料延期供货	采购部	采购管理程序
S9	产品检验	◆ 待检产品； ◆ 顾客要求； ◆ 技术要求	◆ 检验过的产品； ◆ 全尺寸检验报告； ◆ 检验记录	1）材料上线不良率； 2）来料上线一次合格率； 3）半成品入库不合格； 4）顾客批退次数； 5）顾客退货率		未进行型式试验、未按规定对成品进行全部项目的检验	质量部	产品检验控制程序
S10	不合格品控制	◆ 不合格品； ◆ 状态可疑产品	◆ 不合格品处理记录； ◆ 返工以后检验记录； ◆ 不合格品得到处理	1）不合格品被非预期使用或发付的次数； 2）不合格品被发运后，未及时通知顾客的次数； 3）质量成本产值； 4）外部损失产值； 5）内部损失产值		1）不合格品被使用或被发给顾客； 2）顾客退货处理不及时； 3）召回信息通知不全面； 4）无返工作业指导书	质量部	不合格品控制程序

1.4.6 过程流程图

流程图就是将一个过程的步骤用图的形式表示出来的一种图示技术。

流程图的标识符号,企业可以自行规定,表1.4-7中的流程图符号仅供参考。

表1.4-7 流程图符号

(仅供参考)

图形	说明	图形	说明
⬭	标志着流程的开始或结束	◇	根据判定条件自动选择下一个分支流向
▭	具体任务或工作(步骤)	→	连接线,箭头表示流向
⌓	设置等待时间和流入条件后由系统自动启动	⬡	两个并行节点之间的所有分支必须全部完成才能跳出继续
⌒	备注	⌓	信息来源
▱	过程中涉及的文档信息	⬠	两个节点之间有一个分支完成就能跳出继续

常用流程图有任务流程图、矩阵流程图:

1)任务流程图,描述过程中每一步骤的具体活动的流程图。图1.4-10即为一任务流程图。

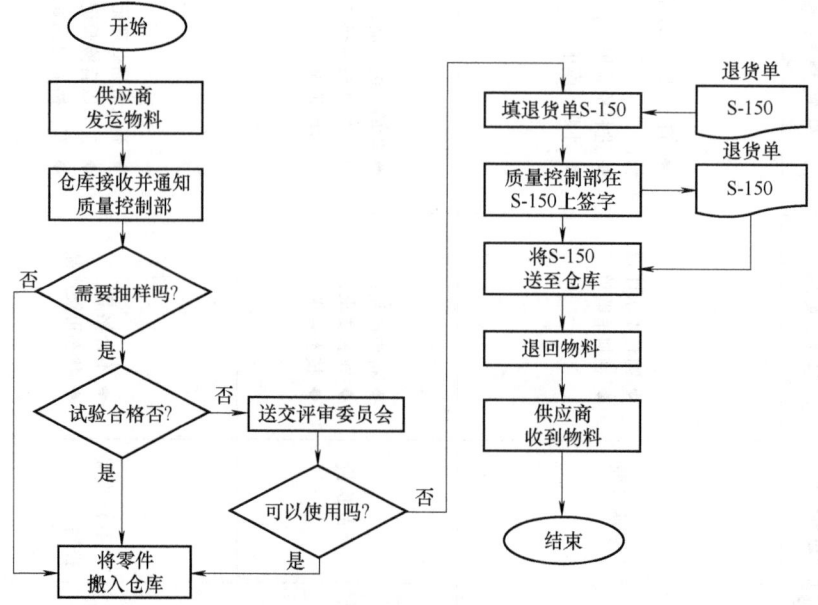

图1.4-10 任务流程图——采购物料进货过程

2）矩阵流程图，在任务流程图基础上，加上相关方在过程中的关系，即为矩阵流程图。图 1.4-11 即为一矩阵流程图。

在程序文件中，流程图要结合控制要求一起使用，具体情况参见第 3 章～第 7 章。

有时左边放流程图，右边放控制要求，并保持左边流程图中的活动与右边的活动控制要求一一对应（见图 1.4-12）。不过这一模式只适合于简单的流程图。

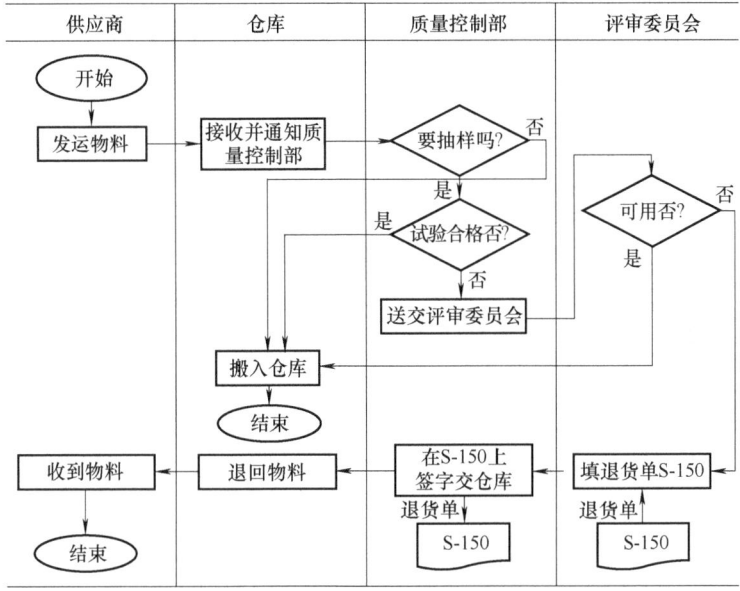

图 1.4-11 矩阵流程图——采购物料进货过程

流　程	权责	衡量指标	主要活动描述	支持文件/相关记录
生产件批准提出	项目小组，相关部门主管工程师		5.1 当出现"生产件批准实施时机"（附录 A）的情况时，若是新产品由项目小组负责提出要求；若是老产品，由相关部门的主管工程师提出要求	生产件批准实施时机
实施准备	设计工程公司主管工程师相关部门主管工程师		5.2 设计工程公司根据提出的生产件批准的要求组织相关部门与顾客就提交日期、提交等级、提交文件清单、样品数量等进行协商，涉及供应商的还要与其协商，并取得一致，最终得到顾客批准	

图 1.4-12 左边放流程图，右边放控制要求的情况

第 2 章
IATF 16949：2016 质量手册

2.1　IATF 16949：2016 质量手册的内容要求

IATF 16949 对质量手册的内容提出了明确要求。质量手册至少应包括以下内容：

1）质量管理体系的范围，包括覆盖的 IATF 16949 的要求、覆盖的产品、覆盖的部门。如有删减，则应明确说明并陈述理由。

2）为质量管理体系建立的形成文件的过程或对其引用。为此，一般要建立 IATF 16949 标准条款与过程文件对应表，或过程与 IATF 16949 标准条款矩阵表（此表可以帮助组织建立起组织的过程与 IATF 16949 标准之间的联系）。

3）组织的过程及其顺序和相互作用（输入和输出），包括任何外包过程控制的类型和程度。为此，一般要建立过程分析表、过程网络图、过程关系矩阵图。

4）顾客特殊要求与质量管理体系过程的矩阵图（也可使用表格、清单等方式）。此图显示了组织质量管理体系内哪些地方满足了顾客特殊要求。

2.2　IATF 16949：2016 质量手册的结构形式

质量手册的结构形式由组织自行决定，取决于组织的规模、文化和复杂性。如果组织的质量管理体系文件包括质量手册、程序文件等一系列文件，则应编制一份文件清单作为质量手册的一部分。

质量手册常用的结构形式有两种，第一种是采用 IATF 16949 标准的结构形式，见表 2.2-1。第二种是采用过程模式的结构形式，见表 2.2-2。本书提供的质量手册案例采用第二种结构形式。

表 2.2-1　质量手册的结构形式（一）
（采用 IATF 16949 标准的结构形式）

0	引言
	0.1　发布令
	0.2　质量手册的管理

（续）

0.3	企业概况	
0.4	组织结构图	
0.5	部门职责和权限	
0.6	职能分配矩阵表	
0.7	质量方针	
0.8	质量目标	
1	质量手册应用范围	
2	规范性引用文件	
3	术语和定义	
4	组织环境	
4.1	理解组织及其环境	
4.2	理解相关方的需求和期望	
4.3	确定质量管理体系的范围	
4.3.1	确定质量管理体系的范围——补充	
4.3.2	顾客特殊要求	
4.4	质量管理体系及其过程	
4.4.1		
4.4.1.1	产品和过程的符合性	
4.4.1.2	产品安全	
4.4.2		
5	领导作用	
5.1	领导作用和承诺	
5.1.1	总则	
5.1.1.1	公司责任	
5.1.1.2	过程有效性和效率	
5.1.1.3	过程所有者	
5.1.2	以顾客为关注焦点	
5.2	方针	
5.2.1	建立质量方针	
5.2.2	沟通质量方针	
5.3	组织的岗位、职责和权限	
5.3.1	组织的岗位、职责和权限——补充	
5.3.2	产品要求和纠正措施的职责和权限	
6	策划	
6.1	应对风险和机遇的措施	
6.1.1		
6.1.2		

(续)

  6.1.2.1　风险分析

  6.1.2.2　预防措施

  6.1.2.3　应急计划

6.2　质量目标及其实现的策划

 6.2.1

 6.2.2

  6.2.2.1　质量目标及其实施的策划——补充

6.3　变更的策划

7　支持

 7.1　资源

  7.1.1　总则

  7.1.2　人员

  7.1.3　基础设施

   7.1.3.1　工厂、设施和设备策划

  7.1.4　过程运行环境

   7.1.4.1　过程运行环境——补充

  7.1.5　监视和测量资源

   7.1.5.1　总则

    7.1.5.1.1　测量系统分析

   7.1.5.2　测量溯源

    7.1.5.2.1　校准/验证记录

   7.1.5.3　实验室要求

    7.1.5.3.1　内部实验室

    7.1.5.3.2　外部实验室

  7.1.6　组织的知识

 7.2　能力

  7.2.1　能力——补充

  7.2.2　能力——在职培训

  7.2.3　内部审核员能力

  7.2.4　第二方审核员能力

 7.3　意识

  7.3.1　意识——补充

  7.3.2　员工激励和授权

 7.4　沟通

 7.5　成文信息

  7.5.1　总则

   7.5.1.1　质量管理体系文件

（续）

7.5.2	创建和更新
7.5.3	成文信息的控制
7.5.3.2.1	记录保存
7.5.3.2.2	工程规范
8	运行
8.1	运行的策划和控制
8.1.1	运行的策划和控制——补充
8.1.2	保密
8.2	产品和服务的要求
8.2.1	顾客沟通
8.2.1.1	顾客沟通——补充
8.2.2	产品和服务要求的确定
8.2.2.1	产品和服务要求的确定——补充
8.2.3	产品和服务要求的评审
8.2.3.1	
8.2.3.1.1	产品和服务要求的评审——补充
8.2.3.1.2	顾客指定的特殊特性
8.2.3.1.3	组织制造可行性
8.2.3.2	
8.2.4	产品和服务要求的更改
8.3	产品和服务的设计和开发
8.3.1	总则
8.3.1.1	产品和服务的设计和开发——补充
8.3.2	设计和开发策划
8.3.2.1	设计和开发策划——补充
8.3.2.2	产品设计技能
8.3.2.3	带有嵌入式软件的产品的开发
8.3.3	设计和开发输入
8.3.3.1	产品设计输入
8.3.3.2	制造过程设计输入
8.3.3.3	特殊特性
8.3.4	设计和开发控制
8.3.4.1	监视
8.3.4.2	设计和开发确认
8.3.4.3	原型样件方案
8.3.4.4	产品批准过程
8.3.5	设计和开发输出

（续）

  8.3.5.1 设计和开发输出——补充

  8.3.5.2 制造过程设计输出

 8.3.6 设计和开发更改

  8.3.6.1 设计和开发更改——补充

8.4 外部提供的过程、产品和服务的控制

 8.4.1 总则

  8.4.1.1 总则——补充

  8.4.1.2 供应商选择过程

  8.4.1.3 顾客指定的货源（也称为"指定性购买"）

 8.4.2 控制类型和程度

  8.4.2.1 控制类型和程度——补充

  8.4.2.2 法律法规要求

  8.4.2.3 供应商质量管理体系开发

   8.4.2.3.1 汽车产品相关软件或带有嵌入式软件的汽车产品

  8.4.2.4 供应商监视

   8.4.2.4.1 第二方审核

  8.4.2.5 供应商开发

 8.4.3 提供给外部供方的信息

  8.4.3.1 提供给外部供方的信息——补充

8.5 生产和服务提供

 8.5.1 生产和服务提供的控制

  8.5.1.1 控制计划

  8.5.1.2 标准化作业——作业指导书和可视化标准

  8.5.1.3 作业准备的验证

  8.5.1.4 停工后的验证

  8.5.1.5 全面生产维护

  8.5.1.6 生产工装及制造、试验、检验工装和设备的管理

  8.5.1.7 生产排程

 8.5.2 标识和可追溯性

  8.5.2.1 标识和可追溯性——补充

 8.5.3 顾客或外部供方的财产

 8.5.4 防护

  8.5.4.1 防护——补充

 8.5.5 交付后活动

  8.5.5.1 服务信息的反馈

  8.5.5.2 与顾客的服务协议

 8.5.6 更改控制

(续)

8.5.6.1 更改控制——补充
 8.5.6.1.1 过程控制的临时更改
8.6 产品和服务的放行
 8.6.1 产品和服务的放行——补充
 8.6.2 全尺寸检验和功能试验
 8.6.3 外观项目
 8.6.4 外部提供的产品和服务的符合性的验证和接受
 8.6.5 法律法规的符合性
 8.6.6 接收准则
8.7 不合格输出的控制
 8.7.1
  8.7.1.1 顾客的让步授权
  8.7.1.2 不合格品控制——顾客规定的过程
  8.7.1.3 可疑产品的控制
  8.7.1.4 返工产品的控制
  8.7.1.5 返修产品的控制
  8.7.1.6 顾客通知
  8.7.1.7 不合格品的处置
 8.7.2
9 绩效评价
9.1 监视、测量、分析和评价
 9.1.1 总则
  9.1.1.1 制造过程的监视和测量
  9.1.1.2 统计工具的确定
  9.1.1.3 统计概念的应用
 9.1.2 顾客满意
  9.1.2.1 顾客满意——补充
 9.1.3 分析与评价
  9.1.3.1 优先级
9.2 内部审核
 9.2.1
 9.2.2
  9.2.2.1 内部审核方案
  9.2.2.2 质量管理体系审核
  9.2.2.3 制造过程审核
  9.2.2.4 产品审核
9.3 管理评审

(续)

9.3.1	总则
9.3.1.1	管理评审——补充
9.3.2	管理评审输入
9.3.2.1	管理评审输入——补充
9.3.3	管理评审输出
9.3.3.1	管理评审输出——补充
10	改进
10.1	总则
10.2	不合格和纠正措施
10.2.3	问题解决
10.2.4	防错
10.2.5	保修管理体系
10.2.6	顾客投诉和现场失效试验分析
10.3	持续改进
10.3.1	持续改进——补充
附录1	质量管理体系过程网络图
附录2	IATF 16949 标准条款——过程矩阵表
附录3	COP、MP、SP 相互关系矩阵表
附录4	过程——职能部门矩阵表
附录5	过程绩效指标清单
附录6	过程控制表
附录7	IATF 16949 标准条款与文件对照表
附录8	质量管理体系文件总览表
附录9	法律、法规清单

表 2.2-2　质量手册的结构形式（二）
（采用过程模式的结构形式）

0	引言
0.1	发布令
0.2	质量手册的管理
0.3	企业概况
0.4	组织结构图
0.5	部门职责和权限
0.6	职能分配矩阵表
0.7	最高管理者承诺
0.8	质量方针
0.9	质量目标

(续)

1	质量手册应用范围	
2	规范性引用文件	
3	术语和定义	
4	质量管理体系范围	
5	质量管理体系过程	
	5.1	质量管理体系过程网络图
	5.2	IATF 16949 标准条款——过程矩阵表
	5.3	COP、MP、SP 相互关系矩阵表
	5.4	过程——职能部门矩阵表
	5.5	过程绩效指标清单
	5.6	过程及其风险和机遇控制表
6	质量管理体系文件	
	6.1	质量管理体系文件的层次
	6.2	IATF 16949 标准条款与文件对照表
7	顾客特殊要求	
8	质量管理体系变更的策划	
附录1	质量管理体系文件总览表	
附录2	法律、法规清单	

2.3　IATF 16949：2016 质量手册案例

目录		
0	引言	
	0.1	发布令
	0.2	质量手册的管理
	0.3	企业概况
	0.4	组织结构图
	0.5	职责和权限
	0.6	职能分配矩阵表
	0.7	最高管理者承诺
	0.8	质量方针
	0.9	质量目标
1	质量手册适用范围	
2	规范性引用文件	
3	术语和定义	

	（续）
4 质量管理体系范围	
5 质量管理体系过程	
5.1 质量管理体系过程及其分类	
5.2 质量管理体系过程网络图	
5.3 IATF 16949 标准条款——过程矩阵表	
5.4 COP、MP、SP 相互关系矩阵表	
5.5 过程——职能部门矩阵表	
5.6 过程绩效指标清单	
5.7 过程及其风险和机遇控制表	
6 质量管理体系文件	
6.1 质量管理体系文件的层次	
6.2 IATF 16949 标准条款与文件对照表	
7 顾客特殊要求	
8 质量管理体系变更的策划	
附录1 质量目标清单	
附录2 质量管理体系文件总览表	
附录3 法律、法规清单	

0 引言

0.1 发布令

本手册是依据 IATF 16949：2016《汽车生产件及相关服务件组织的质量管理体系要求》标准编制的质量管理体系纲领性文件，它阐述了公司的质量方针以及质量目标，并对质量管理体系的过程及其顺序和相互作用进行了描述。

本手册是公司质量管理体系运行的基本准则，也是公司对遵守国家法律法规、保证顾客权益的承诺。遵守本手册是公司每个员工应尽的责任。

0.2 质量手册的管理

a）按《文件控制程序》的要求做好质量手册的发放和管理。

b）本手册是本公司内部使用的，属受控文件。由于合同或协议等要求外发的，不属受控文件，对其版本的有效性，本公司不做跟踪。

c）本手册经公司总经理批准后生效，各部门都应确保遵守本手册的规定。

0.3 企业概况

（略）

0.4 组织结构图（见图1）

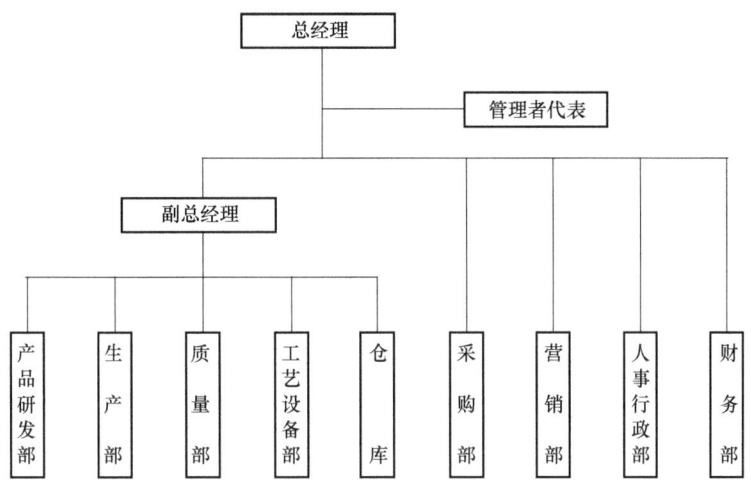

图1　组织结构图

0.5 职责和权限

0.5.1 总经理

1) 全面主持公司的经营管理工作，组织实施董事会决议。
2) 组织制定并实施公司年度经营计划，定期向董事会汇报工作。
3) 组织设计公司组织结构，确保组织内的职责和权限得到确定和沟通。
4) 组织制定公司规章制度、奖惩条例、工资奖金分配方案。
5) 决定公司各部门主要负责人的聘用任免，对公司的经济效益负责。
6) 任命管理者代表、顾客代表，制定和颁布质量方针，批准质量目标，批准《质量手册》，主持管理评审。
7) 作为企业产品质量、安全第一责任人，对企业的产品质量、安全生产负最终责任。
8) 主持总经理办公会议，检查、督促和协调各部门的工作进度。
9) 批准以公司名义发出的文件；批准特殊合同、设计任务书、产品鉴定评审报告等。
10) 确保将质量管理体系要求融入组织的业务过程中。
11) 推动过程方法和基于风险的思维的运用。
12) 确保为质量管理体系提供充分的资源。
13) 就有效的质量管理以及满足质量管理体系要求的重要性进行沟通。
14) 确保实现质量管理体系的预期结果。

15）促使、指导和支持员工为质量管理体系的有效性做出贡献。

16）推动改进。

17）支持其他相关管理者在其职责范围内发挥领导作用。

18）确保对产品实现过程和支持过程进行评审。

19）确定质量管理体系所有过程的过程所有者。确保过程所有者了解其岗位，并具备胜任其岗位的能力。

20）承诺"以顾客为关注焦点"，并在这方面发挥领导作用。

21）推进企业文化的建设，树立良好的企业形象。

0.5.2 管理者代表

1）按 IATF 16949 标准的要求建立、实施和维护质量管理体系，确保各过程获得其预期的输出。

2）向总经理报告质量管理体系的绩效以及质量管理体系需要改进的情况，在整个组织内推动"以顾客为关注焦点"。

3）确保在策划和实施质量管理体系变更时，质量管理体系的完整性得到保持。

4）监督过程绩效指标的实现。

5）负责与认证机构进行协调与联络。

6）监督、协调纠正和改进措施的实施。

7）负责选定审核组长及审核员，并审批内部审核计划。

8）对内、外部质量审核的情况进行总结及分析。

9）组织对现有文件进行评审，对记录的控制情况进行监督。

0.5.3 副总经理

1）指导、协调、监督和检查其分管部门的工作，对其分管部门工作中的问题进行纠正。

2）组织制定、修订分管部门的规章制度，并认真组织实施。

3）监督检查分管部门对各项规章制度的执行情况，及时解决失职、违章行为以及生产中的质量问题。

4）遇有特别紧急的情况，有权指令停止生产，并着手进行处理工作。

0.5.4 产品研发部

1）负责组织新产品的设计和开发。

2）负责制定产品单机材料消耗定额，负责 BOM 的编制。

3）对新产品的设计、生产过程进行跟踪；处理遇到的设计问题。

4）组织新产品样机的性能测试。

5）组织设计评审、设计验证、设计确认工作，对设计更改的控制负责。

6）制定并确认产品有关技术标准及规范。

7）配合处理产品售后服务中出现的技术问题。

0.5.5 生产部

1）编制物料需求计划；编制生产计划并组织实施。

2）组织进行产品生产，对所制造产品的质量负责。

3）负责进行产能负荷分析，负责生产效率的改善，负责物料的控制。

4）负责设备的日常保养，对设备的安全操作负责。

5）组织进行安全和文明生产，确保生产车间的设施、工作环境能够满足工作需要。

6）负责按规定做好产品的标识。

7）做好产品工序转换的搬运和防护工作。

8）就产品的生产，协调各职能部门的工作进度和衔接。

9）负责生产过程中材料、零部件及入库成品的搬运；负责产品的包装。

0.5.6　质量部

1）负责原材料、零部件及产品的检验和试验，并做好记录。

2）负责检验工序的质量监视和测量工作，负责对重要的过程、质量控制点进行巡回质量监视。

3）做好产品的检验状态标识。

4）负责组织对过程绩效进行监视和测量，负责检查质量目标的完成情况。

5）组织做好风险的识别、评价工作，监督并检查风险应对计划（应急准备和响应）的实施。

6）对内、外部信息交流工作进行监督，负责收集与分析产品质量信息。

7）对不符合的处理、对纠正措施的执行进行监督。

8）负责监视和测量设备的管理，负责实验室的管理，负责进行测量系统分析（MSA）。

9）负责进行产品审核。

10）负责不合格品的处理和过程的监控。

11）负责处理出厂产品的质量问题。

12）组织实施产品认证。

13）做好产品的检验和试验状态标识。

14）正确运用统计技术，为采取改进措施提供依据。

0.5.7　工艺设备部

1）进行工艺设计，开展 PFMEA 工作，编制生产工艺规程、控制计划。

2）组织做好制造可行性评价。

3）对生产过程进行技术指导和监督，主持特殊工序的确认。

4）负责组织进行过程能力的分析以及过程审核。

5）做好新产品投产、老产品改造所需设备、生产线及其他工艺手段的筹备与规划管理。

6）运用 IE 技术进行作业研究与分析。

7）负责贯彻劳动工艺纪律，经常检查工艺纪律执行情况，及时纠正存在问题。

8）负责工艺数据的收集与分析，组织解决生产过程中的工艺问题。

9）负责工装夹具的设计，并提出保证工序能力的措施。

10) 负责供水、供电、供气。
11) 负责工厂设施、设备的维护和维修。
12) 负责编制有关设备的安全操作规程供车间使用。

0.5.8 仓库

1) 负责物料和产品的接收、保管和防护,并做好记录。
2) 做好安全存量管制,负责余料的回收、记录和处理。
3) 负责入仓不合格物料、废料和废品的标识、隔离和处理。
4) 做好易燃、易爆品和库房的消防安全工作;确保库房消防设施完备和消防通路通畅。
5) 管理好仓库的灭火设施,对仓库的火灾隐患进行整改。
6) 做好各类劳动防护用品的保管和发放工作。
7) 管理好易燃、易爆、剧毒化学危险品,严格执行危险品的发放制度。

0.5.9 采购部

1) 负责组织对供应商的选择、评价和再评价,并建立合格供应商的档案。
2) 组织做好对供应商的开发、监视、审核工作。
3) 组织编制采购文件并负责物资采购的计划安排与实施。
4) 组织采购物料和产品的运输,并确保其及时性与安全性。
5) 负责采购信息的收集与分析。

0.5.10 营销部

1) 开展市场调研工作,确定市场对产品的需求,获得产品的供销信息。
2) 组织、策划和实施市场开发,确定市场需要。
3) 了解顾客的要求,协助其确定对产品的特殊需要。
4) 建立顾客档案,将顾客的有关资料予以收集保管。
5) 组织商务洽谈,组织做好合同的评审、修订、实施工作。
6) 组织做好生产件批准(PPAP)。
7) 做好向顾客交货以及额外运费的统计分析工作。
8) 做好顾客记分卡的分析和评审工作。
9) 收集、反馈产品和服务的质量信息,为产品的开发提供咨询建议。
10) 对顾客满意度进行评价。
11) 负责产品交付、组织实施售后服务,并将售后服务的质量信息反馈给有关部门。

0.5.11 人事行政部

1) 建立公司的人事制度,并组织实施。
2) 建立公司的行政制度,并组织实施。
3) 建立员工的培训制度,并组织实施。
4) 人员的招聘与解雇处理。
5) 考勤、工资、福利管理。
6) 负责人员考核管理、知识管理。

7) 做好职工伙食、住宿、环境卫生等后勤管理。
8) 做好消防、安全和保卫管理。
9) 建立员工人事档案（包含员工的教育、培训、技能、经历的记录）。
10) 负责所有受控文件的发放和管理并指导各部门进行文件管理。

0.5.12 财务部

1) 负责财务预算的编制和财务预算的管理。
2) 负责债权债务的核算清理。
3) 负责公司日常费用审核、报销，负责公司日常现金、银行存款收支结算、核算管理。
4) 负责每月编制工资报表及发放工资，负责每月复核公司员工社保、住房公积金费用。
5) 负责每月各项税金的计算、核算、申报及缴纳。
6) 负责每月总账、明细账的按时结账，核对相符，按月编报会计报表。
7) 负责每月业务成本、管理费用、财务费用的归集、核算、结转。
8) 负责协调与银行、工商、税务部门的关系。
9) 做好公司资产的定期清查、盘点工作。
10) 做好不良质量成本的统计分析。

0.5.13 顾客代表

1) 参与选择产品或过程的特殊特性。
2) 参与质量目标的制定并监督质量目标的实现。
3) 参与培训内容的确定并监督培训工作的实施。
4) 参与产品设计和开发。
5) 参与与顾客相关的纠正和预防措施的制定并监督其实施。
6) 参与生产能力分析。
7) 督促对物流信息进行监视与分析。
8) 参与顾客记分卡的分析。
9) 对顾客的供应商门户网站进行关注，适时采取相应措施。

0.6 职能分配矩阵表（见表1）

表1 职能分配矩阵表

IATF 16949 标准要求	总经理	管理者代表	副总经理	仓库	质量部	产品研发部	生产部	营销部	采购部	工艺设备部	人事行政部
4 组织环境											
4.1 理解组织及其环境	■	◆	○	○	○	○	○	○	○	○	○
4.2 理解相关方的需求和期望	■	◆	○	○	○	○	○	○	○	○	○

（续）

IATF 16949标准要求	总经理	管理者代表	副总经理	仓库	质量部	产品研发部	生产部	营销部	采购部	工艺设备部	人事行政部
4.3 确定质量管理体系的范围	■	◆	○	○	○	○	○	○	○	○	○
4.4 质量管理体系及其过程	■	◆	○	○	○	○	○	○	○	○	○
5 领导作用											
5.1 领导作用和承诺											
5.1.1 总则	◆	○	○	○	○	○	○	○	○	○	○
5.1.2 以顾客为关注焦点	◆	○	○	○	○	○	○	○	○	○	○
5.2 方针	◆	○	○	○	○	○	○	○	○	○	○
5.3 组织的岗位、职责和权限	■	◆	○	○	○	○	○	○	○	○	○
6 策划											
6.1 应对风险和机遇的措施	○	■	○	○	◆	○	○	○	○	○	○
6.2 质量目标及其实现的策划	■	◆	○	○	○	○	○	○	○	○	○
6.3 变更的策划	■	◆	○	○	○	○	○	○	○	○	○
7 支持											
7.1 资源											
7.1.1 总则	■	○	◆	○	○	○	○	○	○	○	○
7.1.2 人员	○	○	■	○	○	○	○	○	○	○	◆
7.1.3 基础设施	○	○	■	○	○	○	○	○	○	◆	○
7.1.4 过程运行环境	○	○	■	○	○	○	○	○	○	◆	○
7.1.5 监视和测量资源	○	○	■	○	◆	○	○		○		
7.1.6 组织的知识	○	■	○	○	○	○	○	○	○	○	◆
7.2 能力	○	■	○	○	○	○	○	○	○	○	◆
7.3 意识	○	■	○	○	○	○	○	○	○	○	◆
7.4 沟通	■	◆	○	○	○	○	○	○	○	○	○
7.5 成文信息											
7.5.1 总则	■	◆	○	○	○	○	○	○	○	○	○
7.5.2 创建和更新	■	◆	○	○	○	○	○	○	○	○	◆
7.5.3 成文信息的控制	○	■	○	○	○	○	○	○	○	○	◆
8 运行											
8.1 运行的策划和控制	■	◆	○	○	○	○	○	○	○	○	○
8.2 产品和服务的要求	○	○	■	○	○	○	○	◆	○	○	○

（续）

IATF 16949 标准要求	总经理	管理者代表	副总经理	仓库	质量部	产品研发部	生产部	营销部	采购部	工艺设备部	人事行政部
8.3 产品和服务的设计和开发	○	○	■		○	◆	○	○	○	○	
8.3.4.4 产品批准过程			■	○	○	◆	○		○	○	
8.4 外部提供的过程、产品和服务的控制	○		■	○	○	○			◆	○	
8.5 生产和服务提供											
8.5.1 生产和服务提供的控制		○	■	○	○	○	◆	◆	○	○	○
8.5.1.1 控制计划		○	■	○	○	◆	○		○	○	
8.5.1.2 标准化作业——作业指导书和可视化标准		○	■		○	○	○			◆	○
8.5.1.3 作业准备的验证		○	■		○		◆				
8.5.1.4 停工后的验证		○	■		○		◆				
8.5.1.5 全面生产维护			■				○			◆	○
8.5.1.6 生产工装及制造、试验、检验工装和设备的管理			■				○			◆	
8.5.1.7 生产排程		○	■	○			◆	○	○	○	
8.5.2 标识和可追溯性		■		◆	◆		○				
8.5.3 顾客或外部供方的财产			■	◆	○		○		◆		
8.5.4 防护		○	■	◆	○		○	◆			
8.5.5 交付后的活动		○	■		○			◆			
8.5.5.1 服务信息的反馈			■		○		○	◆			
8.5.5.2 与顾客的服务协议			■		○			◆			
8.5.6 更改控制			■		○	◆	○		○	◆	
8.6 产品和服务的放行			■		◆		○				
8.7 不合格输出的控制			■	○	◆	○	○		○	○	
9 绩效评价											
9.1 监视、测量、分析和评价											
9.1.1 总则	○	◆	○	○	○	○	○	○	○	○	○
9.1.1.1 制造过程的监视和测量		○	■		○		○			◆	
9.1.1.2 统计工具的确定		○	■		◆	○	○			○	
9.1.1.3 统计概念的应用		○	■		◆	○	○			○	
9.1.2 顾客满意		■	○		○			◆			

(续)

IATF 16949 标准要求	总经理	管理者代表	副总经理	仓库	质量部	产品研发部	生产部	营销部	采购部	工艺设备部	人事行政部
9.1.3 分析与评价	○	◆	○	○	○	○	○	○	○	○	○
9.2 内部审核	○	◆	○		○						
9.2.2.1 内部审核方案	○	◆			○						
9.2.2.2 质量管理体系审核	○	◆			○						
9.2.2.3 制造过程审核		■			○		○			◆	
9.2.2.4 产品审核		■			◆						
9.3 管理评审	◆	○									
10 改进											
10.1 总则	○	◆	○		◆						
10.2 不合格和纠正措施	○	■	○		◆						
10.2.3 问题解决		■	○		◆						
10.2.4 防错				■		◆	○			○	
10.2.5 保修管理体系		■									
10.2.6 顾客投诉和现场失效试验分析		■			○			○		○	
10.3 持续改进	○	◆	○		○	○	○	○	○	○	○

符号说明：■为归口领导，◆为主职能部门，○为配合部门。

0.7 最高管理者的承诺

本公司最高管理者承诺以顾客为关注焦点、承诺建立和实施质量管理体系，在其中发挥领导作用，并通过以下活动予以证实：

a) 对质量管理体系的有效性承担责任。
b) 确保质量方针和质量目标得到建立，并与组织的战略方向和组织环境保持一致。
c) 确保将质量管理体系要求融入组织的业务过程中。
d) 推动过程方法和基于风险的思维的运用。
e) 确保为质量管理体系提供充分的资源。
f) 就有效的质量管理以及满足质量管理体系要求的重要性进行沟通。
g) 确保实现质量管理体系的预期结果。
h) 促使、指导和支持员工为质量管理体系的有效性做出贡献。
i) 推动改进。
j) 支持其他相关管理者在其职责范围内发挥领导作用。

k) 公司的责任政策至少应包括反贿赂方针、员工行为准则以及道德升级政策。

l) 采用有关的措施，对产品实现过程和支持过程进行评审，以评价并改进过程的有效性和效率。

m) 将过程评审活动的结果作为管理评审的输入。

n) 确定质量管理体系所有过程的过程所有者。过程所有者对过程及其相关输出进行管理。

o) 通过培训等手段，确保过程所有者了解其岗位，并具备胜任其岗位的能力。

p) 确定、理解并持续满足顾客要求以及适用的法律法规要求。

q) 确定并应对影响产品、服务的符合性以及增强顾客满意能力的风险与机遇。

r) 始终致力于增强顾客满意。

0.8 质量方针

以市场需求为中心，提供符合要求的产品；

以持续创新为动力，改进质量表现；

以相关方满意为宗旨，实现公司以专业铸造辉煌的战略定位。

0.9 质量目标

本公司的质量目标及其监测统计方法见附录1"质量目标清单"。

1 质量手册适用范围

a) 对外证实公司的质量管理体系符合IATF 16949标准的要求。

b) 对内确保公司按IATF 16949标准的要求有效实施质量管理体系，以保证符合顾客和适用的法律法规要求，增强顾客满意。

2 规范性引用文件

a) ISO 国际标准化组织. ISO 9001：2015《质量管理体系 要求》，2015.

b) ISO 国际标准化组织. ISO 9000：2015《质量管理体系 基础和术语》，2015.

c) 德国汽车工业协会. VDA 6.5 产品审核，2008.

d) 德国汽车工业协会. VDA 6.3 过程审核，2016.

e) IATF 国际汽车工作组. IATF 16949：2016《汽车生产件及相关服务件组织的质量管理体系要求》，2016.

f) 克莱斯勒、福特、通用汽车公司. FMEA. 4版，2008.

g) 克莱斯勒、福特、通用汽车公司. SPC. 2版，2005.

h) 克莱斯勒、福特、通用汽车公司. MSA. 4版，2010.

i) 克莱斯勒、福特、通用汽车公司. APQP. 2版，2008.

j) 克莱斯勒、福特、通用汽车公司. PPAP. 4版，2006.

3 术语和定义

a) ISO 9000：2015、IATF 16949：2016界定的术语和定义适用于本公司。

b) 缩略语含义见表2。

表2 缩略语含义

序号	缩略语	含义
1	COP	顾客导向过程（C）
2	SP	支持过程（S）
3	MP	管理过程（M）
4	FMEA	潜在失效模式及后果分析
5	MSA	测量系统分析
6	SPC	统计过程控制
7	APQP	产品质量先期策划
8	PPAP	生产件批准程序
9	CP	控制计划
10	PPK	过程绩效指数
11	CPK	过程能力指数
12	受控文件	更改受到控制的文件
13	CSR	顾客特殊要求

4 质量管理体系范围

a) 本公司的质量管理体系覆盖汽车发动机、底盘的研发、生产与服务。

b) 本公司的质量管理体系覆盖本公司的所有部门。

c) 本公司的质量管理体系覆盖了IATF 16949：2016的所有要求及顾客特殊要求，在本手册中对这些要求做了适合本公司需要的规定。

d) 本公司的外包过程包括零件的热处理、喷漆。《供应商管理程序》《外包管理规定》对这些外包过程的控制类型和程度进行了规定。

5 质量管理体系过程

5.1 质量管理体系过程及其分类（见表3）

表3 质量管理体系过程及其分类

顾客导向过程（COP）		管理过程（MP）		支持过程（SP）	
过程代号	过程名称	过程代号	过程名称	过程代号	过程名称
C1	合同管理	M1	风险控制	S1	设备管理
C2	顾客投诉处理	M2	经营计划管理	S2	工装管理
C3	设计和开发	M3	顾客满意调查	S3	监测设备管理
C4	生产管理	M4	分析与评价	S4	知识管理
C5	产品交货	M5	内部审核	S5	培训管理
		M6	管理评审	S6	文件管理
		M7	改进管理	S7	供应商管理
				S8	采购管理
				S9	产品检验
				S10	不合格品控制

5.2 质量管理体系过程网络图（见图2）

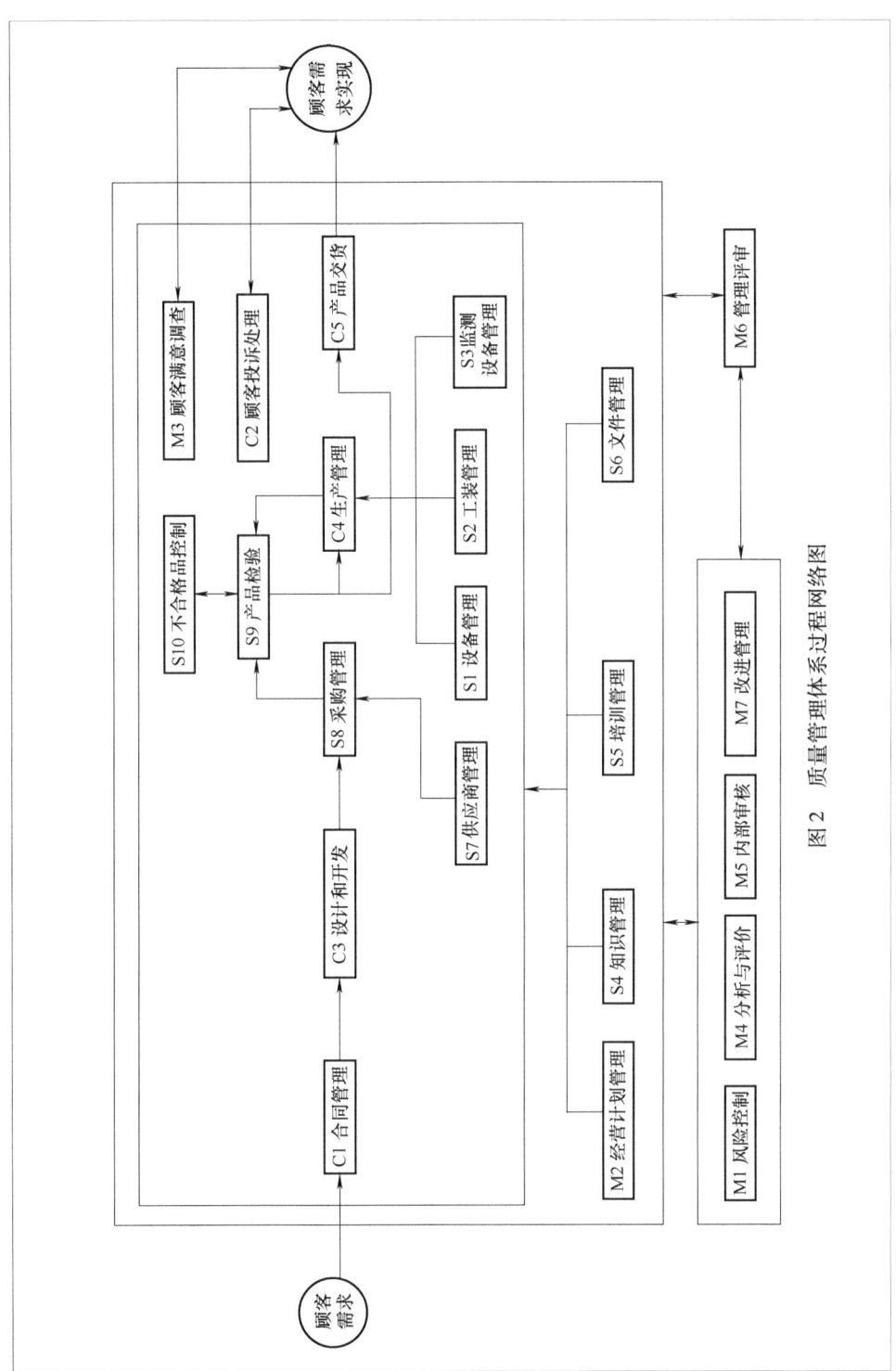

图 2 质量管理体系过程网络图

5.3 IATF 16949标准条款——过程矩阵表（见表4）

表4 IATF 16949标准条款——过程矩阵表

IATF 16949条款	C1 合同管理	C2 顾客投诉处理	C3 设计和开发	C4 生产管理	C5 产品交货	M1 风险控制	M2 经营计划管理	M3 顾客满意调查	M4 分析与评价	M5 内部审核	M6 管理评审	M7 改进	S1 设备管理	S2 工装管理	S3 监测设备管理	S4 知识管理	S5 培训管理	S6 文件管理	S7 供应商管理	S8 采购管理	S9 产品检验	S10 不合格品控制
4 组织环境	□	□	□	□	□	□	□	□	□	□	□	□	□	□	□	□	□	□	□	□	□	□
5 领导作用	□	□	□	□	□	□	□	□	□	■	■	□	□	□	□	□	□	□	□	□	□	□
6 策划																						
6.1 应对风险和机遇的措施	□	□	□	□	□	■	□	□	□	□	□	□	□	□	□	□	□	□	□	□	□	□
6.2 质量目标及其实现的策划	□	□	□	□	□	□	■	□	□	□	□	□	□	□	□	□	□	□	□	□	□	□
6.3 变更的策划	□	□	■	□	□	□	□	□	□	□	□	□	□	□	□	□	□	□	□	□	□	□
7 支持																						
7.1 资源																						
7.1.1 总则	□	□	□	□	□	□	□	□	□	□	□	□	□	□	□	□	□	□	□	□	□	□
7.1.2 人员	□	□	□	□	□	□	□	□	□	□	□	□	□	□	□	□	□	□	□	□	□	□
7.1.3 基础设施	□	□	□	□	□	□	□	□	□	□	□	□	■	□	□	□	□	□	□	□	□	□
7.1.4 过程运行环境	□	□	□	□	□	□	□	□	□	□	□	□	□	■	□	□	□	□	□	□	□	□
7.1.5 监视和测量资源	□	□	□	□	□	□	□	□	□	□	□	□	□	□	■	□	□	□	□	□	□	□
7.1.6 组织的知识	□	□	□	□	□	□	□	□	□	□	□	□	□	□	□	■	□	□	□	□	□	□
7.2 能力	□	□	□	□	□	□	□	□	□	□	□	□	□	□	□	□	■	□	□	□	□	□
7.3 意识	□	□	□	□	□	□	□	□	□	□	□	□	□	□	□	□	■	□	□	□	□	□
7.4 沟通	□	□	□	□	□	□	□	□	□	□	□	□	□	□	□	□	□	□	□	□	□	□

（续）

IATF 16949条款	C1 合同管理	C2 顾客投诉处理	C3 设计和开发	C4 生产产品管理	C5 产品交货管理	M1 风险控制	M2 经营计划管理	M3 顾客满意度调查	M4 分析与评价	M5 内部审核	M6 管理评审	M7 改进管理	S1 设备管理	S2 工装管理	S3 监测设备管理	S4 知识管理	S5 培训管理	S6 文件管理	S7 供应商管理	S8 采购管理	S9 产品检验	S10 不合格品控制
7.5 成文信息	□	□	□	□	□	□	□	□	□	□	□	□	□	□	□	□	□	■	□	□	□	□
8 运行																						
8.1 运行策划和控制	□	■	□	□	□	□	□	□	□	□	□	□	□	□	□	□	□	□	□	□	□	□
8.2 产品和服务的要求	□	□	■	□	□	□	□	□	□	□	□	□	□	□	□	□	□	□	□	□	□	□
8.3 产品和服务的设计和开发	□	□	■	□	□	□	□	□	□	□	□	□	□	□	□	□	□	□	■	□	□	□
8.4 外部提供的过程、产品和服务的控制	□	□	□	■	□	□	□	□	□	□	□	□	□	□	□	□	□	□	□	■	□	□
8.5 生产和服务提供																						
8.5.1 生产和服务提供的控制	□	□	□	■	□	□	□	□	□	□	□	□	□	□	□	□	□	□	□	□	□	□
8.5.2 标识和可追溯性	□	□	□	■	■	□	□	□	□	□	□	□	□	□	□	□	□	□	□	□	□	□
8.5.3 顾客或外部供方的财产	□	■	□	□	□	□	□	□	□	□	□	□	□	□	□	□	□	□	□	□	□	□
8.5.4 防护	□	□	□	■	□	□	□	□	□	□	□	□	□	□	□	□	□	□	□	□	□	□
8.5.5 交付后活动	□	□	□	□	□	□	□	□	□	□	□	□	□	□	□	□	□	□	□	□	□	□
8.5.6 更改控制	□	□	□	□	□	□	□	□	□	□	□	□	□	□	□	□	□	□	□	■	□	□
8.6 产品和服务的放行	□	□	□	□	□	□	□	□	□	□	□	□	□	□	□	□	□	□	□	□	■	□
8.7 不合格输出的控制	□	□	□	□	□	□	□	□	□	□	□	□	□	□	□	□	□	□	□	□	□	■
9 绩效评价																						
9.1 监视、测量、分析和评价																						

（续）

IATF 16949条款	C1 合同管理	C2 顾客投诉处理	C3 设计和开发	C4 生产产品管理	C5 产品交货	M1 风险控制	M2 经营计划管理	M3 顾客满意调查	M4 分析与评价	M5 内部审核评审	M6 管理评审	M7 改进	S1 设备管理	S2 工装管理	S3 监测设备管理	S4 知识管理	S5 培训管理	S6 文件管理	S7 供应商管理	S8 采购管理	S9 产品检验	S10 不合格品控制
9.1.1 总则	□				□																	□
9.1.2 顾客满意		□						■														
9.1.3 分析与评价					□				■													□
9.2 内部审核										■												
9.3 管理评审											■											
10 改进																						
10.1 总则																						
10.2 不合格品纠正措施												■										□
10.3 持续改进												■										

注：■——强相关；□——相关。

5.4 COP、MP、SP相互关系矩阵表（见表5）

表5　COP、MP、SP相互关系矩阵表

	C1 合同管理	C2 顾客投诉处理	C3 设计和开发	C4 生产产品管理	C5 产品交货	M1 风险控制	M2 经营计划管理	M3 顾客满意调查	M4 分析与评价	M5 内部审核评审	M6 管理评审	M7 改进	S1 设备管理	S2 工装管理	S3 监测设备管理	S4 知识管理	S5 培训管理	S6 文件管理	S7 供应商管理	S8 采购管理	S9 产品检验	S10 不合格品控制
C1 合同管理			×	×	×	×										×	×	×				×
C2 顾客投诉处理			×	×	×	×											×	×				×

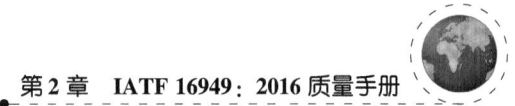

（续）

IATF 16949条款		C1 合同管理	C2 顾客投诉处理	C3 设计和开发	C4 生产管理	C5 产品交货	M1 风险控制	M2 经营计划管理	M3 顾客满意调查	M4 分析与评价	M5 内部审核	M6 管理评审	M7 改进管理	S1 设备管理	S2 工装管理	S3 监测设备管理	S4 知识管理	S5 培训管理	S6 文件管理	S7 供应商管理	S8 采购管理	S9 产品检验	S10 不合格品控制
C3	设计和开发	×			×		×	×				×	×	×			×	×	×		×	×	×
C4	生产管理	×		×		×	×						×	×	×	×	×	×	×		×	×	×
C5	产品交货	×			×													×	×		×		×
M1	风险控制			×	×					×		×		×			×	×	×				
M2	经营计划管理	×							×	×		×	×				×	×	×				
M3	顾客满意调查	×	×							×			×						×				
M4	分析与评价	×	×	×	×	×		×	×		×	×	×	×		×		×	×	×	×	×	×
M5	内部审核	×		×	×	×	×	×		×		×	×	×	×	×	×	×	×	×	×	×	×
M6	管理评审	×		×	×		×	×		×	×		×	×	×	×	×	×	×	×	×	×	×
M7	改进管理	×	×	×	×	×	×	×	×	×	×	×		×	×	×	×	×	×	×	×	×	×
S1	设备管理			×	×		×			×			×				×	×	×				
S2	工装管理			×	×								×	×			×	×	×				
S3	监测设备管理				×					×			×				×	×	×			×	
S4	知识管理	×		×	×		×	×		×		×	×	×	×	×		×	×	×	×		
S5	培训管理	×		×	×	×	×	×		×		×	×	×	×	×	×		×	×	×	×	×
S6	文件管理	×	×	×	×	×	×	×	×	×	×	×	×	×	×	×	×	×		×	×	×	×
S7	供应商管理	×		×	×					×			×				×	×	×		×	×	×
S8	采购管理	×		×	×	×				×			×				×	×	×	×		×	×
S9	产品检验	×			×					×			×					×	×		×		×
S10	不合格品控制	×	×	×	×	×				×			×				×	×	×		×	×	

注：×——相关。

5.5 过程——职能部门矩阵表（见表 6）

表 6 过程——职能部门矩阵

职能部门	C1 合同管理	C2 顾客投诉处理	C3 设计和开发	C4 生产交货管理	C5 产品风险控制	M1 经营计划管理	M2 顾客满意度调查	M3 分析与评价	M4 内部审核	M5 管理评审	M6 改进	M7 管理评审	S1 设备管理	S2 工装管理	S3 监测设备管理	S4 知识管理	S5 培训管理	S6 文件管理	S7 供应商管理	S8 采购管理	S9 产品检验	S10 不合格品控制
总经理	■	◇	◇	◇	◇	■	◇	◇	◇	■	◇	◇	◇	◇	◇	◇	◇	◇	◇	◇	◇	◇
管理者代表	◇	■	◇	◇	■	◇	◆	■	■	◆	■	◆	■	■	◇	■	■	■	◇	■	■	■
副总经理	◇	◇	◇	◇	◇	◆	◇	◇	◇	◇	◇	◇	◇	◇	◇	◇	◇	◇	◇	◇	◇	◇
仓库	◇	◇		◇																		
质量部	◇	◇	◇	◆	◆																	
产品研发部	◆	◆	■	◇	◆		◇															
生产部	◇	◇		■	◇																	
营销部	◆	◇		◇																		
采购部	◇	◇		◇								◆		◆								
工艺设备部	◇	◇		◇																		
人事行政部	◇	◇		◇														◆				

注：■ 为归口领导，◆ 为主职能部门，◇ 为配合部门。

5.6 过程绩效指标清单（见表 7）

表 7 过程绩效指标清单

过程代号	过程名称	过程绩效指标项目	指标值	计算公式（计算方法）	统计周期	统计单位/人
C1	合同管理	1) 合同/订单评审及时率	≥95%	合同/订单评审及时率 = $\dfrac{4\text{小时内完成评审的合同/订单数量}}{\text{合同/订单总数}} \times 100\%$	月度	营销总监

（续）

过程代号	过程名称	过程绩效指标项目	指标值	计算公式（计算方法）	统计周期	统计单位/人
C1	合同管理	2）订单交期准时率	≥95%	订单交期准时率 = 提前完成的订单及准时完成的订单数量/订单总数 ×100%	月度	跟单员
C2	顾客投诉处理	1）顾客投诉回复延误次数	≤3 次	顾客投诉必须在 4 小时内回复，否则视为延误	月度	营销部
		2）每月顾客投诉的相同问题数量	≤3 次	如果一个问题被投诉≥2 次，则视为一个相同问题	月度	营销部
C3	（APQP）设计和开发	1）产品鉴定一次通过率	≥98%	产品鉴定一次通过率 = 产品鉴定一次通过总数/产品鉴定总数 ×100%	季度	副总经理
		2）PPAP 一次通过率	≥98%	PPAP 一次通过率 = PPAP 一次通过数量/PPAP 总数 ×100%	季度	营销部
		3）设计和开发输出资料的差错率	≤5%	设计和开发输出资料的差错率 = 缺少和出错的设计输出资料数量/应输出的设计资料总数量 ×100%	每次设计资料移交时进行统计分析	标准化工程师
		4）研发延长的时间不超过研发计划总时间的百分数	≤5%	研发延长时间不超过研发计划总时间的百分数 = 产品研发延期的天数/产品研发计划的天数 ×100%	每次产品鉴定通过后 3 天内进行统计分析	副总经理
C4	生产管理	1）生产计划达成率	≥98%	生产计划达成率 =（按期完成数量/应完成品种数）×30% +（按期完成数量/应完成的产品数量）×70% +（一次检验通过的产品数量/送检的产品数量）×100%	月度	计划科
		2）入库检验一次通过率	≥98%	入库检验一次通过率 =（一次检验通过的产品数量/送检的产品数量）×100%	月度	质量部
		3）物料报废率	≤1.5%	物料报废率 =（物料报废数/投入总数）×100%	月度	仓库

（续）

过程代号	过程名称	过程绩效指标项目	指标值	计算公式（计算方法）	统计周期	统计单位/人
C5	产品交货	1) 交货准时率	≥98%	交货准时率 =（按时交货批次/应交货总批次）×100%	月度	营销部
		2) 交货不合格品率	≤500PPM	交货不合格品率 = 被顾客退回的不合格产品数量/发给顾客的产品总数量 ×1000000	月度	质量部
		3) 造成顾客生产中断次数	0次	每月统计一次	月度	营销部
		4) 产品质量合格，而导致本组织向顾客提出让步接收产品的次数	≤1次	每月统计一次	月度	营销部
		5) 本组织延期交付产品的次数	≤1次	每月统计一次	月度	营销部
M1	风险控制	1) 风险控制达标率	100%	风险控制达标率 = 控制达标的风险数量/应控制的风险总数量 ×100%	月度	质量部
		2) 应急计划（预案）有效实施率		应急计划（预案）有效实施率 = 有效处理的应急事件数量/发生的应急事件总数量 ×100%	季度	质量部
M2	经营计划管理	经营（质量）目标达成率	100%	经营（质量）目标达成率 = 达成的经营（质量）目标数量/经营（质量）目标总数量 ×100%	月度	质量部
M3	顾客满意调查	1) 调查表发放覆盖率	100%	调查表发放覆盖率 = 参加调查的顾客数量/顾客总数 ×100%	每次结束后第5日	营销部经理
		2) 调查表回收率	100%	调查表回收率 = 回收的调查表数量/发放的调查表总数 ×100%	每次结束后第5日	营销部经理

（续）

过程代号	过程名称	过程绩效指标项目	指标值	计算公式（计算方法）	统计周期	统计单位/人
M4	分析与评价	1）分析和评价报告提交的准时率	≥98%	分析和评价报告提交的准时性 = $\dfrac{准时提交的报告数量}{应提交的报告总数} \times 100\%$	月度	管理者代表
M5	内部审核	1）每次审核不合格项按时关闭率	100%	每次审核不合格项按时关闭率 = $\dfrac{按时关闭的不合格项数量}{不合格项总数} \times 100\%$	每次审核结束后的第30个工作日	管理者代表
		2）不合格项重复发生率	≤2%	不合格项重复发生率 = $\dfrac{一年中重复发生的不合格数量}{一年中审核发现的不合格项总数} \times 100\%$	每年12月底进行统计	管理者代表
M6	管理评审	1）管理评审输出中的决定和措施的按时完成率	100%	管理评审输出中的决定和措施的按时完成率 = $\dfrac{按时完成的决定和措施数量}{决定和措施总数} \times 100\%$。	每次管理评审结束后的第30个工作日	管理者代表
		1）纠正措施按时完成率	100%	纠正措施按时完成率 = $\dfrac{按时完成的纠正措施数量}{纠正措施总数} \times 100\%$	月度	质量部
		2）预防措施按时完成率	100%	预防措施按时完成率 = $\dfrac{按时完成的预防措施数量}{预防措施总数} \times 100\%$	月度	质量部
M7	改进管理	3）创新活动延长时间不超过计划总时间的百分数	≤5%	创新活动延长时间不超过计划总时间的百分数 = $\dfrac{延期的天数}{计划的天数} \times 100\%$	课题验收通过后3天内进行统计分析	管理者代表
		4）创新活动价值实现率	≥95%	创新活动价值实现率 = $\dfrac{实际创造的经济价值}{预计创造的经济价值} \times 100\%$	课题验收通过1年后统计计算	财务部

（续）

过程代号	过程名称	过程绩效指标项目	指标值	计算公式（计算方法）	统计周期	统计单位/人
S1	设备管理	1）设备月均故障时间	≤1.5 小时	设备月平均故障时间 = $\dfrac{\text{设备故障总时间}}{\text{设备总台数}}$	月度	设备管理员
		2）设备月故障次数超过3次的机合百分数	≤5%	设备月故障次数超过3次的机合百分数 = $\dfrac{\text{故障次数超过3次的设备台数}}{\text{设备总台数}} \times 100\%$	月度	设备管理员
		3）OEE 设备综合效率	≥80%	OEE 设备综合效率 = 时间利用率 × 性能利用率 × 合格品率 其中： 1）时间利用率 = $\dfrac{\text{开动时间}}{\text{负荷时间}}$ 2）性能利用率 = $\dfrac{\text{理论生产节拍时间} \times \text{加工数量}}{\text{开动时间}}$ 3）合格品率 = $\dfrac{\text{合格品数量}}{\text{加工数量}}$	月度	设备管理员
		4）MTBF 平均故障间隔时间	≥1000 小时	MTBF = $\dfrac{\text{A 类设备总工作时间}}{\text{A 类设备发生的故障次数}}$	年度	设备管理员
		5）MTTR 平均维修时间	≤2 小时	MTTR = $\dfrac{\text{A 类设备修复时间总和}}{\text{A 类设备修复次数}}$	年度	设备管理员
S2	工装管理	1）工装月均故障时间	≤1.5 小时	工装月平均故障时间 = $\dfrac{\text{工装故障总时间}}{\text{工装总数量}}$	月度	设备管理员
		2）月故障次数超过3次的工装百分数	≤5%	月故障次数超过3次的工装百分数 = $\dfrac{\text{故障次数超过3次的工装数量}}{\text{工装总数}} \times 100\%$	月度	设备管理员
		3）工装采购/制作及时率	≥95%	工装采购/制作及时率 = $\dfrac{\text{工装采购/制作按时完成的次数}}{\text{工装采购/制作总次数}} \times 100\%$	月度	设备管理员

（续）

过程代号	过程名称	过程绩效指标项目	指标值	计算公式（计算方法）	统计周期	统计单位/人
S3	监测设备管理	1）按期校准/检定完成率	100%	按期校准/检定完成率 = 按计划完成校准/检定的监测设备数量 / 按计划应校准/检定的监测设备数量	半年	计量工程师
		2）周期校准/检定合格率	≥98%	周期校准/检定合格率 = 检定/校准合格的监测设备总数 / 校准/校准的监测设备总数	半年	计量工程师
		3）MSA 计划达成率	100%	MSA 计划达成率 = MSA 实际完成数 / MSA 计划数 × 100%	半年	质量工程师
		4）%GRR ≤ 10% 的测量系统比例	≥90%	%GRR≤10% 的测量系统 = %GRR≤10% 的测量系统数 / 进行 MSA 的测量系统总数 × 100%	半年	质量工程师
S4	知识管理	1）知识发布准时率	≥95%	1）每季度，人力资源部组织各部门制定知识收集与发布的计划。人力资源部对计划的实施进行监管 2）知识发布准时率 = 准时发布的知识数量 / 应发布的知识数量 × 100%	季度	人力资源部
S5	培训管理	1）培训计划达成率	100%	培训计划达成率 = 实际完成培训人次 / 计划培训人次 × 100%	月度	人力资源部
		2）培训效果满意度	≥85 分	人力资源部对各部门"培训效果评价表"进行统计，所得的平均分即为"培训效果满意度"	季度	人力资源部
		3）多能工比例	≥50%	多能工比例 = 一线多能工数量 / 一线工人数量 × 100%	季度	人力资源部

（续）

过程代号	过程名称	过程绩效指标项目	指标值	计算公式（计算方法）	统计周期	统计单位/人
S6	文件管理	1) 每月在现场发现非有效版本文件的份数	0 份/月	每月对文件的使用情况进行检查，检查中发现的非有效版本文件的份数	月度	文控中心
		2) 每月发现的该没有文件的地方没有文件的次数	0 份/月	每月对文件的使用情况进行检查，检查中发现的该没有文件的地方没有文件的次数	月度	文控中心
		3) 顾客工程规范按时评审率	100%	1) 在收到顾客工程规范后 1 周内，对其进行评审 2) 顾客工程规范按时评审时数量 = 顾客工程规范按时评审时数量 / 顾客工程规范总数量 × 100%	月度	顾客代表
S7	供应商管理	1) A 类供应商比例	≥30%	A 类供应数量 = A 类供应数量 / 合格供应商总数量 × 100%	季度	采购部
		2) 质量评价得分大于 35 分的供应商百分数	≥40%	质量评价得分大于 35 分的供应商数量 = 质量评价得分大于 35 分的供应商数量 / 合格供应商总数量 × 100%	季度	质量部
		3) 第二方审核通过率	100%	第二方审核通过率 = 第二方审核通过次数 / 第二方审核次数 × 100%	季度	质量部
S8	采购管理	1) 来料批合格率	≥95%	来料批合格率 = 来料检查合格批数 / 来料检查总批数 × 100%	月度	质量部
		2) 交期准时率	≥95%	交期准时率 = 准时交货的批数 / 应交货总批数 × 100%	月度	采购部
		3) 因供应质量，交付问题，导致本公司通知顾客次数	≤2 次	每月统计一次	月度	营销部

(续)

过程代号	过程名称	过程绩效指标项目	指标值	计算公式（计算方法）	统计周期	统计单位/人
S8	采购管理	4）因供应商的质量原因造成本公司顾客产品滞留/停止出货次数	0次	每月统计一次	月度	营销部、采购部
		5）发生附加运费次数	≤2次	1）改变运输方式导致运输费用超过合同规定的费用时，均视为有附加运费产生，如海运改为空运，一次交货变成多次交货等 2）每月统计一次发生附加运费的次数	月度	采购部
		1）材料上线不良率	≤5000 PPM	材料上线不良率 = 生产线退库的不合格物料数量 × 1000000（PPM）/ 总领料数量	月度	仓库
		2）来料上线异常次数	≤2次	生产线上发现质量部进料检验合格的某种物料不合格率超过3%时，算1次异常	月度	生产部
S9	产品检验	3）半成品入库批合格率	≥95%	半成品入库批合格率 = 检验合格批数 / 检验总批数 × 100%	月度	质量部
		4）顾客批退次数	0次	顾客判整批退货次数	月度	营销部
		5）交货不合格品率	≤500 PPM	交货不合格品率 = 被顾客退回的不合格产品数量 / 发给顾客的产品总数量 × 1000000（PPM）	月度	质量部
S10	不合格品控制	不合格品被非预期使用和交付的次数	0次	每月统计不合格品被非预期使用和交付的次数	月度	质量部

（续）

过程代号	过程名称	过程绩效指标项目	指标值	计算公式（计算方法）	统计周期	统计单位/人
S10	不合格品控制	2) 不合格品被发运后，未及时通知顾客的次数	0次	1) 在顾客进料检查前通知顾客，视为及时通知 2) 每月统计一次	月度	质量部
		3) 质量成本/产值	≤3.5%	按会计规则计算	月度	财务部
		4) 外部损失/产值	≤1.1%	按会计规则计算	月度	财务部
		5) 内部损失/产值	≤0.6%	按会计规则计算	月度	财务部

5.7 过程及其风险和机遇控制表（见表8）

表8 过程及其风险和机遇控制表

过程编号	过程名称	过程输入	过程输出	过程绩效指标	过程所需物质资源	过程中的风险和机遇	主管人/部门	方法/相关文件
C1	合同管理	◆ 顾客合同/订单及变更 ◆ 法律、法规要求	◆ 合同/订单评审表 ◆ 顾客订货要求表 ◆ 制造可行性及风险分析报告 ◆ 签订正式合同 ◆ 合同/订单更改通知单 ◆ 合同/订单统计台账	1) 合同/订单评审及时率 2) 订单交期准确率	（略）	因合同评审不严谨导致发出的新产品不能满足顾客要求	营销部	合同管理程序
C2	顾客投诉处理	◆ 顾客投诉 ◆ 顾客退货	◆ 临时应急措施要求表 ◆ 顾客投诉处理报告单	1) 顾客投诉回复延误次数 2) 每月顾客投诉的相同问题数量		顾客投诉得不到及时回复或回复不能令顾客满意	质量部	顾客投诉处理程序

(续)

过程编号	过程名称	过程输入	过程输出	过程绩效指标	过程所需物质资源	过程中的风险和机遇	主管人/部门	方法/相关文件
C3	(APQP) 设计和开发	◆ 市场调研报告 ◆ 同类产品相关信息 ◆ 适用的法律、法规要求 ◆ 行业规范 ◆ 顾客的特殊特性	◆ 图样、设计文件 ◆ 工艺文件 ◆ 评审、验证、确认结果 ◆ PPAP 提交 ◆ 产品	1) 产品鉴定一次通过率 2) PPAP 一次通过率 3) 设计和开发输出资料的差错率 4) 研发延长时间不超过研发计划时间的百分数		设计输入不完整导致开发出来的产品不符合顾客要求	产品研发部	APQP 设计和开发控制程序
C4	生产管理	◆ 生产计划 ◆ 订单要求 ◆ 原辅材料、零件	◆ 合格产品 ◆ 检验记录 ◆ 生产报表	1) 生产计划达成率 2) 入库检验一次通过率 3) 物料报废率		1) 停水、停电 2) 人员短缺	生产部	生产过程管理程序
C5	产品交货	◆ 待出产品 ◆ 顾客订单 ◆ 合同/订单跟进控制表	◆ 产品交付给顾客 ◆ 送货单	1) 交货准时率 2) 交货不合格品率 3) 生产中断次数 4) 产品质量不合格，而导致本组织向顾客提出让步接收产品的次数 5) 本组织延期交付产品的次数		货物不能按时出厂	营销部	产品交货管理程序

（续）

过程编号	过程名称	过程输入	过程输出	过程绩效指标	过程所需物质资源	过程中的风险和机遇	主管人/部门	方法/相关文件
M1	风险控制	◆ 企业内、外部的环境信息 ◆ 组织的业务活动及活动场所	◆ 风险识别、风险分析与评价表 ◆ 风险应对计划 ◆ 风险应对计划实施的检查记录	风险控制达标率		风险应对措施引起次生风险	质量部	风险控制程序
M2	经营计划管理	◆ 公司内外部环境 ◆ 相关方的需求和期望 ◆ 公司战略 ◆ 工作流程 ◆ 问题点	◆ 公司经营计划 ◆ 经营计划实施情况检查记录	经营（质量）目标达成率		1）内外部环境变化导致经营失误 2）经营（质量）目标不能按时达成	总经办	经营计划管理程序
M3	顾客满意调查	◆ 顾客满意的信息	◆ 顾客满意度调查结果及分析报告 ◆ 纠正措施报告单	1）调查表发放覆盖率 2）调查表回收率		调查的项目不能反映顾客的真实感受	营销部	顾客满意度评定程序
M4	分析与评价	◆ 监视和测量获得的适当的数据和信息	◆ 数据和信息分析结果的利用（确定质量管理体系的绩效和有效性以及需要改进）	分析和评价报告提交的准时性		分析和评价报告中的数据和信息不真实	管理者代表	分析与评价控制程序

第2章 IATF 16949：2016质量手册

（续）

过程编号	过程名称	过程输入	过程输出	过程绩效指标	过程所需物质资源	过程中的风险和机遇	主管人/部门	方法相关文件
M5	内部审核	◆ ISO 9001标准 ◆ VDA 6.3过程审核 ◆ VDA 6.5产品审核 ◆ 质量管理体系文件 ◆ 产品标准 ◆ 相关法律法规 ◆ 顾客要求	◆ 内部质量管理体系审核报告 ◆ 过程审核报告 ◆ 产品审核报告 ◆ 不合格项报告表 ◆ 纠正措施要求单	1）每次审核不合格项按时关闭率 2）不合格项重复发生率		审核组不具备有效地实施审核的整体能力	管理者代表	1）内部质量管理体系审核控制程序 2）产品审核控制程序 3）过程审核控制程序
M6	管理评审	◆ 标准9.3.2要求的管理评审输入的内容 ◆ 标准9.3.2.1要求补充的管理评审输入的内容	◆ 管理评审报告（含改进的机会、质量管理体系的变更、资源需求）	管理评审输出中的决定和措施的按时完成率		管理评审输入不完整	总经理	管理评审控制程序
M7	改进管理	◆ 不合格信息 ◆ 潜在不合格信息 ◆ 企业发展的需要 ◆ 市场竞争的压力 ◆ 产业发展的方向	◆ 临时应急措施报告单 ◆ 纠正措施报告单 ◆ 预防措施报告单 ◆ 创新成果 ◆ 创新活动实施对策表 ◆ 创新活动验收报告	1）纠正措施按时完成率 2）预防措施按时完成率 3）创新活动延长的时间不超过计划总时间的百分数 4）创新活动价值实现率		1）同样同题仍然重复出现 2）严重超出预算	管理者代表	1）纠正措施控制程序 2）预防措施控制程序 3）创新管理程序

(续)

过程编号	过程名称	过程输入	过程输出	过程绩效指标	过程所需物质资源	过程中的风险和机遇	主管人部门	方法/相关文件
S1	设备管理	◆ 工艺改进的需求 ◆ 设备保养的需求 ◆ 设备配置/更新的需求	◆ 合格的设备 ◆ 设备台账 ◆ 设备操作指导书 ◆ 保养计划 ◆ 设备保养、维修记录	1) 设备月平均故障时间 2) 设备月故障次数超过3次的机台百分数 3) OEE 设备综合效率 4) MTBF 平均故障间隔时间 5) MTTR 平均维修时间		关键设备出现故障	设备部	设备管理程序
S2	工装管理	◆ 新产品开发需求 ◆ 老产品改进需求 ◆ 生产和更换需求 ◆ 现有工装状况	◆ 状态良好的工装 ◆ 工装台账 ◆ 工装更换计划、记录 ◆ 工装维护、保养、处置记录	1) 工装月平均故障时间 2) 月故障次数超过3次的工装百分数 3) 工装采购制作及时率		I 类工装出现故障	设备部	工装管理程序
S3	监测设备管理	◆ 监测设备的配置需求 ◆ 监视和测量证的需求 ◆ 监视和测量能力保证的需要 ◆ 国家法律法规的要求	◆ 合格的监视和测量设备 ◆ 监测设备台账 ◆ MSA 测量系统分析报告 ◆ 检定/校准证书	1) 按期校准检定完成率 2) 周期校准检定合格率 3) MSA 计划达成率 4) % $GRR \leq 10\%$ 的测量系统比例		监测设备偏离校准状态	质量部	监视和测量设备管理程序

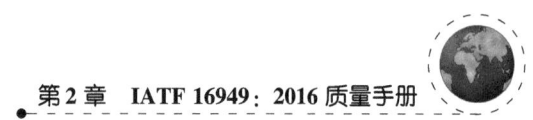

(续)

过程编号	过程名称	过程输入	过程输出	过程绩效指标	过程所需物质资源	过程中的风险和机遇	主管人/部门	方法/相关文件
S4	知识管理	◆ 内部来源：失败和成功的项目，未成文的个人经验等 ◆ 外部来源：学术交流、专业会议等	◆ 作业指导文件 ◆ 发布在公司网站共享的知识	知识发布准时率		关键工位依赖1~2个能人	人力资源部	知识管理控制程序
S5	培训管理	◆ 新进员工 ◆ 转岗员工 ◆ 在职提高需要	◆ 员工培训记录表 ◆ 培训效果评价表 ◆ 特殊作业资格证上岗证	1) 培训计划达成率 2) 培训效果满意度 3) 多能工比例		从事特殊任务的员工未经培训并取得资格证书	人力资源部	培训管理程序
S6	文件管理	◆ 文件编写的需求 ◆ 文件更改的需求 ◆ 外来文件	◆ 受控文件分发回收记录 ◆ 文件更改通知单 ◆ 现场获得有效版本的受控文件 ◆ 文件得到妥善保护	1) 每月在现场发现非有效版本文件的份数 2) 每月发现的该有文件的地方没有文件的次数 3) 在收到顾客工程规范后1周内，对其进行评审		作废文件没有从现场收回	文控中心	文件控制程序

(续)

过程编号	过程名称	过程输入	过程输出	过程绩效指标	过程所需物质资源	过程中的风险和机遇	主管人部门	方法/相关文件
S7	供应商管理	◆ 供应商开发需求 ◆ 现有供应商动态管理需求	◆ 供应商选审批表 ◆ 合格供应商名单 ◆ 供应商业绩评价表	1) A类供应商比例 2) 质量评价得分大于35分的供应商百分数 3) 第二方审核通过率		1) 供应商能力不足,供货中断 2) 供应商所供物料质量达不到要求	采购部	供应商管理程序
S8	采购管理	◆ 物料需求计划 ◆ 物料请购单	◆ 符合要求的采购物料 ◆ 进料检验报告 ◆ 外购入库单	1) 来料批合格率 2) 交期准时率 3) 因供应商质量、交付问题,导致本公司顾客投诉次数 4) 因供应商的原因造成本公司或本公司顾客产品滞留/停止出货次数 5) 发生附加运费次数		重要物料延期供货	采购部	采购管理程序

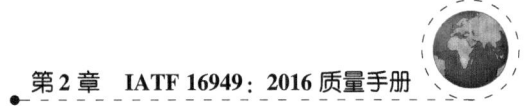

（续）

过程编号	过程名称	过程输入	过程输出	过程绩效指标	过程所需物质资源	过程中的风险和机遇	主管人部门	方法/相关文件
S9	产品检验	◆ 待检产品 ◆ 顾客要求 ◆ 技术要求	◆ 检验过的产品 ◆ 全尺寸检验报告 ◆ 检验记录	1）材料上线不良率 2）来料上线异常次数 3）半成品入库批合格率 4）顾客批退次数		未进行型式试验，未按规定对成品进行全部项目的检验	质量部	产品检验控制程序
S10	不合格品控制	◆ 不合格品 ◆ 状态可疑产品	◆ 不合格品处理记录 ◆ 返工以后检验记录 ◆ 不合格品得到处理	1）不合格品被非预期使用和交付的次数 2）不合格品发运后，未及时通知顾客的次数 3）质量成本 4）外部损失产值 5）内部损失产值		1）不合格品被使用或发给顾客 2）顾客退货处理不及时 3）初始通知不详细	质量部	不合格品控制程序

6 质量管理体系文件

6.1 质量管理体系文件的层次

本公司质量管理体系文件包括四个层次,见图3。

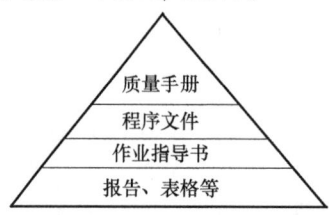

图3 质量管理体系文件的层次

a) 第一层:质量手册。
阐述企业的质量方针、目标,概括性、原则性、纲领性地描述质量管理体系。

b) 第二层:程序文件。
程序文件是质量手册的展开和具体化,使得质量手册中原则性和纲领性的要求得到展开和落实。

程序文件规定了执行质量活动的具体办法,内容包括活动的目的和范围;做什么和谁来做;何时、何地和如何做;如何对活动进行控制和记录。

c) 第三层:作业指导书。
在没有文件化的规定就不能保证质量管理体系有效运行的前提下,本公司使用作业指导书,详述如何完成具体的作业和任务。

d) 第四层:报告、表格。
报告、表格用来记录活动的状态和所达到的结果,为体系运行提供查询和追踪依据。

6.2 IATF 16949标准条款与文件对照表(见表9)

表9 IATF 16949标准条款与文件对照表

IATF 16949标准条款	对应文件
4 组织环境	
4.1 理解组织及其环境	经营计划管理程序
4.2 理解相关方的需求和期望	
4.3 确定质量管理体系的范围	
4.3.1 确定质量管理体系的范围——补充	质量手册
4.3.2 顾客特殊要求	
4.4 质量管理体系及其过程	质量手册
4.4.1	

（续）

IATF 16949 标准条款	对 应 文 件
4.4.1.1　产品和过程的符合性	APQP 设计和开发控制程序
4.4.1.2　产品安全	1）APQP 设计和开发控制程序 2）产品安全性管理规定
4.4.2	1）质量手册 2）记录管理规定
5　领导作用	
5.1　领导作用和承诺	1）质量手册 2）员工反腐败反贿赂行为规范
5.2　方针	质量手册
5.3　组织的岗位、职责和权限	
5.3.1　组织的岗位、职责和权限——补充	1）质量手册 2）岗位说明书
5.3.2　产品要求和纠正措施的职责和权限	1）岗位说明书 2）不合格品控制程序
6　策划	
6.1　应对风险和机遇的措施	
6.1.1	风险控制程序
6.1.2	
6.1.2.1　风险分析	
6.1.2.2　预防措施	预防措施控制程序
6.1.2.3　应急计划	应急计划管理规定
6.2　质量目标及其实现的策划	经营计划管理程序
6.3　变更的策划	质量手册
7　支持	
7.1　资源	
7.1.1　总则	1）岗位说明书 2）设备管理程序 3）员工招聘录用管理制度
7.1.2　人员	1）岗位说明书 2）员工招聘录用管理制度 3）培训管理程序
7.1.3　基础设施	1）设备管理程序 2）设备大修管理规定
7.1.3.1　工厂、设施和设备策划	
7.1.4　过程运行环境	运行环境管理规定
7.1.4.1　过程运行环境——补充	

(续)

IATF 16949 标准条款	对应文件
7.1.5 监视和测量资源	监视和测量设备管理程序
7.1.5.1 总则	
7.1.5.1.1 测量系统分析	MSA 作业指导书
7.1.5.2 测量溯源	监视和测量设备管理程序
7.1.5.2.1 校准/验证记录	
7.1.5.3 实验室要求	实验室管理规定
7.1.5.3.1 内部实验室	
7.1.5.3.2 外部实验室	
7.1.6 组织的知识	知识管理控制程序
7.2 能力	1）岗位说明书 2）培训管理程序
7.2.1 能力——补充	
7.2.2 能力——在职培训	
7.2.3 内部审核员能力	审核员管理规定
7.2.4 第二方审核员能力	
7.3 意识	培训管理程序
7.3.1 意识——补充	
7.3.2 员工激励和授权	合理化建议管理办法
7.4 沟通	协商和沟通管理制度
7.5 成文信息	
7.5.1 总则	1）质量手册 2）文件控制程序
7.5.1.1 质量管理体系文件	
7.5.2 创建和更新	
7.5.3 成文信息的控制	
7.5.3.2.1 记录保存	记录管理制度
7.5.3.2.2 工程规范	文件控制程序
8 运行	
8.1 运行的策划和控制	1）APQP 设计和开发控制程序 2）生产过程管理程序 3）外包管理规定
8.1.1 运行的策划和控制——补充	
8.1.2 保密	保密管理规定
8.2 产品和服务的要求	
8.2.1 顾客沟通	1）产品报价作业规范 2）合同管理程序 3）顾客投诉处理程序
8.2.1.1 顾客沟通——补充	
8.2.2 产品和服务要求的确定	1）合同管理程序 2）特殊特性管理规定
8.2.2.1 产品和服务要求的确定——补充	

(续)

IATF 16949 标准条款	对应文件
8.2.3 产品和服务要求的评审	
8.2.3.1	
8.2.3.1.1 产品和服务要求的评审——补充	1）合同管理程序
8.2.3.1.2 顾客指定的特殊特性	2）特殊特性管理规定
8.2.3.1.3 组织制造可行性	
8.2.3.2	
8.2.4 产品和服务要求的更改	
8.3 产品和服务的设计和开发	
8.3.1 总则	
8.3.1.1 产品和服务的设计和开发——补充	
8.3.2 设计和开发策划	
8.3.2.1 设计和开发策划——补充	
8.3.2.2 产品设计技能	
8.3.2.3 带有嵌入式软件的产品的开发	
8.3.3 设计和开发输入	1）APQP 设计和开发控制程序
8.3.3.1 产品设计输入	2）FMEA 作业规范
8.3.3.2 制造过程设计输入	3）PPAP 生产件批准作业规范
8.3.3.3 特殊特性	4）控制计划管理规定
8.3.4 设计和开发控制	5）技术更改管理规定
8.3.4.1 监视	6）特殊特性管理规定
8.3.4.2 设计和开发确认	7）过程能力研究作业指导书
8.3.4.3 原型样件方案	8）产品安全性管理规定
8.3.4.4 产品批准过程	
8.3.5 设计和开发输出	
8.3.5.1 设计和开发输出——补充	
8.3.5.2 制造过程设计输出	
8.3.6 设计和开发更改	
8.3.6.1 设计和开发更改——补充	
8.4 外部提供的过程、产品和服务的控制	
8.4.1 总则	1）供应商管理程序
8.4.1.1 总则——补充	2）采购管理程序
8.4.1.2 供应商选择过程	3）外包管理规定
8.4.1.3 顾客指定的货源（也称为"指定性购买"）	4）法律法规和其他要求控制规定
	5）供应商审核管理规定
8.4.2 控制类型和程度	6）产品检验控制程序

（续）

IATF 16949 标准条款	对 应 文 件
8.4.2.1 控制类型和程度——补充	1）供应商管理程序 2）采购管理程序 3）外包管理规定 4）法律法规和其他要求控制规定 5）供应商审核管理规定 6）产品检验控制程序
8.4.2.2 法律法规要求	
8.4.2.3 供应商质量管理体系开发	
8.4.2.3.1 汽车产品相关软件或带有嵌入式软件的汽车产品	
8.4.2.4 供应商监视	
8.4.2.4.1 第二方审核	
8.4.2.5 供应商开发	
8.4.3 提供给外部供方的信息	
8.4.3.1 提供给外部供方的信息——补充	
8.5 生产和服务提供	
8.5.1 生产和服务提供的控制	1）生产过程管理程序 2）产品交货管理程序 3）关键工序和特殊工序管理规定 4）控制计划管理规定 5）作业准备验证管理规定 6）设备管理程序 7）工装管理程序 8）生产计划管理规定
8.5.1.1 控制计划	
8.5.1.2 标准化作业——作业指导书和可视化标准	
8.5.1.3 作业准备的验证	
8.5.1.4 停工后的验证	
8.5.1.5 全面生产维护	
8.5.1.6 生产工装及制造、试验、检验工装和设备的管理	
8.5.1.7 生产排程	
8.5.2 标识和可追溯性	1）标识和可追溯性管理规定 2）检验状态管理规定
8.5.2.1 标识和可追溯性——补充	
8.5.3 顾客或外部供方的财产	顾客或外部供方财产管理规定
8.5.4 防护	1）产品防护规定 2）仓库管理制度
8.5.4.1 防护——补充	
8.5.5 交付后活动	1）售后服务工作规范 2）顾客投诉处理程序
8.5.5.1 服务信息的反馈	
8.5.5.2 与顾客的服务协议	
8.5.6 更改控制	技术更改管理规定
8.5.6.1 更改控制——补充	
8.5.6.1.1 过程控制的临时更改	过程临时技术更改管理规定
8.6 产品和服务的放行	1）产品检验控制程序 2）控制计划 3）汽车类零部件外观项目检验规范
8.6.1 产品和服务的放行——补充	
8.6.2 全尺寸检验和功能试验	
8.6.3 外观项目	

(续)

IATF 16949 标准条款	对应文件
8.6.4 外部提供的产品和服务的符合性的验证和接受	1) 产品检验控制程序 2) 控制计划 3) 汽车类零部件外观项目检验规范 4) 法律法规和其他要求控制规定
8.6.5 法律法规的符合性	
8.6.6 接收准则	
8.7 不合格输出的控制	
8.7.1	
8.7.1.1 顾客的让步授权	1) 不合格品控制程序 2) 返工、返修作业指导书 3) 产品召回管理规定
8.7.1.2 不合格品控制——顾客规定的过程	
8.7.1.3 可疑产品的控制	
8.7.1.4 返工产品的控制	
8.7.1.5 返修产品的控制	
8.7.1.6 顾客通知	
8.7.1.7 不合格品的处置	
8.7.2	
9 绩效评价	
9.1 监视、测量、分析和评价	
9.1.1 总则	1) 控制计划 2) 过程能力研究作业指导书 3) $\bar{x}-R$ 控制图应用作业指导书 4) 事态升级管理规范
9.1.1.1 制造过程的监视和测量	
9.1.1.2 统计工具的确定	
9.1.1.3 统计概念的应用	
9.1.2 顾客满意	顾客满意度评定程序
9.1.2.1 顾客满意——补充	
9.1.3 分析与评价	分析与评价控制程序
9.1.3.1 优先级	
9.2 内部审核	
9.2.1	1) 内部质量管理体系控制程序 2) 过程审核控制程序 3) 产品审核控制程序
9.2.2	
9.2.2.1 内部审核方案	
9.2.2.2 质量管理体系审核	
9.2.2.3 制造过程审核	
9.2.2.4 产品审核	

(续)

IATF 16949 标准条款	对 应 文 件
9.3 管理评审	
9.3.1 总则	1）管理评审控制程序 2）质量成本管理规定
9.3.1.1 管理评审——补充	
9.3.2 管理评审输入	
9.3.2.1 管理评审输入——补充	
9.3.3 管理评审输出	
9.3.3.1 管理评审输出——补充	
10 改进	
10.1 总则	纠正措施控制程序
10.2 不合格和纠正措施	
10.2.3 问题解决	
10.2.4 防错	防错法应用指南
10.2.5 保修管理体系	售后服务工作规范
10.2.6 顾客投诉和现场失效试验分析	1）售后服务工作规范 2）顾客投诉处理程序
10.3 持续改进	创新管理程序
10.3.1 持续改进——补充	

7 顾客特殊要求

顾客特殊要求，是指顾客对 IATF 16949 标准特定条款的补充和解释。顾客一般在"供货技术协议"等文件中提出其特殊要求。

本公司建立顾客特殊要求与质量管理体系过程的矩阵表或"顾客特殊要求清单"，并将顾客特殊要求转换到相关的图样、文件中，确保顾客特殊要求得到落实。

8 质量管理体系变更的策划

当本公司确定需要对质量管理体系进行变更时，本公司将有条不紊地进行策划和实施，以保证质量管理体系各过程的正常运行，保证质量管理体系作为一个有机整体的系统性和完整性，使质量管理体系在变更中和变更后能够持续有效。

本公司在对质量管理体系变更进行策划和实施时，会考虑：

a）变更的目的和任何潜在的后果，包括风险及其控制措施；
b）质量管理体系的完整性；
c）资源的可获得性；
d）职责和权限的分配或再分配。

附录1 质量目标清单（见表10）

表10 质量目标清单

序号	目标名称	设置目的	计算公式（计算方法）	目标值	统计周期	考核人或考核单位	备注
1	顾客满意度	考核服务质量	每年年终（每年管理评审前），营销部组织进行顾客满意度调查，并计算得分，详见《顾客满意度调查控制程序》。	≥95分	年度	营销部	
2	交货准时率	考核计划协调能力	交货准时率 = $\dfrac{按时交货批次}{交货总批次} \times 100\%$	≥98%	月度	营销部	
3	顾客批退次数	考核产品质量控制能力	顾客判整批退货次数	0次	月度	营销部	
4	交货不合格品率	考核产品质量控制能力	交货不合格品率 = $\dfrac{被顾客退回的不合格产品数量}{发给顾客的产品总数量} \times 1000000$（PPM）	≤500PPM	月度	营销部	
5	培训效果满意度	考核培训工作的实际效果	人力资源部对各部门负责人打分的"培训效果评价表"进行统计，所得的平均分即为"培训效果满意度"	≥85分	季度	人力资源部	

注：此表中只是公司级的质量目标，部门、过程的质量目标见相关文件。

附录2 质量管理体系文件总览表（见表11）

表11 质量管理体系文件总览表

序号	程序文件	序号	作业指导书	序号	表格
	（内容省略）				

附录3 法律、法规清单（略）

第 3 章

IATF 16949：2016 程序文件——策划类

3.1 风险控制程序

风险控制程序

1. 目的

确保质量管理体系能够实现预期的结果，避免或减少不利影响，增强有利影响，并实现改进。

2. 适用范围

适用于公司范围内风险的识别、风险分析与评价、风险应对，以及风险监督、检查和改进的管理。

3. 职责

3.1 质量部是风险控制的归口管理部门，监督并检查风险应对计划的实施。

3.2 管理者代表负责审核风险应对计划。

3.3 总经理批准风险应对计划。

3.4 各部门负责按风险应对计划的要求实施风险控制。

4. 过程分析乌龟图

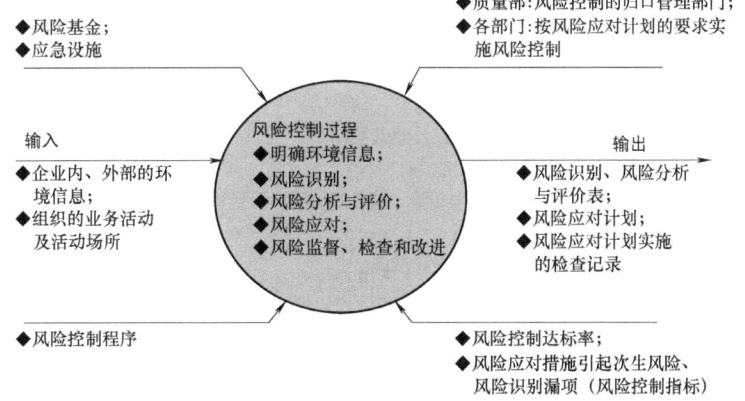

5. 过程流程图

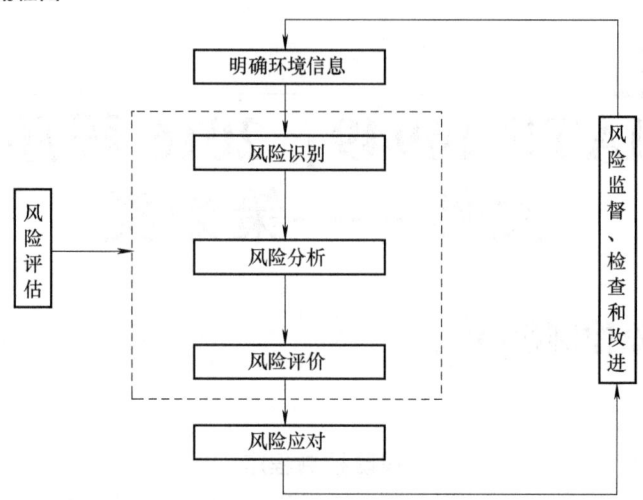

6. 作业程序与控制要求

程　　序	工 作 内 容	输 出 文 件	责任部门/人
6.1　明确环境信息	6.1.1　在风险识别前，质量部应组织风险识别人员明确公司内、外部的环境信息，以确保风险控制与公司所处的环境相协调		质量部
	6.1.2　外部环境信息是公司在实现目标过程中所面临的外界环境的历史、现在和未来的各种相关信息。包括： 1）国际、国内、地区及当地政治、经济、文化、法律、法规、技术、金融以及自然环境和竞争环境 2）影响公司目标实现的外部关键因素及历史和变化趋势 3）外部利益相关者及其诉求、价值观、风险承受度 4）外部利益相关者与组织的关系		
	6.1.3　内部环境信息是公司在实现目标过程中面临的内在环境的历史、现在和未来的各种相关信息。包括： 1）组织的方针、目标以及经营战略 2）资源和知识方面的能力 3）内部利益相关者及其诉求、价值观、风险承受度 4）采用的标准和模型 5）组织结构、管理过程和措施 6）产品召回、产品审核、使用现场的退货和修理、投诉、报废以及返工中的经验教训 7）与风险管理实施过程有关的现场环境信息等		

(续)

程　　序	工作内容	输出文件	责任部门/人
6.2　风险识别	6.2.1　风险识别的时机 1）质量部在每年年初（上年度例行的管理评审之后）或根据需要在适当时候，根据企业所处的环境，识别公司质量管理体系过程中的风险 2）在相关法规变更，公司的活动、产品、服务、运行条件，以及相关方的要求等环境信息发生重大变化时，可适时进行风险识别		质量部
	6.2.2　风险识别 1）质量部组织有关人员成立风险分析小组，确定要进行风险识别的质量管理体系过程 2）风险分析小组对每一过程中的风险进行识别，将识别出的风险填入"风险识别、风险分析与评价表"填入时，要明确风险名称、风险可能导致的后果	风险识别、风险分析与评价表	风险分析小组
	6.2.3　风险识别中的重点关注对象 1）"九新"。所谓"九新"，就是指新技术、新材料、新工艺、新状态、新环境、新过程、新岗位、新人员、新设备。要对"九新"进行深入分析，识别其中的各类风险 2）产品召回、产品审核、使用现场的退货和修理、投诉、报废以及返工中的经验教训 3）制造过程和基础设施设备所面临的内部和外部风险		
	6.2.4　风险识别中的正面风险，即有利于实现预期结果的情况，称为"机遇"。机遇可能导致采用新实践、推出新产品、开辟新市场、赢得新顾客、建立合作伙伴关系、利用新技术和其他可行之处，以应对组织或其顾客的需求 风险分析小组应采用"机遇评估与应对措施表"，对机遇进行评估并制定应对措施。制定应对措施时，也应考虑相关的风险	机遇评估与应对措施表	风险分析小组
6.3　风险分析与评价	6.3.1　风险分析 1）风险分析小组对识别出的风险进行定性分析，确定风险后果的严重性，以及风险发生的可能性，进而确定风险的等级 2）风险后果的严重性判断标准见表 3.1-1，风险发生的可能性判断标准见表 3.1-2，风险等级分为极高风险、高风险、中等风险、低风险、极低风险五级，判断标准见表 3.1-3		风险分析小组

（续）

程　　序	工 作 内 容	输 出 文 件	责任部门/人
6.3 风险分析与评价	6.3.2 风险评价 1）风险分析小组将风险分析得出的风险等级与风险接受准则（见表3.1-4）进行对照，以确定风险是否可以接受 2）风险分析小组将风险分析与评价的结论填入"风险识别、风险分析与评价表"中	风险识别、风险分析与评价表	风险分析小组
6.4 风险应对	6.4.1 风险分析小组根据风险分析与评价结果，确定风险应对措施。风险应对措施包括：避免风险、为了抓住机遇而承担风险、消除风险源、改变发生的可能性或后果、分担风险，或者在知情决策下与风险"共舞"（保持风险） 选择风险应对措施时，应考虑以下因素： 1）法律、法规、社会责任和环境保护等方面的需求 2）风险应对措施的实施成本与收益 3）选择几种应对的措施，将其单独或组合使用 4）利益相关者的诉求和价值观、对风险的认知和承受度以及对某一些风险应对措施的偏好 5）将应对措施纳入到质量管理体系的过程中 6）采取的风险应对措施应与风险对产品、服务的符合性和顾客满意的潜在影响相适应		风险分析小组
	6.4.2 在选择了风险应对措施之后，风险分析小组应制定相应的"风险应对计划"。风险应对计划的内容可包括：风险、风险应对措施、责任人、资源需求、如何对结果进行监视等	风险应对计划	风险分析小组
	6.4.3 "风险应对计划"经管理者代表审核、总经理批准后下发实施		总经理
	6.4.4 应针对下列风险出现时的紧急情况制定应急计划，以便在这些紧急情况发生时，公司可启动应急计划以确保生产的顺利进行及产品、服务的及时交付 1）关键设备故障 2）外部提供的产品、过程或服务中断。如供应商不能按时交货等 3）常见的自然灾害，如大雪封路 4）火灾 5）公共事业中断，如供水、供电中断 6）信息系统遭网络攻击 7）劳动力短缺 8）基础设施遭破坏，如供气系统被破坏等 应急计划的编制与管理详见《应急计划管理规定》		

(续)

程 序	工 作 内 容	输 出 文 件	责任部门/人
6.5 风险监督、检查和改进	6.5.1 质量部每月对"风险应对计划""机遇评估与应对措施表"的实施情况进行检查,检查结果记录在"风险控制情况检查表""机遇评估与应对措施表"中。发现问题时,质量部应按《纠正措施控制程序》的要求责成相关部门采取改进和纠正措施	风险控制情况检查表	质量部
	6.5.2 每次管理评审时,应对风险控制措施的有效性进行评审		
	6.5.3 在相关法规变更,公司的活动、产品、服务、运行条件,以及相关方的要求等环境信息发生重大变化时,质量部应组织对"风险识别、风险分析与评价表""风险应对计划""机遇评估与应对措施表"重新进行评审,根据评审结果,决定是否对它们进行修订		质量部

7. 过程绩效的监视

绩 效 指 标	计算公式（计算方法）	指标值	监视频率	监视单位/人
7.1 风险控制达标率	风险控制达标率 = $\dfrac{\text{控制达标的风险数量}}{\text{应控制的风险总数量}} \times 100\%$	100%	月	质量部

8. 过程中的风险和机遇的控制（风险应对计划）

风 险	应 对 措 施	资源需求	执行时间	负责人	监视方法
8.1 风险应对措施引起次生风险	1) 质量部组织风险分析小组对风险应对措施中可能的次生风险进行识别、分析与评价,填写"风险识别、风险分析与评价表" 2) 根据对次生风险分析与评价的结论,制定风险应对措施,将这些措施纳入到"风险应对计划"中并实施		与风险识别、风险分析与评价同时进行	风险分析小组	管理者代表对"风险识别、风险分析与评价表"进行审查
8.2 风险识别漏项	风险分析小组组长检查"风险识别与分析信息收集表",查看其是否收集了产品召回、产品审核、使用现场的退货和修理、投诉、报废以及返工中的经验教训		与风险识别、风险分析与评价同时进行	风险分析小组组长	管理者代表对"风险识别、风险分析与评价表"进行审查

9. 支持性文件

9.1 《应急计划管理规定》

10. 记录

10.1 风险识别、风险分析与评价表（见表3.1-5）

10.2 风险应对计划（见表3.1-6）

10.3 机遇评估与应对措施表（见表3.1-7）

10.4 风险控制情况检查表（见表3.1-8）

表3.1-1 风险后果的严重性判断标准

严重性分值	财产损失（或超支）	停工时间（或延误时间）	对产品/顾客的影响	对生产的影响	对过程的影响
5	≥50万元	≥10天	潜在失效后果影响产品安全和/或不符合政府法规	可能危及操作者	造成过程没有能力满足规定的要求
4	≥10万元	≥5天	基本功能丧失或降低	可能产生废品，生产线停止或速度降低	造成过程严重不符合规定的要求，对顾客或后续过程有显著的影响
3	≥1万元	≥1天	次要功能丧失或降低（产品可以使用，但舒适性/便利性方面性能丧失或降低）	产品须离线返工后再被接受	造成过程不总是满足规定的要求，对顾客或后续过程存在影响
2	<1万元	半天	外观或噪声不符合要求，一定或可能引起顾客注意	产品在后工序加工前需要在线返工，或给工作过程带来轻微不便	造成过程存在轻微的不符合情况，但不会影响符合顾客规范和后续过程步骤
1	无	没有误时	顾客没有反应	对生产过程没有影响	完全满足过程的要求

表 3.1-2　风险发生的可能性判断标准

可能性分值	偏差发生的频率	工作检查	作业标准	员工胜任程度	控制措施
5	每天发生，经常	从来不检查	没有标准	不胜任，无任何培训，也无工作经验	无任何控制措施
4	每月发生	偶尔检查	有，但只是偶尔执行	不够胜任	控制措施不完善
3	每季度发生	月检	有，但只是部分执行	一般胜任	有，但没有完全执行
2	每年发生	周检	有，但偶尔不执行	胜任，但偶尔出错	有，偶尔执行
1	偶尔或一年以上发生	日检或完工即查	有，而且严格执行	高度胜任，有完善的培训系统	控制措施完善、有效

表 3.1-3　风险等级判断标准

严重性 \ 可能性 风险等级	1	2	3	4	5
5	低风险	中等风险	高风险	极高风险	极高风险
4	低风险	低风险	中等风险	高风险	极高风险
3	极低风险	低风险	低风险	中等风险	高风险
2	极低风险	低风险	低风险	低风险	中等风险
1	极低风险	极低风险	极低风险	低风险	低风险

表 3.1-4　风险接受准则

风险等级	接受准则
极高风险	不可接受风险
高风险	不可接受风险
中等风险	不可接受风险
低风险	可接受风险，用现有措施控制
极低风险	可忽视风险，无须采取措施

表 3.1-5 风险识别、风险分析与评价表

序号	过程	风险	风险的分析与评价				控制措施
			风险后果的严重性	风险发生的可能性	风险等级	是否不可接受风险	
1	知识管理	关键工位依赖1~2个能人	4	1	低风险	否	A
2	文件控制	作废文件没有从现场收回	4	1	低风险	否	A
3	设备管理	设备定期保养得不到落实	4	1	低风险	否	A
4	……						

注：控制措施包括：A——现有措施；B——现有措施可继续使用，但须限期整改；C——立即整改。

表 3.1-6 风险应对计划

序号	过程	风险	风险对策	应对措施	资源需求	执行时间	负责人	监视方法
1	知识管理	关键工位依赖1~2个能人	减少风险	1）培养3个以上多能工，掌握关键工位的操作要领		适时执行	车间主任	质量保证工程师检查关键工位多能工的数量
			消除风险	2）将这1~2个能人的经验转化为作业指导书，作为公司的知识积累		适时执行	工艺工程师	质量保证工程师检查关键工位的作业指导书是否包含了能人们的经验、作业指导书是否有效
2	文件控制	作废文件没有从现场收回	消除风险	文件管理员按原版次"文件分发回收记录"或"文件分发清单"中的部门名单回收作废的原版次文件		新文件发放时执行	文件管理员	文控中心负责人每月对作废文件的回收情况进行检查
3	设备管理	设备定期保养得不到落实	减少风险	设备工程师督促检查相关设备员严格执行《设备管理程序》		持续进行	设备工程师	设备部经理每月对设备定期保养情况进行检查
4	……							

注：风险对策包括规避风险、承担风险、消除风险、减少风险、分担风险、保留风险等。

表 3.1-7 机遇评估与应对措施表

序号	机遇	应对措施	责任部门	完成时间	监督检查结果
1	互联网+时代来临，网络营销成为重要销售手段	1) 建立网络市场营销体系	营销部	2018.6.18	按时完成
		2) 对销售员进行网络营销知识培训	营销部	2018.6.10	按时完成
2	……				

表 3.1-8 风险控制情况检查表

检查人：彭芳　　　　检查日期：2017/9/29

序号	过程名称	过程中的风险	风险应对措施	风险控制监视方法	风险控制情况检查		
					应对措施是否得到落实	监视方法是否得到落实	风险是否得到控制
1	知识管理	关键工位依赖1~2个能人	1) 培养3个以上多能工，掌握关键工位的操作要领 2) 将这1~2个能人的经验转化为作业指导书，作为公司的知识积累	质量保证工程师检查关键工位多能工的数量 质量保证工程师检查关键工位的作业指导书是否包含了能人们的经验、作业指导书是否有效	得到落实 得到落实	得到落实 得到落实	得到控制 得到控制
2	文件控制	作废文件没有从现场收回	文件管理员按原版收"文件分发清单"中的部门名单回收作废文件的原版次文件	文档中心负责人每月对作废文件的回收情况进行检查	得到落实	得到落实	得到控制
3	设备管理	设备定期保养得不到落实	设备工程师督促检查相关设备员严格执行《设备管理程序》	设备部经理每月对设备定期保养情况进行检查	得到落实	得到落实	得到控制
4	……						

3.2 预防措施控制程序

预防措施控制程序

1. 目的

规定预防措施的实施,以消除潜在不合格的原因,防止不合格发生。

2. 适用范围

适用于对管理活动所采取的预防措施的控制。

3. 职责

3.1 预防措施由"预防措施报告单"发出部门负责监督和检查其执行情况。

3.2 预防措施责任部门的负责人组织进行原因分析和预防措施的制定和实施。

3.3 总经理批准所需实施的预防措施。

3.4 管理者代表对预防措施的实施过程进行监督。

4. 过程分析乌龟图

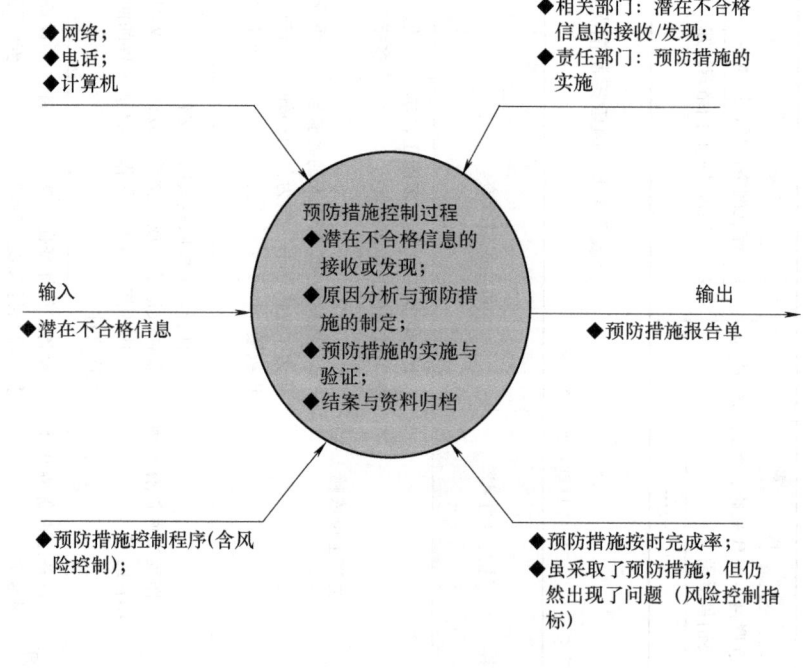

5. 过程流程图

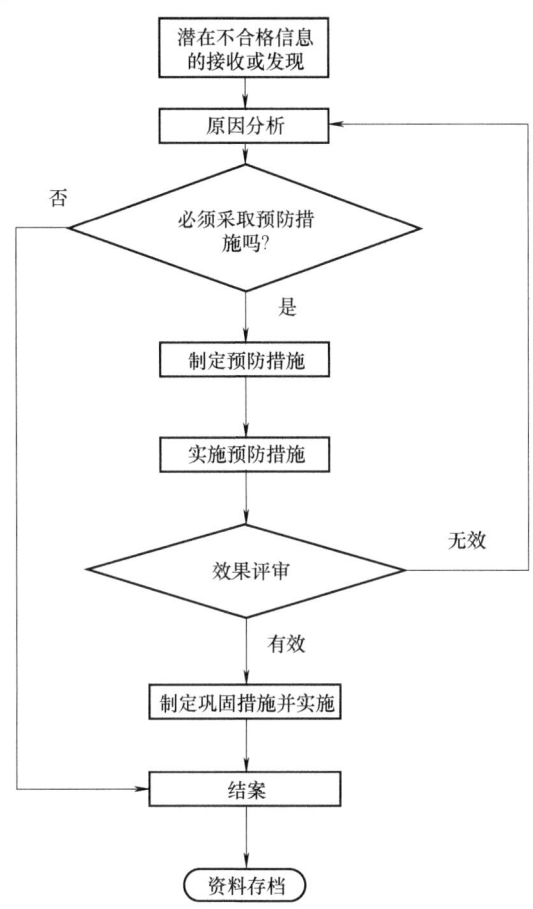

6. 作业程序与控制要求

程　　序	工 作 内 容	输 出 文 件	责任部门/人
6.1 潜在不合格信息的接收或发现	6.1.1 质量部接收或发现下列潜在不合格信息： 1）同一供应商的同一产品合格品率虽达到指标要求，但连续 3 个月持续下降 2）生产线检验工序合格品率虽达到指标要求，但连续 5 天持续下降 3）成品入库检验中，合格品率虽满足指标要求，但连续 5 天下降 4）SPC 监控的指标没有出现不合格，但 SPC 控制图的点分布异常 5）每月的质量报告中，不合格项目排列图中排在第 1 位的不合格项目		质量部

（续）

程　序	工作内容	输出文件	责任部门/人
6.1 潜在不合格信息的接收或发现	6.1.2 采购部接收或发现下列潜在不合格信息： 1）在每季度的定期评价中，供应商连续 4 个季度被评为 B 级（没有 B 级以下），但没有 1 个 A 级 2）采购中，供应商交期准时率虽然达标，但连续 3 个月呈下降趋势		采购部
	6.1.3 生产车间接收或发现下列潜在不合格信息： 1）工艺文件虽然签批手续完备，能够执行，但执行起来易出错 2）生产线上发现的物料不合格率虽然没有超标，但物料不合格率连续 3 个月有上升趋势 3）人力资源部虽对员工进行了培训，但 1 个月内有 3 个员工在同一工序出现了操作错误		生产车间
	6.1.4 营销部接收或发现下列潜在不合格信息： 1）向同一顾客供货，交货合格率虽然达标，但连续 5 个月有下降趋势 2）向同一顾客供货，交货准时率虽然达标，但连续 5 个月有下降趋势 3）在进行顾客满意度调查时，虽然顾客满意度达标，但有 3 个以上顾客就同一现象提出了改进建议		营销部
	6.1.5 管理者代表接收或发现下列潜在不合格信息： 1）过程绩效指标虽达标，但连续 3 个月有下降趋势 2）其他的潜在不合格信息		管理者代表
6.2 责任部门判定、"预防措施报告单"的发出	6.4.1 相关单位（见 6.1）对潜在不合格信息进行判断，看是否需要采取预防措施。如不需要，就结案；如需要，则继续执行程序		相关单位（见 6.1）
	6.4.2 相关单位（见 6.1）判定潜在不合格的责任部门		相关单位（见 6.1）
	6.4.3 相关单位（见 6.1）填写"预防措施报告单"中的"潜在不合格事实陈述""预防措施任务的下达"栏目，然后将"预防措施报告单"发给责任部门	预防措施报告单	相关单位（见 6.1）
	说明：向供应商发出"供应商预防措施报告单"		

(续)

程　序	工 作 内 容	输 出 文 件	责任部门/人
6.3 原因分析与预防措施的制定	6.3.1 责任部门收到有关"预防措施报告单"后应立即组织有关人员分析潜在不合格的原因		责任部门
	6.3.2 针对问题和原因，看是否需要采取预防措施。如需要，则应制定相应的预防措施，明确责任人和完成日期。预防措施应与问题的影响程度相适应。应确保预防措施的可行性及不产生新的问题		
	6.3.3 预防措施方案由责任部门负责人审核，总经理批准后实施		
6.4 预防措施的实施与效果验证	6.4.1 预防措施实施过程中，"预防措施报告单"发出单位要做好督促检查工作		"预防措施报告单"发出单位
	6.4.2 当预防措施实施计划完成日期已到，"预防措施报告单"发出单位应派人员去验证预防措施完成的情况。验证结果应通告相关部门	预防措施报告单	"预防措施报告单"发出单位
6.5 制定巩固措施并实施	6.5.1 因预防措施的实施而需修订作业指导书等有关的文件时，应按《文件控制程序》中有关更改的规定进行更改		
	6.5.2 必要时，管理者代表要求人力资源部对员工进行培训，把这些有用的措施和经验普及到相关的员工，使他们掌握这些措施和经验并应用到工作中去，以确保以后不再发生同样的错误		管理者代表
	6.5.3 考虑在相类似的过程中实施这个有效措施的可能性，以放大这个有效措施的作用		管理者代表
6.6 结案、资料归档	6.6.1 与预防措施有关的质量记录，按《记录管理规定》的要求进行管理		
	6.6.2 有关部门根据需要将预防措施的实施情况通报或提供给有要求的顾客、供应商		有关部门

7. 过程绩效的监视

绩 效 指 标	计算公式 （计算方法）	指标值	监视频率	监视单位/人
7.1 预防措施按时完成率	预防措施按时完成率 = $\dfrac{\text{按时完成的预防措施}}{\text{预防措施总数}}$ ×100%	100%	月	质量部

8. 过程中的风险和机遇的控制（风险应对计划）

风险	应对措施	资源需求	执行时间	负责人	监视方法
8.1 虽然采取了预防措施，但仍然出现了问题	1）部门负责人、业务骨干要参与原因分析、预防措施的制定 2）验证人员必须是非常熟悉业务的骨干人员 3）重新进行原因分析，制定新的预防措施，直到问题解决		适时进行	预防措施实施部门、验证部门负责人	管理者代表每月对预防措施实施情况进行复查

9. 支持性文件

9.1 《记录管理规定》

10. 记录

10.1 预防措施报告单（表3.2-1）

10.2 供应商预防措施报告单

表3.2-1　预防措施报告单

潜在不符合事实陈述：

填写/日期：

预防措施任务的下达：
① 责任部门：＿＿＿＿＿＿＿
② 要求：

填写人/日期：　　　　　审批/日期：

预防措施的制定：
① 原因分析（由责任部门填写）：

② 预防措施的制定（由责任部门填写）：
a）责任人：＿＿＿＿＿＿＿　b）预定完成日期：＿＿＿＿＿＿＿
c）制定的预防措施：

编制/日期：　　　　　审核/日期：　　　　　批准/日期：

预防措施的验证：
□预防措施已按期在＿＿＿＿年＿＿月＿＿日完成。
效果简述：
□预防措施未在规定日期完成，推迟至＿＿＿＿年＿＿月＿＿日完成。
未完成原因：

□
其他：
验证人/日期：　　　　　复核/日期：

3.3 经营计划管理程序

经营计划管理程序

1. 目的

对经营计划的制定和实施进行规范，确保经营计划的顺利实施。

2. 适用范围

适用于公司经营计划的制定、实施、检查和修订。

3. 职责

3.1 总经理办公室负责组织经营计划的编制和实施，并对实施的效果进行监督和检查。

3.2 各职能部门配合总经理办公室编制经营计划，并负责经营计划中相关项目的实施。

3.3 管理者代表负责审核经营（质量）目标及其相应的经营计划。

3.3 总经理批准经营（质量）目标及其相应的经营计划。

4. 过程分析乌龟图

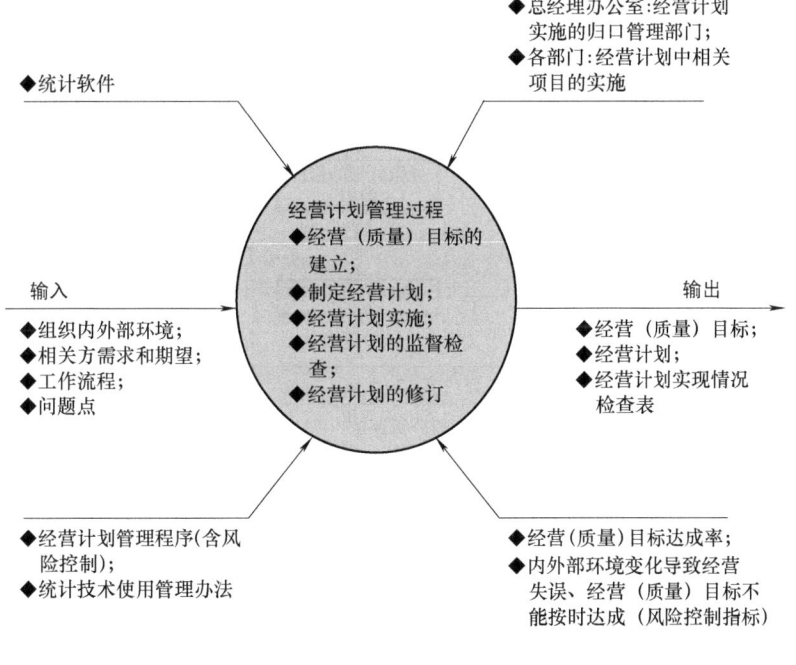

5. 过程流程图

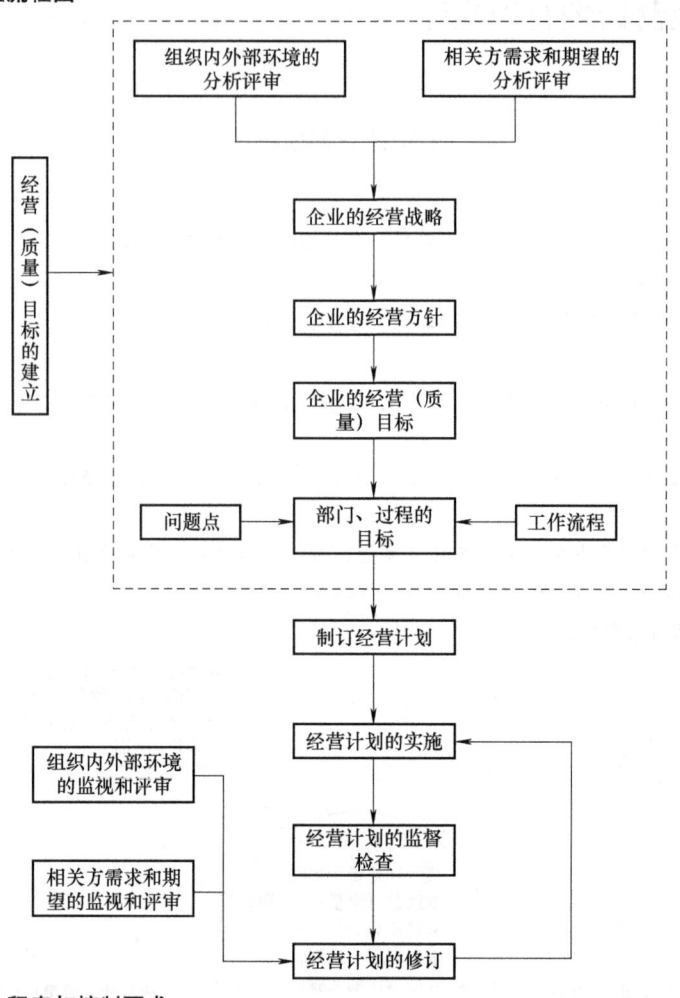

6. 作业程序与控制要求

程序	工作内容	输出文件	责任部门/人
6.1 经营（质量）目标的建立	6.1.1 组织内外部环境的分析评审 1）在建立经营（质量）目标前，总经理办公室应对与本公司宗旨（目标）和战略方向相关并影响本公司实现质量管理体系预期结果的各种外部和内部环境因素进行分析评审。根据评审结论，决定本公司是否需采取相应措施以适应这些环境因素 2）总经理办公室应将分析、评审的结论及有关的决定措施填写在"组织环境外部因素监视和评审表""组织环境内部因素监视和评审表"中	组织环境外部因素监视和评审表；组织环境内部因素监视和评审表	总经理办公室

（续）

程　序	工作内容	输出文件	责任部门/人
6.1　经营（质量）目标的建立	6.1.2　相关方需求和期望的分析评审 1）在建立经营（质量）目标前，总经理办公室应对相关方需求和期望进行分析评审。根据评审结论，决定本公司是否须采取相应措施以适应这些需求和期望 2）总经理办公室应将分析、评审的结论及有关的决定措施填写在"相关方需求和期望监视和评审表"中	相关方需求和期望监视和评审表	总经理办公室
	6.1.3　经营（质量）目标建立的时间 总经理办公室每年年初（上年度例行的管理评审之后）或根据需要在适当时候，根据组织内外部环境的分析评审结论、相关方需求和期望的分析评审结论、企业经营战略、经营（质量）方针，组织建立企业的经营（质量）目标		总经理办公室
	6.1.4　经营（质量）目标内容上的要求 1）经营（质量）目标应建立在经营（质量）方针的基础上，应在经营（质量）方针给定的框架内展开，但需注意不要机械地一一对应 2）建立经营（质量）目标时应考虑适用的要求，包括顾客的要求、法律法规的要求等 3）经营（质量）目标至少包括产品、服务的符合性，以及增强顾客满意方面的内容。也就是说要有产品和服务的经营（质量）目标，也要有过程的经营（质量）目标、顾客满意的经营（质量）目标		
	6.1.5　经营（质量）目标的建立原则 目标建立时，要遵循SMART原则： 1）Specific：明确具体。指制定的目标一定要明确具体，而不要模棱两可 2）Measurable：可测量的。表示目标是可以测量的。可以定量测量也可以定性测量，如考评、测评、评价等。要对测量的方法和内容进行规范，包括测量的时机、样本的抽取等 3）Attainable：可实现的。指目标在付出努力的情况下是可以实现的。要避免设立过高或过低的目标 4）Relevant：相关性。建立的目标必须与部门、工作岗位紧密相关 5）Time-based：时限性。目标的时限性就是讲目标的实现是有时间限制的。经营（质量）目标可分为保持型与改进型两类，一般都有时间方面的限制。如保持，在多长时间内，保持在什么水平；如改进，指多长时间内达到什么水平		

（续）

程　序	工　作　内　容	输 出 文 件	责任部门/人
6.1 经营（质量）目标的建立	6.1.6 经营（质量）目标的展开 1）纵向展开。要将公司级的经营（质量）目标展开到相关职能部门、层次和过程上。企业各部门根据上一级的经营（质量）目标，结合本部门的工作流程与问题点，制定本部门的目标 2）横向展开。横向展开是随着时间展开的，一般有年度目标、月度目标		
	6.1.7 总经理办公室将建立的经营（质量）目标填写在"经营（质量）目标清单"上，送管理者代表审核、总经理批准	经营（质量）目标清单	总经理办公室
6.2 制定经营计划	6.2.1 总经理办公室组织各部门制定"经营计划"，内容应包括5W1H这些最基本的内容，即Why（为什么做，经营（质量）目标）、What（做什么，实现目标的措施）、Who（谁做，职责和权限）、Where（哪里做）、When（何时做，何时完成）、How（如何做，步骤、方法、资源，以及对结果如何评价等）	经营计划	总经理办公室
	6.2.2 "经营计划"经管理者代表审核、总经理批准后下发实施		
6.3 经营计划的实施	6.3.1 人力资源部组织各部门对所属员工进行经营（质量）目标及经营计划的培训，确保全体员工清楚公司及本部门的经营（质量）目标，并知道如何做才能实现经营（质量）目标		人力资源部
	6.3.2 经总经理批准后，可向相关方或公众公开本公司的经营（质量）目标		
	6.3.3 在经营计划的实施过程中，总经理办公室要做好跟踪监督工作，各部门负责人要在月度工作总结中汇报部门目标的实现情况		总经理办公室、部门负责人
6.4 经营计划的监督检查	6.4.1 总经理办公室每月对经营计划的实施情况进行检查，检查结果记录在"经营计划实现情况检查表"中。发现问题时，总经理办公室应按《纠正措施控制程序》的要求责成相关部门采取改进和纠正措施	经营计划实现情况检查表	总经理办公室
	6.4.2 每次管理评审时，均须对经营（质量）目标进行评审，确保其适宜性		

(续)

程 序	工作内容	输出文件	责任部门/人
6.5 经营计划的修订	6.5.1 组织内外部环境的监视和评审 1）每季度的第1周，总经理办公室应对与本公司宗旨（目标）和战略方向相关并影响本公司实现质量管理体系预期结果的各种外部和内部环境因素进行监视和评审。根据评审结论，决定本公司是否需采取相应措施以适应这些环境因素。这些措施包括质量管理体系文件的修订、经营计划的调整等 2）总经理办公室应将监视、评审的结论及有关的决定措施填写在"组织环境外部因素监视和评审表""组织环境内部因素监视和评审表"中	组织环境外部因素监视和评审表；组织环境内部因素监视和评审表	总经理办公室
	6.5.2 相关需求和期望的监视和评审 1）每季度的第1周，总经理办公室应对与本公司有关的相关方的需求和期望进行监视和评审。根据评审结论，决定本公司是否需采取相应措施以适应这些需求和期望。这些措施包括质量管理体系文件的修订、经营计划的调整等 2）总经理办公室应将监视、评审的结论及有关的决定措施填写在"相关方需求和期望监视和评审表"中	相关方需求和期望监视和评审表	总经理办公室
	6.5.3 总经理办公室根据组织内外部环境的监视和评审结论、相关方需求和期望的监视和评审结论，以及经营计划的实施状况等，适时对经营（质量）目标、经营计划重新进行评审，根据评审结果，决定是否修订经营（质量）目标、经营计划		总经理办公室
	6.5.4 总经理办公室将修订后的经营（质量）目标、经营计划送管理者代表审核、总经理批准，然后下发到相关部门实施		总经理办公室

7. 过程绩效的监视

绩效指标	计算公式 （计算方法）	指标值	监视频率	监视单位/人
7.1 经营（质量）目标达成率	经营（质量）目标达成率 = $\dfrac{\text{达成的经营（质量）目标数量}}{\text{经营（质量）目标总数量}} \times 100\%$	100%	月	总经理办公室

8. 过程中的风险和机遇的控制（风险应对计划）

风　　险	应对措施	其他事项	执行时间	负　责　人	监视方法
8.1　内外部环境变化导致经营失误	1）每季度的第1周，总经理办公室必须对与公司有关的各种外部和内部环境因素进行监视和评审 2）对于影响公司经营计划实现的各种不利因素，要及时评审并提交给总经理等公司高管		持续执行	总经理办公室	管理者代表对"组织环境外部因素监视和评审表""组织环境内部因素监视和评审表"进行审查
8.2　经营（质量）目标不能按时达成	1）总经理办公室在经营（质量）目标实施到1/3时段、2/3时段时，对经营（质量）目标的达成情况进行检查，填写"经营（质量）目标达成情况督促跟进表" 2）如在2/3时段时，经营（质量）目标的达成仍存在重大变数，总经理办公室要一天跟进一次，直到目标达成		参照"经营计划"	总经理办公室	管理者代表对"经营（质量）目标达成情况督促跟进表"进行审查

9. 支持性文件

9.1　《统计技术使用管理办法》

9.2　《纠正措施控制程序》

10. 记录

10.1　组织环境外部因素监视和评审表（见表3.3-1）

10.2　组织环境内部因素监视和评审表（见表3.3-2）

10.3　相关方需求和期望监视和评审表（见表3.3-3）

10.4　经营（质量）目标清单（见表3.3-4）

10.5　经营计划（见表3.3-5）

10.6　经营计划实现情况检查表（见表3.3-6）

第3章 IATF 16949：2016程序文件——策划类

表 3.3-1 组织环境外部因素监视和评审表

外部环境类别		现状描述	应对措施	需增加或修改的文件	需增加或修改的经营目标
法律法规环境	国际	欧盟法规《化学品的注册、评估、授权和限制》即 REACH 法规中 SVHC 高关注物质将不断增加	公司材料选择上要充分考虑有害物质的限用要求	修改《有害物质管理规范》	
	国家	2017年7月1号开始，国家税务总局发布《关于增值税发票开具有关问题的公告》，对增值税普通发票的开具做出了明确规定	1）公司采购时，应严格要求对方出具增值税普通发票 2）财务部将开具发票的有关事项通知各部门负责人	修改《发票管理规定》	
	所在地区				
	国标、行标、地标	IATF 16949：2016 于 2016年10月1号发布	2017年10月1号前通过 IATF 16949：2016 换版审核	全面修改质量管理体系文件	2017年10月1号前通过 IATF 16949：2016 换版审核
技术环境	新领域、新材料、新设备				
	专利有效期				
	自动化、智能化、信息化				
	知识经济	知识经济正在超越传统的资金、劳动力、能源等生产要素，成为经济增长的核心和第一推动力	公司引进知识管理体系	增加知识管理方面的文件	2017年10月完成知识管理体系的建设

（续）

外部环境类别		现 状 描 述	应 对 措 施	需增加或修改的文件	需增加或修改的经营目标
市场竞争环境	市场占有率	1) 公司A产品占有率预计下降20% 2) B产品占有率持平 3) C产品占有率预计增长20%	1) 对A产品分阶段降价，加强销售广告投入，加强国外市场开拓 2) 对C产品，提高产能，积极开发外部供方，确保实际增长		
市场竞争环境	市场稳定性				
	顾客增长趋势				
	替代品				
	市场领先者的发展趋势				
	失业率				
	安全感				
文化社会环境	公共假日及工作时间				
	人文环境、教育环境				
	社会责任、职业道德准则				
经济环境	外汇汇率				
	国家及行业经济走向				
	通货膨胀				
	贷款难易程度				
	国际贸易协议				

(续)

外部环境类别		现状描述	应对措施	需增加或修改的文件	需增加或修改的经营目标
政治环境	国家政策稳定性				
	出口国国政治稳定性				
	国家公共投入				
	本地基础设施				

编制/日期：　　　　　　　　　审核/日期：　　　　　　　　　批准/日期：

表 3.3-2 组织环境内部因素监视和评审表

内部环境类别		内容（现状）描述	应对（配套）措施	需增加或修改的文件	需增加或修改的经营目标
企业文化和价值观	公司的使命或宗旨（公司存在的目的）	创造优质、可靠、环保、健康的新型电子产品，促进产业发展，为利益相关方创造价值	建立公司使命宣传墙		
	公司的愿景（对公司的未来展望和描述）				
	价值观（公司做事的基本原则，通常包括企业道德、理念、信念等）		加强公司价值观的培训		2018年3月完成公司价值观的培训

（续）

内部环境类别	战略类别	内容（现状）描述	应对（配套）措施	需增加或修改的文件	需增加或修改的经营目标
发展战略	战略目标（在一定的时间内所要达到的结果）	立足中国，行销全球，汽车发动机型号全面覆盖；2018年外销销售收入大于1亿美元；内销销售收入超过10亿人民币			
	经营战略（为实现战略目标所采取的行动方案）	巩固国内市场，深化美国市场，开拓欧洲市场；与核心供方构建战略联盟；发展产品多元化经营；完善售后服务			
	市场战略（为实现营销目标所采取的行动方案）	通过网络信息平台，实时获取国内外市场最新综合数据，把握市场动态，快速反应，以服务和质量拓展市场	聘请网络公司，建立市场、销售信息网络	增加网络安全管理方面的文件	2018年3月建设完成市场、销售信息网络
	文化战略（企业文化建设的行动方案）	以价值观为纲领，着重塑造以人为本和鼓励创新的企业文化			
	人才战略（公司选人、用人、育人的行动方案）	实施和运行知识管理程序，构建学习型组织；通过与高校联合建立博士后工作站，培育工程专业技术人才，完善组织人才再造机能	申请建立企业博士后工作站		2018年7月完成企业博士后工作站的建立
	产品战略（公司的产品的组合、种类、产品线的整体策划）	整合产品线，逐步减少低附加值产品，保证高附加值产品；集中资源，积极寻求利润增长点			
	技术战略（为提高技术能力而进行的技术开发和技术引进的行动方案）	引进现有各种科研成果或成熟技术，投人机器人；尽快采用环境友好型材料和可再生材料；缩短研发周期，提高技术转化能力			

第3章 IATF 16949：2016程序文件——策划类

（续）

内部环境类别	内容（现状）描述	应对（配套）措施	需增加或修改的文件	需增加或修改的经营目标
财务因素	优势：自有资金充足，有成熟的财务管理团队，熟悉国内外财务法律法规 劣势：回款率低，资金周转慢，库存压力大，坏账率偏高			
组织知识因素	优势：拥有18年研发、生产、质量管理的知识积累 劣势：没有建立知识管理平台，不利于分享和增值	公司引进知识管理体系	增加知识管理方面的文件	2017年10月完成知识管理体系的建设
基础设施与运行环境因素	优势：有完整的、成熟的自动化生产线，以及配套的无尘车间 劣势：设备智能化不够，部分设备精度不能满足高端顾客需求			
业绩（绩效）因素	优势：销售收入连续3年保持15%的增长率，每年新增5~8项专利；获得顾客A级供应商称号，顾客满意度综合评比名列前茅 劣势：成本偏高，纯利偏低，与国外同行比较，技术力量不足，目前仍然是技术上的跟随者。国际品牌竞争力不足，国外经营能力有限，风险管理存在盲点			
组织治理因素	优势：股东理念一致，股东构成具有互补性 劣势：带有家族企业色彩，与现代化企业治理水平存在一定差距	引进战略投资方		2018年7月引进一家战略投资方

编制/日期： 　　　审核/日期： 　　　批准/日期：

表 3.3-3　相关方需求和期望监视和评审表

相关方	需求和期望	企业应对措施	需增加或修改的文件	需增加或修改的经营目标
顾客	1）要求我公司建立IATF 16949质量管理体系 2）产品合格，交货及时 3）沟通渠道畅通，投诉得到及时处理	1）公司在2018年10月前通过IATF 16949质量管理体系认证 2）做好生产过程控制，做好产品检验，做好订单跟进 3）设立专人进行沟通，全天24小时手机开机	全面修改质量管理体系文件	2018年10月1号前通过IATF 16949：2016换版审核
供方	1）顾客采购价格合理 2）顾客按合同及时付款 3）与顾客建立稳定、持续、双赢的合作关系	1）采用价值工程分析法确定采购价格 2）严格按合同向供应商付款 3）把供应商看作公司的延伸，保持良好的供应链关系，建立战略联盟		
员工	1）良好的薪酬，适宜的办公环境 2）个人能力得到提升	1）做好员工满意度调查，严格执行劳动法规，确保员工得到合理的薪酬，适宜的环境 2）构建学习型组织，挖掘、培养、招聘知识型员工，从内部挖掘、培养、招聘企业中高层管理人员，完善组织以人才再造机制	制定《员工满意度调查程序》	
股东	1）企业稳定、健康发展 2）合理的投资回报	1）引进战略投资方，积极推行企业管理变革，促进先进管理方法应用的广度和深度 2）扩大销售渠道，实行人员定编，做好成本控制		1）2018年7月引进一家战略投资方 2）2018年，销售收入达到10亿元
其他	1）政府希望增加税收、扩大就业 2）政府希望企业严格守法	1）加大新产品开发，扩大销售渠道，提高缴税额 2）严格遵守法律法规		2018年，销售收入达到10亿元

编制/日期：　　　　　　　　　　审核/日期：　　　　　　　　　　批准/日期：

第3章 IATF 16949：2016程序文件——策划类

表3.3-4 经营（质量）目标清单

序号	目标名称	目标级别（公司/部门/过程）	设置目的	计算公式（计算方法）	目标值	统计周期	考核人或考核单位	备注
1	顾客满意度	公司	考核服务质量	每年年终（每年管理评审前），营销部组织进行顾客满意度调查，并计算得分，详见《顾客满意度调查控制程序》。	≥95分	年度	营销部	
2	交货准时率	公司	考核计划协调能力	交货准时率 = (准时交货次数/交货总次数) × 100%	≥98%	月度	营销部	
3	顾客退货率	公司	考核产品质量控制能力	顾客退货率 = (顾客退货数量/总出货数量) × 1000000 (PPM)	≤3500PPM	月度	营销部	
4	生产计划达成率	生产部	考核生产进度	生产计划达成率 = (当月按计划完成的订单数/当月计划订单数) × 100%	≥90%	月度	副总经理	
5	销售收入	公司	考核公司销售能力	年销售收入10亿元，每个月统计一次	10亿元（年）	月度	财务部	
6	销售利润率	公司	考核公司赢利能力	按会计准则计算	≥18%	年度	财务部	
7	人均税利	公司	考核公司赢利能力、成本控制能力	按会计准则计算	≥8万元/人	年度	财务部	
……								

注：列出公司经营目标、部门（过程）绩效指标。最好从数量、质量、成本、时间四个方面建立目标（指标），或用平衡计分卡的四个维度建立目标（指标）。

编制/日期：　　　　　　审核/日期：　　　　　　批准日期：

表 3.3-5 经营计划

序号	目标	方法措施	负责人	资源需求	启动时间	完成时间	结果评价方法
1	客户验货一次通过率≥98%	1) 在顾客验货前,由QA对出货进行抽检,抽检的AQL值要比顾客的AQL值小一个等级	QA质检员	……	2017/8	一直进行下去,直到另有规定	每个月统计一次客户验货一次通过率
		2) 对去年的客户验货情况进行统计,找出主要的不合格项目,制定措施加以解决	质量部经理	……	2017/7/5	1) 2017/7/10 制定措施 2) 2017/8/30 进行效果验证	1) 2017/7/11 检查措施制定情况 2) 2017/8/30 对 8 月份的客户验货一次通过率进行统计分析,进而验证措施的效果
2	……						
3							

注:1. 经营计划是针对表 3.3-4 中目标(指标)的实现制定的措施计划,这才是经营计划的核心内容。有的公司写出的经营计划长篇大论,废话太多,就是没有核心的内容。

2. 经营计划的编制参见笔者所编著《IATF 16949 质量管理体系五大工具最新版一本通》附录。

编制/日期:　　　　　　　　　　审核/日期:　　　　　　　　　　批准/日期:

第3章 IATF 16949:2016程序文件——策划类

表 3.3-6 经营计划实现情况检查表

检查月度：2017年10月　　检查日期：2017/11/8

序号	目标级别（公司/部门/过程）	目标名称	目标值	计算公式（计算方法）	检查记录	达标情况
1	公司	交货准时率	≥98%	1) 交货准时率 = $\dfrac{\text{准时交货次数}}{\text{交货总次数}} \times 100\%$	1) 准时交货次数：215次 2) 交货总次数：216次 3) 交货准时率：99.53%	达标
2	公司	顾客退货率	≤3500PPM	顾客退货率 = $\dfrac{\text{顾客退货数量}}{\text{总出货数量}} \times 1000000$（PPM）	1) 顾客退货数量：105个 2) 总出货数量：63万个 3) 顾客退货率：166PPM	达标
3	生产部	生产计划达成率	≥90%	生产计划达成率 = $\dfrac{\text{当月按计划完成的订单数}}{\text{当月计划订单数}} \times 100\%$	1) 当月按计划完成的订单数：295单 2) 当月计划订单数：300单 3) 生产计划达成率：98.33%	达标
4	公司	销售收入	1亿元（10月）	年销售收入10亿元，10月份要求完成1亿元。每月统计一次	10月份完成1.1亿元	达标
5	……					

第4章

IATF 16949：2016 程序文件——支持类

4.1 设备管理程序

设备管理程序

1. 目的
规定设备的采购、使用、维修、保管的管理，以确保设备能满足产品质量的需要。

2. 适用范围
本程序适用于公司所有设备的管理。

3. 职责
3.1 总经理负责设备采购申请的批准。
3.2 设备部负责设备的采购、验收、使用、维修和报废过程的统筹管理。
3.3 使用单位负责设备的使用管理和日常保养工作。

4. 过程分析乌龟图

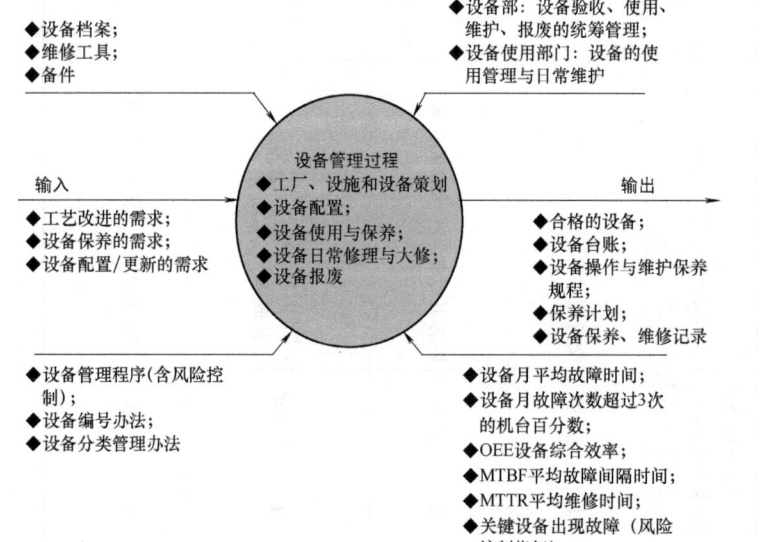

5. 过程流程图

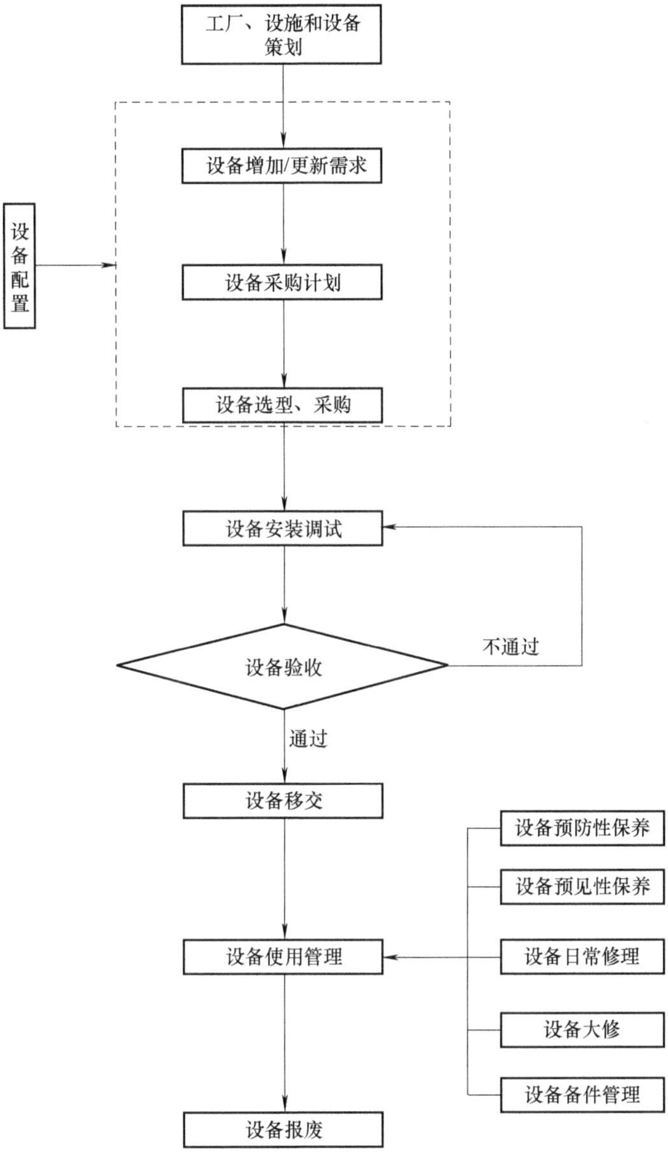

```
        ┌──────────────────┐
        │ 工厂、设施和设备 │
        │      策划        │
        └────────┬─────────┘
                 │
    ┌────────────▼────────────┐
    │   ┌──────────────────┐  │
    │   │ 设备增加/更新需求│  │
    │   └────────┬─────────┘  │
┌──────┐         │             │
│设备  │────────▶│             │
│配置  │   ┌─────▼────────┐    │
└──────┘   │ 设备采购计划 │    │
           └──────┬───────┘    │
    │             │             │
    │   ┌─────────▼────────┐   │
    │   │  设备选型、采购  │   │
    │   └──────────────────┘   │
    └────────────┬────────────┘
                 │
        ┌────────▼─────────┐
        │   设备安装调试   │◀─────────┐
        └────────┬─────────┘          │
                 │                    │
              ◇──▼──◇                 │
             ◇设备验收◇──不通过──────┘
              ◇──┬──◇
                 │通过
        ┌────────▼─────────┐
        │    设备移交      │
        └────────┬─────────┘
                 │                 ┌──────────────┐
                 │            ┌───│ 设备预防性保养│
                 │            │   └──────────────┘
                 │            │   ┌──────────────┐
                 │            ├───│ 设备预见性保养│
        ┌────────▼─────────┐  │   └──────────────┘
        │   设备使用管理   │◀─┤   ┌──────────────┐
        └────────┬─────────┘  ├───│  设备日常修理│
                 │            │   └──────────────┘
                 │            │   ┌──────────────┐
                 │            ├───│   设备大修   │
                 │            │   └──────────────┘
                 │            │   ┌──────────────┐
                 │            └───│ 设备备件管理 │
                 │                └──────────────┘
        ┌────────▼─────────┐
        │    设备报废      │
        └──────────────────┘
```

6. 作业程序与控制要求

程　　序	工作内容	输出文件	责任部门/人
6.1 工厂、设施和设备的策划	6.1.1 在下列情况下，副总经理要组织成立由设备部、产品研发部、生产部、工艺技术部、质量部人员组成的多方论证小组（CFT），进行工厂、设施和设备的策划： 1）新产品的产品设计和开发阶段 2）如有必要，对工厂、设施和设备进行更新改造前，或增加设施、设备前 3）如有必要，在产品、工艺技术、作业方法等进行重大改进时 4）如有必要，每年制定经营计划时		副总经理
	6.1.2 在进行工厂、设施和设备的策划前，多方论证小组（CFT）要对现有过程运行的有效性进行评价，评价时要考虑应用风险识别与风险缓解的方法识别并控制其中可能存在的风险： 1）工厂布局的评价：能否优化材料的流动和搬运，以尽量减少材料转移和搬运，使转移和搬运的线路最短；能否充分地利用场地和空间，使每一场所都能做到增值使用；能否让材料在生产中实现同步流动 2）工业自动化评价：对每一工序的可自动化程度进行评价。评价时要综合考虑工作的重复性、自动化的可行性、自动化的经济性。对那些工作重复性高、自动化可行性高、自动化经济性好的工序可考虑实施自动化 3）工效学、人的因素、增值劳动的评价：对整个生产作业过程进行分析，看有无多余或重复的作业、程序是否合理、搬运是否太多、等待是否太长等。对工序中操作者、操作对象、操作工具的布局、安排的合理性进行分析。对操作人员进行各种操作时的身体动作进行分析，找出其中的问题点，以及等待、白干、蛮干的地方 4）操作者与生产线平衡的分析：对生产线进行分析，以消除各工序的时间差异，并寻求工作中心数量/工人数量或生产线节拍最小化的配置 5）贮存与库存水平的评价：对现场周转物料及库存物料的周转情况进行分析，看其存量是否超过了最高存量的要求 6）制造可行性与产能策划的评价：现有设施、设备能否满足产品的生产，产能能否满足顾客的要求 应将评价的结论填写在"过程运行有效性评价记录表"中	过程运行有效性评价记录表	多方论证小组（CFT）

（续）

程　序	工作内容	输出文件	责任部门/人
6.1　工厂、设施和设备的策划	6.1.3　在过程运行有效性评价的基础上，结合公司发展的需要，多方论证小组（CFT）进行工厂、设施和设备的策划。策划时，应当关注精益生产方式的运用，以最大限度地减少浪费		多方论证小组（CFT）
	6.1.4　需新增或改进设施、设备时，设备部要编制"设施、设备新增/改进计划"，经多方论证小组（CFT）审核后，报总经理批准	设施、设备新增/改进计划	设备部
6.2　设备配置	6.2.1　设备部根据"设施、设备新增/改进计划"，填写"设备配置申请表"，经总经理批准后交有关人员采购	设备配置申请表	使用部门
	6.2.2　设备采购时，采购人员应对设备供应商进行选型考察，与设备供应商签订合同。采购人员应要求供应商提供必要的备件、图样资料和使用说明书	设备采购合同	采购人员
	6.2.3　设备购回后，采购人员应通知设备管理员，对购置的设备按说明书及装箱单（如有的话）逐一进行清点，设备技术资料由设备管理员存档	设备说明书、装箱单等	设备管理员
6.3　设备的安装调试、验收、移交	6.3.1　设备的安装与调试由设备管理员负责，须供应商安装调试时，由采购人员负责联系		设备管理员
	6.3.2　设备安装调试后，由设备管理员组织使用部门进行验收。在确认设备没有制造问题、能正常运行后，由设备管理员填写"设备验收单"并与使用部门办理交接手续。验收过程中如有问题，应及时反馈给采购人员及有关部门进行处理	设备验收单	设备管理员
	6.3.3　设备管理员按《设备编号办法》的要求对设备进行编号并做好设备台账	设备台账	设备管理员
6.4　设备的使用管理	6.4.1　按《设备分类管理办法》将设备分为A、B、C三类，对设备进行分类管理。设备管理员应在设备台账上注明设备的类别		设备管理员
	6.4.2　设备管理员应编制设备维护目标及其实施的措施计划，作为经营计划的一部分，并按《经营计划管理程序》进行管理		设备管理员
	6.4.3　设备工程师负责编写必要的设备操作与维护保养规程		设备工程师

（续）

程　序	工作内容	输出文件	责任部门/人
6.4 设备的使用管理	6.4.4 设备操作工必须熟悉所使用设备的性能、操作要领及日常保养方法；必须经过培训，合格后持证上岗；必须严格遵守有关的设备操作与维护保养规程，严禁违章操作		设备操作工
	6.4.5 对于大型、精密设备（A类设备），设备操作工应做好必要的"设备运行记录"。连续运行时，需办理"设备交接班记录"	设备运行记录、设备交接班记录	设备操作工
	6.4.6 对公司内的主要生产设备，应指派专人负责。其他人员需借用设备时，必须征得其同意并服从其管理		
	6.4.7 长期闲置（闲置时间1年以上）而又不报废的设备，使用部门应通知设备管理员，设备管理员对该设备进行封存并在设备上挂上"闲置设备"牌。闲置设备启封时应经设备管理员同意		设备管理员
	6.4.8 对于检修中的设备，设备工程师应在设备适当位置挂红色"正在检修"检修牌；对于报废的设备，设备管理员应在设备适当位置挂黑色"报废"牌。现场所使用的状态良好的设备不再另行标识		设备工程师/设备管理员
6.5 设备备件管理	6.5.1 设备管理员建立"设备易损件清单"，确定每种易损件的安全库存量	设备易损件清单	设备管理员
	6.5.2 当库存的设备易损件数量接近安全库存量时，设备管理员要做好采购计划并实施采购。对于临时急需的设备配件，设备管理员要即时采购		设备管理员
6.6 设备预防性保养	6.6.1 应对设备进行必要的日常保养和定期保养。使用者负责日常保养（填写"设备日常检查保养记录"），设备工程师负责定期保养（填写"设备定期检查保养记录"），按有关的设备维护与保养规程进行	设备日常检查保养记录、设备定期检查保养记录	使用者、设备工程师
	6.6.2 每年12月份，设备管理员要做下年度的设备定期保养计划（填写"年度设备定期保养计划"）。定期保养前1~5天，应通知设备使用部门，以便其调整工作 设备管理员每月第1个星期，需对上月实施的"年度设备定期保养计划"进行评审，如果评审发现计划未完成，则应适时采取纠正措施	年度设备定期保养计划	设备管理员

(续)

程　　序	工 作 内 容	输出文件	责任部门/人
6.7　设备预见性保养	6.7.1　每月最后一个星期，设备工程师应根据过程运行、设备运行、设备检查保养、维修等情况，针对设备中的潜在问题，做好必要的下一月份的"设备月度预见性维修计划"	设备月度预见性维修计划	设备工程师
	6.7.2　"设备月度预见性维修计划"经设备部经理审批后实施。设备工程师维修时应将维修的情况记录在"设备检修单"上	设备检修单	设备工程师
6.8　设备的日常修理	6.8.1　设备在日常使用过程中发生故障时，使用部门应开具"设备检修单"及时通知设备工程师，由设备工程师进行修理或做出相应处理	设备检修单	使用部门
	6.8.2　检修后的设备使用前需要有使用部门负责人签名认可。设备工程师应将设备检修情况及结论记录在"设备检修单"上	设备检修单	设备工程师
	6.8.3　公司内不能完成的修理，由设备部负责委外修理。委外修理后，由设备工程师组织验收并填写"设备检修单"（如修理方有"设备修理记录表"，则由使用部门在其上面签字验收即可，修理方的"设备修理记录表"应留存给设备工程师一份）	设备检修单	设备工程师
6.9　设备的大修	6.9.1　设备的大修执行《设备大修管理规定》		
6.10　设备的报废	6.10.1　技术性能不能满足生产工艺要求和保证产品质量的设备或故障频繁、效率低、经济效益差、技术改造又不经济的设备应当报废		
	6.10.2　设备报废由使用部门提出（填写"设备报废申请单"），经设备工程师确认、设备部经理审核、总经理批准后报废。设备工程师应在台账中注明报废情况。报废的设备须挂上黑色"报废"牌并适时从现场清除	设备报废申请单	总经理

7. 过程绩效的监视

绩效指标	计算公式 （计算方法）	指标值	监视频率	监视单位/人
7.1　设备月平均故障时间	设备月平均故障时间 = $\dfrac{\text{设备故障总时间}}{\text{设备总台数}}$	≤1.5小时	月	设备管理员

（续）

绩效指标	计算公式 （计算方法）	指标值	监视频率	监视单位/人
7.2 设备月故障次数超过3次的机台百分数	设备月故障次数超过3次的机台百分数 $=\dfrac{\text{设备月故障次数超过3次的机台数}}{\text{设备总台数}} \times 100\%$	≤5%	月	设备管理员
7.3 OEE 设备综合效率	OEE 设备综合效率 ＝时间利用率×性能利用率×合格品率 其中： 1）时间利用率 $=\dfrac{\text{开动时间}}{\text{负荷时间}}$ 2）性能利用率 $=\dfrac{\text{理论生产节拍时间}\times\text{加工数量}}{\text{开动时间}}$ 3）合格品率 $=\dfrac{\text{合格品数量}}{\text{加工数量}}$	≥80%	月	设备管理员
7.4 MTBF 平均故障间隔时间	$MTBF=\dfrac{\text{A类设备总的工作时间}}{\text{A类设备发生的故障次数}}$	≥1000小时	年	设备管理员
7.5 MTTR 平均维修时间	$MTTR=\dfrac{\text{A类设备修复时间总和}}{\text{A类设备修复次数}}$	≤2小时	年	设备管理员

8. 过程中的风险和机遇的控制（风险应对计划）

风险	应对措施	其他事项	执行时间	负责人	监视方法
8.1 关键设备出现故障	1）与设备供应商签订维修合同，保证叫随到（注：每年12月都须签下1年的维修合同）		每年12月	设备管理员	设备部经理监督签订设备维修合同
	2）储备一定量的设备易损件		执行6.5.2条款	设备管理员	设备部经理每月月底审查设备易损件库存量
	3）车间认真做好设备的日常点检保养并填写"设备日常检查保养记录"		每天	车间主任	设备工程师每天对车间的"设备日常检查保养记录"进行确认
	4）事后要对设备维护保养机制进行检讨，并根据需要进行修订		设备维修好后5天内	设备管理员	设备部经理审核检讨会的会议纪要

9. 支持性文件

9.1 《设备编号办法》

9.2 《设备分类管理办法》

9.3 《经营计划管理程序》

9.4 《设备大修管理规定》

10. 记录

10.1 过程运行有效性评价记录表（见表4.1-1）

10.2 设施、设备新增/改进计划

10.3 设备配置申请表

10.4 设备验收单（见表4.1-2）

10.5 设备台账（见表4.1-3）

10.6 设备运行记录

10.7 设备交接班记录

10.8 设备易损件清单

10.9 设备日常检查保养记录（见表4.1-4）

10.10 设备定期检查保养记录（见表4.1-5）

10.11 年度设备保养计划（见表4.1-6）

10.12 设备月度预见性维修计划（见表4.1-7）

10.13 设备检修单（见表4.1-8）

10.14 设备报废申请单

表4.1-1　过程运行有效性评价记录表

多方论证小组（CFT）组长：		CFT成员：	
评价项目	评价内容	建议的措施及其面临的风险（含风险控制办法）	建议增加/更新的设施、设备
工厂布局的评价	能否优化材料的流动和搬运，以尽量减少材料转移和搬运，使转移和搬运的线路最短；能否充分地利用场地和空间，使每一场所都能做到增值使用；能否让材料在生产中实现同步流动		
工业自动化评价	对每一工序的可自动化程度进行评价。评价时要综合考虑工作的重复性、自动化的可行性、自动化的经济性。对那些工作重复性高、自动化可行性高、自动化经济性好的工序可考虑实施自动化		

（续）

评价项目	评价内容	建议的措施及其面临的风险（含风险控制办法）	建议增加/更新的设施、设备
工效学、人的因素、增值劳动的评价	对整个生产作业过程进行分析，看有无多余或重复的作业、程序是否合理、搬运是否太多、等待是否太长等等。对工序中操作者、操作对象、操作工具的布局、安排的合理性进行分析。对操作人员进行各种操作时的身体动作进行分析，找出其中的问题点，以及等待、白干、蛮干的地方		
操作者与生产线平衡的分析	对生产线进行分析，以消除各工序的时间差异，并寻求工作中心数量/工人数量或生产线节拍最小化的配置		
贮存与库存水平的评价	对现场周转物料及库存物料的周转情况进行分析，看其存量是否超过了最高存量的要求		
制造可行性与产能策划的评价	现有设施、设备能否满足产品的生产，产能能否满足顾客的要求		

其他说明：

编制/日期： 　　　　　审核/日期： 　　　　　批准/日期：

表 4.1-2　设备验收单

设备编号：		设备名称：		设备型号：
设备生产厂家：		出厂年月：		厂家编号：
设备价格：		使用部门：		验收日期：

验收类型：□新购进　　□大修后　　□其他：

设备主要技术参数：

设备外观、说明书、图样资料、电气资料、合格证、随机备件及工具等验收情况：

设备部/日期：

设备调试状况检查：
□好
□不好（详述理由）：

调试员工/日期：

设备运行状况检查（至少运行一星期）：
□好
□不好（详述理由）：

使用部门负责人/日期：

验收总结论：
□合格。
□验收中的意见：

设备管理工程师/日期：　　　　设备部经理/日期：

财务部备案/日期：　　　　　　　　　　　财务编号：

表 4.1-3 设备台账

类别：

序号	财务编号	设备编号	设备名称	型号/规格	使用部门	责任人	制造厂家	出厂编号	启用年月	折旧年限	电机台数	原值	数量	备注

表 4.1-4 设备日常检查保养记录

设备名称：　　　　　　　　　　　使用部门：　　　　　　　　　保养月份：2016 年 3 月

设备编号：

保养项目	1	2	3	4	5	6	7	8	9	10	11	12	13	14	15	16	17	18	19	20	21	22	23	24	25	26	27	28	29	30	31
保养人																															

异常情况记录：

注：没问题打"√"，若有异常则打"×"，并在"异常情况记录"栏中记录异常情况。每月 1 日将此表送至工艺设备部存档。

表 4.1-5 设备定期检查保养记录

设备编号：		设备名称：M-300 激光切割系统			使用部门：		保养时间段：2018/1～2018/12
保养项目	保养频率	保养日期					
		1/15	4/15	7/15	10/15		
激光光路清洁及调整	每 3 个月						
传动胶带调整	每 3 个月						
保养人							

异常情况记录：

注：没问题打"√"，若有异常则打"×"，并在"异常情况记录"栏中记录异常情况。

表 4.1-6 年度设备保养计划

设施/设备编号	设施/设备名称	1月	2月	3月	4月	5月	6月	7月	8月	9月	10月	11月	12月
SC002	M-300 激光切割系统	15			15			15			15		

注：在保养月度栏中写上保养日期。

编制/日期：　　　　　　审核/日期：　　　　　　批准/日期：

表 4.1-7　设备月度预见性维修计划

月度：2018 年 7 月

设备编号	设备名称	维修日期	维修工程师	维 修 内 容

编制/日期：_____　　审核/日期：_____　　批准/日期：_____

表 4.1-8　设备检修单

设备/工装编号：	设备/工装名称：
设备型号：	使用部门：

故障发生时间及现象：

使用人员/日期/时间：

检修记录（包括故障原因诊断、更换零部件情况）：

检修人/日期/时间：

维修结论：
□ 恢复正常状态
□ 其他：

使用人员/日期/时间：

备注：

4.2 工装管理程序

工装管理程序

1. 目的

保证工装从设计、采购/制作、验证、使用、维修和报废全过程按规定的方法和程序在受控状态下进行。

2. 适用范围

本程序适用于公司工装（包括模具、夹具、刀具、定位器、工位器具等）的管理。

3. 职责

3.1 设备部是工装管理的归口部门，负责工装的申购、制作、维修、报废等日常管理工作。

3.2 工艺技术部负责组织新试制产品或技改革新的专用工装的设计工作，负责做出工装验证的最终结论。

3.3 采购部负责非自制工装的采购或外协加工。

3.4 工装由生产车间、质量部、工艺技术部共同验证。

4. 过程分析乌龟图

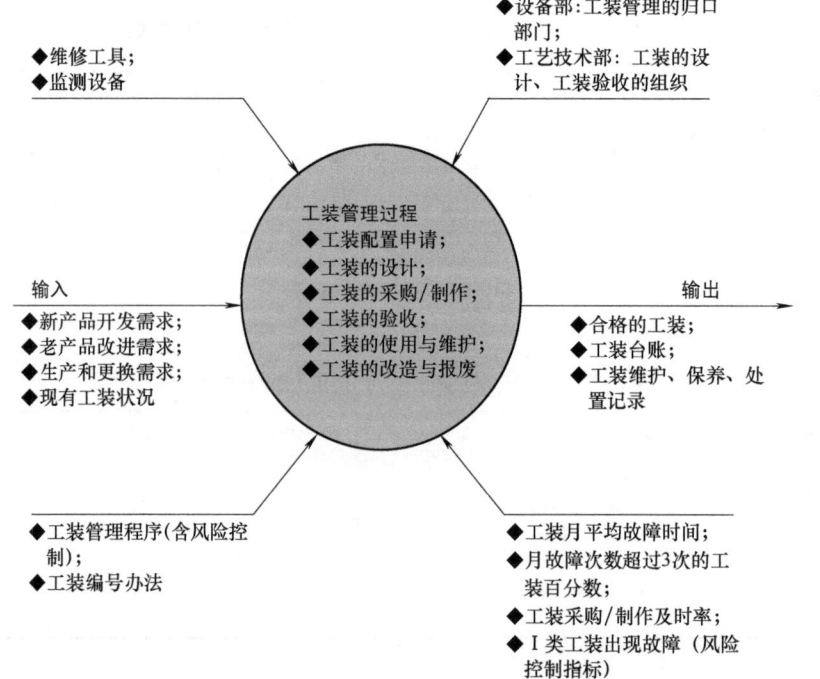

5. 过程流程图

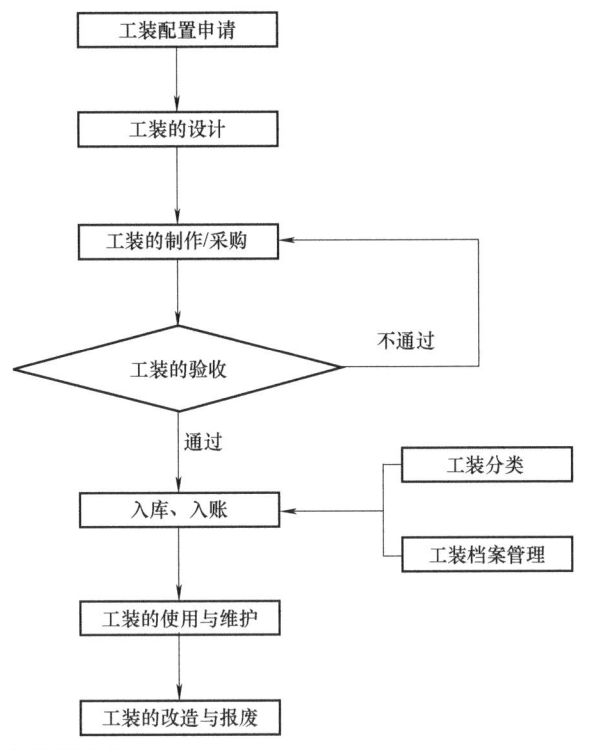

6. 作业程序与控制要求

程　　序	工作内容	输出文件	责任部门/人
6.1 工装配置申请	6.1.1 多方论证小组（CFT）在进行工厂、设施和设备的策划时，如需新增或改进工装时，工艺技术部要编制"工装新增/改进计划"，经多方论证小组（CFT）审核后，报总经理批准。工厂、设施和设备的策划详见《设备管理程序》	工装新增/改进计划	多方论证小组（CFT）
	6.1.2 工艺技术部根据"工装新增/改进计划"，填写"工装配置（改进）申请表"	工装配置（改进）申请表	工艺技术部
	6.1.3 "工装配置（改进）申请表"交工艺技术部经理签署自制或外购意见，然后由设备部就自制或外购的落实签署意见（要落实完成时间），最后交副总经理批准。费用超过10000元时，还需总经理批准		工艺技术部
	6.1.4 批准后的"工装配置（改进）申请表"由设备部保管，设备部应将批准后的"工装配置（改进）申请表"复印后交相关部门		设备部

（续）

程序	工作内容	输出文件	责任部门/人
6.2 工装的设计	6.2.1 工艺技术部接到"工装配置（改进）申请表"后，应组织有关人员进行工装的设计		工艺技术部
	6.2.2 工装图样及设计文件经工艺技术部经理批准后生效。工装图样及设计文件的管理、更改要执行《图样及技术文件管理规定》		工艺技术部
6.3 工装的自制与采购	6.3.1 自制的工装设备由设备部制作并调试		设备部
	6.3.2 外购的工装由设备部开"请购单"交采购部采购。工装采购时，采购部应进行情况考察，必要时与工装供应商签订合同（合同需副总经理批准）		采购部
6.4 工装的验收	6.4.1 自制/外购的工装送工艺技术部。工艺技术部应组织质量部、生产车间、设备部对工装进行验收		工艺技术部
	6.4.2 工装验收前，工艺技术部应按照工装图样的要求对工装进行检查。检查合格后，将工装送至生产车间进行试生产验收 1）设备部负责调试状况的检查 2）使用部门负责工装运作状况（至少运作一个星期）的检查 3）质量部负责对用工装进行试生产的产品进行检查 4）工艺技术部负责做出工装验收的最终结论 工装验收人员应认真填写好"工装验收报告"	工装验收报告	工艺技术部
	6.4.3 只有通过验收的工装才能投入正式使用。验收不合格的工装应返工调整，直至合格为止		
6.5 工装的分类与档案管理	6.5.1 工装按其重要度分为两类：Ⅰ类是重要工装；Ⅱ类是一般工装 1）Ⅰ类工装：对质量、安全影响较大的工装，包括关键工序、特殊工序使用的工装 2）Ⅱ类工装：没有特殊加工精度要求，对质量、安全影响较小的工装。Ⅰ类以外的工装，做Ⅱ类工装管理 工装分类确定由工艺技术部负责。工艺技术部应将工装的类别填写在"工装验收报告"中		工艺技术部
	6.5.2 验收合格的工装，设备部应按《工装编号方法》的要求对工装进行编号，将工装记入"工装台账"	工装台账	设备部

(续)

程 序	工 作 内 容	输出文件	责任部门/人
6.5 工装的分类与档案管理	6.5.3 设备部在工装上钉上"工装铭牌",铭牌上有工装编号、工装名称、使用部门、适用范围、启用日期等		设备部
	6.5.4 使用部门领用工装时,需在设备部的"工装发放回收记录表"上做好领用登记	工装发放回收记录表	使用部门
6.6 工装的使用与维护	6.6.1 设备部负责编写必要的工装操作与维护规程		设备部
	6.6.2 操作人员应按要求正确使用工装,严禁违章操作工装,不得任意拆卸和自行修理工装		操作人员
	6.6.3 操作人员要经常保持工装的完好,做好日常清洁保养工作		操作人员
	6.6.4 设备维护员应根据工装操作与维护保养规程的要求做好工装的定期保养工作,填写"工装定期检查保养记录"	工装定期检查保养记录	设备维护员
	6.6.5 员工在工装使用过程中发现工装损坏,不能保证工序质量要求时,应开具"工装检修单"及时通知设备部,由设备部进行维修。对于设备部不能维修的工装,设备部应及时报告,申请发外修理	工装检修单	设备部
	6.6.6 检修中的工装需挂红色检修牌或放置在检修区域;报废的工装需挂黑色报废牌或放置在报废区域;闲置工装挂上"闲置工装"牌或放置在闲置区域,由设备部保管;现场所使用的状态良好的工装不再另行标识		设备部
	6.6.7 由设备部负责组织对Ⅰ类工装定期进行检查(填写"工装定期检查保养记录"),检查Ⅰ类工装的精度、外观质量以及使用性能等方面的状况。Ⅱ类工装不做定期检修,随坏随修	工装定期检查保养记录	设备部
	6.6.8 设备部每月编制"易损工装更换计划",并做好易损工装配件的贮备与申购工作,确保及时更换易损工装	易损工装更换计划	设备部
	6.6.9 车间工装管理人员要将Ⅰ类工装每批次使用的起止时间、生产的产品数量以及工装修理的情况记录在"工装履历卡"中	工装履历卡	车间

（续）

程　序	工作内容	输出文件	责任部门/人
6.7 工装的改造及报废	6.7.1 工装在使用过程中，需要进行改进时，生产车间或其他部门及个人均可提出申请报工艺技术部（应填写"工装配置（改进）申请表"），工艺技术部应及时组织有关人员进行分析，确认是否有必要进行改进，如确有改进必要，应报生产副总经理批准	工装配置（改进）申请表	工艺技术部
	6.7.2 对于取消的和没有维修价值的工装，使用部门填写"工装报废单"，经工艺技术部、设备部确认，生产副总经理批准后予以报废　设备部应根据工装报废的情况，适时修改"工装台账"	工装报废单、工装台账	设备部

7. 过程绩效的监视

绩效指标	计算公式（计算方法）	指标值	监视频率	监视单位/人
7.1 工装月平均故障时间	工装月平均故障时间 = $\dfrac{\text{工装故障总时间}}{\text{工装总数量}}$	≤1.5小时	月	设备管理员
7.2 月故障次数超过3次的工装百分数	月故障次数超过3次的工装百分数 = $\dfrac{\text{月故障次数超过3次的工装数量}}{\text{工装总数量}} \times 100\%$	≤5%	月	设备管理员
7.3 工装采购/制作及时率	工装采购/制作及时率 = $\dfrac{\text{工装采购/制作按时完成的次数}}{\text{工装采购/制作总次数}} \times 100\%$	≥95%	月	设备管理员

8. 过程中的风险和机遇的控制（风险应对计划）

风险	应对措施	其他事项	执行时间	负责人	监视方法
8.1 Ⅰ类工装出现故障	1）与工装供应商签订维修合同，保证随叫随到（注：每年12月都需签下1年的维修合同）		每年12月	设备管理员	设备部经理监督签署工装维修合同
	2）Ⅰ类工装除使用的外，至少储备1套		全部时间	设备管理员	设备部经理每月月底审查Ⅰ类工装储备量

9. 支持性文件

9.1 《工装编号方法》

10. 记录

10.1 工装配置（改进）申请表

10.2 工装验收报告（见表4.2-1）

10.3 工装台账（见表4.2-2）

10.4 工装履历卡（见表4.2-3）

10.5 工装发放回收记录表

10.6 工装定期检查保养记录（见表4.2-4）

10.7 工装检修单

10.8 易损工装更换计划（见表4.2-5）

10.9 工装报废单

表4.2-1 工装验收报告

产品型号		产品名称	
零件图号		零件名称	
工装编号		工装名称	
使用部门		使用设备	
工序号		工序名称	

验收项目	验收内容	结论
1. 工装检查结果确认	工装的外观检查、尺寸检测、性能试验和安全性检验是否合格？	
2. 工装与设备的关系	1）工装能正确安装在工艺所规定型号的设备上	
	2）工装与设备的连接部位、结构尺寸、定位精度、装夹位置符合设备的要求	
	3）工装在设备上的装卸、操作方便，安全可靠	
	4）工装与被制造件装卡后的总重量及总体外形尺寸在设备允许范围之内。设备（包括刀具等附件）与工装及被制造件之间不发生干涉现象	

(续)

验收项目	验收内容	结论
3. 工装与被制造件的关系	1）采用工装制造的产品样件应满足产品和工艺要求，合格率符合规定	
	2）工装上的定位件位置与被制造件的定位位置要求相符	
	3）工装使用的夹紧方法、夹紧力使工装或被制造件夹紧后产生的变形对被制造件质量不产生影响	
	4）工装与被制造件的配合精度满足要求	
	5）工装与被制造件装配后不妨碍设备或操作人员的作业	
	6）工装与被制造件的装卸不干涉，装卸方便	
4. 工装与工艺的关系	1）工装的定位基准及工艺尺寸与工艺要求相符	
	2）工装的测量基准及测量尺寸与工艺要求相符	
	3）工装的夹紧部位、夹紧方法满足工艺要求	
	4）使用工装的操作步骤、操作时间达到工艺要求	
	5）工装按规定的试用次数使用后，其可靠性、可维护性、生产效率等满足生产、工艺及使用要求	
5. 工装与安装现场的关系	工装符合安装现场的条件和要求	

验收总结论：
□验收合格，工装可以投入使用； □验收不合格，需修复或改造； □工装报废
□其他说明：

附件：□样件检验报告 □工装全尺寸检验报告

会签	部门	会签人/日期	职位	部门	会签人/日期	职位

表 4.2-2　工装台账

序号	工装代号	工装名称	类别	周检周期	适用零部件型号/名称	使用部门	使用地点	入库日期	开始使用日期	报废日期	备注

表 4.2-3 工装履历卡

工序号		产品型号	
工装编号		零件名称	
工装名称		零件图号	
使用部门		使用设备	
制造厂家		开始使用日期	
报废日期		报废单号	

修理记录

修理日期	修理单号	修理内容简述	修理人	检验员

使用记录

借用/启用日期	借用人	加工零件数量	检验记录	检验员	返还/停用日期	备注
			首件			
			末件			
			首件			
			末件			
			首件			
			末件			

备注：

表 4.2-4　工装定期检查保养记录

工序号		产品型号	
工装编号		零件名称	
工装名称		零件图号	
使用单位		使用设备	
检查日期		检查人	
检查项目	检查内容及要求		检查结论
1. 外观检查	外观是否完整无损、表面是否光滑、有无影响强度的缺陷；定位面是否平整、光滑，如有明显严重的划痕、局部变形等缺陷，应打磨修整后再检查		
2. 尺寸和几何形状检查	工装及零部件应保持良好的几何形状。变形量、磨损量等是否超限？检验结果见"工装尺寸检查记录表"		
3. 装配关系检查	紧固件是否完备，紧固状态是否良好，间隙是否超限		
4. 组合化工装检查	定位孔、轴、销及组合部件、零件的状态是否良好		
5. 安全检查	安全、吊拉部位的状态是否良好；吊、拉器具应按相关的安全使用管理规定执行		
6. 其他项目	工装维护使用说明书中规定的其他需要进行的周期检查的内容		
7. 样件检查	用此工装试做几个样件，对样件进行检查，看是否合格		

检查总结论：
☐检查合格
☐检查不合格，需修复或改造
☐工装报废
☐其他说明：

附件：☐样件检验报告　☐工装尺寸检查记录表

表 4.2-5 易损工装更换计划

工装编号	工装名称	存放地点	更换项目	更换周期	1月		2月		3月		4月		5月		6月		7月		8月		9月		10月		11月		12月	
					计划	实施	计划	实施	计划	实施	计划	实施	计划	实施	计划	实施	计划	实施	计划	实施	计划	实施	计划	实施	计划	实施	计划	实施

备注：

说明：（1）"计划"栏填写具体日期；"实施"栏，在实施后打"√"。（2）每月根据需要做必要的月度易损工装更换计划。

4.3 监视和测量设备管理程序

监视和测量设备管理程序

1. 目的

对监视和测量设备（简称监测设备）进行有效的控制和管理，确保其监视和测量能力，以满足监视和测量任务的要求。

2. 适用范围

适用于本公司监测设备的采购、贮存、使用、检定/校准和报废等管理。

3. 职责

3.1 质量部负责公司各类监测设备的归口管理，负责监测设备的检定、校准工作。
3.2 各使用监测设备的部门负责做好监测设备的使用、日常保养和存放的管理。
3.3 各监测设备使用人员负责监测设备的正确使用及日常保养。

4. 过程分析乌龟图

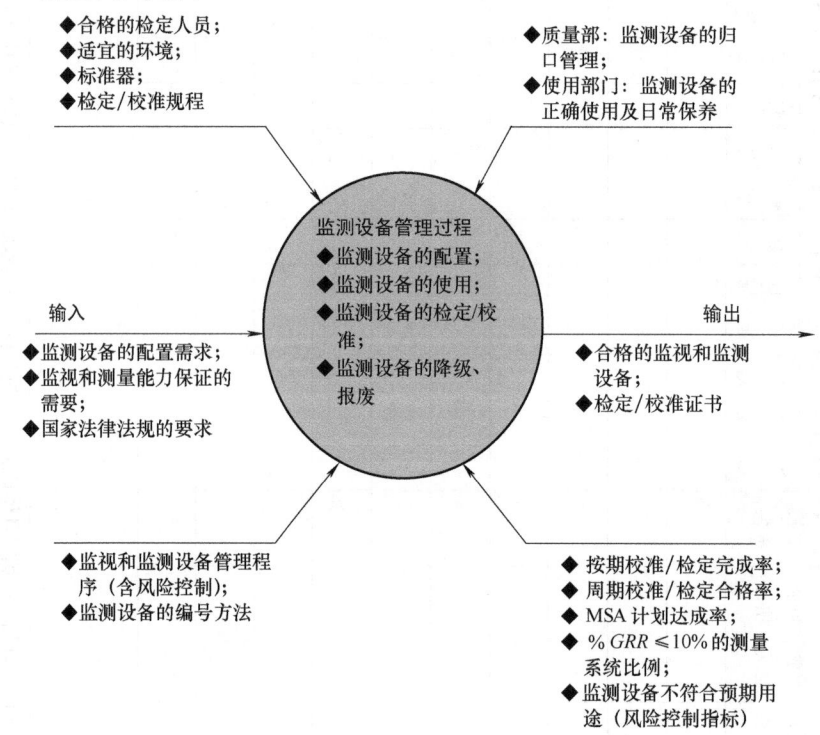

5. 过程流程图

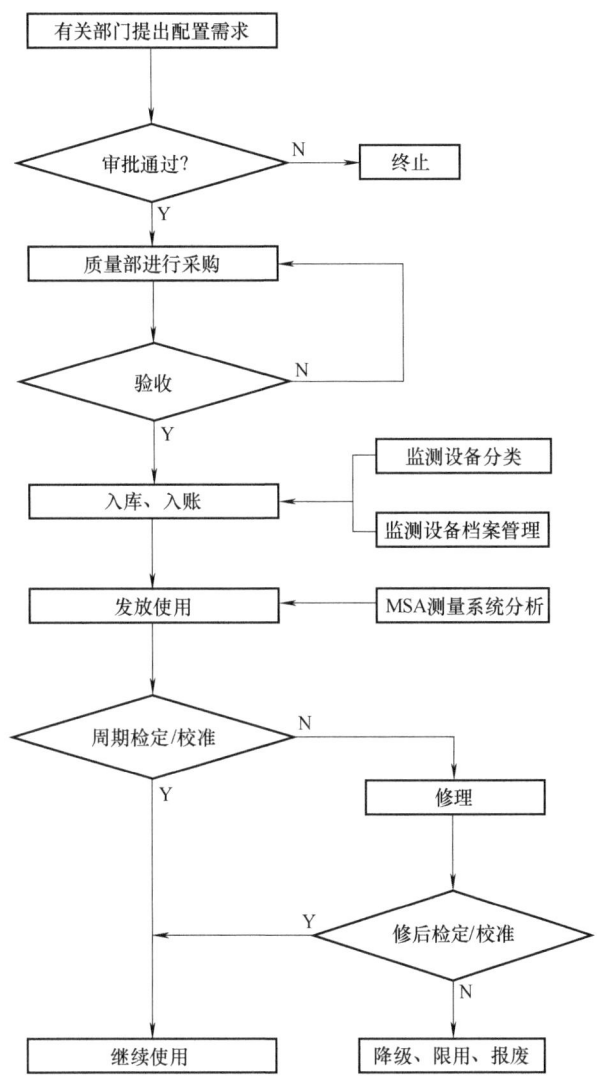

6. 作业程序与控制要求

程　　序	工作内容	输出文件	责任部门/人
6.1 监测设备的配置	6.1.1 多方论证小组（CFT）在进行工厂、设施和设备的策划时，如需新增或改进监测设备时，质量部要编制"监测设备新增/改进计划"，经多方论证小组（CFT）审核后，报总经理批准。工厂、设施和设备的策划详见《设备管理程序》	监测设备新增/改进计划	质量部

（续）

程　序	工　作　内　容	输出文件	责任部门/人
6.1 监测设备的配置	6.1.2 各使用部门根据需要，填写"监测设备配置申请单"交质量部签署自制或外购意见，最后交总经理批准	监测设备配置申请单	使用部门
	6.1.3 监测设备外购时，由质量部根据该监测设备的使用场合、测量范围、准确度、精密度、分度值、等级等因素确定型号、种类等，并据此填写"请购单"，经副总经理批准后交采购部实施采购	请购单	质量部
	6.1.4 自制监测设备由质量部组织设计，经副总经理审核后发外加工		质量部
6.2 监测设备的验收	6.2.1 新购监测设备到货后，由质量部计量室组织进行验收检定/验证		
	6.2.2 验收检定/验证合格的监测设备，由计量员按《监测设备的编号方法》的要求对设备进行编号，做好检定/校准状态标签，填写"监测设备履历卡"，并将设备登记于"监测设备台账" 对因体积小而不宜贴标签的监测设备，其检定/校准状态标签可贴在包装盒上或由其使用者妥善保管，但设备上要刻上编号	监测设备履历卡、监测设备台账	计量员
	6.2.3 对检定验收/验证不合格的监测设备，由采购部做退换处理		采购部
	6.2.4 对于监视和测量用的软件，使用前应由质量部进行验证，并根据需要进行再验证。验证时应填写"监测用软件验证记录表"	监测用软件验证记录表	质量部
6.3 监测设备的档案	6.3.1 计量室计量员负责建立公司"监测设备台账"，台账应能反映公司现有全部监测设备的数量、生产厂、精度、分类、检定/校准周期、使用状态、配备地点等，各使用部门兼职计量员负责建立本部门分台账	监测设备台账	计量员
	6.3.2 计量室计量员要做好监测设备检定（校准）规程、使用说明书、历次检定（校准）记录、检定（校准）报告等资料的归档保管		计量员
6.4 监测设备的分类	6.4.1 根据监测设备的不同用途和使用频度以及国家有关计量要求，将监测设备分为A、B、C三类		计量员
	6.4.2 A类计量监测设备：用于本公司计量、监测设备量值溯源的计量标准器和使用中列入国家强制检定范围的工作计量器具		

(续)

程　　序	工　作　内　容	输出文件	责任部门/人
6.4　监测设备的分类	6.4.3　B类计量监测设备：指用于产品开发、生产工艺控制、质量检测等有测量数据要求及对产品安全性能有规定要求的监测设备		
	6.4.4　C类计量监测设备：指除A、B类监测设备以外的一般监测设备		
6.5　监测设备的使用	6.5.1　领用监测设备时，使用部门需在计量室的"监测设备发放回收记录表"上做好领用登记	监测设备发放回收记录表	使用部门
	6.5.2　使用者在使用监测设备时，要检查设备是否完好，是否在检定/校准有效期内，并确保设备的监测能力与所要求的能力一致		使用者
	6.5.3　计量工程师应为A类监测设备编制《操作维护保养规程》，B、C类监测设备视实际情况，必要时编制操作规程		计量工程师
	6.5.4　计量工程师负责组织相关人员对监测设备操作者进行培训，培训记录交人力资源部备案		计量工程师
	6.5.5　对超过校准周期的监测设备必须重新检定/校准，合格后发放使用		
	6.5.6　凡有操作规程的监测设备必须按操作规程使用操作，规定专人使用的监测设备，必须由专人使用		
	6.5.7　在送检及搬运过程中要根据各类仪器的具体要求，做好适当的保护措施，防止监测设备损坏及准确度变化。精度高的监测设备搬离原位置后，要经过检定/校准合格后方可继续使用		
	6.5.8　对工艺、产品质量有较大影响的A类监测设备，操作人员应依作业指导书、操作规程或工艺规程的要求，对监测设备按规定的频率或时间进行点检，并将点检结果填写在"监测设备点检表"内	监测设备点检表	操作人员
	6.5.9　监测设备使用人员负责该监测设备的正确使用及日常保养工作，不得擅自拆卸或损坏，在使用过程中发现监测设备失准或出现异常情况时，应立即停止使用，并按本程序6.7执行		
	6.5.10　计量工程师负责编制"监测设备维修配件采购计划"，以保证监测设备维修配件的及时供应	监测设备维修配件采购计划	计量工程师

（续）

程　序	工　作　内　容	输出文件	责任部门/人
6.5　监测设备的使用	6.5.11　监测设备应有适宜的工作环境（防尘、防振、无外来电磁干扰等），各种监测设备和附件应保持清洁、摆放整齐		
	6.5.12　在下列情况下，要按《MSA作业指导书》的要求做好MSA测量系统分析： 1）新产品试生产（或PPAP的有效生产），需建立新的测量系统时 2）测量系统有异动时，如新购量具替换原来的量具、测量方法发生了变更、量具进行了大修等 3）按确定的周期进行MSA。一般每间隔一年要实施一次MSA 4）按顾客的要求进行MSA		
6.6　监测设备的检定/校准	6.6.1　计量员根据"监测设备台账"所规定的检定校准周期、实际使用情况和国家计量校验规范要求，每年12月编制下一年度的"监测设备年度检定/校准计划"，经质量部经理批准后执行	监测设备年度检定/校准计划	计量员
	6.6.2　计量员按检定/校准计划提前一周编制"监测设备检定/校准通知单"，通知使用部门按时送检	监测设备检定/校准通知单	计量员
	6.6.3　计量员负责对送检的监测设备进行外观检查，对损坏情况，如零件损坏或丢失等，应认真记录		计量员
	6.6.4　A类计量监测设备的检定/校准由计量员按计划送国家授权的计量部门检定/校准		计量员
	6.6.5　B类、C类计量监测设备的检定/校准由计量员按照《监测设备校准规程》的要求自行校准，校准情况记入"监测设备校准记录表"中	监测设备校准记录表	计量员
	6.6.6　监测设备检定/校准合格后，由检定/校准人员出具检定/校准证书（包括测试报告），并做好检定/校准状态标签 为了便于追溯，校准证书、校准状态标签上的设备编号（资产编号）应与"监测设备台账"上的设备编号（资产编号）一致	检定/校准证书、检定/校准合格证	检定人员
	6.6.7　监测设备检定/校准不合格，需办理修理、降级或报废手续，具体按本程序6.8的规定进行处理		
6.7　监测设备不符合预期用途时的处理	6.7.1　公司任何员工发现监测设备不符合预期用途时（比如偏离校准状态时、设备损坏时、精密的设备不宜搬运而经过搬动时，等等），应停止监测工作，并及时向质量部报告		相关员工

（续）

程　　序	工作内容	输出文件	责任部门/人
6.7　监测设备不符合预期用途时的处理	6.7.2　质量部组织有关人员重新评定已监测结果的有效性，并据此填写"监测结果的评估报告（监测设备不符合预期用途时）"并发至相关部门 报告中应记录监测设备最后一次校准合格的日期以及下一次校准到期日	监测结果的评估报告（监测设备不符合预期用途时）	质量部
	6.7.3　相关部门根据评估报告的要求，采取必要的改进措施，以防止影响扩大。如评定认为应该对被检产品进行重检，则应按评定要求的范围追回被检产品进行重新监测。同时，质量部应对监测设备进行故障分析、维修并重新校准		相关部门、质量部
	6.7.4　如果使用不符合预期用途的监测设备检验的产品和材料已发运给顾客，质量部应及时通知顾客并采取相应措施		
	6.7.5　周期校准时，发现监测设备不符合预期用途时，应参照6.7.1~6.7.4条款进行处理		
	6.7.6　如发现使用中的监测设备处于无标识、超间隔等失控状态，应参照6.7.1~6.7.4条款进行处理		
6.8　监测设备的维修及报废处理	6.8.1　对不合格的监测设备，根据检定/校准结果分别做修理、降级和报废处理		
	6.8.2　监测设备的检修由计量员负责，无法自修的，由计量员负责组织联系送外修理		计量员
	6.8.3　计量员应将监测设备的检修情况填写在"监测设备维修记录表""监测设备履历卡"中。计量员应对检修后的监测设备按6.6条款的要求重新检定/校准	监测设备维修记录表、监测设备履历卡	计量员
	6.8.4　对经过修理不能达到原准确度，但能降级使用的监测设备，计量员应进行降级处理 对降级使用的监测设备，应在校准证书和监测设备上注明相应的准确度等级，并做好"限用"标识		计量员
	6.8.5　对无法修复的监测设备，由计量员办理报废申请，填写"设备报废申请单"，经质量部经理审核、财务部复核、副总经理批准后，做报废或变卖处理。计量员应在"监测设备台账"上进行登记核销	设备报废申请单	计量员
	6.8.6　监测设备的某些功能出现问题，但使用中仅需用其完好功能部分时，由计量员填写"监测设备准用申请单"，注明准用范围、期限，经质量部经理审批后使用。应在准用监测设备上贴上"准用证"标识	监测设备准用申请单	计量员

（续）

程　序	工作内容	输出文件	责任部门/人
6.9 封存、停用和库存监测设备的管理	6.9.1 对于某些检定正常的监测设备，如暂时不使用，由使用部门通知计量员对该监测设备做好"停用"或"封存"状态标识。封存的监测设备可以不安排周期检定/校准		计量员
	6.9.2 对检定/校准失准或超过有效期的监测设备，由计量员进做好"停用"状态标识，停止使用，并及时替换上合格的监测设备，以保证检验工作顺利进行。停用的监测设备由计量员及时安排修理或检定		计量员
	6.9.3 封存、停用的监测设备原则上要求存放于计量室，由计量室人员负责保管，不适宜存放于计量室的监测设备由使用部门兼职计量员负责保管，库存监测设备由计量员或兼职计量员负责保管。对于有防护要求的监测设备，保管人员应做好防锈、防尘等工作		计量员、兼职计量员
	6.9.4 在启用封存、停用或库存监测设备时，计量员应检查该监测设备的检定/校准有效期，如有效期已过，应重新检定/校准，检定/校准合格后贴上合格证或准用证后方可投入使用		计量员
	6.9.5 计量员应将监测设备封存、停用、启用的情况记录在"监测设备履历卡"中	监测设备履历卡	计量员
6.10 计量监督检查	6.10.1 为了确保计量、监测数据的正确性、有效性，以及账、卡、物三相符，计量员每月对监测设备进行巡查抽检（抽查率5%～10%），巡查抽检结果记录在"监测设备月抽检表"中		计量员
	6.10.2 巡查抽检中发现问题时，应按问题的性质及6.7、6.8条款的要求处理		计量员

7. 过程绩效的监视

绩效指标	计算公式（计算方法）	指标值	监视频率	监视单位/人
7.1 按期校准/检定完成率	1）按期校准/检定完成率 = $\dfrac{\text{按计划完成校准/检定的监测设备数量}}{\text{按计划应校准/检定的监测设备数量}}$	100%	半年	质量部经理
7.2 周期校准/检定合格率	1）周期校准/检定合格率 = $\dfrac{\text{检定/校准合格的监测设备总数}}{\text{检定/校准的监测设备总数}}$	≥98%	半年	质量部经理

(续)

绩效指标	计算公式 (计算方法)	指标值	监视频率	监视单位/人
7.3 MSA 计划达成率	MSA 计划达成率 = $\dfrac{\text{MSA 实际完成数}}{\text{MSA 计划数}} \times 100\%$	100%	半年	质量工程师
7.4 %GRR≤10% 的测量系统比例	%GRR≤10% 的测量系统比例 = $\dfrac{\%GRR\leq10\% \text{ 的测量系统}}{\text{进行 MSA 的测量系统总数}} \times 100\%$	≥90%	半年	质量工程师

8. 过程中的风险和机遇的控制（风险应对计划）

风险	应对措施	其他事项	执行时间	负责人	监视方法
8.1 监测设备不符合预期用途	1）计量员每月对监测设备进行巡查抽检（抽查率5%~10%），确保监测设备处于完好状态		每月一次	计量员	质量部经理每月对"监测设备月抽检表"进行复查
	2）当发现监测设备不符合预期用途时，质量部应组织有关人员重新评定已监测结果的有效性，并据此填写"监测结果的评估报告（监测设备不符合预期用途时）"并发至相关部门处理		及时处理	质量工程师	质量部经理对"监测结果的评估报告"进行复查

9. 支持性文件

9.1 《监测设备的编号方法》

9.2 《监测设备校准规程》

9.3 《MSA 作业指导书》

10. 记录

10.1 监测设备配置申请单

10.2 监测用软件验证记录表

10.3 监测设备履历卡

10.4 监测设备台账（见表4.3-1）

10.5 监测设备发放回收记录表

10.6 监测设备点检表

10.7 监测设备维修配件采购计划

10.8 监测设备年度检定/校准计划（见表4.3-2）

10.9 监测设备检定通知单

10.10 监测设备校准（内校）记录表（见表4.3-3）

10.11 监测结果的评估报告（监测设备不符合预期用途时）（见表4.3-4）

10.12 监测设备准用申请单

表 4.3-1　监测设备台账

序号	本厂编号	名称	规格/型号	测量范围	精度等级	制造厂	制造厂编号	入账时间	使用/存放地点	校准周期	经办人	报废日期	备注

表 4.3-2　监测设备年度检定/校准计划

设备编号	设备名称	使用地点	1月		2月		3月		4月		5月		6月		7月		8月		9月		10月		11月		12月	
			计划	结论	计划	结论	计划	结论	计划	结论	计划	结论	计划	结论	计划	结论	计划	结论	计划	结论	计划	结论	计划	结论	计划	结论

备注：

说明："计划"栏填写具体日期；"结论"栏，合格时打"√"；不合格时打"×"并在备注中说明情况。

编制/日期：　　　　　　　　　审核/日期：　　　　　　　　　批准/日期：

第4章 IATF 16949：2016 程序文件——支持类

表 4.3-3 监测设备校准（内校）记录表

编号	校准项目	标准要求	校准工具	校准结果 名称					备注
序号				第1次	第2次	第3次	第4次	第5次	
			结论	□合格 □不合格	□合格 □不合格	□合格 □不合格	□合格 □不合格	□合格 □不合格	
			校准日期						
			校准人						
			复核人						

校准依据：

其他：

表 4.3-4　监测结果的评估报告
（监测设备不符合预期用途时）

监测设备名称：	监测设备编号：
校准日期：	下次复校日期：
监测设备使用场合：	
发现监测设备不符合预期用途的时间：	
监测设备不符合预期用途的描述：	
监测结果有效性的评估及建议的改进措施：	
产品重新检测的要求（产品需重新检测时填写）：	
对不符合预期用途的监测设备的处理：	
评估人/日期：	批准/日期：

4.4 知识管理控制程序

知识管理控制程序

1. 目的

鼓励公司获取、更新知识，防止公司知识的流失。

2. 适用范围

适用于公司知识的识别、收集、整理、发布、使用、分享、评估和更新的管理。

3. 职责

3.1 人力资源部负责知识管理的组织与协调，负责人力资源类知识的收集与整理，负责组织知识的发布、评估与更新，负责组织知识的推广与培训。

3.2 营销部负责顾客服务、销售方面知识的收集和整理。

3.3 质量部负责质量方面知识的收集和整理。

3.4 产品研发部负责产品研发方面知识的收集和整理。

3.5 工艺技术部负责工艺、工装方面知识的收集和整理。

3.6 其他职能部门负责各自分管领域知识的收集和整理。

4. 过程分析乌龟图

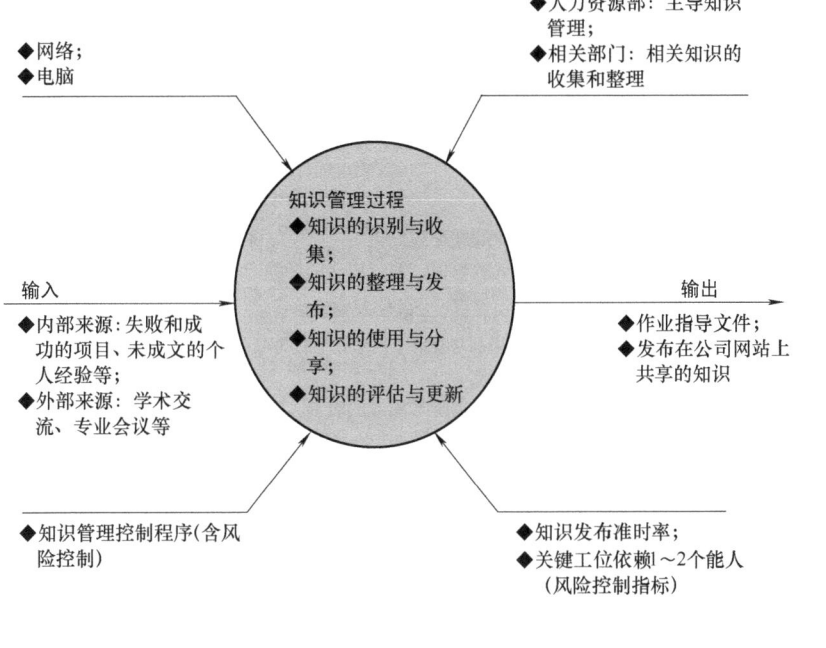

5. 过程流程图

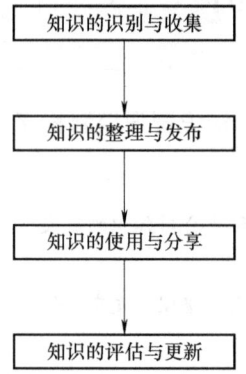

知识的识别与收集
↓
知识的整理与发布
↓
知识的使用与分享
↓
知识的评估与更新

6. 作业程序与控制要求

程　　序	工　作　内　容	输出文件	责任部门/人
6.1　知识的识别与收集	6.1.1　质量部识别与收集下列来源中的知识： 1）顾客对产品的意见 2）竞争产品质量的优劣 3）工作中成功的经验与失败的教训 4）顾客的退货和拒收记录 5）顾客退货产品分析 6）售后服务报告 7）纠正措施报告单 8）供应商质量反馈单 9）政府的要求和法规 10）前沿的质量管理技术，等等		质量部
	6.1.2　营销部识别与收集下列来源中的知识： 1）顾客的意见 2）顾客投诉记录 3）媒体关于本行业的评论和分析 4）顾客未签约的失败教训、签约成功的经验 5）市场环境因素，等等		营销部
	6.1.3　产品研发部识别与收集下列来源中的知识： 1）竞争对手产品信息 2）项目研发中成功的经验与失败的教训 3）顾客退货分析报告 4）行业前沿信息 5）型式试验报告、国家检验机构的检测报告 6）专业论文、专业会议，等等		产品研发部
	6.1.4　其他职能部门识别与收集下列来源中的知识： 1）分管领域方面的知识 2）工作中成功的经验与失败的教训 3）未成文的工作小窍门		其他职能部门

（续）

程　序	工作内容	输出文件	责任部门/人
6.2　知识的整理与发布	6.2.1　各部门对识别和收集来的知识进行整理： 1）能够直接转化为作业指导的知识，应将其形成作业指导书或依据这些知识对现有作业指导书进行修订，按《文件控制程序》执行 2）暂时不能直接转化为作业指导，但对工作有启发、对员工的职业思想培养有帮助的知识，应对其进行编辑、整理，形成专题文件。专题文件中应注明来源、编辑人员、编辑日期、文件类别等	专题文件	各部门
	6.2.2　编制或修订的作业指导书应在履行完签字手续后交文控中心发布		各部门
	6.2.3　填写"专题文件发布申请表"，连同专题文件一起送管理者代表审批。批准后的专题文件交网络工程师放入公司网站的"知识共享"专栏	专题文件发布申请表	各部门
6.3　知识的使用与分享	6.3.1　针对新的或修订的作业指导书，人力资源部培训专员应制定培训计划，安排文件编写人员对相关人员进行培训，详见《培训控制程序》		培训专员
	6.3.2　公司全体员工按保密级别可以浏览公司网站"知识共享"专栏的相关专题文件		
	6.3.3　人力资源部培训专员就某个专题文件，召集相关人员进行经验交流，共同分享公司的知识成果		培训专员
6.4　知识的评估与更新	6.4.1　对于作业指导书这类制度性文件，按《文件控制程序》的要求定期进行评审。评审中发现的不适用文件，要做更改或作废处理		
	6.4.2　每年6月、12月，网络工程师组织有关人员对公司网站"知识共享"专栏里的专题文件进行有效性评审（评审时应填写"专题文件评审表"） 评审中发现专题文件不适用时，要对其做修改或撤销处理	专题文件评审表	网络工程师

7. 过程绩效的监视

绩效指标	计算公式（计算方法）	指标值	监视频率	监视单位/人
7.1 知识发布准时率	1）每季度，人力资源部组织各部门制定知识收集与发布计划。人力资源部对计划的实施进行监管 2）知识发布准时率 $= \dfrac{\text{准时发布的知识数量}}{\text{应发布的知识数量}} \times 100\%$	≥95%	季度	人力资源部

8. 过程中的风险和机遇的控制（风险应对计划）

风险	应对措施	其他事项	执行时间	负责人	监视方法
8.1 关键工位依赖1~2个能人	1）培养3个以上多能工，掌握关键工位的操作要领			车间主任	质量保证工程师检查关键工位多能工的数量
	2）将这1~2个能人的经验转化为作业指导书，作为公司的知识积累			工艺工程师	质量保证工程师检查关键工位的作业指导书是否包含了能人们的经验、作业指导书是否有效

9. 支持性文件

9.1 《文件控制程序》

9.2 《培训控制程序》

10. 记录

10.1 专题文件发布申请表（见表4.4-1）

10.2 专题文件评审表（见表4.4-2）

表 4.4-1 专题文件发布申请表

文件编号:		文件题目:	
文件编写人/整理人:		日期:	

文件类别:
□人力资源管理类　□生产管理类　□质量管理类　□销售管理类　□产品、工艺类　□采购管理类
□其他:

文件内容简述:

知识管理专员审查:

审查项目	审查结论
题目	
格式规范	
文字内容	
图表	
文献引用	
其他	

审查结论:
□同意发布;
□不同意发布;
□其他:

知识管理专员/日期:

管理者代表批准意见:
□同意发布;
□不同意发布;
□其他:

管理者代表/日期:

表 4.4-2 专题文件评审表

| 评审人: | | 评审日期: | |

需删除的文件:

文件类别	文件编号	文件名称	删除理由

需修改的文件:

文件类别	文件编号	文件名称	修改理由及建议的修改

保留的文件:

文件类别	文件编号	文件名称

4.5 培训管理程序

培训管理程序

1. 目的

对各类人员进行培训，以满足相应岗位规定要求。

2. 适用范围

适用于公司所有与质量管理体系有关的工作人员的培训。

3. 职责

3.1 人力资源部负责编制培训计划并监督实施，负责组织对培训效果进行评价，负责培训记录的管理。

3.2 各职能部门配合人力资源部完成本部门员工的各类培训。

3.3 各位员工应积极参加各种培训及学习。

4. 过程分析乌龟图

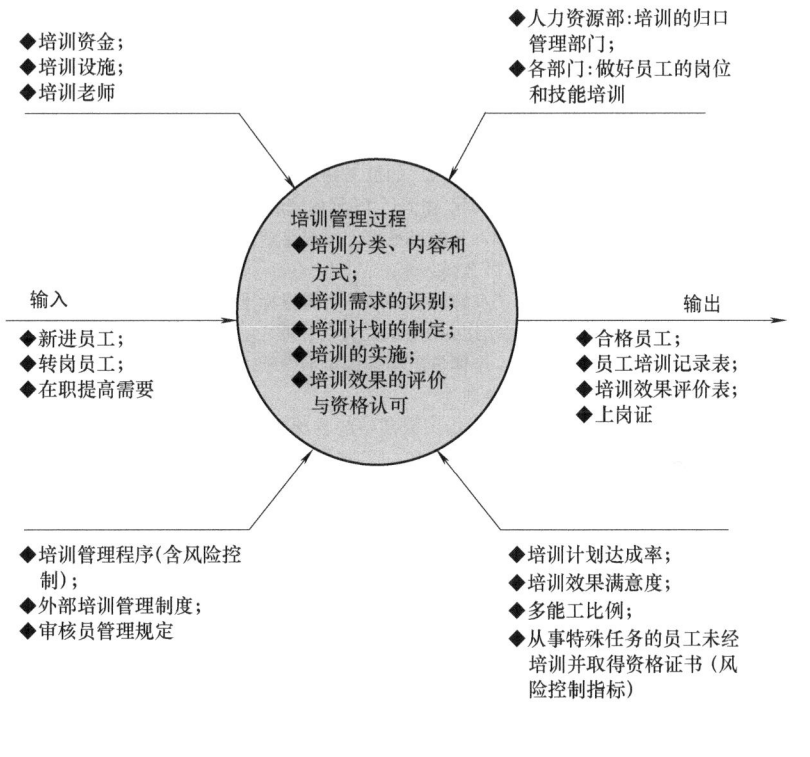

5. 过程流程图

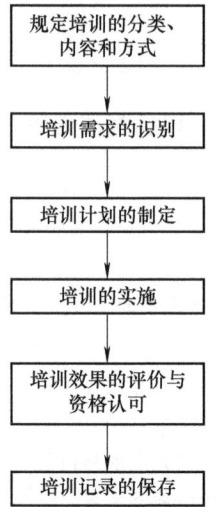

规定培训的分类、内容和方式

培训需求的识别

培训计划的制定

培训的实施

培训效果的评价与资格认可

培训记录的保存

6. 作业程序与控制要求

程　　序	工　作　内　容	输出文件	责任部门/人
6.1 培训的分类、内容和方式	6.1.1 培训的分类。培训分为新员工入厂培训、新员工岗前培训、转岗培训、在岗提高培训、特殊工种培训、继续教育培训、干部教育培训等 1）新员工入厂培训：新入厂的员工必须接受人力资源部主导的入厂培训。在入厂15天内完成 2）新员工岗前培训：凡新进员工，须按要求经岗前培训考核合格方可上岗 3）转岗培训：员工在转岗前必须按新岗位标准进行转岗培训，经考核达到任职资格方可任职 4）在岗提高培训：全体员工接受每年不少于一次的提高岗位技能的培训 5）特殊工种培训：是指国家规定的特殊工种、技术工种（含电梯工、叉车工、吊车工、焊工、电工、钳工、车工、磨工等）的培训及考证，由人力资源部定期组织外出培训 6）继续教育培训：是指具有大、中专以上学历的技术、管理人才补充、更新、拓宽专业知识，以不断提高业务技能和管理水平的培训。由各部门提案，人力资源部统筹。原则上技术、管理人员每年至少要有一周以上时间参加培训 7）干部教育培训：培训对象为储备干部、办事处主任、经理级以上干部，由人力资源部统一策划安排，并进行考核		人力资源部

（续）

程　　序	工 作 内 容	输出文件	责任部门/人
6.1　培训的分类、内容和方式	6.1.2　培训的内容 1）新员工入厂培训：包括公司概况、厂纪厂规、质量方针（目标）、质量意识、IATF 16949基础知识、相关法律法规基础知识、安全生产基础知识、员工手册等内容 2）新员工岗前培训、转岗培训：见"新员工岗前培训项目矩阵表" 3）其他培训：见"员工能力提高培训项目矩阵表"		
	6.1.3　培训的方式 1）外出进修、学习、考察、参加学术会议等 2）公司内组织授课、案例讨论、技术操作示范、自学、文化沙龙等		
6.2　培训需求的识别	6.2.1　每年年初（上年度例行的管理评审之后），人力资源部就培训需求征求各部门的意见。各部门根据部门的需要，结合公司发展的趋势，用"培训需求申请表"的方式向人力资源部提出年度培训需求	培训需求申请表	各部门
	6.2.2　各部门有临时培训需求时，用"培训需求申请表"的方式向人力资源部提出培训需求	培训需求申请表	各部门
	6.2.3　人力资源部掌握员工变动情况，识别新员工入职、员工转岗这些自然形成的培训需求		人力资源部
6.3　培训计划的编制	6.3.1　年度培训计划。每年年初，人力资源部根据各部门的年度培训需求以及公司发展的需要，制定本年度的培训计划	培训计划	人力资源部
	6.3.2　周培训计划。针对各部门临时培训需求、新员工入职、人员转岗等情况，并结合年度培训计划的分解，人力资源部每周应制定周培训计划	培训计划	人力资源部
	6.3.3　培训计划包括培训内容、培训方式、培训负责人、培训时间、培训教材、培训地点、培训对象、考核方式等。培训计划经人力资源部经理审核，管理者代表批准后实施		
6.4　培训的实施	6.4.1　人力资源部组织并监督培训计划的实施		人力资源部
	6.4.2　培训讲师应在培训实施前三天编制完成培训教材以及必要的培训考试试卷，并提交给人力资源部存档		培训讲师

（续）

程　序	工作内容	输出文件	责任部门/人
6.4 培训的实施	6.4.3 培训实施前，人力资源部应准备好培训所需的相关资源，如培训室、投影仪、签到表等。参加培训人员须在"会议/培训签到表"上签字	会议/培训签到表	人力资源部
	6.4.4 按计划应参加培训的人员必须参加相关培训，有特殊情况不能参加的，必须经培训组织者批准，否则按旷工处理		
	6.4.5 参加培训的人员应遵守学习纪律，不得迟到、早退或无故旷课		
	6.4.6 外部培训的实施详见《外部培训管理制度》		
6.5 培训效果的评价与资格认可	6.5.1 按培训计划中确定的考核方式对培训人员进行考核。通常的考核方式有考试、问答、操作演示等 1）考试由人力资源部组织进行，使用培训讲师提供的试卷对学员进行考试 2）问答考核方式由培训讲师负责，在培训完毕后在现场进行 3）操作演示考核由相关部门负责，在工作现场进行 考试、考核的成绩记录在"考核成绩表"中	考核成绩表	人力资源部
	6.5.2 人力资源部每季度组织各部门负责人就培训的效果进行评价，评价的内容包括培训准备工作的充分性、培训内容的实用性、培训形式的多样性、培训老师的素质与教学能力、培训对员工工作的帮助等 评价的结论填写在"培训效果评价表"中	培训效果评价表	各部门负责人
	6.5.3 对质检员、实验员、测试员、设计与开发人员、设备操作人员、仓库管理员以及关键工序、特殊工序涉及的操作人员（统称从事特殊任务的员工），考核合格之后需要由人力资源部签发"上岗证"，做到持证上岗	上岗证	人力资源部
	6.5.4 驾驶员、计量员、电工等特殊工种需取得国家权威机构颁发的相应合格证书		
	6.5.5 需按《审核员管理规定》的要求对内审员（含从事对供应商进行审核的第二方审核员）进行培训。取得资格后由公司进行书面任命		
6.6 培训记录的保存	6.6.1 培训后，由培训主持人将培训签到表、试卷、"考核成绩表"等送交人力资源部存档		培训主持人
	6.6.2 人力资源部将每个员工参加培训的情况记录在"员工培训记录表"上，连同学历证明、资格证书、工作简历等相关资料归入员工的档案内	员工培训记录表	人力资源部

7. 过程绩效的监视

绩效指标	计算公式（计算方法）	指标值	监视频率	监视单位/人
7.1 培训计划达成率	培训计划达成率 = $\dfrac{\text{实际完成培训人次}}{\text{计划培训人次}} \times 100\%$	100%	月	人力资源部
7.2 培训效果满意度	人力资源部对各部门负责人打分的"培训效果评价表"进行统计，所得的平均分即为"培训效果满意度"	≥85分	季度	人力资源部
7.3 多能工比例	多能工比例 = $\dfrac{\text{一线多能工数量}}{\text{一线工人数量}} \times 100\%$	≥50%	季度	人力资源部

8. 过程中的风险和机遇的控制（风险应对计划）

风险	应对措施	其他事项	执行时间	负责人	监视方法
8.1 从事特殊任务的员工未经培训并取得资格证书	质量保证工程师每星期检查从事特殊任务的员工有无上岗证，填写"员工上岗证检查记录表"		每星期	质量保证工程师	质量经理对"员工上岗证检查记录表"进行审查

9. 支持性文件

9.1 《外部培训管理制度》

9.2 《审核员管理规定》

10. 记录

10.1 新员工岗前培训项目矩阵表

10.2 员工能力提高培训项目矩阵表

10.3 培训需求申请表

10.4 培训计划（见表4.5-1）

10.5 会议/培训签到表

10.6 考核成绩表

10.7 培训效果评价表（见表4.5-2）

10.8 员工培训记录表（见表4.5-3）

表 4.5-1 培训计划

培训月份：2016 年 7 月　　　　　　　　　　　　　　　　　　　　　　编制/日期：　　　　　　　　　　批准/日期：

序号	培训对象	培训项目	培训内容简述	培训主持人	培训老师	培训地点	计划日期	学时	考核方式	备注
1	检验工位检验员、质量工程师	SPC 统计控制技术	1) 控制图原理 2) 控制图的控制对象与应用范围 3) 控制图的种类 4) 控制图应用的一般程序 5) 控制图的判断准则 6) 控制图在应用中常见的问题 7) 控制图在本公司应用的实例	陈××	李××	三号会议室	2016/7/8～7/9	16	闭卷考试	
2	研发工程师、工艺工程师	APQP 产品质量先期策划和控制计划	1) APQP 概述 2) APQP 各阶段的内容 3) APQP 实施的几个要点 4) 控制计划 5) APQP 在本公司应用的实例	陈××	张××	三号会议室	2016/7/15～7/16	16	闭卷考试	

备注：
1) SPC 统计控制技术培训前 5 天，人力资源部会将讲义发给大家，希望大家先预习。
2) 邮箱中接到培训计划的人员，都需参加培训。不能参加者，提前 1 天报告给人力资源部，否则扣罚 1 天工资。

表 4.5-2 培训效果评价表

为使今后的培训更能满足员工的需要,使各位讲师更进一步提高培训质量,请您参加培训后对本次培训进行评价和提出建议,以利于我们改进工作。再次感谢您的支持!

培训日期:_____   培训项目:_____   讲师:_____

一、培训效果评价(请在您同意的选项栏打"√",分值越高表示越满意)

评 价 项 目	10分	8分	6分	4分	2分
A. 培训相关度					
1. 该培训符合我的需要,有针对性					
2. 该培训涉及我工作中有可能遇到的问题					
3. 该培训能够辅助到我的职业发展					
B. 培训效率					
1. 培训目的明确,重点突出					
2. 主讲人准备充分,有深度,有效率					
3. 主讲人能确保学员积极参与到培训中					
C. 培训实施					
1. 时间安排与时长控制					
2. 课件及其他准备工作充分、完整					
3. 能够激发学员思考问题,引起学习兴趣					
D. 培训效果					
通过课程学习,方便了以后的工作					
总分合计					
E. 讲师	20分	16分	12分	8分	4分
1. 培训讲师态度端正,语言表达清晰					
2. 培训讲师的讲解技巧多样化,娴熟有水平					
3. 培训讲师熟练掌握培训课件					
4. 讲师对培训目标很清晰,讲授过程合理					
5. 培训讲师能带动员工进行互动沟通					
总分合计					

二、培训建议
1. 您认为哪部分内容对您帮助最大?还有哪些内容应添加到此次培训中?
2. 您认为此次培训讲师需要在哪些地方进行改进?
3. 其他:

评价人员:_____   部门:_____   职位:_____

表4.5-3 员工培训记录表

员工姓名：		入职时所在部门：		入职时职位：	
入职日期：		学历：		资格证名称（需要时）：	
职位、工作变动情况：					
原岗位	现岗位	变动日期	原岗位	现岗位	变动日期
培训考核记录					
培训项目		培训日期	考试成绩	实施机构	登记人

4.6 文件控制程序

文件控制程序

1. 目的

对文件进行控制，确保各有关场所及时得到和使用有效版本的文件。

2. 适用范围

适用于与质量管理体系有关的规范性文件的控制（规范性文件是指公司成员共同遵守的规章或准则，包括质量手册、程序文件、作业指导书）。

3. 职责

3.1 质量手册由管理者代表组织编制、修订和审核，总经理批准。

3.2 程序文件由相关部门负责人组织编制和修订，管理者代表审核，总经理批准。

3.3 作业指导书由相关部门负责人组织编制和修订，部门负责人审核，总经理批准。

3.4 文控中心负责所有受控文件的归档、登记、发放、回收、销毁及原稿的保存。

3.5 文件使用单位负责使用文件的保管、防损和防污，负责旧版和作废文件的收集和回收。

4. 过程分析乌龟图

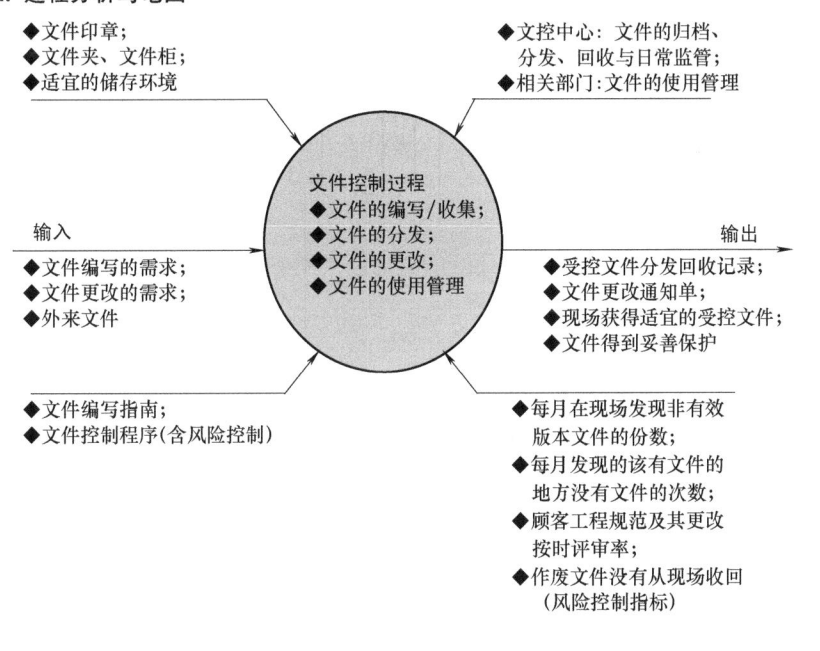

5. 过程流程图

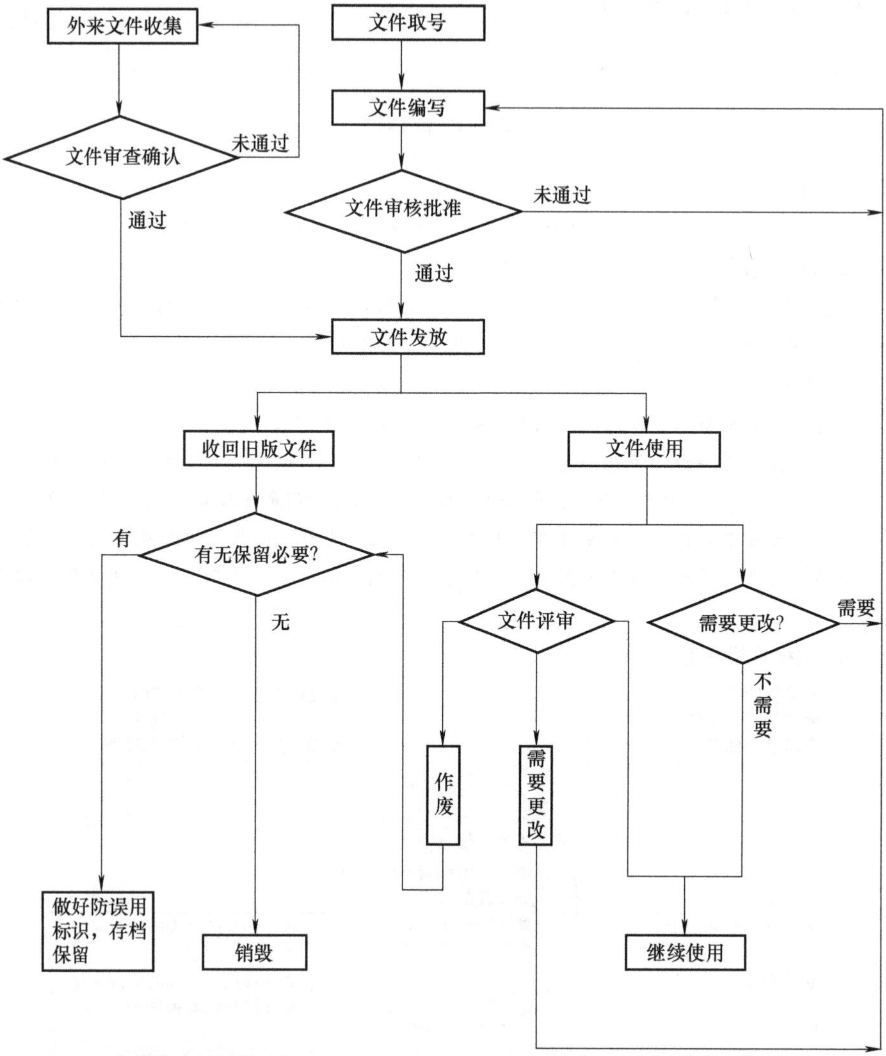

```
外来文件收集 → 文件审查确认 —通过→ ┐           文件取号
                   │未通过              ↓
                   ↓                   文件编写 ←──────────────┐
                                       ↓                       │
                                  文件审核批准 —未通过→ ────────┤
                                       │通过                    │
                                       ↓                       │
                                   文件发放                    │
                              ┌────────┴────────┐              │
                              ↓                 ↓              │
                         收回旧版文件        文件使用            │
                              ↓           ┌────┴────┐          │
                         有无保留必要?    文件评审   需要更改?   │
                         有│   │无         │       不需要│需要  │
                          ↓   ↓         ┌──┴──┐    ↓    └──────┤
                    做好防误用  销毁    作废 需要更改 继续使用   │
                    标识,存档                   └──────────────┘
                    保留
```

6. 作业程序与控制要求

程　　序	工　作　内　容	输出文件	责任部门/人
6.1 新文件取号	6.1.1 管理者代表根据《文件编写指南》为质量手册、程序文件取号		管理者代表
	6.1.2 其他文件,由文件编制者从部门文件管理员处取得文件号,取号参照《文件编写指南》		文件编制者
	6.1.3 取号时,应填写"文件取号登记表"记录文件名及文件号	文件取号登记表	文件管理员

（续）

程　序	工　作　内　容	输出文件	责任部门/人
6.2 文件的编写	6.2.1　手册和程序文件由管理者代表组织编写		管理者代表
	6.2.2　产品研发部负责编制设计文件，包括技术标准、采购规范、图样等。工艺技术部负责编制工艺文件		产品研发部
	6.2.3　其他管理文件、作业指导书由相关部门组织编写		相关部门
	6.2.4　同一类文件刊头、刊尾、封面的编写格式要统一，内容格式不做统一要求		
6.3 文件的审批	6.3.1　手册和程序文件由管理者代表审核、总经理批准		管理者代表
	6.3.2　图样及设计文件由产品研发部主任工程师审核，产品研发部经理批准；工艺文件由工艺技术部主任工程师审核，工艺技术部经理批准		产品研发部 工艺技术部
	6.3.3　检验规程由质量部主任工程师负责审核，质量部经理批准		质量部
	6.3.4　其他管理文件、作业指导书由相关部门负责人负责审核，总经理批准		相关部门
	6.3.5　文件在送审的同时需填写"文件分发清单"以确定需分发到的部门，"文件分发清单"与文件一同审批	文件分发清单	文件编制者
6.4 文件的发放	6.4.1　文件原稿在提交给文控中心前，送交人应对文件进行以下确认： 1）是否进行有效的批准 2）标题、文件号、版本号、页数是否完整 有不完整的情况时，退回编写人进行修正		文件送交人
	6.6.2　将审批后的文件原稿连同"文件分发清单"提交文控中心		文件送交人
	6.4.3　文控中心文件管理员根据"文件分发清单"要求复印相应的份数，加盖"受控文件"印章后分发给有关部门。分发时，应在分发的文件上注明分发号，并要求文件领用人在"文件分发回收记录"上签收	文件分发回收记录	文件管理员
	6.4.4　当需使用文件的人员未领到文件时，不得随意借用其他人的文件复印，应填写"文件领用申请表"，经部门负责人审核、管理者代表批准后，到文控中心办理领用手续。公司内不得使用未加盖"受控文件"印章的受控文件复印件，一经发现，由文控中心收回，并追究其责任	文件领用申请表	文件领用人

(续)

程　序	工作内容	输出文件	责任部门/人
6.5　文件的使用保管	6.5.1　受控文件的原稿存放在文控中心。文控中心应对文件原稿做好编目登记，填写"文件归档编目清单"	文件归档编目清单	文件管理员
	6.5.2　现场使用的文件必须放置到使用现场，现场暂时不用或非现场使用的文件，由使用部门集中保管		使用部门
	6.5.3　文件使用部门要建立"部门使用文件清单"。文件应按编制部门、编号顺序有序地存放，以便于检索、查阅和使用	部门使用文件清单	使用部门
	6.5.4　不得在受控文件上乱涂乱画，不得私自外借，确保文件的清晰、整洁和完好		文件使用人
	6.5.5　借阅文件时，应经文件所在部门负责人同意。借阅时应填写"文件借阅登记表"。借阅者应在指定日期归还文件。到期不归还，由文件所在部门负责人收回 文件原稿一律不外借	文件借阅登记表	借阅者
	6.5.6　应按《保密管理规定》的要求，做好文件的保密工作。文件一律不准私自外借、私自带出		
	6.5.7　对于使用过程中损坏的文件，文件使用部门可用损坏的旧文件到文控中心换取新文件。新文件的分发编号和旧文件的分发编号相同。在发放新文件的同时，应将旧文件销毁		使用部门
	6.5.8　当文件使用人将文件丢失后，应填写"文件领用申请表"申请补发。文控中心在补发文件时应给予新的分发号，并在"文件分发回收记录"上注明丢失文件的分发号作废，必要时将作废文件的分发号通知各部门，防止误用	文件领用申请表	文件使用人
	6.5.9　文控中心每月用"文件使用情况检查表"对文件的使用情况进行检查，发现问题及时处理	文件使用情况检查表	文控中心
	6.5.10　公司运作方式以及外部法律、法规及标准变更时，应及时更改相应文件。按6.6条款执行		相关部门
	6.5.11　图样、设计文件、工艺文件的管理执行《图样、技术文件管理制度》《工艺文件管理制度》		

（续）

程　序	工　作　内　容	输出文件	责任部门/人
6.6 文件的更改、销毁	6.6.1 在文件使用过程中，发现文件有问题需要更改时，申请更改者应填写"文件更改申请单"，经部门负责人审核、管理者代表批准后，将"文件更改申请单"送至文件编写部门	文件更改申请单	申请更改者
	6.6.2 文件编写部门对文件进行更改，并同时填写"文件更改通知单"说明更改原因。"文件更改通知单"及更改后的文件应送原审批部门审批 文件的修改幅度小于三分之一时，版本不变，修订次数升一级，如版次A/0升为A/1。当修订次数超过9次时，应换版，如A/9升为B/0 文件的修改幅度大于三分之一时，直接换版，如A/3升为B/0	文件更改通知单	文件编写部门
	6.6.3 将文件连同"文件更改通知单"交交控中心。文控中心文件管理员按原版次文件的"文件分发回收记录"中的部门名单发放修改后的文件及"文件更改通知单"，同时回收作废的旧文件 文件更改完成之前，可先发"文件更改通知单"	文件分发回收记录	文件管理员
	6.6.4 作废文件原稿加盖红色"保留之作废文件"印章后保存于文控中心，一般只保留前一版次的原稿。其余作废文件由文控中心统一销毁		文件管理员
6.7 外来文件的控制	6.7.1 顾客技术文件及其更改的控制 1）顾客技术文件及其更改应送产品研发部经理评审。产品研发部经理应在3个工作日内完成评审 2）评审后，要在顾客技术文件上加盖"外来文件审查章"，并填写"文件分发清单"确定需要文件的部门。然后交由文控中心登记、编号、发放。发放时按6.4条款执行 3）当顾客技术文件的更改导致产品设计、过程设计更改时，应执行《技术更改管理规定》。当顾客技术文件的更改影响到PPAP生产件批准文件（如控制计划、FMEAs等）时，则应对PPAP生产件批准文件做相应的更新 4）产品研发部应在"顾客技术文件更改实施记录表"上记录顾客技术文件更改实施的实际日期	顾客技术文件更改实施记录表	产品研发部
	6.7.2 顾客技术文件以外的外来文件，应送管理者代表进行有效性审查（加盖"外来文件审查"印章），审查时应用"文件分发清单"确定需要文件的部门。审查通过后交由文控中心登记、编号、发放。发放时按6.4条款执行	文件分发清单	文控中心
	6.7.3 文控中心保存外来文件原稿，借阅时需填写"文件借阅登记表"	文件借阅登记表	

（续）

程　序	工　作　内　容	输出文件	责任部门/人
6.7 外来文件的控制	6.7.4 文控中心应通过一定的途径监控外来文件的有效性。在每年的管理评审前2周，由管理者代表组织有关人员对所有外来文件的有效性进行审查		管理者代表
6.8 发外文件的控制	6.8.1 采购部可以用电子邮件向供应商发送图样、技术文件。电子邮件要保存1年以上		采购部
	6.8.2 外部单位需要纸质文件时，相关部门应填写"文件领用申请表"向文控中心领取文件。领取文件时，应在"文件外发记录"上登记	文件外发记录	文控中心
	6.8.3 应在外发的纸质文件上加盖"非受控文件"印章		
6.9 文件的评审	6.9.1 每年管理评审前2周，管理者代表组织有关人员对使用中的文件进行有效性评审，评审时应填写"文件评审表"	文件评审表	管理者代表
	6.9.2 评审中发现的不适用文件，要做更改或作废处理		

7. 过程绩效的监视

绩效指标	计算公式 （计算方法）	指标值	监视频率	监视单位/人
7.1 每月在现场发现非有效版本文件的份数	每月对文件的使用情况进行检查，检查中发现的非有效版本文件的份数	0份/月	月	文控中心
7.2 每月发现的该有文件的地方没有文件的次数	每月对文件的使用情况进行检查，检查中发现的该有文件的地方没有文件的次数	0份/月	月	文控中心
7.3 顾客工程规范及其更改按时评审率	顾客工程规范及其更改按时评审率 $=\dfrac{3个工作日内完成评审的顾客工程规范及其更改的数量}{顾客工程规范及其更改的总数量} \times 100\%$	100%	月	顾客代表

8. 过程中的风险和机遇的控制（风险应对计划）

风　险	应对措施	其他事项	执行时间	负责人	监视方法
8.1 作废文件没有从现场收回	1）文控中心文件管理员按原版次的"文件分发回收记录"中的部门名单回收作废的原版次文件 2）按"文件评审表"中的结论收回作废的文件		文件更改、文件评审后及时执行	文控中心文件管理员	文控中心主任审查"文件分发回收记录"

9. 支持性文件

9.1 《文件编写指南》

9.2 《图样、技术文件管理制度》

9.3 《工艺文件管理制度》

10. 记录

10.1 文件取号登记表（见表 4.6-1）

10.2 文件分发清单（见表 4.6-2）

10.3 文件领用申请表（见表 4.6-3）

10.4 文件更改申请单（见表 4.6-4）

10.5 文件更改通知单（见表 4.6-5）

10.6 文件评审表（见表 4.6-6）

10.7 文件使用情况检查表（见表 4.6-7）

10.8 文件分发回收记录（见表 4.6-8）

10.9 文件归档编目清单（见表 4.6-9）

10.10 部门使用文件清单（见表 4.6-10）

10.11 文件借阅登记表（见表 4.6-11）

10.12 顾客技术文件更改实施记录表（见表 4.6-12）

10.13 文件外发记录

表 4.6-1 文件取号登记表

文件类别：作业指导书　　部门：质量部

文件编号	文件名称	取号日期	取号人	备注
WI/ZL/001	质量部岗位说明书	2017/11/6	孙××	
WI/ZL/002	进料检验抽样方案	2017/11/9	陈××	

表 4.6-2　文件分发清单

文件号：WI/GL/033		文件名称：出境证件办理流程	
文件编写人：童××		文件编写日期：2017/11/6	文件版号：A/0 版
说明：			

分发至下列部门/人员：

部门	份数	部门	份数
总经理	1	营销部	1
管理者代表	1	采购部	1
质量部	1	综合管理部	1
生产部	1	物控部	1
产品研发部	1		
本栏小计	5	本栏小计	4

编制/日期：童××2017/11/6　审核/日期：余××2017/11/6　批准/日期：甘××2017/11/6

表 4.6-3　文件领用申请表

文件号：WI/ZL/002	版本：A/2	文件名称：进料检验抽样方案
领用份数：1	领用日期：2016/11/6	领用部门：采购部
用途：发给 A 供应商		
领用理由： A 供应商向我公司提供电容器，希望了解我公司的进料检验抽样方案。		

领用人/日期：童××2017/11/6　审核/日期：余××2017/11/6　批准/日期：甘××2017/11/6

表 4.6-4　文件更改申请单

申请部门：		申请人：		申请日期：
文件编号：		文件版本：		文件名称：
申请人填写	申请更改理由：			
	原内容：			
	更改后的内容：			
相关部门意见	部门	意见		签名/日期

批准意见：
□同意按申请人的要求进行更改
□不同意修改文件
□其他：

　　　　　　　　　　　　　　　　　　　　　　　　　　批准人/日期：

表 4.6-5　文件更改通知单

文件编号：	文件名：	
版次变化：A/5→B/0		更改实施日期：2017/11/6
更改原因：		

更改变化情况	
更改前	更改后

(续)

同时更改的文件	文件编号	文件名称	版本变化

编制/日期：	审核/日期：	批准/日期：

表4.6-6 文件评审表

评审人：		评审日期：		评审类别：□年度评审 □其他评审：
文件编号	文件名称		版本	审查结论
				( ) 继续使用 ( ) 需修改 ( ) 作废
				( ) 继续使用 ( ) 需修改 ( ) 作废
				( ) 继续使用 ( ) 需修改 ( ) 作废

表4.6-7 文件使用情况检查表

检查人：		检查日期：	
被查部门	有无使用无效文件	该有文件的地方有无文件	文件是否便于检索	文件是否有污损、丢失
质量部	□无 □有	□有 □无	□便于检索 □不容易检索	□无 □有
产品研发部	□无 □有	□有 □无	□便于检索 □不容易检索	□无 □有
生产部	□无 □有	□有 □无	□便于检索 □不容易检索	□无 □有

表 4.6-8 文件分发回收记录

文件编号：COP11　　　　　　　　　　　　　　　　文件名：设计和开发控制程序

序号	发往部门	版号	分发编号	发放记录		回收记录			备注
				分发日期	发放人	收领人	签回	日期	
1	总经理	D/0	GL01	2016/8/30	华××	华××			
2	管理者代表	D/0	GL02	2016/8/30	华××	华××			
3	产品研发部	D/0	YF01	2016/8/30	华××	华××			
4	质量部	D/0	ZL01	2016/8/30	华××	华××			

表 4.6-9 文件归档编目清单

所属部门：质量部　　　　　　　　　　　　　　　　文件类别：作业指导书

序号	文件号	文件版本	分发编号	文 件 名	入库时间	归档位置	保管人	归档人	备注
1	WI/ZL/001	D/0	ZL01	质量部岗位说明书					
2	WI/ZL/002	E/1	ZL02	激光打标机出厂检验标准	2017/8/30	1柜A卷宗	屈××	华××	
3	WI/ZL/003	C/0	ZL01	变压器、风扇进料检验作业指导书	2017/12/20	1柜A卷宗	陈××	屈××	
4	WI/ZL/004	C/0	ZL02	电脑主机、显示器进料检验作业指导书	2014/3/31	1柜A卷宗	屈××	陈××	
					2014/3/31	1柜A卷宗	陈××	陈××	

表 4.6-10 部门使用文件清单

部门：质量部　　　　　　　　　　　　　　　　　　文件类别：作业指导书

序号	文件编号	版本	分发编号	文 件 名	分发日期	使用/保存位置	保管人	收回人/日期	备注
1	WI/ZL/002	B/1	ZL01	激光打标机出厂检验标准	2017/11/6	总装检验组	屈××		
2	WI/ZL/002	B/1	ZL02	激光打标机出厂检验标准	2017/11/6	出货检验组	陈××		
3	WI/ZL/003	C/0	ZL01	抽样检验方案	2016/1/6	总装检验组	屈××		
4	WI/ZL/003	C/0	ZL02	抽样检验方案	2016/1/6	出货检验组	陈××		

表 4.6-11 文件借阅登记表

文件号	版本	文件名	借阅人	借出			归还		备注
				借阅日期	约定归还日期	借出经办人	实际归还日期	归还经办人	
WI/ZL/003	C/0	抽样检验方案	李××	2016/5/3	2016/5/13	曾××	2017/5/12	曾××	

表 4.6-12 顾客技术文件更改实施记录表

序号	接收日期	顾客技术文件代号	顾客技术文件名称	顾客技术文件版本变更情况（代号/名称）	我公司受影响的文件的版本变更情况	我公司受影响的文件变更情况	顾客要求的更改实施日期	更改实施的实际日期	记录人

第 5 章

IATF 16949：2016 程序文件——运行类

5.1 合同管理程序

合同管理程序

1. 目的

明确合同的要求，并通过合同评审确保公司有能力满足这些要求。

2. 适用范围

适用于本公司产品销售合同、订单的管理。

3. 职责

3.1 营销部负责确定合同/订单要求，组织对合同/订单进行评审，并对合同/订单的执行情况进行跟进。

3.2 生产部、采购部等部门参与合同/订单评审，并实施合同/订单中的有关部分。

3.3 总经理批准"合同/订单评审表"。

4. 过程分析乌龟图

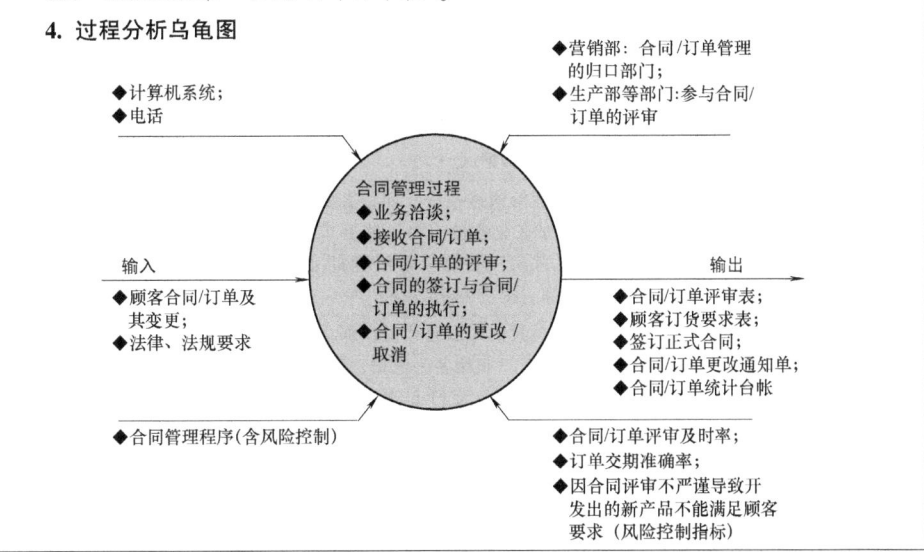

5. 过程流程图

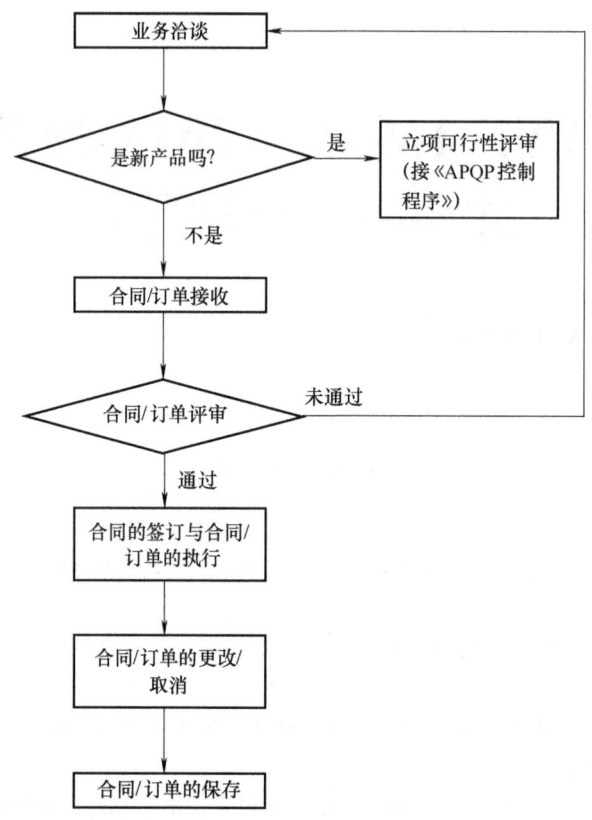

6. 作业程序与控制要求

程　　序	工　作　内　容	输出文件	责任部门/人
6.1 业务洽谈	6.1.1　营销部业务员做好与顾客的业务洽谈。洽谈前，要做好充分的准备；洽谈过程中，要充分听取顾客的意见，帮助顾客掌握完整的产品信息，同时要了解顾客的资信情况		营销部业务员
	6.1.2　业务员与顾客洽谈过程中，如顾客要求我公司开发新产品，那么业务员应将这些要求形成"顾客新产品购买意向"报营销部经理批准，然后将其送产品研发部。按6.2条款执行	顾客新产品购买意向	营销部业务员
	6.1.3　如顾客想购买我公司已有产品，那么业务员要就合同的基本要求，如品名、规格、数量、价格、交付、包装、交货期、交付方式、结算方式、违约责任、仲裁与索赔等，逐条与顾客明确，达成一致意见。 顾客的合同/订单应送至营销部跟单员，按6.3条款执行		营销部业务员

（续）

程　序	工作内容	输出文件	责任部门/人
6.2 新产品立项可行性评审	6.2.1 产品研发部组织成立多方论证小组（CFT），对顾客的新产品意向进行立项可行性评审，填写"立项可行性评审报告"。详见《APQP控制程序》	立项可行性评审报告	产品研发部
	6.2.2 立项可行性评审通过后，营销部经理与顾客签署"新产品试制技术协议"。然后按《APQP控制程序》的要求进行样品、PPAP小批量试生产。直到顾客PPAP生产件批准通过，方能接收顾客正式采购合同/订单	新产品试制技术协议	营销部经理
6.3 接收合同/订单	6.3.1 本公司只接收书面的购货合同/订单。对于顾客的口头订单，营销部业务员应将其记录在"顾客口头订单记录表"上，用电子邮件发给顾客，由顾客书面确认后回传	顾客口头订单记录表	营销部业务员
	6.3.2 营销部业务员将合同/订单送至营销部跟单员，由营销部跟单员组织对合同/订单的评审		营销部业务员
	6.3.3 营销部跟单员填写"合同/订单评审表"，连同合同/订单一起送有关部门进行评审	合同/订单评审表	营销部跟单员
6.4 合同/订单的评审	6.4.1 合同/订单评审的要求。合同/订单评审要保证： 1）顾客的各项要求（规格、数量、性能、交货期、结算方式等）得到确定并形成文件 2）合同或订单中的各项要求不存在含糊不清之处，多次洽谈前后不一致的条款已得到解决 3）合同或订单符合有关法律、法规、标准的要求 4）顾客的潜在要求得到识别，这些要求是预期或规定用途所必需的 5）本公司的附加要求能确保兑现 6）本公司有履行合同或订单要求的能力		
	6.4.2 合同/订单的评审 1）营销部跟单员从进销存系统中知道有现货时，只需将"合同/订单评审表"送生产部计划员及营销部经理进行评审 2）无现货时，由营销部跟单员将"合同/订单评审表"交生产部计划员就生产能力、生产完成日期进行签字评审，如库存中无所需产品的物料，则还应将"合同/订单评审表"送采购部就采购能力、到货日期进行签字评审，之后由营销部经理就交货期限进行评审	合同/订单评审表	营销部跟单员

（续）

程　序	工作内容	输出文件	责任部门/人
6.4 合同/订单的评审	6.4.3 评审后，参加评审的部门应在"合同/订单评审表"中的相应栏目中签名，最后将"合同/订单评审表"送总经理批准	合同/订单评审表	总经理
	6.4.4 在合同/订单评审过程中，评审人员对合同中有关内容和要求提出疑问或修改建议时，由营销部跟单员负责与顾客联络，征求其书面意见，经协商确定后的变动事项需在"合同/订单评审表"中予以记录		营销部跟单员
6.5 合同的签订与合同/订单的执行	6.5.1 合同评审后，营销部经理根据合同草案与批准的评审结果，负责与顾客正式签订合同 订单评审通过后即生效		
	6.5.2 营销部跟单员将合同/订单及"合同/订单评审表"中的内容转化为"顾客订货要求表"，连同有关的顾客资料分发有关部门，作为生产、检验、出货等的依据	顾客订货要求表	营销部跟单员
	6.5.3 营销部跟单员应建立"合同/订单跟进控制表"，记录合同/订单的执行情况。若发生与合同/订单不一致的情况，应及时与顾客协商解决	合同/订单跟进控制表	营销部跟单员
6.6 合同/订单的更改/取消	6.6.1 若因非顾客原因需修改订单或合同时，由产生原因的部门通知营销部跟单员。营销部跟单员及时与顾客联系，得到顾客的同意后，在原合同或订单上注明更改内容并填写"合同/订单更改通知单"。营销部跟单员应将"合同/订单更改通知单"送到与合同/订单修改有关的部门进行评审，并报送总经理批准，然后发至有关部门	合同/订单更改通知单	营销部跟单员
	6.6.2 若因顾客提出合同/订单条款修改时，应由营销部跟单员填写"合同/订单更改通知单"，经与合同/订单修改有关的部门评审后送总经理批准，然后发至有关部门 营销部跟单员应在原合同或订单中注明修改情况	合同/订单更改通知单	营销部跟单员
	6.6.3 顾客取消合同/订单时，营销部跟单员需与顾客协商，就本公司已投入的物料、已生产的半成品和成品的处理，以及由此产生的损失，与顾客达成一致意见 营销部跟单员应使用"合同/订单更改通知单"将合同/订单的取消情况通知有关部门	合同/订单更改通知单	营销部跟单员

（续）

程　　序	工作内容	输出文件	责任部门/人
6.7 合同/订单的保存	6.7.1 所有已经确定的订单/合同及其后的修订，以及"合同/订单评审表""合同/订单更改通知单"均由营销部负责存档。存档时应注意将合同/订单与相应的"合同/订单评审表""合同/订单更改通知单"保存在一起		营销部
	6.7.2 合同/订单履行中的来往电子邮件应予以保存，作为合同/订单的附件		营销部

7. 过程绩效的监视

绩效指标	计算公式（计算方法）	指标值	监视频率	监视单位/人
7.1 合同/订单评审及时率	1）合同/订单需半天评审完毕 2）合同/订单评审及时率 $= \dfrac{\text{按时完成的合同/订单评审次数}}{\text{合同/订单评审总次数}} \times 100\%$	≥98%	月	营销部
7.2 订单交期准确率	订单交期准确率 $= \left(1 - \dfrac{\text{交期变动订单数}}{\text{订单总数}}\right) \times 100\%$	≥90%	月	营销部

8. 过程中的风险和机遇的控制（风险应对计划）

风　　险	应对措施	其他事项	执行时间	负责人	监视方法
8.1 因合同评审不严谨导致开发出的新产品不能满足顾客要求	1）新产品合同的评审应在合同签订之前进行，确保顾客的各项要求合理、明确、书面化，确保公司有能力满足 2）营销部经理在检查各部门评审的有效性的基础上，在确定"合同/订单评审表"已得到总经理批准的情况下，方可与顾客签订正式合同	每份新产品的合同均需按此办理		营销部经理	总经办每月对新产品合同的签订情况进行检查，看有无违规情况

9. 支持性文件

9.1 《APQP控制程序》

10. 记录

10.1 顾客新产品购买意向

10.2 立项（制造）可行性评审报告（见表5.1-1）

10.3 新产品试制技术协议

10.4 顾客口头订单记录表

10.5 合同/订单评审表（见表5.1-2）

10.6 顾客订货要求表

10.7 合同/订单更改通知单（见表5.1-3）

10.8 合同/订单跟进控制表（见表5.1-4）

表 5.1-1　立项（制造）可行性评审报告

顾客名称：			
多方论证小组（CFT）组长：		CFT 成员：	
顾客新产品描述： （从产品功能、性能、可靠性指标、结构要求、特殊特性、未来订单量、产品采购价等方面描述）			
序号	评审项目	评审内容	评审意见
1	设计、工艺能力	1）顾客的技术要求是否完整、清楚，我公司的设计水平能否满足顾客的要求？	
		2）我公司是否能完成顾客产品的所有功能、性能的测试？	
		3）顾客产品是否可以在我公司要求的公差范围内生产？设计、生产中的风险有哪些？	
		4）与顾客产品有关的法律法规、特殊特性有哪些？我公司能否满足顾客对产品安全性的要求？	
		5）生产过程能否达到顾客的 CPK 要求？	
2	采购能力	6）我公司现有供应商是否可以满足要求？	
		7）在现有供应商不能满足的情况下，我公司是否有能力开发新的供应商？是否会增大采购成本？	
		8）采购周期是否可以满足顾客的交期要求？	
3	生产能力	9）现有设备、工装、人力是否可以满足顾客的订货数量？	
		10）我公司的产能（单班、加班）、生产节拍、生产周期、生产均衡性能否满足顾客要求？	
		11）某些生产过程是否需要外包？	
4	质量控制能力	12）现有监测设备能否满足顾客产品的检测要求？	
		13）顾客产品是否需要第三方认证、检测？	
		14）能否满足顾客对可追溯性的要求？	
		15）是否需开展新的管理体系认证（如 ISO 14001 认证）？	
5	成本、利润	16）针对顾客的报价，我公司从原材料购入成本、加工成本、管理成本等各方面考虑，能否接受？	
		17）我公司生产该种产品的利润有多少？能否接受？	
评审总结论： □我公司有能力开发、生产顾客的新产品 □其他：			
编写/日期：		审核/日期：　　　　　批准/日期：	

表 5.1-2 合同/订单评审表

评审表编号：		填写日期：	

顾客订货情况：

顾客名称：

顾客合同/订单号：		订货日期：		交付日期：	
产品型号	产品名称	数量	单位	产品型号	产品名称	数量	单位

（表格续）

产品型号	产品名称	数量	单位	产品型号	产品名称	数量	单位

顾客其他要求：

采购部意见（物料短缺时必须参加）： □ 能在____月____日采购回物资 □ 其他：	生产部意见： □ 有现货 □ 保证在____月____日完成产品入库 □ 其他：
评审人/日期：	评审人/日期：
营销部意见： □ 能按时在____月____日出货 □ 经与顾客协商，出货推迟到____月____日 □ 其他：	其他部门意见：
评审人/日期：	评审人/日期：

此合同/订单是否能转化为"顾客订货要求表"：
□能；□不能：

营销部经理/日期：

总经理批准意见： □ 同意接收合同/订单。 □ 其他： 总经理/日期：	注： □ 本合同/订单已修订，见合同/订单更改通知单： 编号：_____ □ 其他变动：

表 5.1-3　合同/订单更改通知单

顾客合同/订单号：　　　　　　　　　　　"顾客订货要求表"编号：

顾客名称：

更改原因：

更改内容：

采购部意见（如有采购上的变动，采购部应在此提出意见，如对已采购零部件的处理）：

签名/日期：

生产部意见（如有生产上的变动，生产部应在此提出意见，如对已生产的产品的处理）：

签名/日期：

财务部意见（如有价格上的变动，财务部应在此提出意见）：

签名/日期：

其他部门意见：

签名/日期：

营销部意见：
□发出新的"顾客订货要求表"（编号：_____），原_____号"顾客订货要求表"作废。
□其他：

签名/日期：

总经理批准意见：
□ 同意合同/订单的更改
□ 其他：

总经理/日期：

表 5.1-4　合同/订单跟进控制表

顾客名称	顾客订单号	工厂订单号	金额	预计出货	实际出货	预计收款	实际收款	发票号	质量问题、交付问题记录	备注

5.2 顾客投诉处理程序

顾客投诉处理程序

1. 目的

确保顾客投诉得到及时有效的处理,满足顾客对产品及服务质量的要求。

2. 适用范围

适用于顾客对公司产品和服务质量的投诉管理。

3. 职责

3.1 营销部负责接收和回复顾客的投诉。

3.2 质量部负责组织对顾客的投诉进行处理。

3.3 各部门配合质量部做好顾客投诉的处理工作。

4. 过程分析乌龟图

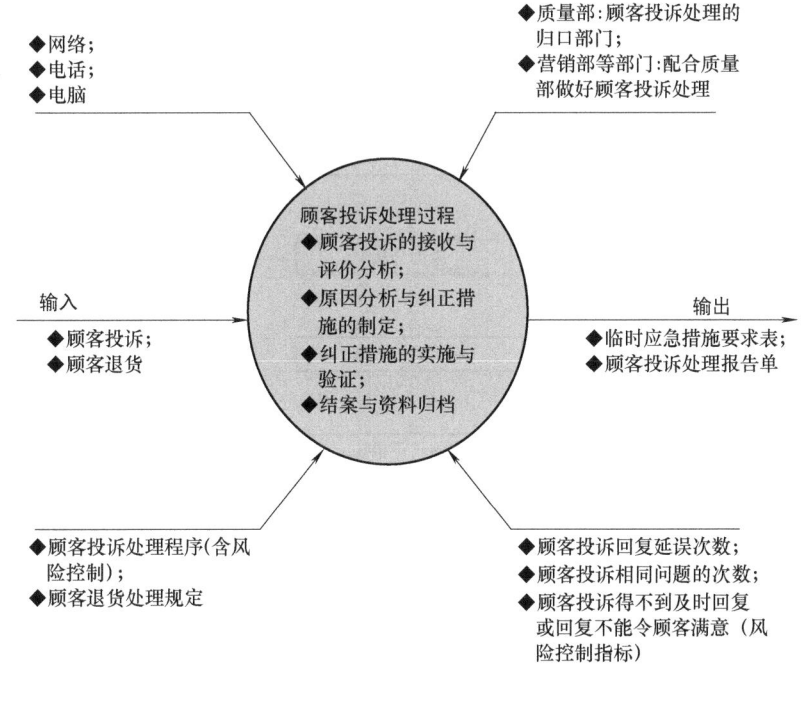

5. 过程流程图

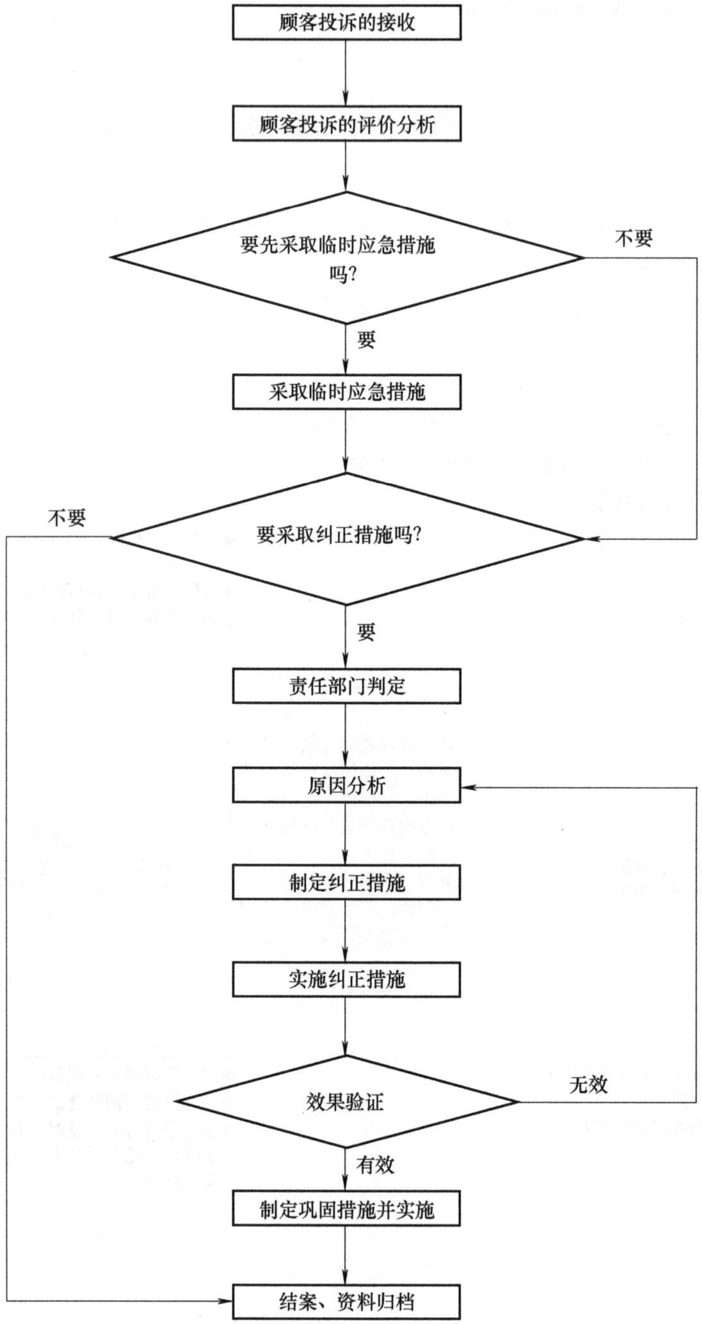

```
顾客投诉的接收
      ↓
顾客投诉的评价分析
      ↓
要先采取临时应急措施吗？ —不要→
      ↓要
采取临时应急措施
      ↓
要采取纠正措施吗？ —不要→
      ↓要
责任部门判定
      ↓
原因分析 ←────
      ↓
制定纠正措施
      ↓
实施纠正措施
      ↓
效果验证 —无效→（回到原因分析）
      ↓有效
制定巩固措施并实施
      ↓
结案、资料归档
```

6. 作业程序与控制要求

程　　序	工　作　内　容	输出文件	责任部门/人
6.1 顾客投诉的接收	6.1.1 顾客投诉以电话、电子邮件、QQ、拜访、退货等方式表达。顾客投诉统一由营销部接收、接待。顾客退货的控制详见《顾客退货处理规定》		
	6.1.2 营销部将接收的顾客投诉填写在"顾客投诉记录表"中，并及时将顾客投诉转交给质量部	顾客投诉记录表	营销部
6.2 顾客投诉的评价分析	6.2.1 质量部对顾客投诉进行评价分析，判断是否属于本公司的责任？如果不是本公司的责任，则应妥善回复顾客。若是本公司的责任，则应24小时内回复顾客处理情况（如向顾客反馈已经在处理该问题，具体解决方案将在几天内回复，等等），并随时与顾客保持联络		质量部
	6.2.2 质量部判断是否需要采取临时应急措施。临时应急措施包括停产、挑选、返工、修补、更换、停止发货。一般在下列情况下需采取临时应急措施： 1) 错误在继续发生 2) 重大紧急的对外事项。这些对外事项如果处理得不及时，很可能被顾客"上纲上线"或者被竞争对手恶意利用		质量部
	6.2.3 如需采取临时应急措施，质量部应将临时应急措施的要求填写在"临时应急措施要求表"中，发至有关部门执行。如不需采取临时应急措施，则直接进入6.4条款	临时应急措施要求表	质量部
6.3 采取临时应急措施	6.3.1 质量部将采取临时应急措施的情况通知营销部，由营销部传达至顾客		营销部
	6.3.2 有关部门接到"临时应急措施要求表"后，应立即实施		有关部门
6.4 责任部门判定	6.4.1 质量部判定是否需要针对顾客投诉采取纠正措施，如需采取纠正措施，则应判定相关责任部门		质量部
	6.4.2 质量部填写"顾客投诉处理报告单"中的"顾客投诉陈述""纠正措施任务的下达"栏目，然后将"顾客投诉处理报告单"发给责任部门	顾客投诉处理报告单	质量部
	说明：如果顾客要求使用其规定的表单处理其投诉，则整个处理过程中，均应使用顾客规定的表单		

（续）

程　序	工　作　内　容	输出文件	责任部门/人
6.5 原因分析与纠正措施的制定	6.5.1 责任部门收到有关"顾客投诉处理报告单"后应立即组织有关人员分析顾客投诉的原因		责任部门
	6.5.2 针对问题和原因制定相应的纠正措施，明确责任人和完成日期。纠正措施应与问题的影响程度相适应。应确保纠正措施的可行性及不产生新的质量问题		
	6.5.3 本公司纠正措施方案由责任部门负责人审核，管理者代表批准后实施		
6.6 纠正措施的实施与效果验证	6.6.1 纠正措施实施过程中，质量部要做好督促检查工作		质量部
	6.6.2 当纠正措施实施计划完成日期已到，质量部应派人员去验证纠正措施完成的情况。验证结果应通告营销部等相关部门		质量部
6.7 制定巩固措施并实施	6.7.1 因纠正措施的实施而需修订作业指导书等有关的文件时，应按《文件控制程序》中有关更改的规定进行更改		
	6.7.2 必要时，对员工进行培训，把这些有用的措施和经验普及到相关的员工，使他们掌握这些措施和经验并应用到工作中去，以确保以后不再发生同样的错误		
	6.7.3 考虑在相类似的过程中实现这个有效措施的可能性，以放大这个有效措施的作用		
6.8 结案、资料归档	6.8.1 与顾客投诉有关的质量记录，按《记录控制程序》的要求进行管理		
	6.8.2 营销部负责将针对顾客投诉所采取的纠正措施的结果提供给有要求的顾客		营销部

7. 过程绩效的监视

绩效指标	计算公式（计算方法）	指标值	监视频率	监视单位/人
7.1 顾客投诉回复延误次数	1）24小时内回复顾客其投诉处理情况 2）每月统计顾客投诉回复延误次数	≤1次/月	月	营销部
7.2 顾客投诉相同问题的次数	每月统计顾客投诉相同问题的次数	≤1次/月	月	营销部

8. 过程中的风险和机遇的控制（风险应对计划）

风　险	应对措施	其他事项	执行时间	负责人	监视方法
8.1 顾客投诉得不到及时回复或回复不能令顾客满意	1）营销部在24小时内需2次跟进顾客投诉处理情况，第1次在第12小时，第2次在第20小时 2）回复顾客投诉的文件发出前，营销部应检查其是否有质量部经理签字			营销部	总经办每月对顾客投诉的处理情况进行检查，看有无违规情况

9. 支持性文件

9.1 《顾客退货处理规定》

10. 记录

10.1 顾客投诉记录表（见表5.2-1）

10.2 临时应急措施要求表

10.3 顾客投诉处理报告单（见表5.2-2）

表 5.2-1　顾客投诉记录表

序号	日期	信息来源				接诉人	处理部门	处理结果
		顾客名称	投诉人	投诉方式	投诉内容			

表 5.2-2　顾客投诉处理报告单

顾客名称：	投诉人：	投诉日期：
顾客投诉陈述（质量部填写）： 填写/日期：		
纠正和预防措施任务的下达（质量部填写）： ① 责任部门：_____ ② 要求： 填写人/日期：　　　　　审批/日期：		
纠正和预防措施的制定： ① 原因分析（由责任部门填写）： ② 纠正和预防措施的制定（由责任部门填写）： a）责任人：_____ b）预定完成日期：_____ c）制定的纠正和预防措施： 编制/日期：　　　　审核/日期：　　　　批准/日期：		
纠正和预防措施的验证（质量部验证）： □纠正和预防措施已按期在_____年___月___日完成 效果简述： □纠正和预防措施未在规定日期完成，推迟至_____年___月___日完成 未完成原因： □ 其他： 验证人/日期：　　　　　复核/日期：		

5.3 APQP 控制程序（有设计责任）

APQP 控制程序（有设计责任）

1. 目的

对产品设计和开发全过程进行控制，确保产品的设计和开发能满足市场及顾客的要求。

2. 适用范围

本程序适用于产品的设计和开发活动。

3. 职责

3.1 副总经理组织成立 APQP 小组。由 APQP 小组负责产品设计和开发全过程的组织和协调。APQP 小组成员承担 APQP 各阶段的具体活动。

3.2 总经理批准产品立项，批准产品鉴定报告。

3.3 质量部协助进行设计过程中所需的检验、测量和试验工作。

3.4 生产部负责小批试制阶段的生产组织落实及计划进程的控制。

3.5 采购部负责试制过程中的配套采购。

3.6 营销部负责市场调研、与顾客的联系并参与相关的设计评审工作。

4. 过程分析乌龟图

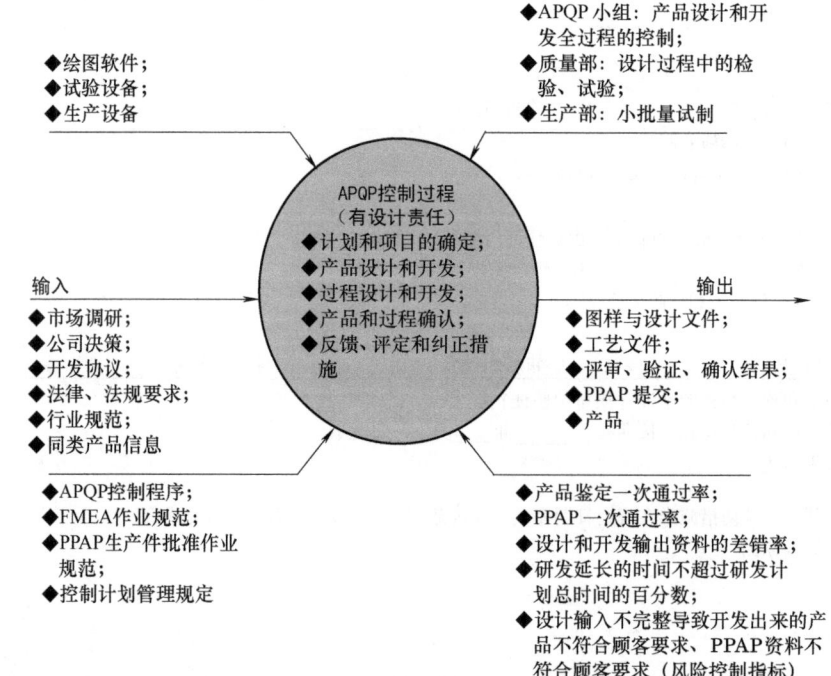

5. 过程流程图

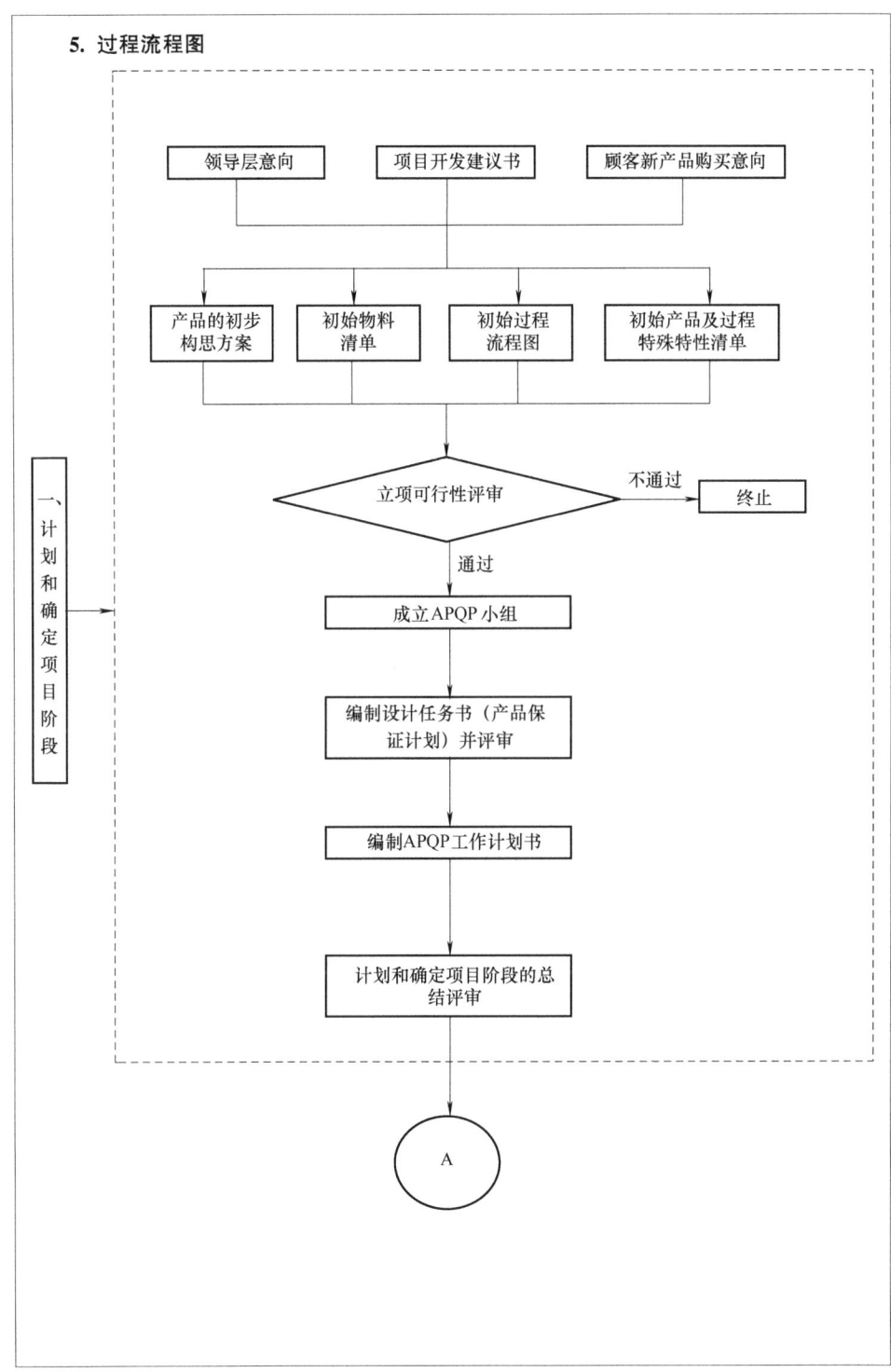

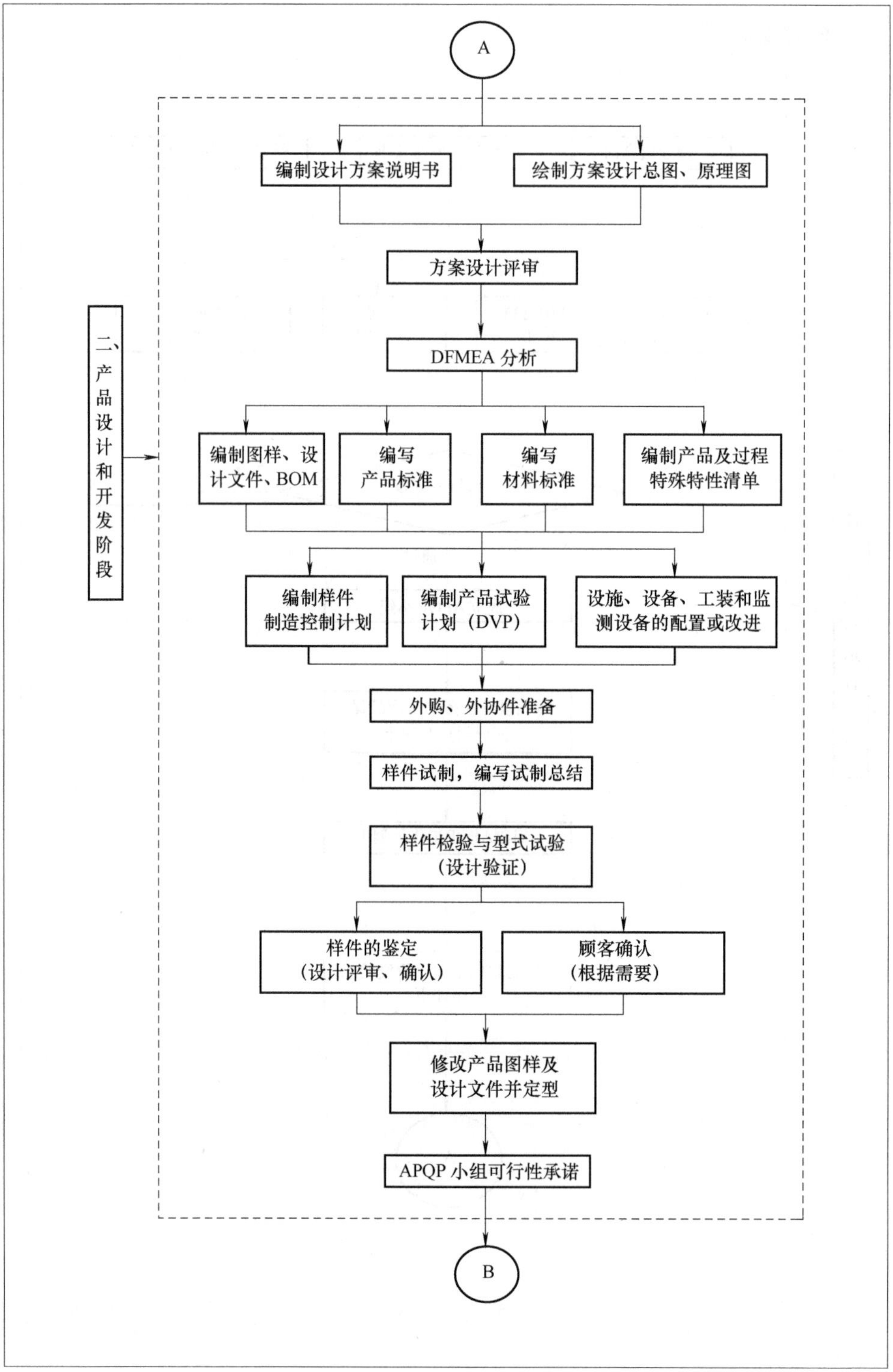

```
                    (A)
                     │
        ┌────────────┴────────────┐
    编制设计方案说明书         绘制方案设计总图、原理图
        └────────────┬────────────┘
                 方案设计评审
                     │
                  DFMEA 分析
                     │
    ┌──────────┬─────┴─────┬──────────┐
 编制图样、    编写        编写       编制产品及过程
 设计文件、BOM 产品标准    材料标准   特殊特性清单
    └──────────┴─────┬─────┴──────────┘
         ┌───────────┼───────────┐
    编制样件      编制产品试验    设施、设备、工装和监
    制造控制计划  计划（DVP）     测设备的配置或改进
         └───────────┼───────────┘
                外购、外协件准备
                     │
              样件试制，编写试制总结
                     │
                样件检验与型式试验
                    （设计验证）
                     │
         ┌───────────┴───────────┐
       样件的鉴定              顾客确认
      (设计评审、确认)         （根据需要）
         └───────────┬───────────┘
                修改产品图样及
                设计文件并定型
                     │
               APQP 小组可行性承诺
                     │
                    (B)
```

二、产品设计和开发阶段

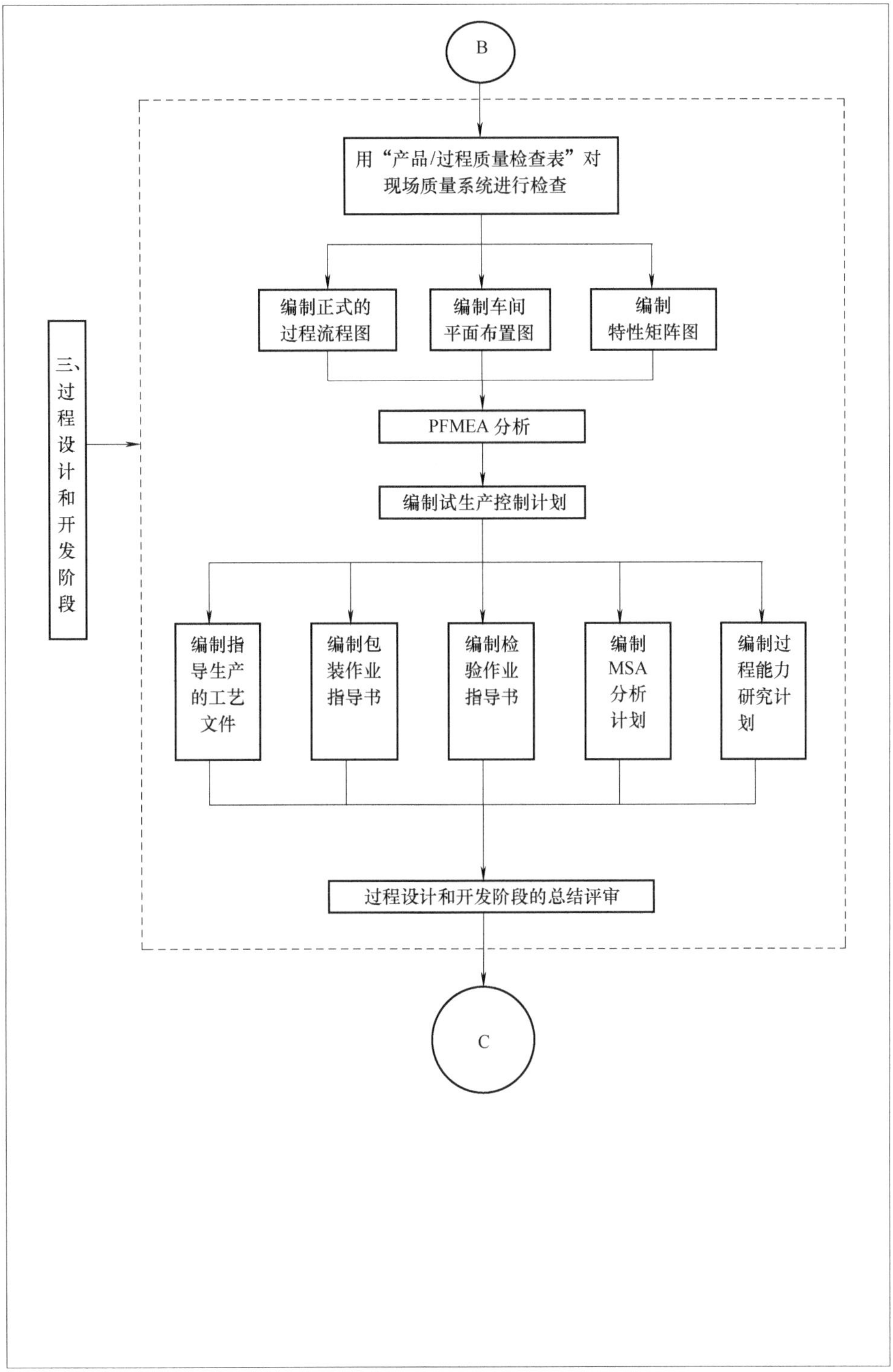

第5章 IATF 16949：2016程序文件——运行类

```
                              ┌───┐
                              │ B │
                              └─┬─┘
                                ↓
                  ┌─────────────────────────────┐
                  │ 用"产品/过程质量检查表"对      │
                  │ 现场质量系统进行检查          │
                  └─────────────────────────────┘
                                │
              ┌─────────────────┼─────────────────┐
              ↓                 ↓                 ↓
       ┌────────────┐   ┌────────────┐   ┌────────────┐
       │ 编制正式的 │   │ 编制车间   │   │ 编制       │
       │ 过程流程图 │   │ 平面布置图 │   │ 特性矩阵图 │
       └────────────┘   └────────────┘   └────────────┘
                                │
                         ┌──────────────┐
                         │  PFMEA 分析  │
                         └──────────────┘
                                │
                      ┌──────────────────┐
                      │ 编制试生产控制计划│
                      └──────────────────┘
                                │
    ┌───────────┬───────────┬───────────┬───────────┐
    ↓           ↓           ↓           ↓           ↓
┌────────┐ ┌────────┐ ┌────────┐ ┌────────┐ ┌────────┐
│编制指  │ │编制包  │ │编制检  │ │编制    │ │编制过程│
│导生产  │ │装作业  │ │验作业  │ │MSA     │ │能力    │
│的工艺  │ │指导书  │ │指导书  │ │分析    │ │研究    │
│文件    │ │        │ │        │ │计划    │ │计划    │
└────────┘ └────────┘ └────────┘ └────────┘ └────────┘
                                │
                  ┌─────────────────────────────┐
                  │ 过程设计和开发阶段的总结评审 │
                  └─────────────────────────────┘
                                ↓
                              ┌───┐
                              │ C │
                              └───┘
```

三、过程设计和开发阶段

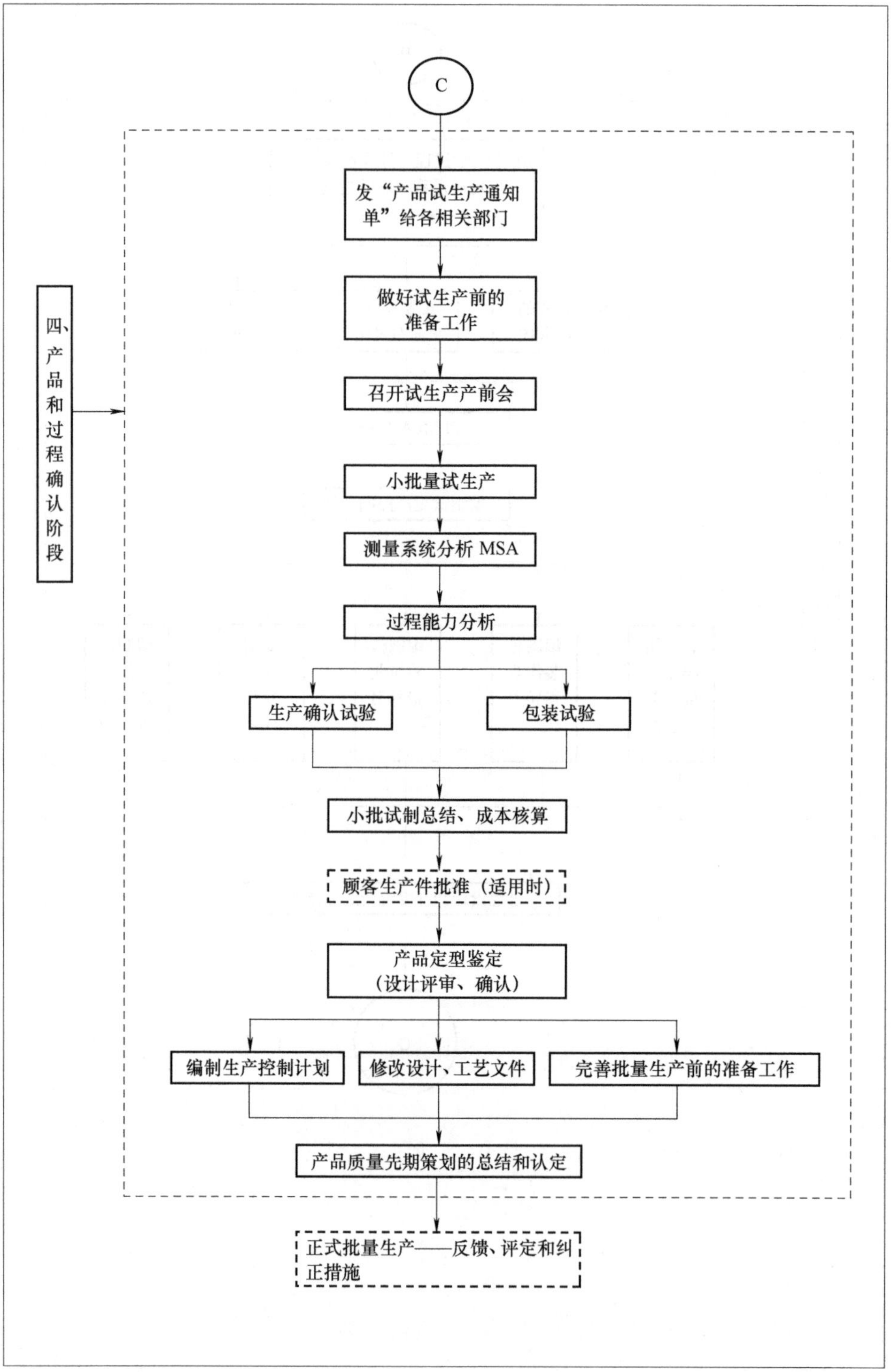

四、产品和过程确认阶段

```
                    (C)
                     │
                     ▼
         ┌──────────────────────┐
         │ 发"产品试生产通知     │
         │ 单"给各相关部门       │
         └──────────┬───────────┘
                    ▼
         ┌──────────────────────┐
         │ 做好试生产前的        │
         │ 准备工作              │
         └──────────┬───────────┘
                    ▼
         ┌──────────────────────┐
         │ 召开试生产产前会       │
         └──────────┬───────────┘
                    ▼
         ┌──────────────────────┐
         │ 小批量试生产           │
         └──────────┬───────────┘
                    ▼
         ┌──────────────────────┐
         │ 测量系统分析 MSA       │
         └──────────┬───────────┘
                    ▼
         ┌──────────────────────┐
         │ 过程能力分析           │
         └─────┬────────┬───────┘
               ▼        ▼
         ┌─────────┐ ┌─────────┐
         │生产确认试验│ │ 包装试验 │
         └────┬────┘ └────┬────┘
              └─────┬─────┘
                    ▼
         ┌──────────────────────┐
         │ 小批试制总结、成本核算  │
         └──────────┬───────────┘
                    ▼
         ┌ ─ ─ ─ ─ ─ ─ ─ ─ ─ ─ ┐
           顾客生产件批准（适用时）
         └ ─ ─ ─ ─ ─ ┬ ─ ─ ─ ─ ┘
                     ▼
         ┌──────────────────────┐
         │ 产品定型鉴定           │
         │ （设计评审、确认）     │
         └──┬────────┬────────┬─┘
            ▼        ▼        ▼
     ┌─────────┐┌─────────┐┌──────────────┐
     │编制生产  ││修改设计、││完善批量生产前 │
     │控制计划  ││工艺文件  ││的准备工作     │
     └────┬────┘└────┬────┘└──────┬───────┘
          └──────────┼────────────┘
                     ▼
         ┌──────────────────────┐
         │ 产品质量先期策划的总结和认定 │
         └──────────┬───────────┘
                    ▼
         ┌ ─ ─ ─ ─ ─ ─ ─ ─ ─ ─ ─ ─ ─ ┐
           正式批量生产——反馈、评定和纠
           正措施
         └ ─ ─ ─ ─ ─ ─ ─ ─ ─ ─ ─ ─ ─ ┘
```

6. 作业程序与控制要求

6.1 计划和项目的确定阶段

程　　序	工作内容	输出文件	责任部门/人
6.1.1 设计项目的来源	1）公司决策层根据公司的战略、经营计划等向产品研发部提出开发新产品意向		总经理
	2）营销部根据对市场进行研究的情况，编制"项目开发建议书"，提出产品开发的建议，报副总经理审核、总经理批准。批准后的"项目开发建议书"送交产品研发部	项目开发建议书	营销部
	3）业务员与顾客洽谈过程中，如顾客要求我公司开发新产品，那么业务员应将这些要求形成"顾客新产品购买意向"报营销部经理批准，然后将其送产品研发部	顾客新产品购买意向	营销部业务员
6.1.2 产品的初步构思	1）产品研发部对上述信息进行分析，在分析的基础上，提出"产品的初步构思方案"，内容包括： ① 产品的功能、性能要求 ② 产品使用的限制条件、环境条件以及与其他产品的接口 ③ 新技术、新材料、新工艺的应用 ④ 应执行的行业规范和法规 ⑤ 产品要求符合性的目标，包括防护、可靠性、耐久性、健康、安全、环保、开发周期和成本等方面的目标，等等	产品的初步构思方案	产品研发部
	2）产品研发部组织编制"初始物料清单""初始产品及过程特殊特性清单"，绘制初始过程流程图	初始物料清单、初始产品及过程特殊特性清单、初始过程流程图	产品研发部
★6.1.3 立项可行性评审	1）产品研发部组织成立由总经理、副总经理、产品研发部、工艺技术部、质量部、生产部、采购部人员构成的多方论证小组（CFT），对"产品的初步构思方案""初始物料清单""初始产品及过程特殊特性清单""初始过程流程图"进行立项可行性评审，填写"立项可行性评审报告"。立项可行性评审通过后，方可进入下一步产品研发工作	立项可行性评审报告	产品研发部
	2）如立项是针对顾客新产品购买意向，那么立项可行性评审通过后，营销部经理应与顾客签署"新产品试制技术协议"。协议签订后，方可进入下一步产品研发工作	新产品试制技术协议	营销部经理

（续）

程　序	工　作　内　容	输出文件	责任部门/人
6.1.4 成立APQP小组	产品研发部经理组织成立进行新产品设计和开发的APQP小组，编写"APQP小组职责表"。小组成员来自产品研发部、工艺技术部、质量部、生产部、采购部和营销部等，必要时可邀请顾客及供应商代表参加	APQP小组职责表	产品研发部经理
6.1.5 编制产品保证计划——设计任务书	APQP小组组长根据"产品立项可行性分析报告""产品的初步构思方案""初始物料清单""初始产品及过程特殊特性清单""初始过程流程图"等资料编制"产品保证计划——设计任务书"。"产品保证计划——设计任务书"应明确规定设计的目标和要求	产品保证计划——设计任务书	APQP小组组长
6.1.6 对产品保证计划——设计任务书进行评审	APQP小组组长组织有关人员对"产品保证计划——设计任务书"进行评审。对其中不完善、含糊或矛盾的要求予以解决。评审采取会签形式进行。评审后应将"产品保证计划——设计任务书"及相关背景资料提供给相关设计人员		APQP小组组长
6.1.7 编制APQP工作计划书	APQP小组组长组织编写"APQP工作计划书"，经APQP小组成员讨论后，送总经理批准。批准后"APQP工作计划书"下发有关部门实施。"APQP工作计划书"应随着设计和开发的进展适时进行修订	APQP工作计划书	APQP小组组长
6.1.8 计划和确定项目阶段的总结评审	APQP小组组长在计划和确定项目阶段的工作结束时，应召开APQP小组会议进行这一阶段工作的总结评审。总结评审时应邀请正、副总经理等公司高层参加，以获得其支持并协助解决相关未解决问题。总结评审的结论记录在"计划与确定项目阶段总结评审报告"中	计划与确定项目阶段总结评审报告	APQP小组组长

6.2　产品设计和开发阶段

程　序	工　作　内　容	输出文件	责任部门/人
6.2.1 方案设计	设计人员进行方案设计。方案设计的内容一般包括：总布置图、外观效果图、特殊外购件清单、技术参数的确定、电气和软件的设计构思、产品的工作原理等	设计方案	APQP小组设计人员
★6.2.2 方案设计评审	方案设计完成后，APQP小组组长应根据需要组织有关部门/人员（可包括总经理、产品研发部、营销部、工艺技术部、生产部、质量部等）对方案设计进行评审，填写"方案设计评审报告"	方案设计评审报告	APQP小组组长

(续)

程　　序	工　作　内　容		输出文件	责任部门/人
6.2.3 DFMEA	1）在正式设计产品的零部件之前，APQP小组组长应牵头成立DFMEA（设计FMEA）小组，进行设计失效模式及后果分析（DFMEA），编写"DFMEA报告"。具体内容详见《FMEA作业指导书》		DFMEA报告	APQP小组组长
	2）DFMEA完成后，APQP小组应使用"DFMEA检查表"对DFMEA的完整性、有效性进行检查		DFMEA检查表	APQP小组
6.2.4 图样及技术设计	1）进行设计计算	必要时，进行设计计算，编写设计计算书	见《产品图样及设计文件完整性规定》（略）	APQP小组
	2）结构设计	根据结构、性能设计要求绘制总图、部件图、零件图，编制相关的明细表		
	3）系统设计	绘制电控图样，进行电气线路设计，确定电子元器件的型号、规格，编制相关的明细表等		
	4）包装设计	根据产品的装箱、贮存、搬运等要求，进行包装设计，绘制/编制相关的图样、技术文件		
	5）技术文件编制	编写产品标准、材料标准、产品和过程特殊特性清单、BOM等设计文件		
	注意事项： ① 设计时，要考虑产品的可制造性（DFM）和可装配性（DFA） ② 应在相关图样及设计文件中标识特殊特性			
6.2.5 图样、技术文件下发	全套图样及设计文件经过会签、审批后下发		文件发放回收记录（试制用文件）	标准化工程师
6.2.6 编制样件制造控制计划	产品研发部按《控制计划管理规定》的要求，编制"样件制造控制计划"，对样件制造过程中尺寸测量、材料与性能试验等进行描述。"样件制造控制计划"编写完成后，APQP小组用"控制计划检查表"对"样件制造控制计划"的完整性进行检查		样件制造控制计划、控制计划检查表	产品研发部、APQP小组

（续）

程　序	工作内容	输出文件	责任部门/人
6.2.7 设施、设备、工装和监测设备的配置或改进	1）副总经理组织成立由设备部、产品研发部、生产部、工艺技术部、质量部人员组成的多方论证小组（CFT），进行工厂、设施和设备的策划。工厂、设施和设备的策划详见《设备管理程序》		副总经理
	2）策划时，如需新增或改进设施、设备时，设备部要编制"设施、设备新增/改进计划"，经多方论证小组（CFT）审核后，报总经理批准	设施、设备新增/改进计划	设备部
	3）策划时，如需新增或改进工装，工艺技术部要编制"工装新增/改进计划"，经多方论证小组（CFT）审核后，报总经理批准	工装新增/改进计划	工艺技术部
	4）策划时，如需新增或改进监测设备，质量部要编制"监测设备新增/改进计划"，经多方论证小组（CFT）审核后，报总经理批准	监测设备新增/改进计划	质量部
	5）各责任部门要保证设施、设备、工装和监测设备在样件试制或小批量试生产前到位		
6.2.8 编制产品试验计划（DVP）	必要时，质量部编制"产品试验计划"，对产品的试验做出安排	产品试验计划	质量部
6.2.9 外购、外协件准备	做好样机试制前的外购、外协件准备		APQP小组、采购部
6.2.10 样件试制	APQP小组组长组织人员根据产品图样、设计文件、"样件制造控制计划"等试制样件。试制过程中要做好"试制过程记录表"	试制过程记录表	APQP小组组长
6.2.11 样件检测（设计验证）	质量部对样件进行检测，并对其中1~2台进行型式试验，试验后要出具型式试验报告	型式试验报告	质量部
6.2.12 样件试制总结	试制结束后，APQP小组组长对样件试制情况进行总结，编写样件试制总结报告	试制总结报告	APQP小组组长
6.2.13 图样、技术文件改进	APQP小组按照样件试制、检测中所提出的改进意见对图样、设计文件等进行修改		APQP小组
★6.2.14 样件鉴定（设计确认）	1）样件鉴定会由APQP小组组长主持召开，总经理、副总经理、APQP小组成员等人员参加		APQP小组组长
	2）样件鉴定会召开前，APQP小组应准备好鉴定资料/实物，包括产品保证计划——设计任务书、图样及设计文件、产品标准、样件制造控制计划、试验报告、试制总结报告、样件等		APQP小组
	3）与会代表对这些鉴定材料/实物进行审查，在此基础上得出鉴定结论，填写"样件鉴定报告"	（样件）鉴定报告	APQP小组组长

(续)

程　序	工作内容	输出文件	责任部门/人
6.2.15 顾客对样件进行确认（根据需要）	1）顾客要求对样件进行确认时，营销部根据顾客要求，向顾客送样 2）营销部应将顾客的"样件确认报告"交给APQP小组组长	样件确认报告	营销部
6.2.16 设计改进	根据样件鉴定、顾客确认中所提出的改进意见，对产品图样及设计文件进行必要的修改		APQP小组
6.2.17 APQP小组可行性承诺	APQP小组在产品的设计和开发阶段的工作结束时，要用"设计信息检查清单"对设计的有效性做出评价。并用"小组可行性承诺"的方式承诺达到规定的要求。"设计信息检查清单"及"小组可行性承诺"应呈送有关公司高层以获得其支持	设计信息检查清单、小组可行性承诺	APQP小组

6.3　过程设计和开发阶段

程　序	工作内容	输出文件	责任部门/人
6.3.1 产品/过程质量系统检查	过程设计和开发一开始，APQP小组就要用"产品/过程质量检查表"对现场质量管理系统进行检查，找出存在的问题。APQP小组应对这些问题进行改进，并落实到相关的文件及控制计划之中	产品/过程质量检查表	APQP小组
6.3.2 编制正式的过程（工艺）流程图	工艺技术部工程师对计划和确定项目阶段的初始过程（工艺）流程图进行进一步修正和完善，编制出正式的过程（工艺）流程图。编制完成后，APQP小组应使用"过程流程图检查表"对工艺流程图进行评价	过程（工艺）流程图、过程流程图检查表	工艺技术部、APQP小组
6.3.3 编制车间平面布置图	工艺技术部工程师编制车间平面布置图，车间平面配置图上有返工区及不合格品的贮存区等。编制完成后，APQP小组用"车间平面布置图检查表"对车间平面布置图进行检查，以确保车间平面布置图与工艺流程图、控制计划相协调	车间平面布置图、车间平面布置图检查表	工艺技术部、APQP小组
6.3.4 编制特性矩阵图（必要时）	工艺技术部工程师要编制特性矩阵图，显示产品特性与工艺过程的对应关系	特性矩阵图	工艺技术部
6.3.5 PFMEA	1）在正式编制工艺文件（作业指导书）之前，APQP小组组长牵头成立PFMEA小组，进行过程失效模式及后果分析（PFMEA）。具体内容详见《FMEA作业指导书》	PFMEA报告	APQP小组组长
	2）PFMEA完成后，APQP小组应使用"PFMEA检查表"对PFMEA的完整性进行检查	PFMEA检查表	APQP小组

（续）

程　序	工 作 内 容	输 出 文 件	责任部门/人
6.3.6 编制试生产控制计划	1）工艺技术部工程师按《控制计划管理规定》的要求，编制"试生产控制计划"，对试生产中尺寸测量、材料与性能试验等进行描述。控制计划中应对产品及过程特殊特性进行标识	试生产控制计划	工艺技术部
	2）"试生产控制计划"编写完成后，APQP小组用"控制计划检查表"对"试生产控制计划"的完整性进行检查	控制计划检查表	APQP小组
6.3.7 编制过程指导书	1）工艺技术部工程师根据控制计划、PFMEA、工艺流程图及相关图样和标准编写指导工人操作和用于生产、工艺管理的工艺文件，包括工艺卡、工序卡、作业指导书、材料定额、工时定额等	见《工艺文件完整性规定》（略）	工艺技术部
	2）工艺技术部工程师编制供包装工人使用的包装作业指导书	包装作业指导书	工艺技术部
	3）质量部编制检验作业指导书	检验作业指导书	质量部
	注意：应在相关文件中标识特殊特性		
6.3.8 编写测量系统分析（MSA）计划	质量部编写测量系统分析（MSA）计划，确定相关的人员、内容、方法和完成时间等。一般而言，对控制计划中提及的测量系统，应进行MSA	测量系统分析（MSA）计划	质量部
6.3.9 编制初始过程能力研究计划	工艺技术部编写初始过程能力研究计划，确定相关的人员、内容、方法和完成时间等。一般而言，对于所有新的制造过程，都应研究其能力	初始过程能力研究计划	工艺技术部
6.3.10 工艺文件下发	全套工艺文件经过会签、审批后下发	文件发放回收记录（试制用文件）	标准化工程师
6.3.11 过程设计和开发阶段的总结评审	APQP小组应随时向公司领导汇报项目的进展情况，以获得其支持并协助解决相关的未解决问题　APQP小组在过程设计和开发阶段结束时应安排正式的总结评审。评审应有公司高层参加。应将总结评审的结论形成"过程设计和开发阶段总结评审报告"	过程设计和开发阶段总结评审报告	APQP小组组长

6.4 产品和过程确认阶段

程　序	工作内容	输出文件	责任部门/人
6.4.1 做好试生产的准备工作	1）APQP 小组组长发"生产试制通知单"给相关部门。小批量试制的数量依据顾客要求而定。顾客未做规定时，小批量试制数量为 300~500 件	生产试制通知单	APQP 小组组长
	2）确定试制工艺文件已经下发到试制现场与相关部门		APQP 小组组长
	3）APQP 小组用"新设备、工装和试验设备检查表"检查新设备、工装和试验设备的准备情况，确保新设备、工装和试验设备在试生产前到位	新设备、工装和试验设备检查表	APQP 小组
	4）生产部做好车间试制计划并统筹试制用物料的采购，确保试制物料按时到位	试制排产计划	生产部
	5）用"试生产准备状态检查表"对试生产准备状态进行全面检查	试生产准备状态检查表	APQP 小组
6.4.2 试生产	1）试制前 1 天，由 APQP 小组组长主持召开产前会，落实试制准备情况并明确各部门在试制中的作用。同时由有关工程师讲解试制过程中的检验和生产要点		APQP 小组组长
	2）工艺技术部工程师指导车间根据工艺文件进行试制工作。试制中，质量部等部门应做好配合。试制过程中，生产部试制负责人要将试制中的异常情况记录在"试制过程记录表"中	试制过程记录表	生产部试制负责人
6.4.3 测量系统分析 MSA	在试生产过程中，质量部按"测量系统分析计划"的要求进行测量系统分析。测量系统分析的方法详见《MSA 作业指导书》。 MSA 分析结束后，质量部要出具"MSA 测量系统分析报告"。通过 MSA 分析，要确保所有的测量系统都达到要求	MSA 测量系统分析报告	质量部
6.4.4 初始过程能力研究	在试生产过程中，工艺技术部按"初始过程能力研究计划"的要求进行初始过程能力研究。初始过程能力研究的方法详见《过程能力研究作业指导书》 初始过程能力研究结束后，工艺技术部要出具"初始过程能力研究报告"。通过初始过程能力研究，要确保所有的过程能力都达到要求	初始过程能力研究报告	工艺技术部
6.4.5 进行生产确认试验（设计验证）	质量部对所有试产的产品进行常规检测，出具相应的检测报告。并抽 1~3 台（顾客有要求时，抽取顾客要求的数量）进行型式试验（全尺寸检验和功能试验），出具型式试验报告	常规检验报告、型式试验报告	质量部

（续）

程　　序	工 作 内 容	输出文件	责任部门/人
6.4.6 进行包装评价工作	质量部从试产的产品中抽出规定数量的产品，采用试运输或台架试验的方式对产品包装进行试验，出具"包装试验报告" 注意：型式试验中一般都包含包装试验，所以，一般不需要进行单独的包装试验	包装试验报告	质量部
6.4.7 组织进行生产件批准	顾客要求进行生产件批准时，营销部根据顾客要求，按照《PPAP生产件批准作业规范》的规定组织进行生产件批准 顾客未要求进行生产件批准时，营销部可按照顾客规定的其他方式组织送样工作		营销部
6.4.8 小批试制总结	试制结束后，APQP小组组长应对试制情况进行总结，编写试制总结报告	试制总结报告	APQP小组组长
6.4.9 图样、技术文件改进	APQP小组按照试制、检测、生产件批准中所提出的改进意见对图样、设计文件、工艺文件等进行修改		APQP小组
★ 6.4.10 产品定型鉴定（设计确认）	1）产品定型鉴定会由APQP小组组长主持召开，总经理、副总经理、APQP小组成员等人员参加		APQP小组组长
	2）产品定型鉴定会召开时，APQP小组应准备鉴定资料/实物，包括产品保证计划——设计任务书、所有的图样及设计文件、所有的工艺文件、产品标准、检测报告、试制总结报告、顾客生产件批准报告、试制出的样机等		APQP小组
	3）与会代表对这些鉴定材料/实物进行审查，在此基础上得出鉴定结论，并据此提出正式生产的建议		
	4）APQP小组组长整理出"产品鉴定报告"。"产品鉴定报告"应记录鉴定的结论及应采取的改进措施，经总经理批准后下发相关部门	产品鉴定报告	APQP小组组长
6.4.11 图样及设计文件、工艺文件改进	根据产品定型鉴定中所提出的改进意见对产品图样、设计文件、工艺文件进行修改		APQP小组

(续)

程　序		工作内容	输出文件	责任部门/人
6.4.12 完善批量生产前的准备工作	1）编制生产控制计划	对"试生产控制计划"进行修订和扩展，形成"生产控制计划" "生产控制计划"编写完成后，APQP小组用"控制计划检查表"对"生产控制计划"的完整性进行检查	生产控制计划、控制计划检查表	APQP小组
	2）批量生产前的再确认	APQP小组对工艺文件、工艺装备、设备、检测仪器、生产能力、外购能力进行再确认，确保满足批量生产要求	批量生产确认报告	APQP小组
★6.4.13 图样与技术文件移交		APQP小组将正式生产的图样、设计文件、工艺文件移交给标准化工程师。标准化工程师要将试制用图样、设计文件、工艺文件收回作废，并发放正式生产用图样、设计文件、工艺文件	产品图样及技术文件移交清单	APQP小组、标准化工程师
6.4.14 产品质量先期策划的总结和认定		当整个产品设计和开发工作全面完成后，APQP小组、公司高层要用"产品质量策划总结和认定表"对整个产品设计和开发工作进行全面的总结和认定。认定完成以后，就可进行正式的批量生产了	产品质量策划总结和认定表	APQP小组、总经理
6.4.15 进入正式批量生产		上述工作完成后，就可以进行正式的批量生产了		生产部

6.5　反馈、评定和纠正措施阶段

程　序	工作内容	输出文件	责任部门/人
6.5.1　改进设计	发现设计中的问题，需要改进时，需用"设计更改申请表"提出更改申请。详见《技术更改管理规定》	设计更改申请表	相关部门
	产品研发部、工艺技术部确定需要进行设计更改时，应填写"图样及技术文件更改通知单"，批准后连同更改后的图样及技术文件分发给有关部门或人员	图样及技术文件更改通知单	产品研发部、工艺技术部

7. 过程绩效的监视

目标名称	计算公式 （计算方法）	目标值	监视时机	监视单位
7.1　产品鉴定一次通过率	产品鉴定一次通过率 = $\dfrac{\text{产品鉴定一次通过总数}}{\text{产品鉴定总数}} \times 100\%$	≥98%	季度	副总经理

（续）

目标名称	计算公式 （计算方法）	目标值	监视时机	监视单位
7.2 PPAP 一次通过率	PPAP一次通过率 = $\dfrac{\text{PPAP一次通过数量}}{\text{PPAP总数}} \times 100\%$	≥98%	季度	营销部
7.3 设计和开发输出资料的差错率	设计和开发输出资料的差错率 = $\dfrac{\text{缺少和出错的设计和开发输出资料数量}}{\text{应输出的设计和开发资料总数量}} \times 100\%$	≤5%	每次进行设计资料移交时统计分析	标准化工程师
7.4 研发延长的时间不超过研发计划总时间的百分数	研发延长的时间不超过研发计划总时间的百分数 = $\dfrac{\text{产品研发延期的天数}}{\text{产品研发计划的天数}} \times 100\%$	≤5%	每次产品鉴定通过后3天内统计分析	研发总监

8. 过程中的风险和机遇的控制（风险应对计划）

风　险	应对措施	其他事项	执行时间	负责人	监视方法
8.1 设计输入不完善导致开发出来的产品不符合顾客要求	"产品保证计划——设计任务书"必须经过提出部门评审、签字		每次设计时都要严格执行	APQP小组组长	"产品保证计划——设计任务书"下发前，总经理要检查是否有提出部门评审、签字
8.2 PPAP资料不符合顾客要求	PPAP资料送交前，需要质量部对其完整性、正确性进行检验		每次送交都要执行	质量经理	PPAP资料送出前，营销部要检查"PPAP提交资料检查表"上有无质量部经理签字

9. 支持性文件

9.1 《MSA作业指导书》

9.2 《FMEA作业规范》

9.3 《PPAP生产件批准作业规范》

9.4 《控制计划管理规定》

9.5 《技术更改管理规定》

9.6 《过程能力研究作业指导书》

10. 记录

10.1 物料清单

10.2　产品及过程特殊特性清单

10.3　产品保证计划——设计任务书

10.4　APQP工作计划书

10.5　DFMEA检查表

10.6　控制计划

10.7　控制计划检查表

10.8　产品试验计划（DVP）

10.9　设计信息检查清单

10.10　小组可行性承诺

10.11　产品/过程质量检查表

10.12　过程流程图检查表

10.13　车间平面布置图检查表

10.14　PFMEA检查表

10.15　新设备、工装和试验设备检查表

（上述表格格式请参考笔者所编著的《IATF 16949质量管理体系五大工具最新版一本通》）

10.16　项目开发建议书

10.17　顾客新产品购买意向

10.18　产品的初步构思方案

10.19　立项（制造）可行性评审报告（参考前文的表5.1-1）

10.20　APQP小组职责表

10.21　计划与确定项目阶段总结评审报告（见表5.3-1）

10.22　方案设计评审报告（见表5.3-2）

10.23　设施、设备新增/改进计划

10.24　工装新增/改进计划

10.25　监测设备新增/改进计划

10.26　试制过程记录表（见表5.3-3）

10.27　型式试验报告

10.28　试制总结报告（见表5.3-4）

10.29　（样件）鉴定报告（见表5.3-5）

10.30　测量系统分析（MSA）计划（见表5.3-6）

10.31　过程能力研究计划（见表5.3-7）

10.32　过程设计和开发阶段总结评审报告（见表5.3-8）

10.33　生产试制通知单（见表5.3-9）

10.34　试制排产计划

10.35　MSA测量系统分析报告

10.36　过程能力研究报告

10.37　产品鉴定报告（见表5.3-10）

10.38　产品图样及技术文件移交清单（见表5.3-11）

10.39　设计更改申请表（见表5.3-12）

10.40　图样及技术文件更改通知单（见表5.3-13）

表 5.3-1 计划与确定项目阶段总结评审报告

产品型号：		产品名称：			评审日期：		
项目	评审提问		是	否	评审意见/应采取的措施	负责人	完成日期
计划和确定项目阶段工作完成情况评审	(1) 是否编制了"产品的初步构思方案"？内容是否完善？						
	(2) 是否编制了初始物料清单？						
	(3) 是否编制了初始过程及过程特殊特性清单？顾客指定的特殊特性是否列入？						
	(4) 是否绘制了初始过程流程图？						
	(5) 是否进行了立项可行性评审，并填写了"立项可行性评审报告"，立项可行性评审报告中需采取的措施是否得到了落实？						
	(6) 立项可行性评审通过后，营销部经理是否与顾客签署了"新产品试制技术协议"？						
	(7) 是否编写了"APQP 小组职责表"？APQP 小组成员是否来自产品研发部、工艺技术部、质量部、生产部、采购部和营销部等部门？小组成员是否明白各自的职责？						
	(8) 是否编制了"产品保证计划——设计任务书"？"产品保证计划——设计任务书"的内容是否完整？						
	(9) 是否对"产品保证计划——设计任务书"进行了会签评审？						
	(10) 是否编写了"APQP 工作计划"？						
项目监视	(11) 本阶段的工作是否进展顺利？						
	(12) 本阶段遇到的关键问题是否得到了解决？						

评审结论：
说明：   □ 能进行下一阶段的工作   □ 能进行下一阶段的工作，但需按时解决评审中的问题   □ 不能进行下一阶段的工作

评审人：

编制/日期：	审核/日期：	批准/日期：
（APQP 组长）	（副总经理）	（总经理）

第5章 IATF 16949：2016程序文件——运行类

表5.3-2 方案设计评审报告

评审报告编号：		产品名称：		产品型号：		评审主持人（APQP小组组长）：	
评审对象：设计方案				评审时间：			
评审项目	通过	不通过	不适用	评审意见/应采取的措施	负责人	计划完成日期	复查结果
1. 设计方案能否满足顾客对功能、性能和可靠性的要求？							
2. 总体布局是否合理？是否符合惯例要求？							
3. 操作起来是否方便？操作空间是否足够？							
4. 产品是否便于维修？							
5. 外观与造型是否宜人、新颖？							
6. 产品结构工艺性好不好？是否便于制造？是否易检验？							
7. 外购原材料、元器件、外协件是否容易获得？							
8. 对采用的新技术、新结构、新材料、新原理是否有足够的把握？是否需要做些先行试验？							
9. 有哪些工艺难点与技术风险，是否提出了解决的措施？							
10. 本阶段的工作是否按计划的要求完成？							

结论：
□ 方案通过，能进行下一阶段的工作
□ 方案通过，能进行下一阶段的工作，但需按时解决评审中的问题
□ 方案有问题，不能进行下一阶段的工作

评审人	职位	部门	评审人	职位	部门	评审人	职位	部门

评审人签名：

编制（APQP小组组长）/日期：　　　　审核（副总经理）/日期：　　　　批准（总经理）/日期：

表 5.3-3　试制过程记录表

记录表编号：		试制类型：□样件试制　□小批量生产试制
产品名称：	型号规格：	试制数量：
参与试制的人员：		
记录人：	试制开始日期：	试制完成时间：

工艺参数设置/改进记录：

日期	试制过程中的问题	解决措施

表 5.3-4　试制总结报告

试制总结编号：		试制类型：□样件试制　□小批量生产试制
产品名称：		型号规格：
试制数量：		试制起止日期：

参与试制的人员：

试制过程中的主要问题及其解决措施（含制造中的风险及其解决措施）：

产品检验结果简介及其结论：

工艺参数设置/改进以及包装建议：

生产过程控制情况（小批量生产试制时填写）：
1）MSA 测量系统分析结论：

2）过程能力研究结论：

3）生产过程说明（产品及过程特殊特性的识别与控制、生产节拍、产能、直通率、生产过程中的风险及其解决办法、制造成本、生产瓶颈等）：

试制结论及建议：

　　　　　　　　　　　　　　　　　　　　　　　APQP 小组组长/日期：

第5章 IATF 16949：2016程序文件——运行类

表5.3-5 （样件）鉴定报告

报告编号：				产品型号：		产品名称：		鉴定主持人（APQP小组组长）：		
鉴定对象：样件、图样及设计文件						鉴定时间：				
项目	提 问			通过	不通过	不适用	鉴定意见/应采取的措施	负责人	完成日期	复查结果
样件生产要素	（1）产品图样、设计文件是否有问题？是否完整？									
	（2）构成样件的外购件、外协件是否有问题？是外协厂的问题吗？这些问题得到解决了吗？									
	（3）样件是否容易制造和装配？									
	（4）产品、过程特殊特性的识别与控制是否恰当？									
	（5）是否根据样件试制中的数据和经验确定了初始过程参数和包装要求？									
产品	（6）检验结果能否证明产品达到了顾客的要求（质量、安全、可靠性等）？									
	（7）总体布局是否合理？外观与造型是否宜人、新颖？									
	（8）产品操作起来是否方便？操作空间是否足够？产品是否便于维修？									
项目监控	（9）本阶段的时间节点是否符合APQP工作计划书的要求？									
	（10）制造中的风险及其解决措施是否已经得到确定？									
	（11）样件成本能否达到立项时的要求？									
附件：□ 建议进入试生产报告 □ 试制总结										
结论：□ 建议进入试生产阶段 □ 解决相关问题后，进入试生产阶段 □ 其他：										
鉴定人 鉴定名	鉴定人（APQP小组组长）	职位	部门	鉴定人		职位	部门	鉴定人	职位	部门
编制（APQP小组组长）/日期：				审核（副总经理）/日期：				批准（总经理）/日期：		

表 5.3-6 测量系统分析（MSA）计划

序号	量具名称	量具编号	使用车间/工序	MSA 内容及方法	分析时间段	测量人	分析人	备注
1	数显卡尺	J811	冲压车间检验工序（工序号：90）	分析稳定性；分析重复性和再现性（均值和极差法）	2017/6/29 ~ 2017/7/7	张×× 王×× 钱××	李××	
2								
3								
4								
5								
6								
7								
8								
9								

编制/日期：　　　　　审核/日期：　　　　　批准/日期：

表 5.3-7 过程能力研究计划

序号	工序	对应零件/工艺参数	特性值	符号	方法	抽样方法	测量人	分析人	日期
1	车削外圆	A80 轴	Φ120±0.02mm	▽	计算 P_{pk}	5 个小时内取 100 件进行检测	张××	李××	
2	熔炼	温度	(210±10)℃	▼	计算 C_{pk}	每 1 小时收集 1 组数据（每组 5 个数据），3 天内收集 25 组共 125 个数据	王××	赵××	
3									
4									
5									
6									
7									
8									

编制/日期：　　　　　审核/日期：　　　　　批准/日期：

第5章 IATF 16949：2016程序文件——运行类

表5.3-8 过程设计和开发阶段总结评审报告

产品型号：			产品名称		评审日期：		
项目		评审提问	是	否	评审意见/应采取的措施	负责人	完成日期
过程设计和开发阶段工作完成情况评审	(1) 是否进行了产品/过程质量系统检查？						
	(2) 是否编制了正式的工艺流程图？						
	(3) 是否编制了车间平面布置图？						
	(4) 是否编制了特性矩阵图（必要时）？						
	(5) 是否进行了过程失效模式及后果分析（PFMEA）？						
	(6) 是否编制了试生产控制计划？						
	(7) 编制过程指导书	1) 是否编制了工艺文件（工序卡、作业指导书、材料定额、工时定额等）？各工艺文件是否完整？					
		2) 是否编制了包装作业指导书？					
		3) 是否编制了检验作业指导书？					
	(8) 是否编写了测量系统分析（MSA）计划？						
	(9) 是否编制了初始过程能力研究计划？						
项目监视	(10) 制造的风险是否已考虑并采取了相应的措施？						
	(11) 本阶段的工作是否按计划的要求完成（进度是否顺利）？						
	(12) 产品制造成本是否能达成本项评审立项的要求？						
	(13) 本阶段遇到的关键问题是否得到解决？						

阶段工作结论：
□ 能进行下一阶段的工作
□ 能进行下一阶段的工作，但需按时解决评审中的问题
□ 不能进行下一阶段的工作

评审人：

编制/日期：	审核/日期：	批准/日期：
（APQP组长）	（副总经理）	（总经理）

表5.3-9 生产试制通知单

产品型号：			产品名称：		
试制起止时间：					试制数量：
发往部门：□研发部 □工艺技术部 □生产部 □质量部 □采购部 □其他部门/人员：					
试制中的要点以及对各试制参与部门的要求：					
编制（APQP小组组长）/日期：		审核（副总经理）/日期：			批准（总经理）/日期：

第5章 IATF 16949：2016程序文件——运行类

表 5.3-10 产品鉴定报告

报告编号：			产品名称：		产品型号：		鉴定主持人（APQP小组长）：		
鉴定对象：试生产的产品、图样、设计文件与工艺文件			鉴定时间：						

项目	提 问	通过	不通过	不适用	鉴定意见/应采取的措施	负责人	完成日期	复查结果
生产要素	（1）产品图样、设计文件是否有问题？是否完整？							
	（2）工艺文件（含包装指导书等）是否有问题？是否完整？							
	（3）设备、工装、检具能否满足正式生产的要求？							
	（4）产品是否具有可制造性与可装配性？制造中的难点是否得到解决？							
	（5）人员能否满足批量生产要求？							
	（6）MSA测量系统分析结果能否接受？							
	（7）过程能力（C_{pk}/P_{pk}）是否达到了产品设计任务书的要求？							
	（8）产品及过程特殊特性是否得到识别与控制？							
	（9）生产过程合格率/直通率是否达到了产品设计任务书的要求？							
	（10）生产节拍，产能能否满足要求？有无生产瓶颈？							
产品	（11）检验结果能否证明产品达到了顾客要求的（质量、安全、可靠性等方面的要求）？							
	（12）产品包装能否满足顾客的要求？							
项目监控	（13）设计、制造中的风险是否已解决或落实控制措施？							
	（14）设计、试制周期是否满足计划的要求？							
	（15）产品制造成本能否达到立项评审时的要求？							

附件：□ 检验记录　□（试生产）试制总结　□ MSA测量系统分析报告　□ 过程能力分析报告　□ 其他：

结论：□ 建议进入正式生产阶段　□ 解决相关问题后，进入正式生产阶段　□ 其他：

鉴定人签名		职位		部门		鉴定人		职位		部门		鉴定人		职位		部门	

编制（APQP小组长）/日期：　　　　审核（副总经理）/日期：　　　　批准（总经理）/日期：

表 5.3-11　产品图样及技术文件移交清单

编号：		产品名称：		产品型号：	
项目负责人：			移交日期：		
图样/技术文件编号		图样/技术文件名称		页数	备注

备注：

项目负责人/日期：　　　　　　　　　　　标准化工程师/日期：

表 5.3-12　设计更改申请表

A. 申请人信息（申请人填写）	B. 零件信息（申请人填写）
日　　期：＿＿＿＿＿＿＿	产品名称：＿＿＿＿＿＿＿
部门名称：＿＿＿＿＿＿＿	零件图号：＿＿＿＿＿＿＿
联 系 人：＿＿＿＿＿＿＿	零件名称：＿＿＿＿＿＿＿
电　　话：＿＿＿＿＿＿＿	版 本 号：＿＿＿＿＿＿＿

C. 情况描述（申请人填写）

更改原因：
□ 功能改进　　　□ 工艺改进　　　□ 降低成本　　　□ 临时更改
□ 不易装配　　　□ 顾客提出　　　□ 供应商提出　　□ 其他：

D. 建议更改的内容（申请人填写）：

E. 研发中心设计师意见：
□同意更改，见＿＿＿＿＿＿＿＿＿号"图样及技术文件更改通知单"
□不同意更改，说明：

□其他：

设计师/日期：

F. 研发中心负责人意见：
□同意设计师意见
□不同意设计师意见，说明：

□其他：
研发中心经理/日期：

表 5.3-13 图样及技术文件更改通知单

文件号/图号：		文件名/图样名称：		更改实施日期： 年 月 日	共 页 第 页
版序变化：由 __ 版→__ 版；更改标记：				适用产品：	
修改原因：					
修改内容				需同时更改的文件	
修改前		修改后		文件编号	版本变化
更改评审结论及跟踪措施					
工装、模具、检具的处理		制品处理		备注：	
□不需修改		□采购品			
□模具需修改：		□库存品（零件和成品）：			
□工装需修改：		□在制品：			
□检具需修改：		□交付品：			
□其他：					
编制/日期：		审核/日期：		会签	采购部 仓库 质量部
					生产部 工艺技术部
更改实际实施日期：从 年 月 日起，实施该变更				批准/日期： 记录人/日期：	

5.4 APQP 控制程序（按顾客图样生产）

APQP 控制程序（按顾客图样生产）

1. 目的

对样件的生产、过程的设计和开发、小批量试生产进行控制，确保生产出使顾客满意的产品。

2. 适用范围

适用于顾客提供设计图样的产品的样件生产、过程的设计和开发以及小批量试生产。

3. 职责

3.1 副总经理组织成立 APQP 小组。由 APQP 小组负责 APQP 全过程的组织和协调。APQP 小组成员承担 APQP 各阶段的具体活动。

3.2 总经理批准产品立项，批准产品批量生产。

3.3 质量部做好产品的检验、测量和试验工作。

3.4 生产部负责小批试制阶段的生产组织落实及计划进程的控制。

3.5 采购部负责试制过程中的配套采购。

3.6 营销部负责与顾客的联系并组织进行 PPAP 生产件批准工作。

4. 过程分析乌龟图

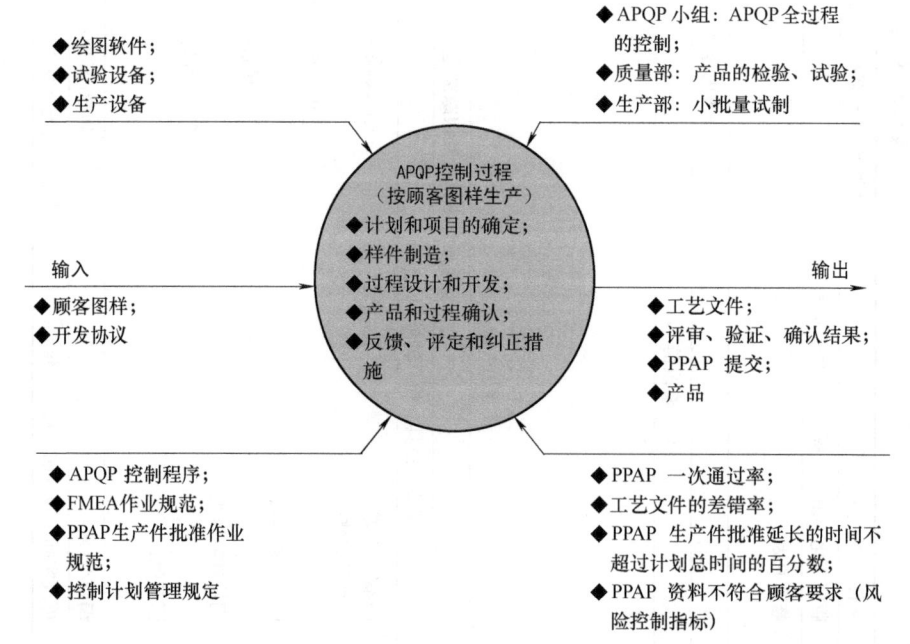

5. 过程流程图

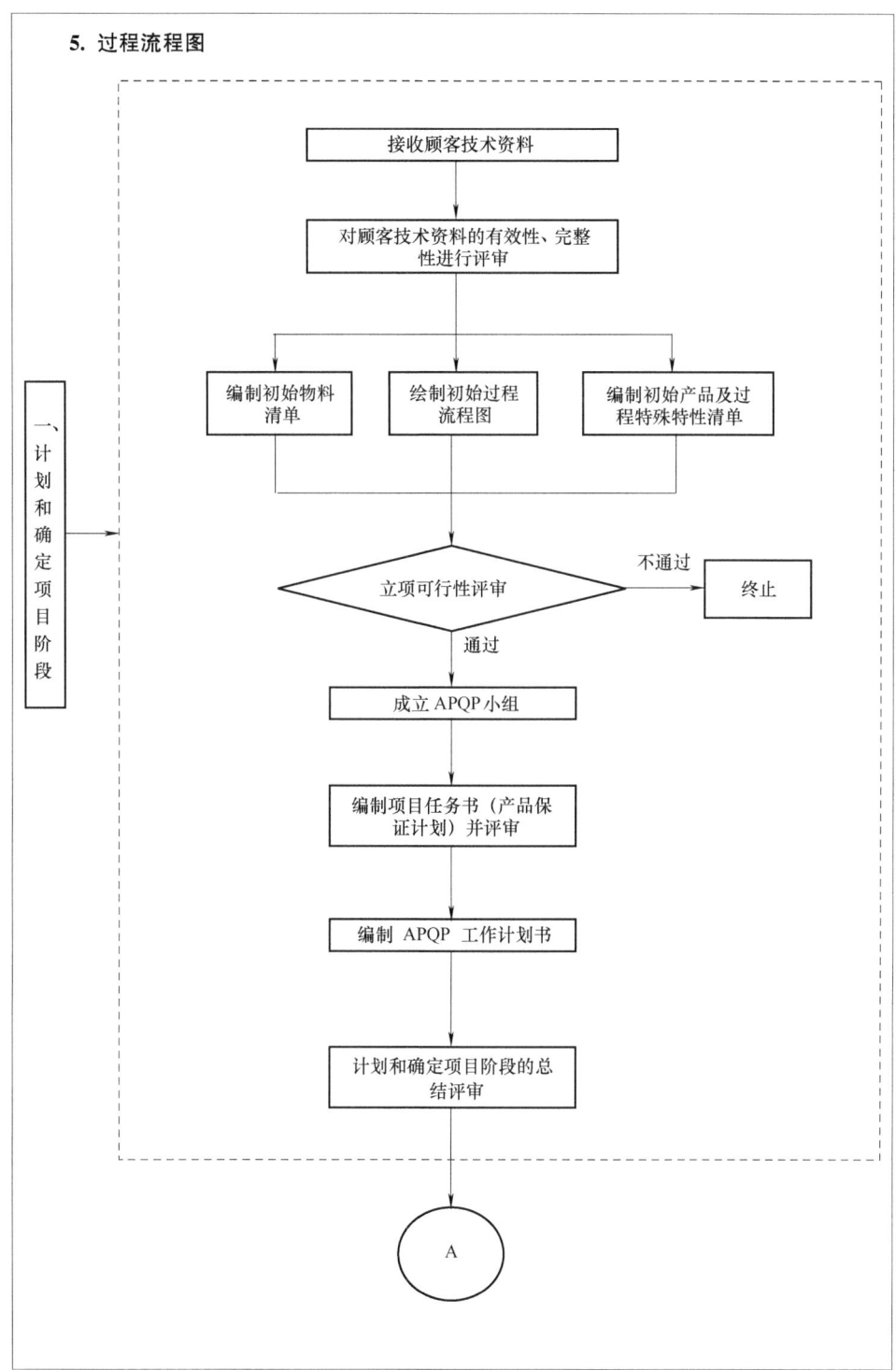

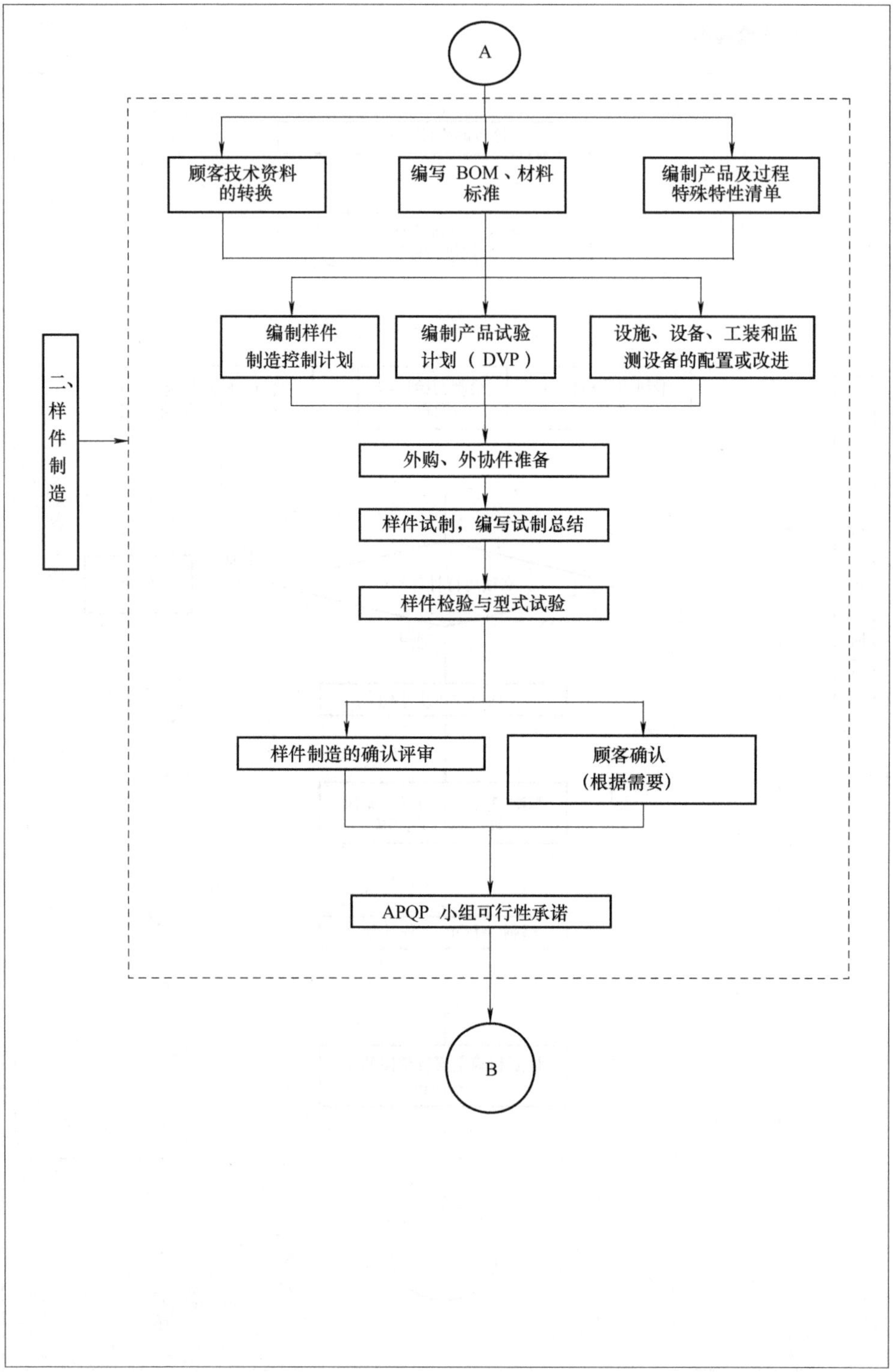

```
                    ┌───┐
                    │ A │
                    └─┬─┘
    ┌─────────────────┼─────────────────┐
┌───┴────┐      ┌─────┴─────┐      ┌────┴─────┐
│顾客技术资料│      │编写 BOM、材料│      │编制产品及过程│
│ 的转换  │      │   标准    │      │ 特殊特性清单│
└───┬────┘      └─────┬─────┘      └────┬─────┘
    │                 │                 │
    └─────┬───────────┼─────────────────┘
          │           │           │
     ┌────┴────┐ ┌────┴────┐ ┌────┴──────┐
     │编制样件  │ │编制产品试验│ │设施、设备、工装和监│
     │制造控制计划│ │计划（DVP）│ │测设备的配置或改进│
     └─────────┘ └────┬────┘ └───────────┘
                      │
              ┌───────┴───────┐
              │外购、外协件准备│
              └───────┬───────┘
                      │
              ┌───────┴────────┐
              │样件试制，编写试制总结│
              └───────┬────────┘
                      │
              ┌───────┴───────┐
              │ 样件检验与型式试验│
              └───────┬───────┘
                      │
          ┌───────────┴───────────┐
     ┌────┴─────┐           ┌─────┴────┐
     │样件制造的确认评审│       │ 顾客确认  │
     │          │           │（根据需要）│
     └────┬─────┘           └─────┬────┘
          └───────────┬───────────┘
                      │
              ┌───────┴────────┐
              │APQP 小组可行性承诺│
              └───────┬────────┘
                    ┌─┴─┐
                    │ B │
                    └───┘
```

二、样件制造

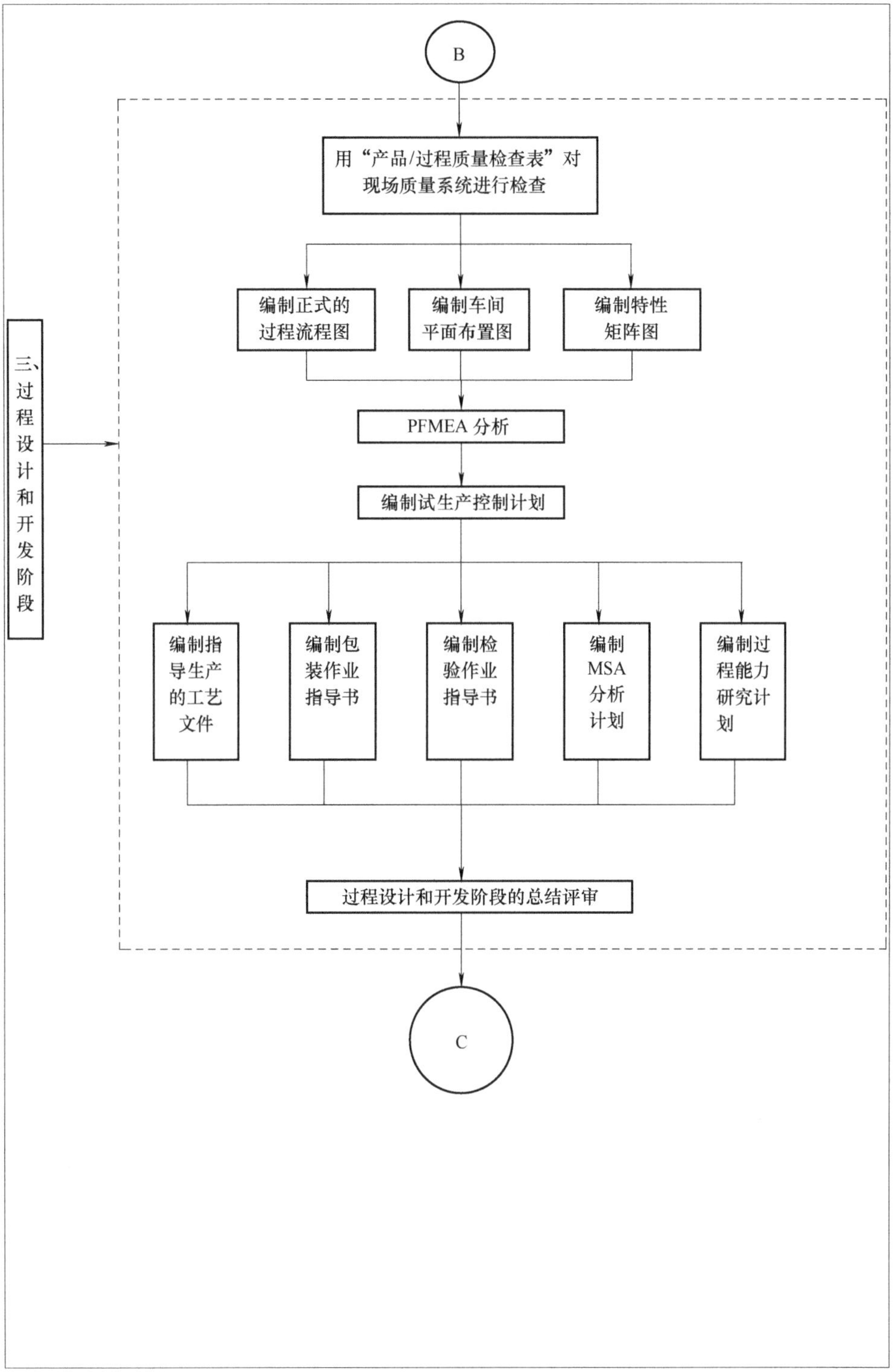

第5章 IATF 16949：2016程序文件——运行类

```
                            ┌─────┐
                            │  B  │
                            └──┬──┘
        ┌──────────────────────┼─────────────────────────────┐
        │        ┌─────────────▼─────────────┐               │
        │        │  用"产品/过程质量检查表"对  │               │
        │        │      现场质量系统进行检查    │               │
        │        └─────────────┬─────────────┘               │
        │        ┌─────────┬───┴────┬─────────┐              │
        │   ┌────▼───┐ ┌───▼────┐ ┌─▼──────┐                │
        │   │编制正式的│ │编制车间│ │编制特性│                │
        │   │过程流程图│ │平面布置图│ │矩阵图 │                │
        │   └────┬───┘ └───┬────┘ └─┬──────┘                │
        │        └─────────┼────────┘                       │
三、              ┌─────────▼─────────┐                      │
过                │    PFMEA 分析     │                      │
程                └─────────┬─────────┘                      │
设                ┌─────────▼─────────┐                      │
计                │   编制试生产控制计划  │                    │
和                └─────────┬─────────┘                      │
开      ┌─────────┬─────────┼─────────┬─────────┐           │
发     ┌▼──────┐┌▼──────┐┌▼──────┐┌▼──────┐┌▼──────┐      │
阶     │编制指导││编制包装││编制检验││编制   ││编制过程│      │
段     │生产的工艺││作业   ││作业   ││MSA   ││能力   │      │
        │文件   ││指导书 ││指导书 ││分析计划││研究计划│      │
        └───┬───┘└───┬───┘└───┬───┘└───┬───┘└───┬───┘      │
            └────────┴────────┼────────┴────────┘           │
                   ┌──────────▼──────────┐                  │
                   │ 过程设计和开发阶段的总结评审 │                │
                   └──────────┬──────────┘                  │
        └─────────────────────┼─────────────────────────────┘
                            ┌─▼─┐
                            │ C │
                            └───┘
```

· 225 ·

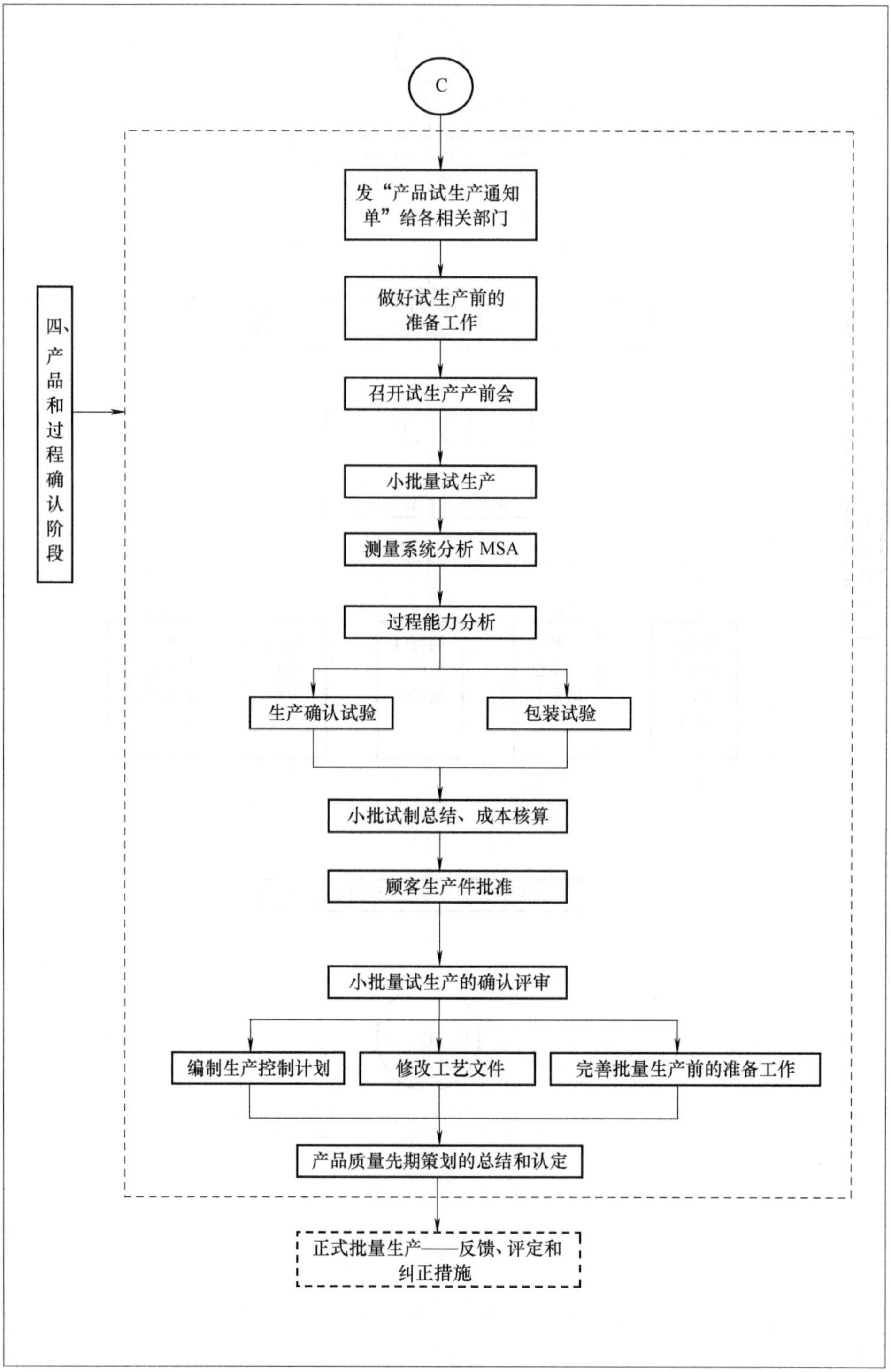

```
                          ┌─C─┐
                          
    ┌─────────────────────────────────────────────┐
    │         ┌──────────────────────┐            │
    │         │ 发"产品试生产通知     │            │
    │         │ 单"给各相关部门       │            │
    │         └──────────┬───────────┘            │
    │                    ▼                        │
    │         ┌──────────────────────┐            │
    │         │ 做好试生产前的        │            │
 四、│         │ 准备工作              │            │
 产 │         └──────────┬───────────┘            │
 品 │                    ▼                        │
 和 │         ┌──────────────────────┐            │
 过 │         │ 召开试生产产前会      │            │
 程 │         └──────────┬───────────┘            │
 确 │                    ▼                        │
 认 │         ┌──────────────────────┐            │
 阶 │         │ 小批量试生产          │            │
 段 │         └──────────┬───────────┘            │
    │                    ▼                        │
    │         ┌──────────────────────┐            │
    │         │ 测量系统分析 MSA      │            │
    │         └──────────┬───────────┘            │
    │                    ▼                        │
    │         ┌──────────────────────┐            │
    │         │ 过程能力分析          │            │
    │         └──────┬───────┬───────┘            │
    │                ▼       ▼                    │
    │         ┌──────────┐ ┌──────────┐           │
    │         │生产确认试验│ │ 包装试验 │           │
    │         └──────┬───┘ └────┬─────┘           │
    │                ▼          ▼                 │
    │         ┌──────────────────────┐            │
    │         │ 小批试制总结、成本核算 │           │
    │         └──────────┬───────────┘            │
    │                    ▼                        │
    │         ┌──────────────────────┐            │
    │         │ 顾客生产件批准        │            │
    │         └──────────┬───────────┘            │
    │                    ▼                        │
    │         ┌──────────────────────┐            │
    │         │ 小批量试生产的确认评审 │           │
    │         └──┬───────┬───────┬───┘            │
    │            ▼       ▼       ▼                │
    │      ┌─────────┐┌────────┐┌──────────────┐ │
    │      │编制生产 ││修改工艺 ││完善批量生产前 │ │
    │      │控制计划 ││文件    ││的准备工作     │ │
    │      └────┬────┘└────┬───┘└──────┬───────┘ │
    │           └──────────┼───────────┘          │
    │                      ▼                      │
    │         ┌──────────────────────────┐        │
    │         │ 产品质量先期策划的总结和认定│        │
    │         └──────────┬───────────────┘        │
    └────────────────────┼────────────────────────┘
                         ▼
         ┌ ─ ─ ─ ─ ─ ─ ─ ─ ─ ─ ─ ─ ─ ─ ─ ─ ┐
           正式批量生产——反馈、评定和
         │          纠正措施              │
         └ ─ ─ ─ ─ ─ ─ ─ ─ ─ ─ ─ ─ ─ ─ ─ ─ ┘
```

6. 作业程序与控制要求

6.1 计划和项目的确定阶段

程　序	工 作 内 容	输出文件	责任部门/人
6.1.1 顾客技术资料的接收	1）顾客向我公司业务员提出让我公司按其图样为其生产产品 2）在与顾客签署保密协议后，业务员接收顾客的图样及相关的技术资料，转交给技术中心		业务员
6.1.2 顾客技术资料的评审	技术中心用"设计信息检查清单"对顾客设计的有效性、完整性进行评审。如发现有不清晰、不完整、不合理的地方，应及时与顾客沟通，确保与顾客达成一致	设计信息检查清单	技术中心
★6.1.3 立项可行性评审	1）技术中心组织编制"初始物料清单""初始产品及过程特殊特性清单"，绘制"初始过程流程图"	初始物料清单、初始产品及过程特殊特性清单、初始过程流程图	技术中心
	2）技术中心组织成立由总经理、副总经理、技术中心、质量部、生产部、采购部人员构成的多方论证小组（CFT），对顾客技术资料、"初始物料清单""初始产品及过程特殊特性清单""初始过程流程图"进行立项可行性评审，填写"立项可行性评审报告"	立项可行性评审报告	产品研发部
	3）立项可行性评审通过后，营销部经理应与顾客签署"新产品试制技术协议"。协议签订后，方可进入下一步的工作	新产品试制技术协议	营销部经理
6.1.4 成立APQP小组	技术中心经理组织成立APQP小组，编写"APQP小组职责表"。小组成员来自技术中心、质量部、生产部、采购部和营销部等，必要时可邀请顾客及供应商代表参加	APQP小组职责表	技术中心经理
6.1.5 编制产品保证计划——项目任务书	APQP小组组长根据顾客技术资料、"产品立项可行性分析报告""初始物料清单""初始产品及过程特殊特性清单""初始过程流程图"等资料编制"产品保证计划——项目任务书"。"产品保证计划——项目任务书"应明确规定项目的目标和要求	产品保证计划——项目任务书	APQP小组组长

(续)

程　　序	工　作　内　容	输出文件	责任部门/人
6.1.6 对产品保证计划——项目任务书进行评审	APQP小组组长组织有关人员对"产品保证计划——项目任务书"进行评审。对其中不完善、含糊或矛盾的要求予以解决。评审采取会签形式进行。评审后应将"产品保证计划——项目任务书"及相关背景资料提供给相关技术人员		APQP小组组长
6.1.7 编制APQP工作计划书	APQP小组组长组织编写"APQP工作计划书",经APQP小组成员讨论后,送总经理批准。批准后的"APQP工作计划书"下发有关部门实施"APQP工作计划书"应随着设计和开发的进展适时进行修订	APQP工作计划书	APQP小组组长
★6.1.8 计划和确定项目阶段的总结评审	APQP小组组长在计划和确定项目阶段的工作结束时,应召开APQP小组会议进行这一阶段工作的总结评审。总结评审时应邀请正、副总经理等公司高层参加,以获得其支持并协助解决相关未解决问题。总结评审的结论记录在"计划与确定项目阶段总结评审报告"中	计划与确定项目阶段总结评审报告	APQP小组组长

6.2　样件制造

程　　序	工　作　内　容	输出文件	责任部门/人
6.2.1 顾客技术资料的转换	1）如果顾客的图样及设计文件是英文时,或其投影法与我公司不同时,或其图样不方便用于生产时,就需对顾客的图样及设计文件进行转换。转换为我公司的图样格式,转换时要保持技术参数不变	见《对顾客图样及设计文件完整性的补充规定》（略）	APQP小组
	2）编写材料标准、产品和过程特殊特性清单、BOM等文件（这些顾客已有时,只需做好转换工作）		
6.2.2 图样、技术文件下发	全套图样及设计文件经过会签、审批后下发	文件发放回收记录（试制用文件）	标准化工程师
6.2.3 编制样件制造控制计划	技术中心按《控制计划管理规定》的要求,编制"样件制造控制计划",对样件制造过程中尺寸测量、材料与性能试验等进行描述。"样件制造控制计划"编写完成后,APQP小组用"控制计划检查表"对"样件制造控制计划"的完整性进行检查	样件制造控制计划、控制计划检查表	技术中心、APQP小组

（续）

程　　序	工作内容	输出文件	责任部门/人
6.2.4 设施、设备、工装和监测设备的配置或改进	1）副总经理组织成立由设备部、技术中心、生产部、质量部人员组成的多方论证小组（CFT），进行工厂、设施和设备的策划。工厂、设施和设备的策划详见《设备管理程序》		副总经理
	2）策划时，如需新增或改进设施、设备时，设备部要编制"设施、设备新增/改进计划"，经多方论证小组（CFT）审核后，报总经理批准	设施、设备新增/改进计划	设备部
	3）策划时，如需新增或改进工装时，技术中心要编制"工装新增/改进计划"，经多方论证小组（CFT）审核后，报总经理批准	工装新增/改进计划	技术中心
	4）策划时，如需新增或改进监测设备时，质量部要编制"监测设备新增/改进计划"，经多方论证小组（CFT）审核后，报总经理批准	监测设备新增/改进计划	质量部
	5）各责任部门要保证设施、设备、工装和监测设备在样件试制或小批量试生产前到位		
6.2.5 编制产品试验计划（DVP）	必要时，质量部编制"产品试验计划"，对产品的试验做出安排	产品试验计划	质量部
6.2.6 外购、外协件准备	做好样机试制前的外购、外协件准备		APQP小组、采购部
6.2.7 样件试制	APQP小组组长组织人员根据产品图样、设计文件、"样件制造控制计划"等试制样件。试制过程中要填好"试制过程记录表"	试制过程记录表	APQP小组组长
6.2.8 样件检测	质量部对样件进行检测，并对其中1～2台进行型式试验，试验后要出具型式试验报告	型式试验报告	质量部
6.2.9 样件试制总结	试制结束后，APQP小组组长对样件试制情况进行总结，编写样件试制总结报告	试制总结报告	APQP小组组长
★6.2.10 样件制造的确认评审	1）样件制造的确认评审会议由APQP小组组长主持召开，总经理、副总经理、APQP小组成员等人员参加		APQP小组组长
	2）评审会议召开前，APQP小组应准备好评审资料/实物，包括产品保证计划——项目任务书、图样及设计文件、产品标准、样件制造控制计划、试验报告、试制总结报告、样件等		APQP小组
	3）与会代表对这些评审材料/实物进行审查，在此基础得出评审结论，填写"样件制造的确认评审报告"	样件制造的确认评审报告	APQP小组组长

（续）

程　序	工作内容	输出文件	责任部门/人
6.2.11 顾客对样件进行确认（根据需要）	1）顾客要求对样件进行确认时，营销部根据顾客要求，向顾客送样 2）营销部应将顾客的"样件确认报告"交给APQP小组组长	样件确认报告	营销部
6.2.12 APQP小组可行性承诺	APQP小组在样件制造阶段的工作结束时，要用"小组可行性承诺"的方式承诺达到规定的要求。"小组可行性承诺"应呈送有关公司高层以获得其支持	小组可行性承诺	APQP小组

6.3　过程设计和开发阶段

程　序	工作内容	输出文件	责任部门/人
6.3.1 产品/过程质量系统检查	过程设计和开发一开始，APQP小组就要用"产品/过程质量检查表"对现场质量管理系统进行检查，找出存在的问题。APQP小组应对这些问题进行改进，并落实到相关的文件及控制计划中	产品/过程质量检查表	APQP小组
6.3.2 编制正式的过程（工艺）流程图	技术中心工程师对计划和确定项目阶段的初始过程（工艺）流程图进行进一步修正和完善，编制出正式的过程（工艺）流程图。编制完成后，APQP小组应用"过程流程图检查表"对过程（工艺）流程图进行评价	过程（工艺）流程图、过程流程图检查表	技术中心、APQP小组
6.3.3 编制车间平面布置图	技术中心工程师编制车间平面布置图，车间平面配置图上有返工区及不合格品的贮存区等。编制完成后，APQP小组用"车间平面布置图检查表"对车间平面布置图进行检查，以确保车间平面布置图与工艺流程图、控制计划相协调	车间平面布置图、车间平面布置图检查表	技术中心、APQP小组
6.3.4 编制特性矩阵图（必要时）	技术中心工程师要编制特性矩阵图，显示产品特性与工艺过程的对应关系	特性矩阵图	技术中心
6.3.5 PFMEA	1）在正式编制工艺文件（作业指导书）之前，APQP小组组长牵头成立PFMEA小组，进行过程失效模式及后果分析（PFMEA），编写"PFMEA报告"。具体内容详见《FMEA作业指导书》	PFMEA报告	APQP小组组长
	2）PFMEA完成后，APQP小组应用"PFMEA检查表"对PFMEA的完整性进行检查	PFMEA检查表	APQP小组

(续)

程　　序	工作内容	输出文件	责任部门/人
6.3.6 编制试生产控制计划	1）技术中心工程师按《控制计划管理规定》的要求，编制"试生产控制计划"，对试生产中尺寸测量、材料与性能试验等进行描述。在控制计划中应对产品及过程特殊特性进行标识	试生产控制计划	技术中心
	2）"试生产控制计划"编写完成后，APQP小组用"控制计划检查表"对"试生产控制计划"的完整性进行检查	控制计划检查表	APQP小组
6.3.7 编制过程指导书	1）技术中心工程师根据控制计划、PFMEA、工艺流程图及相关图样和标准编写指导工人操作和用于生产、工艺管理的工艺文件，包括工艺卡、工序卡、作业指导书、材料定额、工时定额等	见《工艺文件完整性规定》（略）	技术中心
	2）技术中心工程师编制供包装工人使用的包装作业指导书	包装作业指导书	技术中心
	3）质量部编制检验作业指导书	检验作业指导书	质量部
	注意：应在相关文件中标识特殊特性		
6.3.8 编写测量系统分析（MSA）计划	质量部编写测量系统分析（MSA）计划，确定相关的人员、内容、方法和完成时间等。一般而言，对控制计划中提及的测量系统，应进行MSA	测量系统分析（MSA）计划	质量部
6.3.9 编制初始过程能力研究计划	技术中心编写初始过程能力研究计划，确定相关的人员、内容、方法和完成时间等。一般而言，所有新的制造过程，都应研究其能力	初始过程能力研究计划	技术中心
6.3.10 工艺文件下发	全套工艺文件经过会签、审批后下发	文件发放回收记录（试制用文件）	标准化工程师
6.3.11 过程设计和开发阶段的总结评审	APQP小组应随时向公司领导汇报项目的进展情况，以获得其支持并协助解决相关的未解决问题。APQP小组在过程设计和开发阶段结束时应安排正式的总结评审。评审应有公司高层参加。应将总结评审的结论形成"过程设计和开发阶段总结评审报告"	过程设计和开发阶段总结评审报告	APQP小组组长

6.4 产品和过程确认阶段

程　　序	工　作　内　容	输出文件	责任部门/人
6.4.1 做好试生产的准备工作	1）APQP小组组长发"生产试制通知单"给相关部门。小批量试制的数量依顾客要求而定。顾客未做规定时，小批量试制数量为300～500件	生产试制通知单	APQP小组组长
	2）确定试制工艺文件已经下发到试制现场与相关部门		APQP小组组长
	3）APQP小组用"新设备、工装和试验设备检查表"检查新设备、工装和试验设备的准备情况，确保新设备、工装和试验设备在试生产前到位	新设备、工装和试验设备检查表	APQP小组
	4）生产部作好车间试制计划并统筹试制用物料的采购，确保试制物料按时到位	试制排产计划	生产部
	5）用"试生产准备状态检查表"对试生产准备状态进行全面检查	试生产准备状态检查表	APQP小组
6.4.2 试生产	1）试制前1天，由APQP小组组长主持召开产前会，落实试制准备情况并明确各部门在试制中的作用。同时由有关工程师讲解试制过程中的检验和生产要点		APQP小组组长
	2）技术中心工程师指导车间根据工艺文件进行试制工作。试制中，质量部等部门应做好配合。试制过程中，生产部试制负责人要将试制中的异常情况记录在"试制过程记录表"中	试制过程记录表	生产部试制负责人
6.4.3 测量系统分析MSA	在试生产过程中，质量部按"测量系统分析计划"的要求进行测量系统分析。测量系统分析的方法详见《MSA作业指导书》 MSA分析结束后，质量部要出具"MSA测量系统分析报告"。通过MSA分析，要确保所有的测量系统都达到要求	MSA测量系统分析报告	质量部
6.4.4 初始过程能力研究	在试生产过程中，技术中心按"初始过程能力研究计划"的要求进行初始过程能力研究。初始过程能力研究的方法详见《过程能力研究作业指导书》 初始过程能力研究结束后，技术中心要出具"初始过程能力研究报告"。通过初始过程能力研究，要确保所有的过程能力都达到要求	初始过程能力研究报告	技术中心

(续)

程　序	工作内容	输出文件	责任部门/人
6.4.5 进行生产确认试验（设计验证）	质量部对所有试产的产品进行常规检测，出具相应的检测报告。并抽1~3台（顾客有要求时，抽取顾客要求的数量）进行型式试验（全尺寸检验和功能试验），出具型式试验报告	常规检验报告、型式试验报告	质量部
6.4.6 进行包装评价工作	质量部从试产的产品中抽出规定数量的产品，采用试运输或台架试验的方式对产品包装进行试验，出具"包装试验报告" 注意：型式试验中一般都包含包装试验，所以，一般不需要进行单独的包装试验	包装试验报告	质量部
6.4.7 组织进行生产件批准	顾客要求进行生产件批准时，营销部根据顾客要求，按照《PPAP生产件批准作业规范》的规定组织进行生产件批准 顾客未要求进行生产件批准时，营销部可按顾客规定的其他方式组织送样工作		营销部
6.4.8 小批试制总结	试制结束后，APQP小组组长应对试制情况进行总结，编写试制总结报告	试制总结报告	APQP小组组长
6.4.9 工艺文件改进	APQP小组按照试制、检测、生产件批准中所提出的改进意见对工艺文件等进行修改		APQP小组
★6.4.10 小批量试产的确认评审	1）小批量试产的确认评审会议由APQP小组组长主持召开，总经理、副总经理、APQP小组成员等人员参加		APQP小组组长
	2）评审会召开时，APQP小组应准备评审资料/实物，包括产品保证计划——项目任务书、所有的图样及设计文件、所有的工艺文件、产品标准、检测报告、试制总结报告、顾客生产件批准报告、试制出的样机等		APQP小组
	3）与会代表对这些评审材料/实物进行审查，在此基础得出评审结论，并据此提出正式生产的建议		APQP小组
	4）APQP小组组长整理出"小批量试产的确认评审报告"、记录评审的结论及应采取的改进措施。"小批量试产的确认评审报告"经总经理批准后下发相关部门	小批量试产的确认评审报告	APQP小组组长
6.4.11 工艺文件改进	根据小批量试产的确认评审中所提出的改进意见对工艺文件进行修改		APQP小组

(续)

程　序	工作内容		输出文件	责任部门/人
6.4.12 完善批量生产前的准备工作	1）编制生产控制计划	对"试生产控制计划"进行修订和扩展，形成"生产控制计划"。"生产控制计划"编写完成后，APQP小组用"控制计划检查表"对"生产控制计划"的完整性进行检查	生产控制计划、控制计划检查表	APQP小组
	2）批量生产前的再确认	APQP小组对工艺文件、工艺装备、设备、检测仪器、生产能力、外购能力进行再确认，确保满足批量生产要求	批量生产确认报告	APQP小组
★6.4.13 图样与技术文件移交		APQP小组将正式生产的图样、设计文件、工艺文件移交给标准化工程师。标准化工程师要将试用图样、设计文件、工艺文件收回作废，并发放正式生产用图样、设计文件、工艺文件	产品图样及技术文件移交清单	APQP小组、标准化工程师
6.4.14 产品质量先期策划的总结和认定		当整个工作全面完成后，APQP小组、公司高层要用"产品质量策划总结和认定表"对整个工作进行全面的总结和认定	产品质量策划总结和认定表	APQP小组、总经理
6.4.15 进入正式批量生产		上述工作完成后，就可以进入正式批量生产		生产部

6.5　反馈、评定和纠正措施阶段

程　序	工作内容	输出文件	责任部门/人
6.5.1 工艺改进	发现工艺中的问题，需要改进时，需用"工艺更改申请表"提出更改申请。详见《技术更改管理规定》	工艺更改申请表	相关部门
	技术中心确定需要进行工艺更改时，技术中心应填写"工艺文件更改通知单"，批准后连同更改后的工艺文件分发给有关部门或人员	工艺文件更改通知单	技术中心

7. 过程绩效的监视

目标名称	计算公式 （计算方法）	目标值	监视时机	监视单位
7.1 PPAP一次通过率	PPAP一次通过率 = $\dfrac{\text{PPAP 一次通过数量}}{\text{PPAP 总数}}\times 100\%$	≥98%	季度	营销部
7.2 工艺文件的差错率	工艺文件的差错率 = $\dfrac{\text{缺少和出错的工艺文件数量}}{\text{应输出的工艺文件总数量}}\times 100\%$	≤5%	每次工艺文件移交时，进行统计分析	标准化工程师
7.3 PPAP生产件批准延长的时间不超过计划总时间的百分数	PPAP生产件批准延长的时间不超过计划总时间的百分数 = $\dfrac{\text{PPAP 生产件批准延期的天数}}{\text{PPAP 生产件批准计划的天数}}\times 100\%$	≤5%	每次PPAP生产件批准通过后3天内进行统计分析	副总经理

8. 过程中的风险和机遇的控制（风险应对计划）

风险	应对措施	其他事项	执行时间	负责人	监视方法
8.1 PPAP资料不符合顾客要求	PPAP资料送交前，需要质量部对其完整性、正确性进行检验		每次送交都要执行	质量经理	PPAP资料送出前，营销部要检查"PPAP提交资料检查表"上有无质量部经理签字

9. 支持性文件

9.1 《MSA作业指导书》

9.2 《FMEA作业规范》

9.3 《PPAP生产件批准作业规范》

9.4 《控制计划管理规定》

9.5 《技术更改管理规定》

9.6 《过程能力研究作业指导书》

10. 记录

（略）

5.5 供应商管理程序

供应商管理程序

1. 目的

对供应商进行管理，以保证供应商能长期、稳定地提供质量优良、价格合理的物资。

2. 适用范围

适用于对给本公司提供生产所需物资的供应商的管理。

3. 职责

3.1 采购部负责组织做好对供应商的评价和业绩考核工作。

3.2 质量部负责供应商评价过程中物资的检验，负责做好供应商PPAP生产件批准，负责做好对供应商的质量评价。

3.3 产品研发部负责采购物资技术标准的制定和供应商样品的最终确认工作。

4. 过程分析乌龟图

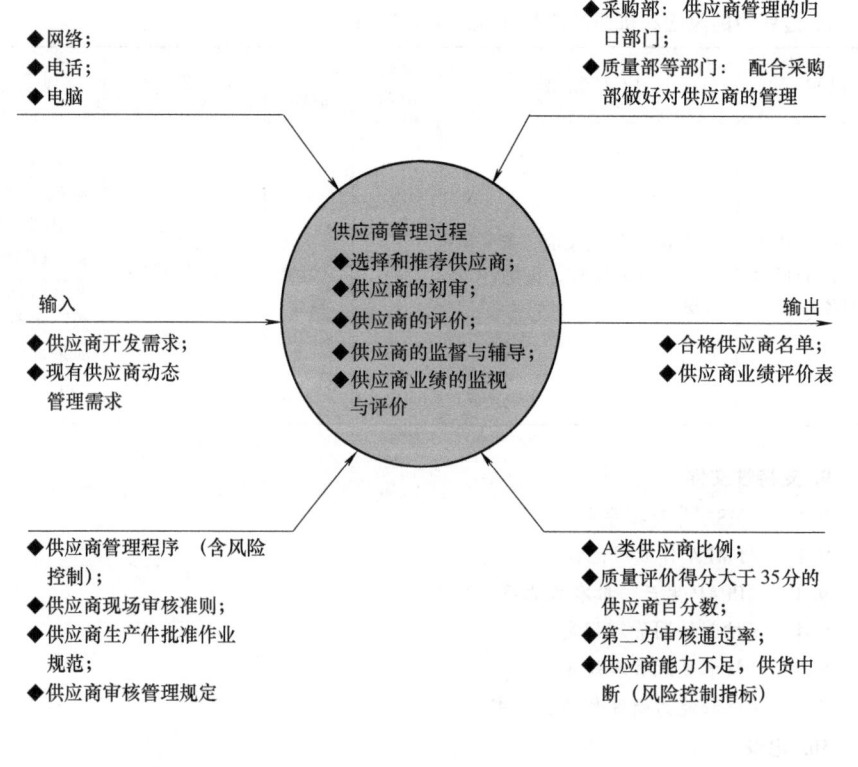

5. 过程流程图

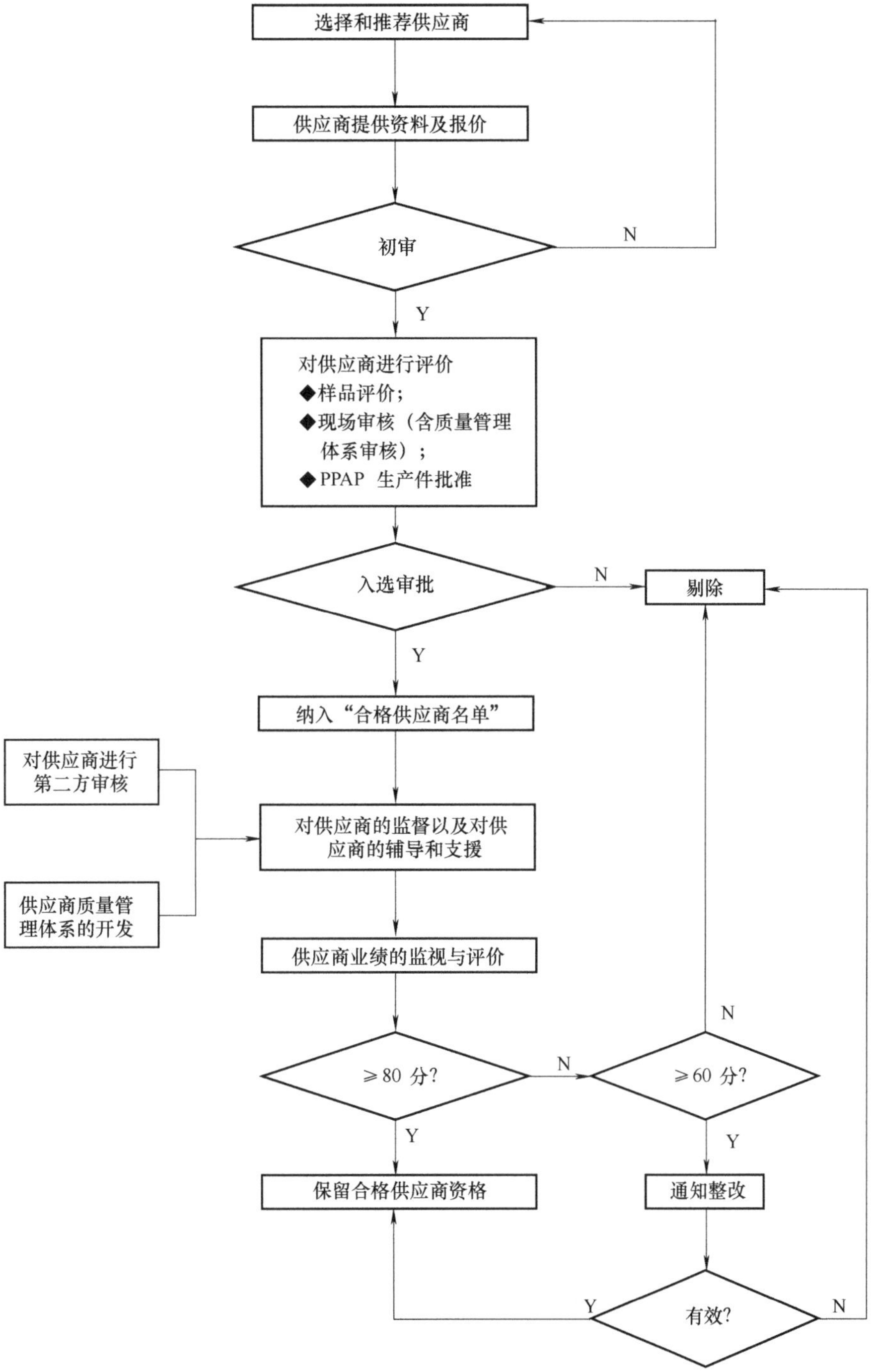

```
          选择和推荐供应商 ←──────────┐
                ↓                    │
          供应商提供资料及报价         │
                ↓                    │
              ◇ 初审 ◇ ──N──────────┤
                ↓Y                   │
          对供应商进行评价             │
          ◆ 样品评价；                │
          ◆ 现场审核（含质量管理       │
             体系审核）；              │
          ◆ PPAP 生产件批准           │
                ↓                    │
            ◇ 入选审批 ◇ ──N──→ 剔除 ─┤
                ↓Y                   │
         纳入"合格供应商名单"          │
                ↓                    │
  对供应商进行  → 对供应商的监督以及对  │
  第二方审核      供应商的辅导和支援    │
                ↓                    │
  供应商质量管   供应商业绩的监视与评价 │
  理体系的开发    ↓                   │
            ◇ ≥80分? ◇ ──N──→ ◇ ≥60分? ◇
                ↓Y                   ↓Y        ↓N
         保留合格供应商资格        通知整改      │
                                     ↓         │
                                 ◇ 有效? ◇ ──N─┘
                                     Y
```

6. 作业程序与控制要求

程　　序	工　作　内　容	输出文件	责任部门/人
6.1 供应商的选择和推荐	6.1.1　供应商选择要求 1）原则上一种材料，需两家或两家以上的合格供应商；顾客指定的供应商，可直接列入"合格供应商名单" 2）一般物资（对产品主要功能、性能无直接影响的物资）供应商的选择评价需经过初审、样品评价两个阶段；重要物资（直接影响产品安全性、法律法规及功能、性能的原材料、零部件）供应商的选择评价需经过初审、样品评价、现场审核（含质量管理体系审核）、PPAP 生产件批准四个阶段 3）供应商提供的产品、过程和服务应符合中国以及我公司顾客（含最终顾客）所在国的法律法规要求 4）供应商必须通过 ISO 9001 认证，并在成为我公司合格供应商后，2 年内通过 IATF 16949 认证		
	6.1.2　采购部通过多种途径选择供应商。本公司鼓励供应商自荐或由质量部、产品研发部等部门推荐		
	6.1.3　有合作意向的供应商填写"供应商基本情况调查表"，连同报价资料、相关资料（营业执照、ISO 9001 证书复印件等）提供给本公司采购部	供应商基本情况调查表	采购部
6.2 供应商的初审	6.2.1　采购部填写"供应商选择建议表"，连同相关资料送总经理进行初审	供应商选择建议表	采购部
	6.2.2　初审通过后，供应商就成为候选供应商，继续进行后续评价		
6.3 供应商的评价	6.3.1　样品评价 1）采购部向供应商提供采购技术文件（含法律法规要求、产品和过程的特殊特性），供应商根据采购技术文件的要求进行样品准备，完成后将样品和报价提供给本公司采购部 2）采购部填写"样品送检申请单"，连同样品一起送质量部 3）质量部对样品进行检验并出具"样品检测报告"，然后将"样品检测报告"送产品研发部确认。具体执行《样品确认管理规定》	样品送检申请单、样品检测报告	质量部

(续)

程　序	工作内容	输出文件	责任部门/人
6.3 供应商的评价	6.3.2 现场审核（含质量管理体系审核） 1）采购部组织质量部、工艺技术部等部门的人员对供应商进行现场审核，按《供应商现场审核准则》的要求就供应商的质量保证能力、履约能力、后勤保障能力、服务和技术支持能力、财务能力等进行综合评价。评价结论记录在"供应商现场审核评价表"中 2）现场审核总符合率≥85%，且每个审核项目的符合率≥75%，则现场审核通过；75%≤总符合率<85%，限期整改，整改后重新审核；总符合率<75%，现场审核不合格	供应商现场审核评价表	采购部
	6.3.3 PPAP生产件批准 1）按《供应商生产件批准作业规范》的要求，对供应商进行PPAP生产件批准 2）PPAP生产件批准通过后，采购部3个月内向候选供应商采购10批次以上物料进行试用，试用情况记录在"批量试用记录表"中 3）3个月内10批次以上的每批次物料检验合格，则批量试用合格；如有2批以下不合格，但不存在导致生产线停产的情况，则应对该候选供应商再次进行PPAP生产件批准，然后重新进行3个月10批次以上物料的试用；如有3批以上不合格，或出现导致生产线停产的情况，则取消该供应商的资格	供应商PPAP状态报告、批量试用记录表	采购部
6.4 供应商入选审批	6.4.1 由采购部依据"供应商选择建议表""样品检测报告""供应商现场审核评价表""供应商PPAP状态报告""批量试用记录表"对供应商进行分析、比较、评价，选择出合格供应商，填写"供应商入选审批表"，报总经理批准	供应商入选审批表	采购部
	6.4.2 采购部将批准合格的供应商列入"合格供应商名单"中，并将新增供应商的情况及时通告相关部门	合格供应商名单	采购部
	6.4.3 "合格供应商名单"是采购时选择供应商的依据，应随着新供应商的开发和供应商业绩的评价而补充调整		
	6.4.4 对已是合格的供应商，若需扩充供货类别，则需重新评估，按6.3~6.4.1执行；若所供零件类别没有变化，只是规格发生变化，则只需送样进行样品评价		
	6.4.5 根据采购物资的重要性，采购部应要求供应商与本公司签订必要的"质量保证协议"和"供货保证协议"	质量保证协议、供货保证协议	

（续）

程　序	工作内容	输出文件	责任部门/人
6.5 对供应商的监督以及对供应商的辅导和支援	6.5.1 初始供货监督 1）如果是现有合格供应商供应新材料，正式供货前三个月内，新材料部分只能按辅供应商对待，份额不能超过20%，期间需批量供货3款以上并且不出现批量质量问题，否则需再进行评价 2）新入选供应商，正式供货前三个月只能作为辅供应商对待，份额不能超过20%，期间需批量供货3款以上并且不出现批量质量问题，否则需再进行评价		
	6.5.2 第二方审核——质量管理体系审核 1）对重要物资供应商，每年按《供应商审核管理规定》的要求对其进行一次质量管理体系审核，在出现下列情况时，进行临时质量管理体系审核： ①供应商连续两个季度评价被评为C级时 ②供应商来料质量问题导致我公司生产线1个月内出现3次以上重大质量事故而停产时 ③供应商1个月内连续出现3次以上交期延误时 2）质量管理体系审核由质量部组织，根据每次审核的目的，安排本公司的内审员进行。质量管理体系审核的结论记录在"供应商质量管理体系审核报告"中 3）审核总符合率≥85%，且每个审核项目的符合率≥75%，则审核通过；75%≤总符合率<85%，限期整改，整改后重新审核；总符合率<75%，审核不合格，原则上取消其合格供应商资格	供应商质量管理体系审核报告	质量部
	6.5.3 第二方审核——过程审核 1）对重要物资供应商，每年按《供应商审核管理规定》的要求对其进行一次过程审核，在出现下列情况时，进行临时过程审核： ①供应商季度评价被评为C级时 ②供应商来料质量问题导致我公司生产线1个月内出现2次以上重大质量事故而停产时 2）过程审核由工艺技术部组织，根据每次审核的目的，安排本公司的过程审核员进行。过程审核的结论记录在"供应商过程审核报告"中 3）过程审核评级为A级时，则过程审核通过；评级为B级时，限期整改，整改后重新审核；评级为C级时，原则上取消其合格供应商资格	供应商过程审核报告	工艺技术部

(续)

程　　序	工作内容	输出文件	责任部门/人
6.5 对供应商的监督以及对供应商的辅导和支援	6.5.4 第二方审核——产品审核 1）对重要物资供应商，每年按《供应商审核管理规定》的要求对其进行一次产品审核，在出现下列情况时，进行临时产品审核： ① 供应商季度评价被评为 C 级时 ② 供应商来料质量问题导致我公司生产线 1 个月内出现 2 次以上重大质量事故而停产时 2）产品审核由质量部组织，根据每次审核的目的，安排本公司的产品审核员进行。产品审核的结论记录在"供应商产品审核报告"中 3）产品审核评级为 A、AB 级时，则产品审核通过；评级为 B 级时，限期整改，整改后重新审核；评级为 C 级时，原则上取消其合格供应商资格	供应商产品审核报告	质量部
	6.5.5 对供应商的辅导与支援 1）在下列情况下，我公司对供应商进行辅导与支援： ① 供应商连续两个季度评价被评为 C 级时 ② 供应商来料质量问题导致我公司生产线 1 个月内出现 3 次以上重大质量事故而停产时（质量风险） ③ 供应商 1 个月内连续出现 3 次以上交期延误时（交期风险） ④ 对供应商质量管理体系进行审核，总符合率＜85％时 ⑤ 对供应商进行过程审核，评级为 B 级时 ⑥ 对供应商进行产品审核，评级为 B 级时 ⑦ 供应商被暂停和撤销质量管理体系认证证书时 2）辅导与支援由质量部主导。辅导与支援的项目、内容、程度、时间安排、先后次序，应在每次的辅导与支援计划中明确		质量部
	6.5.6 本公司将所有适用的法律法规要求以及产品和过程的特殊特性向供应商传达，同时要求供应商将这些要求向其次级供应商转达，并沿供应链传达下去直至制造环节		
	6.5.7 供应商质量管理体系的开发 1）质量部根据供应商的绩效以及供应商所提供的产品对顾客的潜在风险，于每年年底制定"供应商质量管理体系开发计划表"，确定供应商 IATF 16949 质量管理体系开发的优先次序 2）应确保所有供应商在成为本公司合格供应商的 2 年内，通过 IATF 16949 认证		质量部

(续)

程　序	工　作　内　容	输出文件	责任部门/人
6.5 对供应商的监督以及对供应商的辅导和支援	6.5.8 进料检验时，同一供应商同一类产品连续两次（批）出现不合格时，由质量部以"供货质量反馈单"的形式要求供应商改进。如改进无效果，发红牌警告	供货质量反馈单	质量部
	6.5.9 供应商价格、交货期、服务水准低劣时，采购部填写"供应商资格取消申请表"，报请总经理批准，取消其合格供应商资格	供应商资格取消申请表	采购部
	6.5.10 当有供应商被取消供货资格时，采购部应及时将其从"合格供应商名单"中剔除，并通知有关部门	合格供应商名单	采购部
6.6 供应商业绩的监视与评价	6.6.1 每季度首月的第10个工作日前，对供应商上一季度的业绩进行评价，填写"供应商业绩评价表"。业绩评价由采购部组织，质量部参加	供应商业绩评价表	采购部
	6.6.2 对供应商进行业绩评价的项目及分值如下（总分100分，各项目得分最少0分）： 1）质量评价：满分40分 2）交期评价：满分30分 3）价格评价：满分10分 4）服务评价：满分20分		
	6.6.3 打分办法 1）质量评价由质量部打分 质量得分＝[1－（进料不合格批数/总进料批数）]×40－扣分。 扣分计算如下： ① 来料特采一批扣1分 ② 导致生产线停产一次扣3分 ③ 整批退货，一次扣3分 ④ 因供应商质量问题，导致本公司通知顾客，一次扣3分 ⑤ 由于供应商的原因造成本公司或本公司顾客产品滞留/停止出货，一次扣5分 ⑥ 供应商被红牌警告一次，扣5分 2）交期评价由采购部打分 交期得分＝[1－（逾期批数/总进料批数）]×30－扣分。 扣分计算如下： ① 单项物料连续延误交期3天以上（含3天），扣2分		

(续)

程　　序	工作内容	输出文件	责任部门/人
6.6 供应商业绩的监视与评价	② 当月出现三项以上物料延迟交期3天以上（含3天），扣3分 ③ 来料异常处理超过7天，发生一次，加扣3分 ④ 因供应商交付问题，导致本公司通知顾客，一次扣3分 ⑤ 每发生一次附加运费（超过正常运输费用的，均视为有附加运费产生，如海运改为空运，一次交货变成多次交货等），扣3分 3）价格评价由采购部打分。打分规则如下： ① 供应商的价格具有竞争力，且能主动提出降价，得10分 ② 价格基本保持稳定，不会主动提出降价，但如果我公司要求，能配合降价，得8分 ③ 价格基本保持稳定，但不愿配合我公司降价要求，不过价格还是可以保持在能接受的水平，得4分 ④ 价格经常上涨，而且经常不合理地提价，得0分 4）服务评价由采购部、质量部共同打分 服务得分＝服务得分Ⅰ＋服务得分Ⅱ "服务得分Ⅰ"由质量部打分。质量部对供应商改进物料质量问题的积极性进行评判，得出"服务得分Ⅰ"。评分规则如下： ① 积极整改：10分 ② 尚能积极整改：8分 ③ 整改不积极：4分 ④ 置之不理：0分 "服务得分Ⅱ"由采购部打分。评分如下： ① 供应商积极配合处理物料异常、本公司的急单以及交期调整，并能保证按时交货，得10分 ② 能较好地给予配合，但出现交货延迟，得7分 ③ 多次出现不配合，得3分 ④ 均不配合，得0分		
	6.6.4 业绩评价结果。根据总得分，确定供应商的类别： 1）A类（优秀）供应商：总分为90（含）~100分 2）B类（合格）供应商：总分为80（含）~90分 3）C类（基本合格）供应商：总分为60（含）~80分 4）D类（不合格）供应商：总分为0~60分		

(续)

程 序	工 作 内 容	输出文件	责任部门/人
6.6 供应商业绩的监视与评价	6.6.5 业绩评价结果的处置 1）对 A 类供应商，增加 10% ~20% 的供货份额；付款方式上执行 1 个月滚动；出现问题后的罚款金额可以降低 50% 2）对 B 类供应商，增加 5% ~10% 的供货份额；出现问题后的罚款金额可以降低 20% 3）对 C 类供应商，通知供应商整改存在的问题，必要时可帮助供应商整改。整改验证有效时保留供应资格，无效时取消供应资格。在供应商整改期间，降低供货份额 30% ~50%，付款方式在原三个月滚动期限上进行延迟，出现问题后的罚款金额可以上升 20% 4）对 D 类供应商，原则上应取消其供应资格 5）当有供应商被取消供货资格时，采购部应及时将其从"合格供应商名单"中剔除，并通知有关部门 6）被淘汰的供应商如欲再向本公司供货，需再通过供应商考察、评价 7）采购部定期对主要供应商按得分多少进行排名并通报，鼓励供应商持续改进其业绩		

7. 过程绩效的监视

目标名称	计算公式 （计算方法）	目标值	监视时机	监视单位
7.1 A 类供应商比例	A 类供应商比例 = $\dfrac{\text{A 类供应商数量}}{\text{合格供应商总数量}} \times 100\%$	≥30%	季度	采购部
7.2 质量评价得分大于 35 分的供应商百分数	质量评价得分大于 35 分的供应商百分数 = $\dfrac{\text{质量评价得分大于 35 分的供应商数量}}{\text{合格供应商总数量}} \times 100\%$	≥40%	季度	质量部
7.3 第二方审核通过率	第二方审核通过率 = $\dfrac{\text{第二方审核通过次数}}{\text{第二方审核总次数}} \times 100\%$	≥90%	年度	采购部

8. 过程中的风险和机遇的控制（风险应对计划）

风　险	应 对 措 施	其他事项	执行时间	负　责　人	监视方法
8.1 供应商能力不足，供货中断	1）重要物资供应商，必须保持2家以上 2）如供应商1季度内连续出现2次以上供货中断（需延长10天以上，视为中断），则公司必须再开发1家以上此类物料的供应商，以逐步取代问题供应商		每季度	采购员	采购部经理对供应商数量的动态变化进行审查
8.2 供应商所供物料质量达不到要求	1）启用备选供应商。重要物资供应商，必须保持2家以上 2）启用顾客认可的替代物料。重要物料，应事先做好替代物料的认可		适时执行	采购员	采购部经理对备选供应商、替代物料的认可情况进行审查

9. 支持性文件

9.1 《供应商现场审核准则》

9.2 《样品确认管理规定》

9.3 《供应商生产件批准作业规范》

9.4 《供应商审核管理规定》

10. 记录

10.1 供应商基本情况调查表（见表5.5-1）

10.2 供应商选择建议表

10.3 样品送检申请单

10.4 样品检测报告

10.5 供应商现场审核评价表（见表5.5-2）

10.6 供应商PPAP状态报告

10.7 批量试用记录表

10.8 供应商入选审批表（见表5.5-3）

10.9 合格供应商名单

10.10 供应商质量管理体系审核报告

10.11 供应商过程审核报告

10.12 供应商产品审核报告

10.13 供应商质量管理体系开发计划表

10.14 供货质量反馈单

10.15 供应商资格取消申请表

10.16 供应商业绩评价表（见表5.5-4）

表 5.5-1 供应商基本情况调查表

序号	内容
1	企业名称：
2	负责人或联系人姓名：
3	地址：　　　　邮编：　　　　电话：　　　　电子邮箱：
4	企业成立时间：　　　　注册资本：　　　　占地面积/建筑面积：
5	企业厂房性质：□租赁　　□自有产权
6	主要产品：
7	职工总数：_____人　其中技术人员___人；工人___人；本科以上___人
8	财务能力： 1) 能否接受我方的付款方式：□能　□不能 2) 能否接受原材料市场在一年中的10%~15%以上的波动：□能　□不能 3) 最近3年企业总产值、销售收入、固定资产、净资产、净利润、纳税总额：
9	1) 年产量/年产值（万元）： 2) 与汽车行业有关的年产值及其占总年产值的百分比：
10	生产能力：
11	样品/样件生产周期：
12	生产特点：□成批生产　　□流水线大量生产　　□单台生产
13	主要生产设备：□齐全、良好　　□基本齐全、尚可　　□不齐全 需附上主要生产设备清单
14	使用或依据的产品标准： a) 国际/国家/行业标准名称/编号： b) 供应商企业标准名称/编号： c) 其他：
15	工艺文件：□齐备　　□有一部分　　□没有
16	检验机构及检测设备　　□有检验机构及检测人员，检测设备良好 　　　　　　　　　　　□只有兼职检验人员，检测设备一般 　　　　　　　　　　　□无检验人员，检测设备短缺，需外协 需附上主要监测设备清单
17	测试设备校准状况：□有计量室　　□全部委托外部计量机构
18	主要顾客（公司/行业）：
19	主要原材料来源：
20	新产品开发能力：□能自行设计开发新产品　□只能开发简单产品　□没有自行开发能力
21	国际合作经验：□是外资企业　　　　　　□是合资企业 　　　　　　　□给外企提供产品　　　□无对外合作经验
22	职工培训情况：□经常、正规地进行　　□不经常开展培训
23	是否通过产品或体系认证：□是（指出具体内容）　　　　　□否
	调查人员：　　　　　　调查日期：　　年　　月　　日

表 5.5-2 供应商现场审核评价表

被调查供应商全称:			供应商代码:	
地址:			邮编:	

供应商参与调查的代表			
供应商管理者代表:		质量负责人:	
其他出席者:			

本公司实施调查的部门及代表		
采购部代表	质量部代表	研发部代表

其他代表:

综合评价结果

1 分:没有开展、控制无效、劣势;2 分:部分开展、效果较差、无优势;3 分:基本开展、效果一般、部分优势;4 分:基本开展、效果较好、优势;5 分:全面开展、效果很好、优势明显。

1	2	3	4	5	本次得分(符合率)	上一次得分(符合率)
差	一般	良	优良	优秀		

综合评语:

检查项目评分

质量管理体系及保障能力

项 目	检 查 重 点	评 分					问题说明
一、品质保证的组织及方针目标执行	1. 建立了 ISO 9001 质量管理体系,相关组织和责任明确并文件化	1	2	3	4	5	
	2. 本年度质量目标的设定及对策展开	1	2	3	4	5	
	3. 全体员工理解、贯彻执行并在实施必要的教育培训	1	2	3	4	5	
	4. 品质改善活动的实施,进度管理及定期改善	1	2	3	4	5	
二、文件及信息管理	1. 有一套文件、资料、图样的管理办法,且能贯彻实施	1	2	3	4	5	
	2. 对文件的制定、审批、发布、分发、使用、更改、撤销、回收、实施严格的管理控制,职责明确	1	2	3	4	5	
	3. 现场使用文件有效版本,需要时易于得到。	1	2	3	4	5	
三、环境、现场、制品管理	1. 整理、整顿、清扫(3S)的实施	1	2	3	4	5	
	2. 适当的作业环境(防尘、防锈、照明、温度、湿度等)	1	2	3	4	5	
	3. 零件、原材料/半成品、成品的生产搬运、保管环境	1	2	3	4	5	
	4. 零件、原材料/半成品、合格品、不良品等的区分和定置	1	2	3	4	5	
	5. 成品按包装设计和规程,进行包装堆放、标识清楚	1	2	3	4	5	
	6. 库存品有适当的防护措施,能保证质量不至受损	1	2	3	4	5	

(续)

项　　目	检 查 重 点	评　分					问题说明
四、LOT（批次）管理	1. 制品上有确保LOT（批次）管理的标识，并清晰易于识别和追溯	1	2	3	4	5	
	2. 制品的LOT，搬运流动有记录及批次管理有效，责任者明确	1	2	3	4	5	
	3. 出货LOT和制造LOT的连续，品质记录的可追溯性并保证先入先出	1	2	3	4	5	
	4. LOT标识和履历确实保管，具有可查询的实施	1	2	3	4	5	
五、外购及外协件的管理	1. 制定的外购物资质量要求、技术标准、检验依据齐全	1	2	3	4	5	
	2. 抽样方式正确，样本管理及保存有效	1	2	3	4	5	
	3. 对待检产品批次判定，检查结果以批次为基准确实实施	1	2	3	4	5	
	4. 检查过程识别（检查前、检查中、检查合格、检查不合格）	1	2	3	4	5	
	5. 检查不合格发生时，防止再发生的实施	1	2	3	4	5	
	6. 所有入库物资已做了应有验证	1	2	3	4	5	
	7. 对主要外购物资的供应商进行了质量保证能力评价	1	2	3	4	5	
六、4M（人、机、料、法）变动管理	1. 新制品流动时有无特别管理办法及记录	1	2	3	4	5	
	2. 4M变动方法及品质确认方法（基准、顾客申请/评价等）	1	2	3	4	5	
	3. 4M变动内容的记录和管理责任者及其保管期限明确化	1	2	3	4	5	
七、生产过程管理	1. 认真开展操作者自控，严格执行"三检制"。工序检验不合格不能转到下工序	1	2	3	4	5	
	2. 重要工序制定作业指导书，工人严格按工艺文件操作	1	2	3	4	5	
	3. 关键工序已设置质量控制点，控制文件齐全并实施	1	2	3	4	5	
	4. 对特殊工序的控制已规定了质量要求，并能连续监视	1	2	3	4	5	
	5. 严格执行了工艺纪律、工艺更改	1	2	3	4	5	
	6. 按产品技术条件配置相应的检测装置，并满足精度要求，检验夹具应有使用说明书	1	2	3	4	5	
	7. 制造现场符合文明生产和定置管理要求	1	2	3	4	5	
	8. 作业物品的识别管理（加工前、加工后、不良品）	1	2	3	4	5	
	9. 有无通过防错、数量管理、过程检查、出库检查等手段，防止缺件、未加工、误组装等问题的发生？	1	2	3	4	5	

(续)

项目	检查重点	评 分				问题说明
八、生产设备（含模夹具）的管理	1. 有无必要的设备、工装操作、保养方面的作业指导书	1	2	3	4	5	
	2. 生产设备的点检项目、点检频度、判定基准有无明确？日常点检、定期点检有无进行？有无保存记录？	1	2	3	4	5	
	3. 刀具、磨石、电极等的维护保养、交换时期有无标准化，有无按照规程执行？	1	2	3	4	5	
	4. 有无生产设备台账？定期点检、保养、修理的履历有无保留？	1	2	3	4	5	
九、检验	1. 各种产品的检验依据或技术规范齐全，且按此进行检验	1	2	3	4	5	
	2. 是否按照标准使用指定的计测器、测定工具	1	2	3	4	5	
	3. 从原材料、协配件进厂到成品出厂的全过程检验都按规定进行	1	2	3	4	5	
	4. 产品在生产和交付过程中已做了明显的识别标记，具有可追溯性	1	2	3	4	5	
	5. 各项原始记录、检测报告、统计台账、报表正确、齐全、及时	1	2	3	4	5	
	6. 检验印章、标记、标签和合格证严格按规定执行	1	2	3	4	5	
	7. 产品出厂前已做了最终检验和试验，并有完备的验收手续	1	2	3	4	5	
十、不合格品的控制	1. 制定不合格品控制程序文件，并严格按程序控制	1	2	3	4	5	
	2. 现场不合格品存放已进行分类隔离，并有明显标记	1	2	3	4	5	
	3. 不合格品的处置，已按程序文件规定办理手续（返修、返工、让步、报废等）	1	2	3	4	5	
十一、测量和试验设备	1. 有检验机构、检验人员。检验人员经过培训，获得资格认可	1	2	3	4	5	
	2. 有足够检验、试验设备和计量器具，并纳入计量管理	1	2	3	4	5	
	3. 编制了测试设备和计量器具的检定周期和检定规程，并按程序文件组织实施。无能力检定的设备、计量器具，可委托有关主管质量检定部门检定，有委托协议书和鉴定标记	1	2	3	4	5	
	4. 精密量检具的操作方法指示明确	1	2	3	4	5	
	5. 专用量检具的检查方法指示明确	1	2	3	4	5	
	6. 检验实验环境良好，无影响设备使用、整洁的因素	1	2	3	4	5	
	7. 计量检定和维修人员经过专职培训，并持相应资格证书	1	2	3	4	5	
	8. 现场使用的测试装备和计量器具的使用、维护，有规定并定期抽检完好状态	1	2	3	4	5	

(续)

项目	检查重点	评分					问题说明
十二、纠正措施	1. 制定纠正措施程序文件并贯彻执行	1	2	3	4	5	
	2. 能按 8D 文件要求认真组织实施	1	2	3	4	5	
	3. 防止再发对策有无确实实施	1	2	3	4	5	
十三、人员培训	1. 在明确需求的前提下制定有明确的培训计划	1	2	3	4	5	
	2. 对各主要工作岗位均按计划实施培训,并通过考核等方式了解受训人员的情况,定岗使用,持证上岗	1	2	3	4	5	

生产能力和物流能力

项目	检查重点	评分					问题说明
十四、生产能力	1. 设备技术水平能否生产高品质的产品	1	2	3	4	5	
	2. 生产技术是否属于先进的生产技术(设备制造商、型号、技术使用年数)	1	2	3	4	5	
	3. 供应商的设备生产能力是否未充分发挥	1	2	3	4	5	
	4. 供应商的人员排班生产能力是否未充分发挥	1	2	3	4	5	
	5. 供应商有无能力在短期内改进/提升/扩大生产能力	1	2	3	4	5	
	6. 1 年内供应商有无通过增加基础设施扩大生产能力的规划	1	2	3	4	5	
十五、物流运输	1. 物流运输能力的强弱	1	2	3	4	5	
	2. 是否设置中转库,中转库库存量是否能保证 3 日的生产	1	2	3	4	5	

财务能力

项目	检查重点	评分					问题说明
十六、财务能力	1. 供应商能否接受并适应我方正常的付款方式	1	2	3	4	5	
	2. 供应商能否接受原材料市场在一年中的 10%~15%以上的波动	1	2	3	4	5	
	3. 流动资产周转率、总资产周转率、资产负债率是否合理	1	2	3	4	5	
	4. 供应商能否实施策略和计划,通过持续改进降低成本	1	2	3	4	5	

其他

项目	检查重点	评分					问题说明
十七、其他	1. 最近两年内是否曾经因为紧张的劳资关系引起工厂停产	1	2	3	4	5	
	2. 周边能源(水电气等)是否有效保障、有无应急预案	1	2	3	4	5	
	3. 供应商产品质量、交货及时性等方面的风险及其相关的控制措施	1	2	3	4	5	
	4. 研发、SCM 部门是否进行了信息化管理	1	2	3	4	5	
	5. 是否规划了公司总体的信息系统,信息化程度的高低	1	2	3	4	5	
	6. 供应商是否通过了 ISO 14001、ISO 45001	1	2	3	4	5	

备注:1)总符合率≥85%,且每个审核项目的符合率≥75%,则现场审核通过。
   2)75%≤总符合率<85%,限期整改,整改后重新审核。
   3)总符合率<75%,现场审核不合格。

表 5.5-3 供应商入选审批表

供应商:	
供货类别/名称:	
供应商地址:	
邮编:　　　电话:　　　电子邮箱:	

经以下多方考核:
□初审
□样品评价
□现场审核
□PPAP 生产件批准
□批量试用
并考虑到供应商的产品价格、财务能力、路程远近等多方面的情况,决定视该供应商为:
□合格供应商,将其列入《合格供应商清单》
□不合格供应商。原因说明:
□其他:

附录:□供应商基本情况调查表
　　　□供应商选择建议表
　　　□样品检测报告
　　　□供应商现场审核评价表
　　　□供应商 PPAP 状态报告
　　　□批量试用记录

填写/日期: (采购)	审核/日期: (采购负责人)	批准/日期: (总经理)

表 5.5-4 供应商业绩评价表

评价季度:＿＿年＿季度		评价日期:		评价人		
序号	供应商	评价项目得分				总分	等级
		质量	交期	价格	服务		

5.6 采购管理程序

采购管理程序

1. 目的

对公司生产所需物料的采购进行控制，以保证所采购的物料符合质量、交期等方面的要求。

2. 适用范围

适用于生产所需物料的采购工作。

3. 职责

3.1 采购部负责物料采购订单的下达、采购进度的跟催，并做好供应商的沟通与管理工作。

3.2 仓库负责物料的点收、入库工作。

3.3 质量部负责物料的检验工作。

3.4 产品研发部负责生产所需采购物料技术标准的制定。

4. 过程分析乌龟图

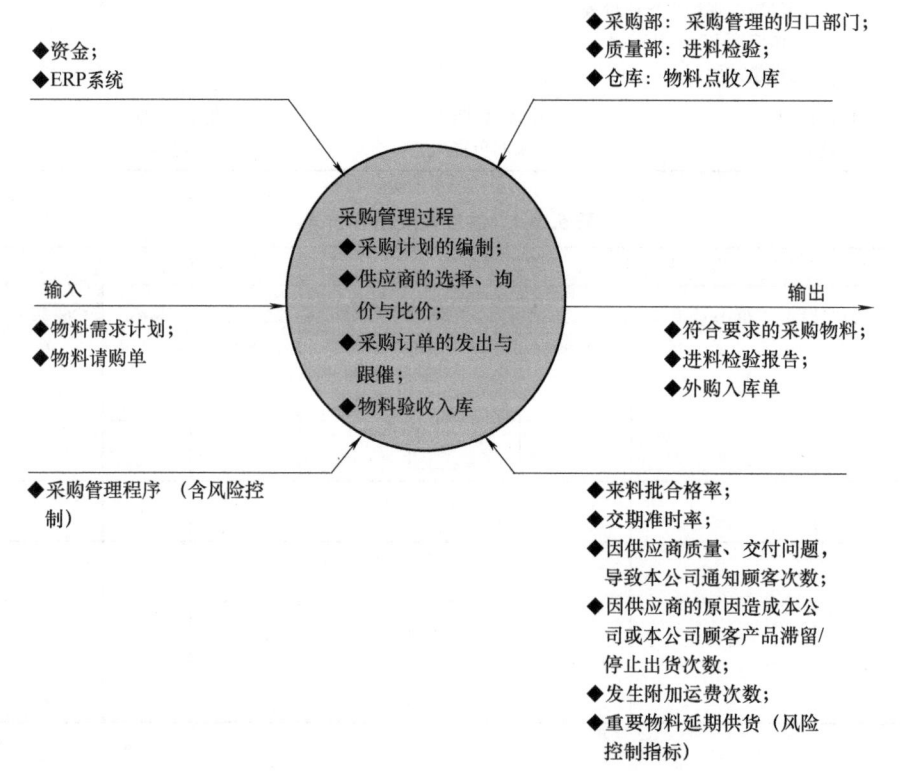

5. 过程流程图

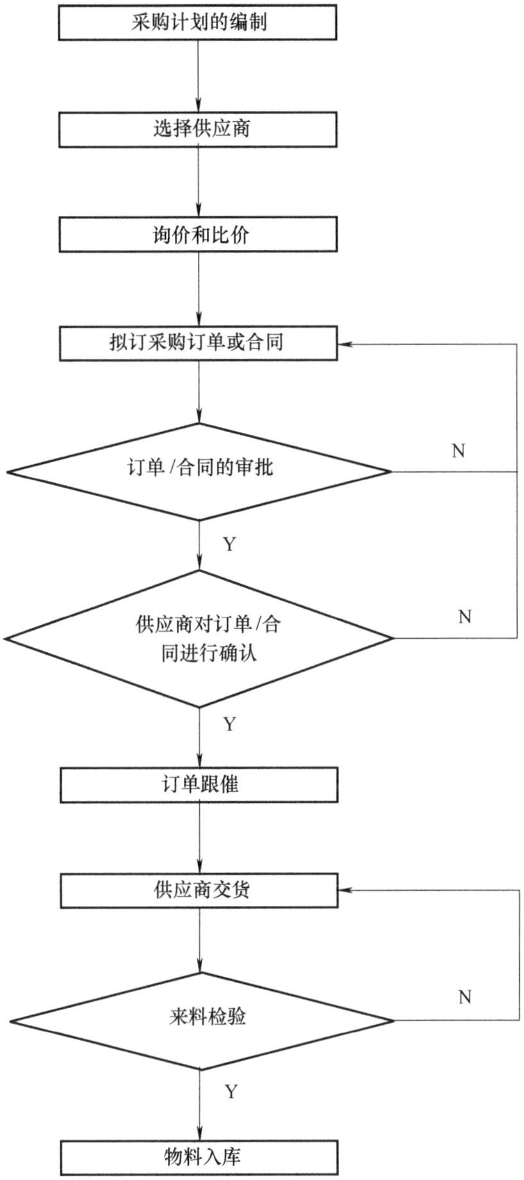

```
采购计划的编制
     ↓
  选择供应商
     ↓
  询价和比价
     ↓
拟订采购订单或合同 ←──┐
     ↓              │
订单/合同的审批 ──N──┘
     ↓Y
供应商对订单/合同 ──N──┐
  同进行确认           │
     ↓Y              │
   订单跟催           │
     ↓              │
  供应商交货 ←────────┘
     ↓
   来料检验 ──N──┐
     ↓Y        │
   物料入库     │
```

6. 作业程序与控制要求

程　　序	工　作　内　容	输出文件	责任部门/人
6.1 采购计划的编制	6.1.1 生产部物控员根据"生产月计划""生产进度控制表"、物料清单、物料实际库存、已购未回物料等情况制定"物料需求月计划"，经生产部经理批准后送交采购部	物料需求月计划	物控员
	6.1.2 样板物料、生产辅助用料、需紧急采购的物料，使用部门需填写"物料请购单"，经部门经理审核、财务总监批准后（采购物料单项价值在 1000 元或总金额在 5000 元以上的，还须送总经理审批）送交采购部	物料请购单	使用部门
	6.1.3 采购员依据"物料需求月计划""物料请购单"，并结合采购周期、最小订购量、在途量等资料，进行采购期、量分析，编制"采购月计划"。"采购月计划"应送采购部经理审核、财务总监批准	采购月计划	采购员
	6.1.4 财务部根据"生产月计划""采购月计划"安排采购所需的资金		财务部
6.2 供应商的选择	6.2.1 采购员需从"合格供应商名单"中选取供应商		
	6.2.2 如顾客指定了某物料的供应商，则应从顾客指定的供应商处采购相关物料		
6.3 询价和比价	6.3.1 采购员根据过去采购的情况、市场变化情况以及公司成本预算情况等，确定采购目标价格		
	6.3.2 采购员根据采购物料的品种、规格、数量和交付期等要求，向 2～3 家供应商进行询价		
	6.3.3 采购员将供应商的报价与目标价格进行比较，并结合物料质量、交付期等信息，选择条件最优的供应商进行采购作业		
6.4 采购订单/合同的发出	6.4.1 首次从供应商处采购物料时，采购员应填写"采购合同审批表"，经采购部经理审核、总经理批准后，与供应商签订"采购合同"及必要的"供货保证协议"	采购合同审批表、采购合同	采购员

(续)

程　　序	工　作　内　容	输出文件	责任部门/人
6.4　采购订单/合同的发出	6.4.2　采购员根据"采购月计划""物料请购单"编制"采购订单"。"采购订单"可包括下列内容： 1）采购材料的品名、型号/规格，必要时附上样板、图样等资料 2）采购的数量/重量 3）价格：单价、合同总额、订金或预付款 4）交付期：分批交付时应明确每批的交付时间和交付数量 5）付款方式 6）标识：物料本身或包装物上面的文字、图案标记（订单号、供应商、品名、规格、数量/重量和批号） 7）所需的质量证明资料（检验单/出厂证明单/化验报告等） 8）装箱清单、包装要求，等等	采购订单	采购员
	6.4.3　"采购订单"经采购部经理审核，财务总监批准后发给供应商		
	6.4.4　供应商对"采购订单"进行签字确认，然后回传本公司		供应商
	6.4.5　采购员将顾客确认的"采购订单"分发给物控、仓库、财务，并保管好所有的"物料需求月计划""采购月计划""物料请购单"和"采购订单"，以备对账时提供给财务人员审查		采购员
6.5　采购跟催	6.5.1　采购员根据"采购订单"的内容建立"采购进度控制表"，跟进物料交货情况	采购进度控制表	采购员
	6.5.2　采购部经理定期、不定期对采购员的跟催情况进行检查，并对异常情况进行处理		
	6.5.3　如因公司内部原因而导致"采购订单"内容需做变更时，采购员需在2个工作小时内与供应商协商变更事宜，并书面通知变更，尽量减少本公司损失。若因供应商原因而导致"采购订单"内容需做变更时，采购员于接到通知后30分钟内通知物控员，并报采购部经理处理，变更涉及赔偿处理的按"供货保证协议"执行		

(续)

程　序	工　作　内　容	输出文件	责任部门/人
6.6 供应商交货	6.6.1 供应商每次交货时，都需提前2小时将"送货单"发给本公司采购员进行确认。采购员应将确认后的"送货单"发给仓库，以便仓库做好收货准备工作	送货单	采购员
	6.6.2 仓库根据采购员与供应商确认后的"送货单"对供应商的送货进行点收，对与"送货单"不符的送货，须立即反馈给采购员做处理		仓库
6.7 来料检验	6.7.1 质量部按《产品检验控制程序》的要求对来料进行质量检验，填写"进料检验报告"，并将其中的采购联送交采购员	进料检验报告	质量部
	6.7.2 针对质量部反馈的在收料过程中出现的异常质量问题，采购员应及时进行处理		
6.8 物料入库及相关后续工作	6.8.1 对检验合格的物料，仓管员填写"外购入库单"，经质量部签字后，办理物料入库。检验不合格的物料，按《不合格品控制程序》执行		
	6.8.2 仓库将"外购入库单"中的供方联、采购联送交采购员。采购员凭"外购入库单（供方联）"、供应商开出的发票填写"请款单"，审批后送交财务部给供应商付款		
	6.8.3 采购员根据"进料检验报告""外购入库单"，将采购结果列入"采购进度控制表"。若有异常，则及时反馈给物控员，并报采购部经理处理	采购进度控制表	采购员
	6.8.4 对因物料拒收而造成的退货、换货、补货工作，采购员要及时跟进。采购员要及时向供应商反馈不良信息，并要求供应商改善		

7. 过程绩效的监视

目标名称	计算公式 （计算方法）	目标值	监视时机	监视单位
7.1 来料批合格率	来料批合格率 = $\dfrac{来料检查合格批数}{来料检查总批数} \times 100\%$	≥95%	月度	质量部
7.2 交期准时率	交期准时率 = $\dfrac{准时交货的批数}{应交货总批数} \times 100\%$	≥95%	月度	物控员

（续）

目标名称	计算公式（计算方法）	目标值	监视时机	监视单位
7.3 因供应商质量、交付问题，导致本公司通知顾客次数	每月统计一次	≤2次	月度	营销部
7.4 因供应商的原因造成本公司或本公司顾客产品滞留/停止出货次数	每月统计一次	0次	月度	营销部、采购部
7.5 发生附加运费次数	1）改变运输方式导致运输费用超过合同规定的费用时，均视为有附加运费产生，如海运改为空运，一次交货变成多次交货等 2）每月统计一次发生附加运费的次数	≤2次	月度	采购部

8. 过程中的风险和机遇的控制（风险应对计划）

风险	应对措施	其他事项	执行时间	负责人	监视方法
8.1 重要物料延期供货	1）采购员在计划交货日期实施到1/3时段、2/3时段时，对采购计划进行跟进检查，填写"采购进度控制表" 2）如在2/3时段时，发现采购计划的准时完成存在重大变数，此时，采购员要一天跟进一次，直到供应商按时交货	与采购计划同步执行		采购员	采购部经理对"采购进度控制表"进行审查

9. 支持性文件

（无）

10. 记录

10.1 物料需求月计划

10.2 物料请购单

10.3 采购月计划（表5.6-1）

10.4 采购合同审批表

10.5 采购合同

10.6 采购订单（表5.6-2）

10.7 采购进度控制表（表5.6-3）

表5.6-1 采购月计划

采购月份：				编制/日期：			批准/日期：		
序号	型号/规格	物料名称	库存	需用量	采购量	到货日期	采购单号	供应商	备注

表5.6-2 采购订单

采购单号：						采购日期：			
需方：									
供方：									
序号	物料编码	物料名称	规格/型号	数量	单位	交货日期	单价	备注	

其他事项：

编制/日期：　　　　　　　　　　　　　批准/日期：

供应商确认（请贵公司于一日内确认）：

供应商授权人签名/日期：

表5.6-3 采购进度控制表

供应商：							跟进人：					
采购单号	采购日期	物料编码	物料名称	型号/规格	订货量	计划交期	到货数量	到货日期	验收情况	退货数量	入库数量	入库单号	实付款	发票号

5.7 生产过程管理程序

生产过程管理程序

1. 目的

对影响产品质量的过程的因素进行控制，确保产品的质量满足顾客的要求。

2. 适用范围

适应于生产过程的控制。

3. 职责

3.1 工艺技术部负责生产过程的设计和开发，并对工艺文件的实施进行监督和检查；负责进行工装设计并组织进行工装验收。

3.2 设备部负责生产设备的管理，负责编制设备的操作保养规程并监督其执行。

3.3 生产车间负责组织生产，负责对特殊过程的过程参数进行监视和测量，负责确保生产过程处于受控状态。

3.4 质量部负责首件确认、巡回检查、工序检验、入库产品的检验，负责组织对特殊工序进行确认与再确认。

4. 过程分析乌龟图

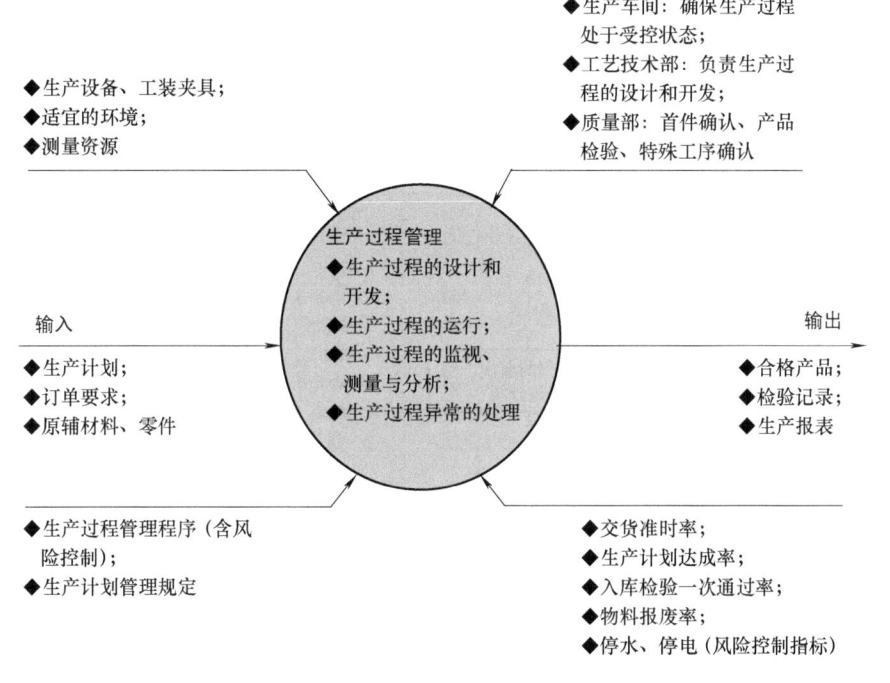

5. 过程流程图

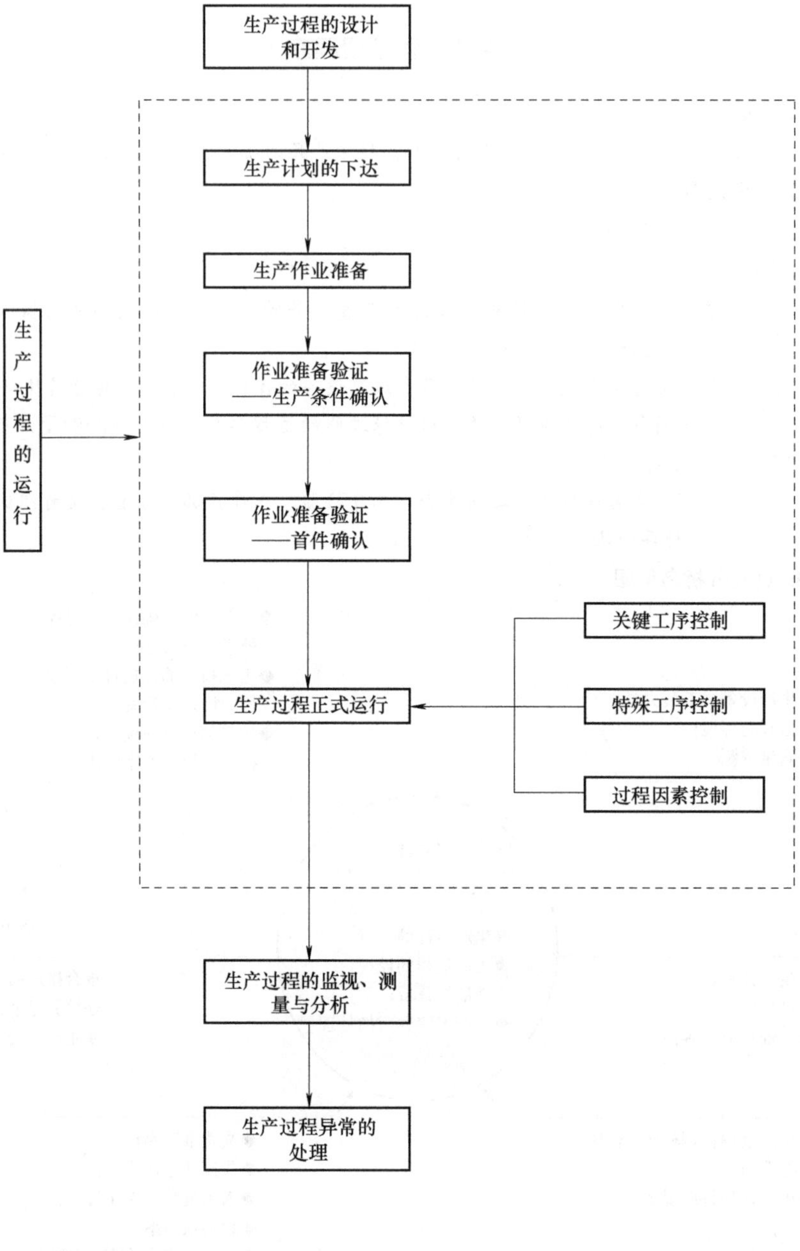

```
          ┌─────────────┐
          │ 生产过程的设计 │
          │   和开发    │
          └──────┬──────┘
                 │
        ┌────────▼────────┐
        │  生产计划的下达  │
        └────────┬────────┘
                 │
        ┌────────▼────────┐
        │   生产作业准备   │
        └────────┬────────┘
                 │
        ┌────────▼────────┐
        │   作业准备验证   │
生产     │ ——生产条件确认 │
过程     └────────┬────────┘
的                │
运行    ┌────────▼────────┐
        │   作业准备验证   │
        │   ——首件确认   │
        └────────┬────────┘
                 │            ┌──────────────┐
                 │            │ 关键工序控制 │
                 │            └──────┬───────┘
        ┌────────▼────────┐         │
        │  生产过程正式运行 │◄────────┤ 特殊工序控制 │
        └────────┬────────┘         │
                 │            ┌──────┴───────┐
                 │            │ 过程因素控制 │
                 │            └──────────────┘
        ┌────────▼────────┐
        │ 生产过程的监视、测│
        │   量与分析     │
        └────────┬────────┘
                 │
        ┌────────▼────────┐
        │ 生产过程异常的  │
        │      处理      │
        └─────────────────┘
```

6. 作业程序与控制要求

程　　序	工作内容	输出文件	责任部门/人
6.1 生产过程的设计和开发	6.1.1 工艺技术部按《APQP控制程序》的要求组织相关部门对生产过程进行策划，设计和开发适合产品要求和合同要求的工艺流程和全套工艺文件		工艺技术部
	6.1.2 工艺技术部按《工装管理程序》的要求组织做好工装的设计、制造和验证		工艺技术部
	6.1.3 设备部按《设备管理程序》的要求做好设备的选用配置或设计制造		设备部
	6.1.4 质量部根据生产需要，组织编写必要的检验作业指导书。按《监视与测量设备管理程序》的要求，做好检测手段的配备和检测方法的确定		质量部
	6.1.5 生产车间根据工艺要求为生产过程创造适宜的环境条件		生产车间
	6.1.6 工艺技术部根据生产工艺确定员工的配置以及对员工的技能要求，作为员工选配、员工培训的基础依据		工艺技术部
6.2 生产计划的下达	6.2.1 生产部计划科依据"业务订单""销售需求计划"和库存情况，排定"月度生产计划"，并根据物料、设备、工装模具情况，于每天下午2:00前向车间下达"3天生产排程表"，具体依《生产计划管理规定》执行	月度生产计划、3天生产排程表	生产部计划科
	6.2.2 "3天生产排程表"的编排应以同类型产品、同颜色、同模具、同机台为原则，以免模具的上落频繁及同一机台频繁转产		
6.3 生产作业准备	6.3.1 车间调度员依据"3天生产排程表"编制"排产单"向各生产班组下达生产指令	排产单	车间调度员
	6.3.2 各班组依据"排产单"进行生产作业准备，组织物料及人员调配，并将生产样板、作业指导书等工艺指导文件放于操作现场附近便于取阅的地方，以方便操作者使用		班组长
	6.3.3 车间物料员去仓库领料，将领用的物料摆放于生产线附近的指定区域		车间物料员
	6.3.4 必要时，在生产前一天，工艺工程师向操作人员进行必要的讲解，使操作者明白产品特性、质量要求、自检方法和工艺参数的设定		工艺工程师

（续）

程　序	工　作　内　容	输出文件	责任部门/人
6.4 作业准备验证——生产条件确认	6.4.1 在下列情况下，要进行生产条件确认： 1）作业初次运行 2）设备、工装更换或大修 3）设计、工艺有重大改进 4）采用新材料或材料代用 5）生产场地发生变化 6）停产15天以上30天以内恢复生产前		
	6.4.2 生产条件确认由质量保证工程师组织进行，要将确认的情况填写在"作业准备验证——生产条件确认表"中	作业准备验证——生产条件确认表	质量保证工程师
6.5 作业准备验证——首件确认	6.5.1 在下列情况下，一般要进行首件确认： 1）每个工作班开始 2）设备、工装更换或大修 3）设计、工艺有重大改进 4）采用新材料或材料代用 5）特殊工序停机断电后再生产		
	6.5.2 生产线组长对生产的首件进行检验后，交给质量部巡检员进行确认检验。巡检员将确认检验的结果记入"首件确认表"内	首件确认表	巡检员
	6.5.3 首件确认不合格时，巡检员应指出不合格项目，并立即报告生产线组长进行处理。只有在首件确认合格后，巡检员才能通知生产线进行正式批量生产		巡检员
6.6 生产过程正式运行——关键工序控制	6.6.1 关键工序的设置原则： 1）对最终产品的性能、可靠性等方面有直接影响的工序 2）存在产品及过程特殊特性的工序 3）工艺难度大、质量较易波动或发生问题较多的工序		
	6.6.2 关键工序的控制： 1）工艺技术部确定关键工序并在工艺文件上做明显标识 2）在关键工序悬挂"关键工序控制点"标识牌 3）关键工序的质量控制要求必须纳入工艺文件 4）对从事关键工序的人员进行培训，培训合格方可上岗		工艺技术部

（续）

程　　序	工作内容	输出文件	责任部门/人
6.7 生产过程正式运行——特殊工序控制	6.7.1 特殊工序的设置原则： 1）工序结果不能通过其后的检验和试验加以验证 2）工序结果的缺陷仅在后续的过程乃至在产品使用后才显露出来 3）工序结果需实施破坏性测试或昂贵的测试才能获得证实		
	6.7.2 特殊工序的控制要求： 1）工艺技术部确定特殊工序并在工艺文件上做明显标识 2）在特殊工序悬挂"特殊工序控制点"标识牌 3）特殊工序涉及的主要设备要按设备操作保养规程的要求做好维护保养。特殊工序涉及的主要工装，除塑胶模具半年检查一次外，其余的每一季度检查一次 4）特殊工序的操作工人、设备维护人员必须经过培训，培训考核合格后发给上岗证方可上岗操作 5）应编制特殊工序作业指导书，操作人员必须按作业指导书的规定进行作业 6）生产车间按作业指导书的要求对特殊工序的工艺参数进行连续监视，并做好监视记录		工艺技术部、生产车间
	6.7.3 特殊工序的确认 特殊工序投入作业前，要得到确认。确认由质量工程师组织进行，确认的内容包括： 1）特殊工序涉及的设备、工装是否经过验收并要求定期对其进行检查和必要的保养？ 2）从事特殊工序的人员（包括质检员、设备维护人员）是否持证上岗？ 3）是否为特殊工序编制了作业指导书？ 4）特殊工序生产的样品是否合格？ 5）上述项目记录的内容能否证实过程运作正常？ 确认合格后，质量工程师批准此特殊工序投入运作。确认的结论记录在"特殊过程确认报告"中	特殊过程确认报告	质量工程师
	6.7.4 特殊工序的再确认 发生下列情况时，应对特殊过程进行再确认： 1）工序发生重大或批量性质量问题时 2）影响工序的因素发生了变化时（如工艺方法变更，设备、工装进行了大修等） 3）质量部有要求时		质量工程师

（续）

程　序	工作内容	输出文件	责任部门/人
6.8 生产过程正式运行——过程因素控制	6.8.1 人的因素的控制 1）所有操作人员、质检员都要经过岗位培训，合格后才能上岗 2）关键工序、特殊工序的操作者要保持稳定，要实行定机、定岗、定人。关键工序、特殊工序人员名单由车间主管批准，关键工序、特殊工序及替代人员名单由车间报人力资源部备案 3）更换关键工序、特殊工序操作者应以书面形式通知人力资源部 4）人力资源部要建立"岗位技能矩阵图"，以及关键工序、特殊工序操作人员及其替代人员名单		车间主管
	6.8.2 设备、工装、监测设备的控制 按照《设备管理程序》《工装管理程序》《监视和测量设备管理程序》的要求，确保设备、工装、监测设备处于正常工作状态		
	6.8.3 物料、零件的控制 1）所有进入生产现场的物料、零件都必须是经过检验合格的或批准紧急放行的 2）对产品质量有重要影响的物料、零件应按《标识与可追溯性管理规定》的要求做好标识移植工作，以保证质量的可追溯性 3）在不影响产品质量的前提下需采用代用材料时，必须按《代用材料管理办法》的要求办理审批手续		
	6.8.4 工艺及工艺纪律的控制 1）作业员按作业指导文件进行作业 2）下班前，各作业员、班组长应根据车间管理的要求，将当班的生产情况和下一班次注意事项填写在"交接班记录"上 3）质量工程师按照《工艺纪律检查管理办法》的要求对作业员的工艺执行情况进行检查和考核，确保生产过程处于受控状态		质量工程师
	6.8.5 环境控制与文明生产 1）生产车间按《车间环境管理办法》的要求对生产环境进行管理，确保各作业区域环境整洁，有适当的区域、安全标志，通道畅通，各类物品在定置区域内堆放整齐 2）车间组长负责本组人员进行安全、文明生产，正确使用和操作设备、工装等。对工件轻拿、轻放，禁止野蛮作业		车间组长

（续）

程　序	工　作　内　容	输出文件	责任部门/人
6.9　生产过程的监视、测量与分析	6.9.1　设立检验工序，以便在完成一道或数道工序后进行检验 1）设置检验工序，应该考虑以下因素： ① 产品及过程的特殊特性 ② 工艺上有特殊要求，对下道工序的加工、装配有重大影响的项目 ③ 内外部质量信息反馈中出现质量问题多的薄弱环节 2）质量工程师为检验工序编制检验作业指导书，质检员根据检验作业指导书的要求对检验工序的产品进行检查，以此来监视过程的质量		质量工程师、质检员
	6.9.2　使用控制图的工序，质量工程师要用控制图来分析和判断工序是否处于受控状态。详见《SPC控制图应用作业指导书》		质量工程师
	6.9.3　巡回检查与产品检验 1）巡检员进行巡回检查，观察车间的员工是否按规定的作业方法操作，使用的生产物料否正确，设备、工装、量具是否处于受控状态，并随时对有疑点的工位进行抽检 2）质量部按《产品监视和测量控制程序》的规定，做好产品的转序、入库检查		质量部
	6.9.4　车间每天填写"生产统计日报表"上交生产部计划科，汇报当天产量。计划科据此掌握生产动态并适时调整生产计划	生产统计日报表	车间
	6.9.5　质量统计员每天对各班组质量检查记录进行统计，编制"车间质量日报表"分发至相关人员，以便相关人员掌握生产过程的质量动态	车间质量日报表	质量统计员
6.10　生产过程异常的处理	6.10.1　异常提出的时机： 1）上线的原材料、零件不良率超过2% 2）工序检验不良率超过3% 3）作业时同类型不良连续发生5次 4）监视和测量设备不符合预期用途 5）零部件与BOM或作业指导书不一致		
	6.10.2　生产过程中异常发生时，由异常发生单位填写"生产异常单"送质量工程师。填写"生产异常单"时需将基本信息填写完整，注明发生时间、生产线/工段、不良现象、不良率等信息	生产异常单	异常发生单位
	6.10.3　质量工程师对异常问题进行判断分析，适时向有关部门发出"纠正和预防措施要求表"责令其整改。问题严重时，质量工程师应开出"生产停产通知单"责令车间停止生产	纠正和预防措施要求表、生产停产通知单	质量工程师

7. 过程绩效的监视

绩效指标	计算公式 （计算方法）	指标值	监视频率	监视单位
7.1 交货准时率	交货准时率＝（按期交货批次/应交货总批次）×100%	≥98%	月	计划科
7.2 生产计划达成率	生产计划达成率＝（按期完成数量/应完成数量）×70% ＋（按期完成品种数/应完成品种数）×30%	≥98%	月	计划科
7.3 入库检验一次通过率	入库检验一次通过率＝（一次检验通过的产品数量/送检的产品数量）×100%	≥98%	月	质量部
7.4 物料报废率	物料报废率＝（物料报废数/投入总数）×100%	≤1.5%	月	仓库

8. 过程中的风险和机遇的控制（风险应对计划）

风险	应对措施	其他事项	执行时间	负责人	监视方法
8.1 停水、停电	1）办公室及时将电力部门的停电通知传达到各部门，以便安排换班生产，确保生产不受影响		适时执行	办公室主任	行政部经理检查停电通知的传达情况
	2）保证公司自用蓄水池装满清水		每天	设施维护员	设施管理员每5天检查一次蓄水池蓄水情况

9. 支持性文件

9.1 《APQP控制程序》

9.2 《工装管理程序》

9.3 《设备管理程序》

9.4 《监视与测量设备管理程序》

9.5 《生产计划管理规定》

9.6 《工艺纪律检查管理办法》

9.7 《代用材料管理办法》

9.8 《SPC控制图应用作业指导书》

9.9 《车间环境管理办法》

10. 记录

10.1 月度生产计划

10.2 3天生产排程表

10.3 作业准备验证——生产条件确认表（见表5.7-1、表5.7-2）

10.4 排产单

10.5 首件确认表

10.6 特殊过程确认报告（见表 5.7-3）

10.7 生产统计日报表（见表 5.7-4）

10.8 车间质量日报表

10.9 生产异常单

10.10 生产停产通知单

表 5.7-1　作业准备验证——生产条件确认表（1）

产品型号：		产品名称：	
检查性质：□作业初次运行　□设备、工装更换或大修　□设计、工艺有重大改进 □采用新材料或材料代用　□生产场地发生变化　□停产 15 天以上 30 天以内恢复生产前			

序号	检查项目	检查内容	检查结论
1	流程图	1.1 流程图是否说明了生产工序和检验工序的顺序？	
		1.2 流程图中是否说明了关键工序、特殊工序？	
2	平面布置图	2.1 平面布置图是否明确了所有的工序和检测点？工序之间的布局是否合理，是否有利于提高效率？	
		2.2 是否已考虑了每一操作中的材料、工装和设备的区域？包括贮存区域、过渡区域？	
		2.3 对所有设备是否已分配了足够的空间？	
		2.4 为防止误装不合格产品，是否合理布置检测点、作业区域？	
		2.5 为减少在操作中误用或混淆类似产品，是否已规定了控制措施？	
		2.6 是否保护材料使其免受上层空间或气压搬运系统的污染？	
		2.7 是否有足够的控制以防止不合格的进货材料进入贮存和使用点？	
3	控制计划	3.1 控制计划中的工序是否与流程图相一致？	
		3.2 是否将所有产品/过程特殊特性纳入到控制计划内？	
		3.3 是否标明了要求检验的材料规格？	
		3.4 控制计划是否明确了从进货、生产到出货的全过程的控制措施？反应计划是否完善？	
		3.5 是否明确了产品性能试验和尺寸检验要求？	
		3.6 是否具备控制计划所要求的量具和试验设备？	
		3.7 组织的测量方法是否与顾客要求的一致？	
		3.8 测量系统分析是否按顾客要求进行？	
4	设备、工装	4.1 新配置设备是否已到位且能满足预测的生产能力（数量）、工序能力（质量）的要求？	
		4.2 设备易损件、备件如何管理？有何规定？设备易损件、备件能否及时提供？	

(续)

产品型号：		产品名称：	
检查性质：□作业初次运行　□设备、工装更换或大修　□设计、工艺有重大改进 　　　　　□采用新材料或材料代用　□生产场地发生变化　□停产 15 天以上 30 天以内恢复生产前			

序号	检查项目	检查内容	检查结论
4	设备、工装	4.3　设备上有无安全保护装置？	
		4.4　对特殊过程使用的设备，是否预先进行了设备能力认可？是否要求连续地对过程参数进行监控？	
		4.5　是否编制了设备维护保养规定（必要时）？	
		4.6　是否编制了设备的操作指导书（必要时）？	
		4.7　新工装是否已准备到位并能满足预测的生产能力的要求？	
		4.8　新工装的操作、检查、保养作业指导书是否完善并且清晰易懂（必要时）？	
		4.9　工位器具、模具、切削工具是否准备到位？有无管理规定？	
		4.10　是否有设备异常预警系统？如何控制？	
		4.11　作业者是否熟悉设备、工装的使用？	
5	监测装置	5.1　监测设备配置是否已完成？是否校准合格？	
		5.2　是否编制了监测设备操作、维护保养规定（必要时）？	
		5.3　是否已确定监测设备的可行性和准确度？	
		5.4　专用检具是否准备到位？是否通过校准？	
		5.5　是否带有表明其校准状态的合适的标志？	
		5.6　与特殊特性有关的测量系统是否需要进行 MSA（或 MSA 是否已通过）？	
		5.7　有外观、焊接等要求的项目是否有标样？	
		5.8　员工是否熟悉检验、测量和试验设备的使用？	
6	工艺与过程管理	6.1　工艺文件是否齐全、统一、清晰？是否有可操作性？操作方法是否安全？前、后工序的衔接是否良好？	
		6.2　工艺文件上的工艺参数是否合理、优化？是否与控制计划保持一致？BOM 是否修订完善？	
		6.3　关键工序、特殊工序设置是否合理？是否要求进行过程能力研究（或过程能力是否足够）？是否有明确标识？对产品和过程的特殊特性进行控制的措施是否明确。	
		6.4　包装作业指导书是否编制完成？是否有可操作性？	
		6.5　检验作业指导书是否编制完成？检测方法是否合理、正确？	

(续)

产品型号：		产品名称：	
检查性质：□作业初次运行　□设备、工装更换或大修　□设计、工艺有重大改进 □采用新材料或材料代用　□生产场地发生变化　□停产15天以上30天以内恢复生产前			
序号	检查项目	检查内容	检查结论
6	工艺与过程管理	6.6　选用控制图的过程是否明确了控制图的使用方法？	
		6.7　在生产出现意外或造成停线时，是否有适宜的措施以保证产品的质量，并做到具有可追溯性？	
		6.8　是否已就工艺文件对员工进行了交底、培训？文件是否容易得到？	
		6.9　关键工艺技术是否已预先得到解决？	
7	人员因素	7.1　操作人员是否已经培训，是否满足要求？	
		7.2　是否熟悉本岗位的作业文件并能掌握其要求？	
		7.3　员工能否正确地使用与工作有关的设备和计量器具？	
		7.4　人员是否充足？有无人员定额要求？	
		7.5　生产过程中人员的临时顶岗如何处理？多技能岗位对照表是否明示？	
8	材料因素	8.1　原材料、辅料、外购外协件、毛坯、半成品是否准备到位？是不是合格品？	
		8.2　如有因生产急需来不及验证而放行材料的情况，是否对这些材料进行了明确标识和记录？	
		8.3　生产车间有无防止混料、混批的控制措施？	
		8.4　有无不合格品如何处理的措施？	
		8.5　废品、余料、返修件如何管理？有无规定？有无规定隔离区、标识、返修工位等？	
		8.6　怎样防止物料搬运、贮存时磕碰划伤、损坏或变质？有无规定？	
		8.7　过程用的辅助材料有无管理措施？	
		8.8　对产品标识与检验状态标识有无做出规定？对产品的追溯有无规定？	
9	环境因素	9.1　当过程对环境的温度、湿度、噪声、通风、清洁度、照明等有要求时，现场能否满足要求？	
		9.2　有无安全防护措施？车间照明是否满足要求？物流是否畅通	
		9.3　对质量特性起重要作用的辅助设施，如生产用的水、压缩空气、电、化学用品等的控制是否有规范？	
		9.4　车间环境是否适合产品与工作，能否避免污染、损伤、混批、混料或发生差错？	
检查日期：		检查会签：	
能否开工决定：			
		质量保证工程师/日期：	

表 5.7-2　作业准备验证——生产条件确认表（2）

产品型号：	产品名称：	
确认日期：	车间：	线别：
确认内容：		
确认项目	确认结论	
（1）员工是否持证上岗？能否满足要求？		
（2）设备、工装、监测装置是否通过验收/校准？能否满足要求？		
（3）是否规定并实施了对设备、工装的保养和检查？		
（4）样板是否在有效期内？		
（5）作业指导书是否清晰易懂？有无安全操作的内容？员工是否明白作业指导书的内容？员工是否容易得到作业指导书？		
（6）如有特殊过程，这些特殊过程是否得到了确认？		
（7）工作环境能否满足产品质量要求、生产安全要求？		
（8）上线材料是否符合要求？		
确认总结论： □作业条件确认合格，能够进行作业 □其他：		
确认人员会签：		

表 5.7-3 特殊过程确认报告

产品型号:		产品名称:	
特殊过程名称:			
确认类别：□ 首次确认　　□ 再确认		再确认原因:	
确认主持人:	确认时间:		确认地点:

特殊过程所使用的主要设备、工装：

设备、工装编号	设备、工装名称	设备、工装编号	设备、工装名称

特殊过程所使用的作业指导书：

文件号	文 件 名 称	文件号	文 件 名 称

确认内容：

确 认 项 目	确 认 结 论	
1）有无作业指导书？	□ 有	□ 无
2）设备、工装是否通过验收、检定？	□ 通过	□ 没通过
3）是否规定并实施了对设备、工装的保养和检查？	□ 是	□ 否
4）特殊过程的员工是否持证上岗？	□ 是	□ 否
5）是否对过程参数进行监视并保持记录？	□ 是	□ 否
6）样品试制是否合格？	□ 是	□ 否

确认结论：
□ 特殊过程确认合格，能够投入运作
□ 其他：

确认人签名：

确认人	部门	职位	确认人	部门	职位

编制/日期:	审核/日期:	批准/日期:

表 5.7-4 生产统计日报表

线号			实有人数			出勤人数			日期	
姓名	工位	工作内容	总数量	产品代号	订单号	完成	返修	下线	交验合格率	备注

5.8 产品交货管理程序

产品交货管理程序

1. 目的

确保按顾客的要求准时地将产品交付给顾客。

2. 适用范围

适用于向顾客交货的管理。

3. 职责

3.1 营销部跟单员负责做好出货计划、下达出货通知、办理产品出库、安排产品运输、跟踪货款回收。

3.2 仓库负责产品的包装、搬运。

3.3 质量部负责提供出货产品的检验报告。

4. 过程分析乌龟图

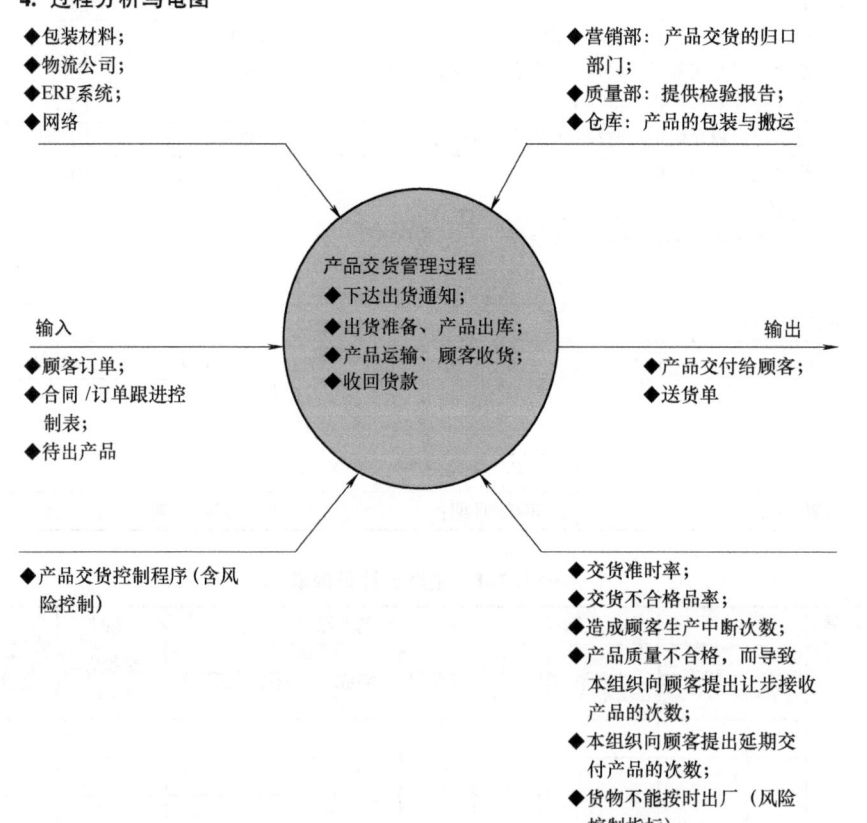

5. 过程流程图

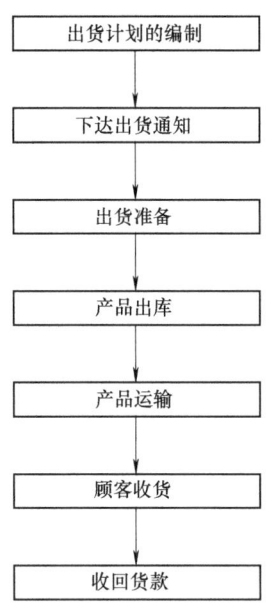

出货计划的编制
↓
下达出货通知
↓
出货准备
↓
产品出库
↓
产品运输
↓
顾客收货
↓
收回货款

6. 作业程序与控制要求

程　　序	工 作 内 容	输出文件	责任部门/人
6.1　出货计划的编制	6.1.1　营销部跟单员每月28号根据顾客订单、"合同/订单评审表""合同/订单跟进控制表"等资料编制下月度"月出货计划表"，经营销部经理批准后分发给物控、生产、仓库	月出货计划表	营销部跟单员
	6.1.2　营销部跟单员每周周五根据"月出货计划表""生产进度控制表"编制"周出货计划表"，经营销部经理批准后分发给物控、生产、仓库	周出货计划表	营销部跟单员
6.2　下达出货通知	6.2.1　营销部跟单员根据"周出货计划表"，在出货前2天，检查出货产品的库存状况		营销部跟单员
	6.2.2　有库存时，营销部跟单员应于出货前4个小时开具"出货通知单"并将其分发至质量部、仓库	出货通知单	营销部跟单员
	6.2.3　无库存时，营销部跟单员应通知生产部计划员，以便调整生产确保在顾客要求的时间将产品发出	出货通知单	

（续）

程　序		工　作　内　容	输出文件	责任部门/人
6.3 出货准备		6.3.1 质量部将出货产品的"产品检验报告"传递给仓库	产品检验报告	质量部
		6.3.2 仓库按照"出货通知单"的要求做好出货产品的包装，包装时应将"产品检验报告"放入包装箱内。应在包装箱外面贴上出货标识，并在放有"产品检验报告"的包装箱外面贴上"箱内有产品检验报告"字样的标签		仓库
6.4 产品出库		6.4.1 营销部跟单员开具"销售出库单"送财务部审核、营销部经理批准。"销售出库单"上要注明订单号、顾客名称、产品名称/规格、数量等	销售出库单	营销部跟单员
		6.4.2 营销部跟单员拿"销售出库单"去仓库办理产品出库，仓管员应在"销售出库单"相关位置上签字，并将产品出库情况录入ERP系统		营销部跟单员
		6.4.3 "销售出库单"第1联（白色）由营销部跟单员保存，第2联（红色）交财务部保存，第3联（黄色）由仓库保存		
6.5 产品运输		6.5.1 营销部跟单员安排物流公司将产品运送给顾客，应注意与物流公司办好货物的交接手续		营销部跟单员
		6.5.2 营销部跟单员以邮件的方式及时向顾客传递"送货单"。送货单上要注明订单号、产品名称/规格、数量、物流公司、物流单号等	送货单	营销部跟单员
		6.5.3 营销部跟单员对物流信息进行跟踪，保证准时将产品交给顾客。如发现物流信息异常，应及时报告给营销部经理，同时与顾客进行协调沟通		营销部跟单员
6.6 顾客收货		6.6.1 营销部跟单员在确认货物送达顾客后，应要求顾客及时确认并在"送货单"上签字，然后将签字的"送货单"传送回本公司		营销部跟单员
		6.6.2 营销部跟单员将交货情况记录在"合同/订单跟进控制表"中	合同/订单跟进控制表	营销部跟单员
6.7 收回货款		6.7.1 营销部跟单员根据交货情况、供货协议中规定的账期与顾客确认应收货款，并监督顾客按时付款		营销部跟单员
		6.7.2 在收到顾客付款后，财务部开具发票，由营销部跟单员寄给顾客		营销部跟单员

7. 过程绩效的监视

目标名称	计算公式（计算方法）	目标值	监视时机	监视单位
7.1 交货准时率	交货准时率 = $\dfrac{\text{准时交货次数}}{\text{交货总次数}} \times 100\%$	≥98%	月度	营销部
7.2 交货不合格品率	交货不合格品率 = $\dfrac{\text{被顾客退回的不合格产品数量}}{\text{发给顾客的产品总数量}} \times 1000000$（PPM）	≤500PPM	月度	质量部
7.3 造成顾客生产中断次数	每月统计一次	0次	月度	营销部
7.4 产品质量不合格而导致本组织向顾客提出让步接收产品的次数	每月统计一次	≤1次	月度	营销部
7.5 本组织向顾客提出延期交付产品的次数	每月统计一次	≤1次	月度	营销部

8. 过程中的风险和机遇的控制（风险应对计划）

风险	应对措施	其他事项	执行时间	负责人	监视方法
8.1 货物不能按时出厂	1）当货物不能按时出厂影响向顾客准时交货时，可变更运输方式，如将汽车、火车运输改为空运，普通物流改为快递等 2）与顾客沟通，取得顾客的谅解			跟单员	营销部经理每月对"合同/订单跟进控制表"进行审查

9. 支持性文件

（无）

10. 记录

10.1 月出货计划表

10.2 周出货计划表

10.3 出货通知单

10.4 销售出库单

10.5 送货单

10.6 合同/订单跟进控制表

5.9 产品检验控制程序

产品检验控制程序

1. 目的

确保所有产品在通过规定的检验后才能进入下一道工序或入仓。

2. 适用范围

适用于公司内的进料检验、过程检验、成品检验。

3. 职责

3.1 质量部负责进料检验、巡回检查、检验工序的检验、半成品/成品的检验，并主导首件确认。

3.2 生产车间负责自主检验，并同质量部一起做好首件确认。

4. 过程分析乌龟图

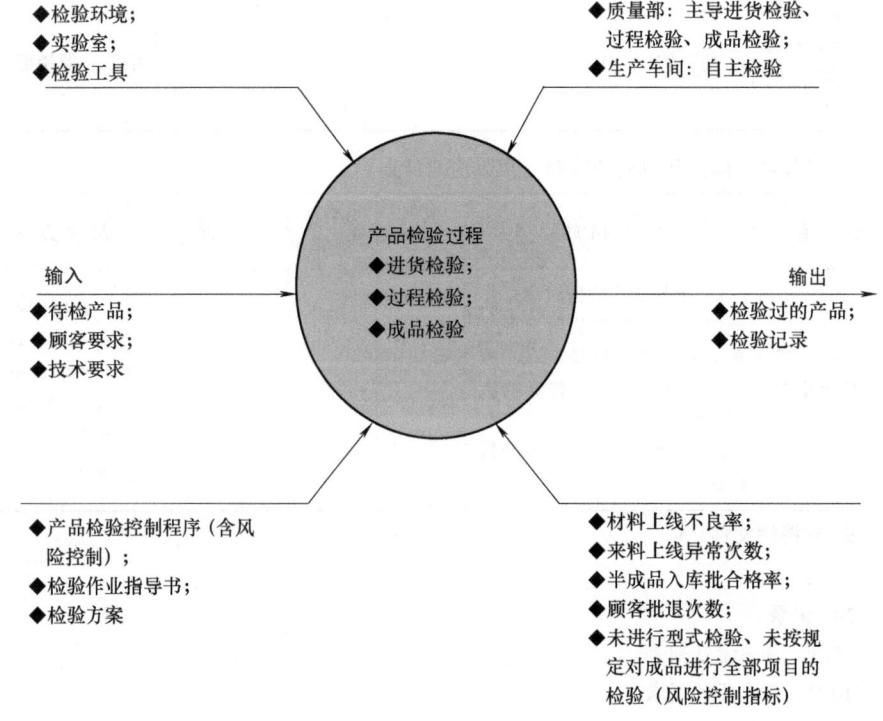

5. 过程流程图

5.1 进料检验流程

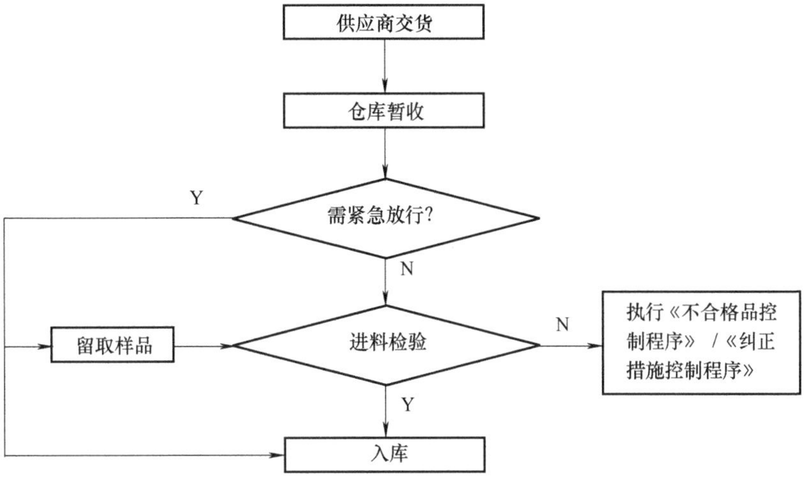

```
供应商交货
    ↓
仓库暂收
    ↓
需紧急放行? —Y→ (至留取样品)
    ↓ N
进料检验 —N→ 执行《不合格品控制程序》/《纠正措施控制程序》
    ↓ Y
入库

留取样品 → 入库
```

5.2 过程检验流程

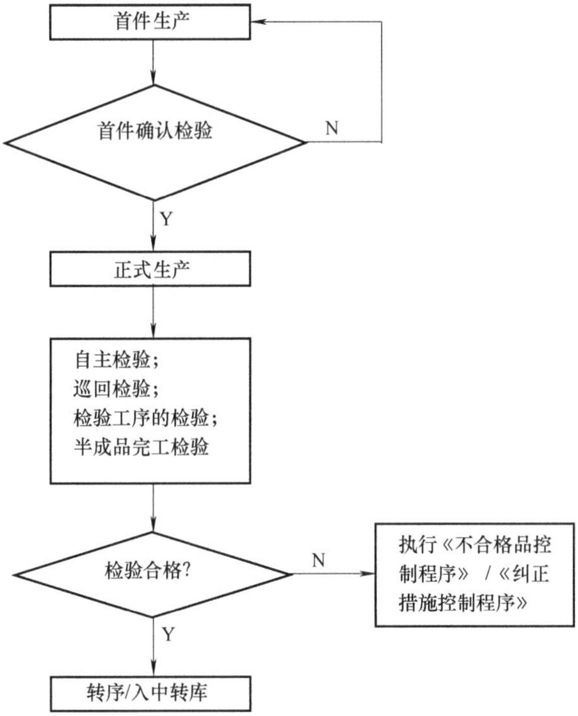

```
首件生产
    ↓
首件确认检验 —N→ (返回首件生产)
    ↓ Y
正式生产
    ↓
自主检验；
巡回检验；
检验工序的检验；
半成品完工检验
    ↓
检验合格? —N→ 执行《不合格品控制程序》/《纠正措施控制程序》
    ↓ Y
转序/入中转库
```

5.3 成品检验流程

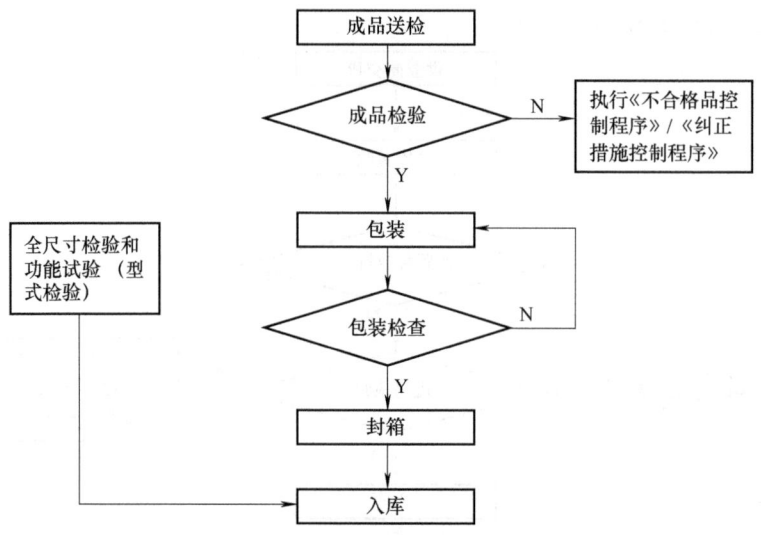

6. 作业程序与控制要求

6.1 进料检验

程　序	工 作 内 容	输出文件	责任部门/人
6.1.1 供应商交货	供应商交货时，仓管员应按照采购单的要求，对照供应商的"送货单"，点清品名、规格、数量		仓管员
6.1.2 仓库暂收	仓管员将所收物料放入待检暂存区，并在物料的合适位置贴上进料标识卡。做好上述工作后，须立即通知质量部进行进料检验		仓管员
6.1.3 进料检验	1) 质量部按进料检查作业指导书、《来料检查方案》、样板、图样等进行进料检验工作并做好"进料检验报告单"	进料检验报告单	质量部
	2) 检验合格的物料，质量部按《检验状态管理要求》的规定在进料标识卡上盖"合格"章		质量部
	3) 检验不合格的物料，执行《不合格品控制程序》		
	4) 质量部因检验能力无法检验的物料/特性，质量部可通知采购部要求供应商随货附上相关检验合格证明文件，质量部根据合格证明文件对来料进行验证。对此类物料/特性，质量部一年中至少一次送其到第三方实验室进行检验		质量部
	5) 必要时，要求供应商提供第三方进行的物料检验报告		

（续）

程　　序	工　作　内　容	输出文件	责任部门/人
6.1.4 入库	仓库将合格或紧急放行的物料置于仓库指定区域，并办理入库手续		仓库
6.1.5 紧急放行	1）如因生产紧急，进料来不及检验而需放行时，在可追回的情况下，由生产部计划员填写"紧急放行申请单"交质量部经理审核、总经理批准后，执行紧急放行。批准后的"紧急放行申请单"应分发至仓库、质量部、生产车间等有关部门	紧急放行申请单	生产部计划员
	2）质量部留取《来料检查方案》中规定数量的样品，并在紧急放行物料的进料标识卡上盖黑色"紧急放行"章		质量部
	3）质量部对留取的样品进行正常检查，如发现不合格时，质量部经理在"进料检验报告单"上做出处理意见。质量部应立即对该批紧急放行的物料进行跟踪处理。对于尚未使用的，质量部根据"进料检验报告单"上的处理意见进行处理；对已制成的半成品或成品，要由质量部进行全检，要在检验记录上注明所使用物料的情况		质量部
	4）车间在使用紧急放行的物料时，应在生产出的产品上或包装箱上贴一黄色圆形标志。质检员应确保使用了紧急放行物料的产品入库前，紧急放行物料的检验报告已发出并符合规定的要求		车间、质检员

6.2　过程检验

程　　序	工　作　内　容	输出文件	责任部门/人
6.2.1 首件确认检验	1）在下列情况下，按《首件确认管理规定》的要求进行首件确认检验： ① 每个工作班开始 ② 设备、工装更换或大修 ③ 设计、工艺有重大改进 ④ 采用新材料或材料代用 ⑤ 特殊工序停机断电后再生产		
	2）开始生产时的 1~3 件产品，操作者自检后，送质检员做首件确认检验，结果记录于"首件确认表"中	首件确认表	质检员
	3）首件确认合格时，由质检员在首件上做首件标记并通知操作者继续作业。首件确认不合格时，质检员向操作者指出不合格部位，要求其改进。操作者返工或重新加工首件，直至确认合格，方可继续生产		质检员

（续）

程　序	工作内容	输出文件	责任部门/人
6.2.2　自主检验	生产车间作业员要在生产中按《自主检验规范》的要求进行自主检验，并将自主检验的结果记入"自主检验记录表"或其他相应的记录表中。自主检验中作业员如发现产品质量异常时，应及时停止作业，并向组长报告，寻求改善对策	自主检验记录表	作业员
6.2.3　巡回检验	1）五金、塑胶车间的质检员按《五金产品检查作业指导书》或《塑胶产品检查作业指导书》和《质量部巡检管理规定》的要求对各机台进行巡查并做好"质检员巡查记录表"。巡查时不仅应按要求抽查产品，而且应观察作业者的作业方法及设备、工装、具量使用等方面的情况。如发现问题应及时指导作业者或联系有关人员加以纠正。巡查中发现的不合格品应做好标记并适当隔离	质检员巡查记录表	质检员
	2）质量工程师在装配、插件生产线进行巡回检查，观察车间的员工是否按规定的作业方法操作，使用的生产物料否正确，设备、工装、具量是否处于受控状态，并随时对有疑点的工位进行抽检。质量工程师应及时将发现的问题通知生产车间的组长，必要时通知车间主管，以便调整生产。质量工程师巡检结果应填写在"质量工程师巡查日报表"上	质量工程师巡查日报表	质量工程师
	3）如巡检中发现严重质量问题，质量工程师、质检员应及时向质量主管报告，质量主管视情况的严重性，做出停止生产的决定，并适时发出"纠正措施报告单"要求有关部门改进。详见《纠正措施控制程序》		
6.2.4　检验工序的检验	装配、插件车间是流水线作业，工艺技术部在编制生产工艺流程时，应同质量工程师一起确定检验工序。质量工程师应为检验工序编制检查作业指导书。质检员在检验工序处按检查作业指导书的要求对产品进行全检并做好"质控点检验记录表"	质控点检验记录表	质检员
6.2.5　半成品完工检验	五金、塑胶车间、插件车间的半成品入中转仓或转入下一车间前，应由所在车间的质检员按《五金产品检验作业指导书》/《塑胶产品检验作业指导书》/《插件产品检验作业指导书》和《半成品检查方案》的要求进行检查，合格后方可入库或转入下一车间。质检员应将检查结果记入相应的"半成品检验报告"中	半成品检验报告	质检员

6.3 成品检验

程　序	工 作 内 容	输出文件	责任部门/人
6.3.1 成品检验	1）装配车间将完工的成品放入周转箱，并将周转箱放置在生产线尾部的成品待检区		装配车间
	2）装配车间质检员按有关的产品检验作业指导书、顾客订单的要求以及《成品检查方案》对完工成品进行检验，检验的结果填写在"成品检验报告"中	成品检验报告	质检员
	3）检验合格的成品，由生产车间送入包装车间；检验不合格时，执行《不合格品控制程序》		
6.3.2 包装、装箱	成品入包装车间后，装箱员按《产品包装要求》的规定进行包装、装箱（不封口），并在外包装箱上贴上"产品标识卡"。"产品标识卡"的内容包括：型号、名称、数量、生产批号、毛重、体积等		装箱员
6.3.3 包装检查	质检员按《包装检验规范》的要求进行包装检查，填写"包装检验报告"，并在"产品标识卡"上盖"合格"章	包装检验报告	质检员
6.3.4 封箱、入库	检验合格后，装箱员进行封箱，车间统计员办理入库		装箱员、车间统计员
6.3.5 全尺寸检验和功能试验（型式检验）	1）在下列情况下进行型式检验： ① 按顾客要求的频率或控制计划规定的频率进行 ② 新产品试制定型鉴定 ③ 产品长期（一年以上）停产，当恢复生产时，应进行型式检验 ④ 每年应进行一次，但在产品结构、工艺、电路和重要元件改变时应适时进行	型式检验报告	质量部
	2）从入库检验合格的产品中抽取5个或顾客规定的数量，按产品标准的要求检验全部项目		
	3）在检验时，任何一项不合格，都应加倍进行该项目的检验。加倍检验全部合格，则判为合格，加倍检验仍有一项不合格，则判为不合格，应分析原因，加以改进		
	4）型式检验不合格时，应暂停该种产品出货，直到问题解决。同时对上次型式检验至本次型式检验期间发出的产品进行评估，如认为问题严重，则应追回产品进行返工或其他处理		

7. 过程绩效的监视

目标名称	计算公式（计算方法）	目标值	监视时机	监视单位
7.1 材料上线不良率	材料上线不良率 $=\dfrac{\text{生产线退库的不合格物料数量}}{\text{总领料数量}}\times 1000000$（PPM）	≤5000 PPM	月度	仓库
7.2 来料上线异常次数	生产线上发现质量部进料检验合格的某种物料不合格率超过3%时，算1次异常	≤15次	月度	生产部
7.3 半成品入库批合格率	半成品入库批合格率 $=\dfrac{\text{检验合格批数}}{\text{检验总批数}}\times 100\%$	≥95%	月度	质量部
7.4 顾客批退次数	顾客判整批退货次数	0次	月度	营销部

8. 过程中的风险和机遇的控制（风险应对计划）

风 险	应对措施	其他事项	执行时间	负责人	监视方法
8.1 未进行型式检验（全尺寸检验和功能试验）	1）质量保证工程师应确保在6.3.5之1）的情况下进行型式检验 2）每月制定"型式检验计划"并监督其实施		每月	质量保证工程师	质量部经理对"型式检验计划"进行检查
8.2 未按规定对成品进行全部项目的检验	"成品检验报告"中的检验项目应与产品检验作业指导书中规定的检验项目一致		每次	成品质检员	质量主管对"成品检验报告"进行检查

9. 支持性文件

9.1 《来料检查方案》

9.2 《检验状态管理要求》

9.3 《不合格品控制程序》

9.4 《首件确认管理规定》

9.5 《自主检验规范》

9.6 《质量部巡检管理规定》

9.7 《半成品检查方案》

9.8 《成品检查方案》

9.9 《包装检验规范》

10. 记录

10.1 进料检验报告单（见表5.9-1）

10.2 紧急放行申请单

10.3 首件确认表（见表5.9-2）

10.4 自主检验记录表

10.5 质检员巡查记录表（见表5.9-3）

10.6 质量工程师巡查日报表

10.7 质控点检验记录表

10.8 半成品检验报告

10.9 成品检验报告（见表5.9-4、见表5.9-5）

10.10 包装检验报告

表5.9-1　进料检验报告单

来料日期：___年___月___日		检查日期：___年___月___日	
供应商	物料名称型号		物料编号
送货单 No.	采购单 No.		要求交货日期
来料数量	抽样数量		检验指引 No.
接收质量限 AQL		判断标准	
严重不合格品	轻微不合格品	严重不合格品	轻微不合格品
		Ac　　Re	Ac　　Re
		0　　　1	0　　　1
不合格现象描述			
序号	不合格内容	严重不合格品	轻微不合格品
	不合格品合计		

结论：□合格　　□不合格　　□其他：

　　　　质检员：_____　　质检主管：_____

批量不合格品的处理：

采购部意见：
□生产急用，请考虑做有条件接收处理　　□退货　　□其他：

签名/日期：

工艺技术部处理意见：
□特采　　□加工使用　　□挑选使用　　□退货　　□其他：

签名/日期：

副总经理批准：
□同意工艺技术部意见　　□其他：

　　　　　　　　　　　　　　　　　　　　签名/日期：

表 5.9-2 首件确认表

产品型号：　　　　　　　　　　　　产品名称：
确认日期：　　　　　　　　　　车间：　　　　　　线别：

确认时机：
□初次运行　□设计、材料改变　□作业方法发生了改变　□生产场地发生变化
□使用新的或变更了的设备和工装　□对现有设备、工装进行了重大维修
□供方提供的零件、材料发生了变化　□换产品

检验项目	检验要求	自检结果	质检结果	判定	备注

首件确认总结论：
□可以进行正式生产

□可以进行正式生产，但须解决确认中的问题

□不能进行正式生产

□其他：

生产线组长签字：　　　　　　　　　　　　检验人员签字：

第5章 IATF 16949：2016 程序文件——运行类

表5.9-3　质检员巡查记录表

质检员：		检查日期：2017/4/3	车间/班次：注塑车间白班		车间组长：		N：表示需返工挑选　√：表示合格放行
						巡查情况	
机台号	模具号	产品编号/名称	作业者	8:00~10:00	8:00~12:00	14:00~16:00	16:00~18:00
No.1	M002	SA150	CCC	√	√	划伤×2/划伤×1 N①	划伤×3 N②
…	…	…					
No.10	M035						

返工记录

序号	机台	模具	产品编号/名称	作业者	时间	不合格数量	返工结果确认	确认人	确认时间
①	No.1	M002	SA150	CCC	16:00	350	合格	AAAA	2017/4/3 17:00
②	No.1	M002	SA150	CCC	18:00	400	合格	AAAA	2017/4/3 19:00

表 5.9-4 成品检验报告（1）

产品名称		产品型号		生产车间	
生产线		生产日期		检验日期	
生产数量		抽样数量		检验指引 No.	
接收质量限 AQL			判断标准		
严重不合格品	轻微不合格品	严重不合格品		轻微不合格品	
		Ac	Re	Ac	Re
		0	1	0	1

不合格现象描述

序号	不合格内容	严重不合格品	轻微不合格品
	不合格品合计		

包装材料及装箱物品核对（正确打"√"，不正确打"×"）：
1. 箱唛准确 □   2. 说明书 □   3. CE 标志 □   4. 其他 □

结论：□合格   □不合格   □其他：

质检员：_____   质量主管：_____

批量不合格品的处理：
质量部经理处理意见：
□让步接受   □降级   □返工   □其他：

签名/日期：

副总经理批准：
□同意质量部经理意见   □其他：

签名/日期：

第5章 IATF 16949：2016 程序文件——运行类

表 5.9-5 成品检验报告（2）

质检员： 　　　　　　　检查日期：

序号	生产线	产品名称/型号	箱数	批量	抽样数量	抽样箱号	判断标准 严重不合格品 Ac	判断标准 严重不合格品 Re	判断标准 轻微不合格品 Ac	判断标准 轻微不合格品 Re	严重不合格品实际数量	轻微不合格品实际数量	结论	备注
1	No.1		15	1500	125		0	1	0	1	2	6	不合格	
2														
3														
4														
5														
6														

本日总检查数量：　　　　　本日检查合格数量：　　　　　本日一次通过数量：

不合格处理

序号	生产线	不合格类型及其数量	车间确认	不合格产品的处理	备注
1	No.1	异响×2 / 刮花×6	何××	返工	

质检组长：　　　　　　车间主管：　　　　　　质量主管：

· 287 ·

5.10 不合格品控制程序

不合格品控制程序

1. 目的

建立并保持对不合格品的有效控制机制,防止不合格品的非预期使用。

2. 适用范围

适用于全过程中不合格品(含状态可疑产品,包括无标识或标识不清的产品、仪器失准时测量的产品、回用件、过程参数异常品、受外力作用时所生产的产品、过保存期限的库存品等)的处理。

3. 职责

3.1 质量部负责组织对不合格品的处理工作。

3.2 采购部负责与供货商的联络和协调工作,并将拒收零件退给供应商。

3.3 生产车间负责车间生产的不合格品的返工。

3.4 营销部负责组织处理顾客退货,以及顾客的现场失效。

4. 过程分析乌龟图

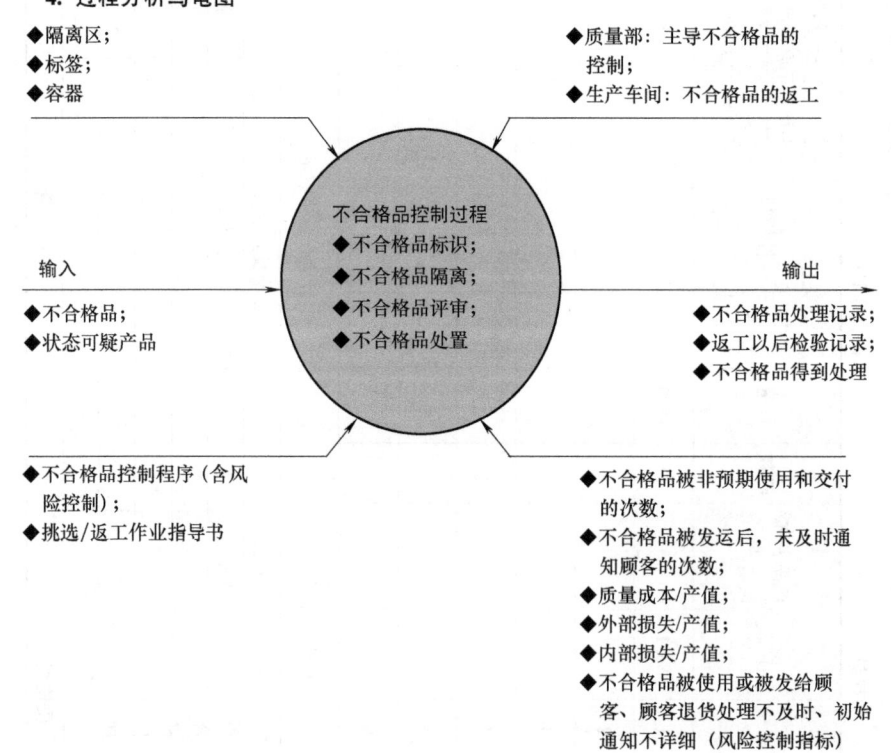

5. 过程流程图

5.1 进料检验不合格品处理流程

```
发现不合格品
    ↓
不合格品的标识
    ↓
不合格品的隔离
    ↓
对不合格品提出处理意见
    ↓
┌────────┬────────┬────────┐
拒收    让步接收   挑选或修复
 ↓        ↓         ↓
退供应商   入库    检验 —N→(回到挑选或修复)
                   ↓Y
                  入库
```

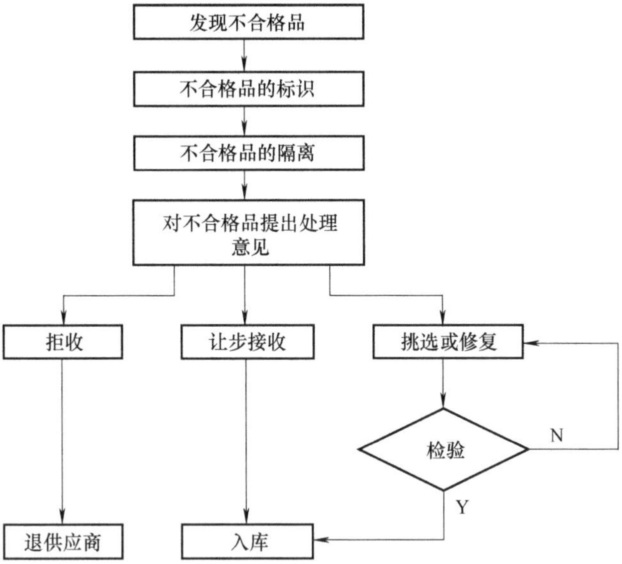

5.2 半成品入库检验不合格品处理流程

```
发现不合格品
    ↓
不合格品的标识
    ↓
不合格品的隔离
    ↓
对不合格品提出处理意见
    ↓
┌────────┬────────┬────────┐
报废    让步接收    返工
                    ↓
                   检验 —N→(回到返工)
                    ↓Y
                   入库
```

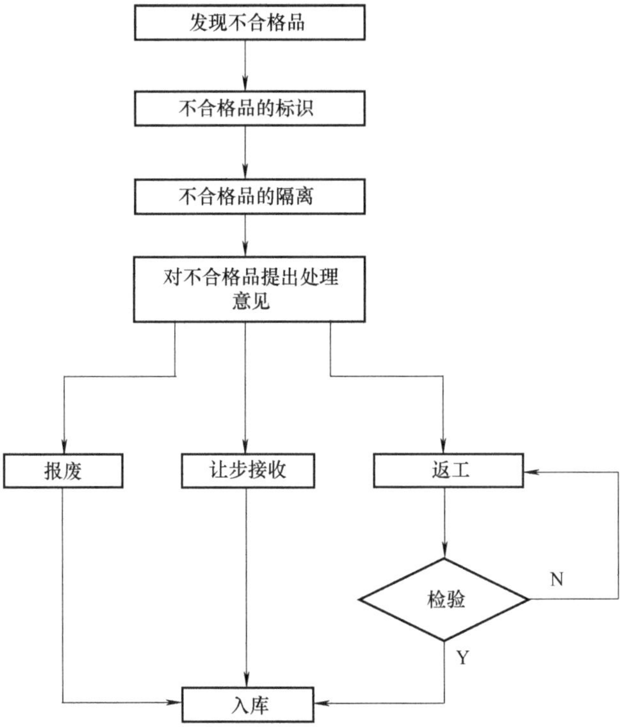

5.3 成品入库检验不合格品处理流程

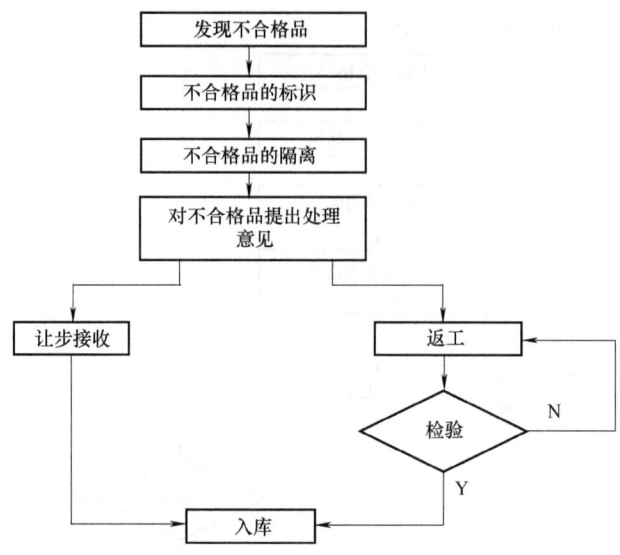

5.4 交付后不合格品处理流程

5.4.1 我公司发现不合格品被发运的处理流程

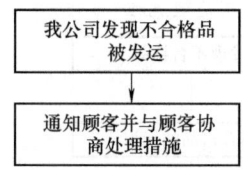

5.4.2 顾客退货处理流程

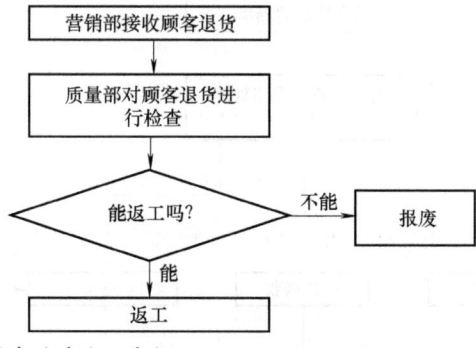

5.4.3 顾客现场失效的处理流程

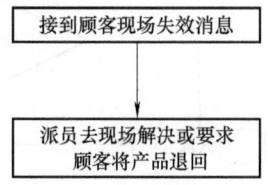

6. 作业程序与控制要求

程　　序	工作内容	输出文件	责任部门/人
6.1 进料检验不合格品的控制	6.1.1 进料检验中发现整批或部分零件不合格时，质检员应在其包装箱上贴不合格品标签		质检员
	6.1.2 仓库将不合格零件放置在不合格品区域，并做好隔离		仓库
	6.1.3 质检员将"进料检验报告"送质量工程师		质检员
	6.1.4 对于不影响整机性能的不合格项目，且不用做任何处理（挑选或修复）的零件，质量工程师应在"进料检验报告"中选择"让步接收"，经质量部经理审核同意后，写明让步接收的原因，交顾客对让步接收的物料进行最终批准 质检员在"让步接收"的零件的包装箱上贴上"让步接收"标签 仓库将"让步接收"的零件放进仓库特定位置，并办理入库手续	进料检验报告	质量工程师
	6.1.5 对于影响整机性能的不合格项目，但可以做挑选或修复的零件，质量工程师应在"进料检验报告"中选择"可修复或挑选"，经质量部经理批准后，将"进料检验报告"传给采购部 采购部接到"进料检验报告"后，根据零部件的生产需求情况，确定该不合格品是否由供应商亲自处理还是委托本公司生产车间处理。委托本公司处理时，供应商应承担处理费用 质检员应在"需修复或挑选"的零件的包装箱上贴上"需修复或挑选"标签 按《挑选/返工作业指导书》的要求挑选或修复后的货品，要进行二次报验	进料检验报告	质量工程师
	6.1.6 对于影响整机性能的不合格项目，且不能做任何处理（挑选或修复）的零部件，质量工程师在"进料检验报告"中做出"拒收"处理意见，经质量部经理批准后，将"进料检验报告"传给采购部 质检员应在"拒收"的零件的包装箱上贴上"拒收"标签 采购部负责进行退货处理，同时通知供应商按要求的时间重新供货	进料检验报告	质量工程师
6.2 半成品入库检验中发现的不合格品的控制	6.2.1 对检验中判定的不合格批，质检员应在其周转箱上贴上不合格品标签		质检员
	6.2.2 车间将不合格半成品放置在不合格品区域，并做好隔离		车间

（续）

程　序	工作内容	输出文件	责任部门/人
6.2 半成品入库检验中发现的不合格品的控制	6.2.3 质检员将"半成品检验报告"送质量工程师，质量工程师对不合格品做出处理意见	半成品检验报告	质量工程师
	6.2.4 如做返工处理，质量工程师开出"返工报告单"，经质量部经理批准后送车间执行 　质检员应在"需返工"的半成品的周转箱上贴上"需返工"标签 　车间按《挑选/返工作业指导书》的要求返工后的半成品由质量部复检	返工报告单	质量工程师
	6.2.5 如果做报废处理，质量工程师开出"报废申请单"，经质量部经理审核、生产副总批准后传给车间 　质检员应在"报废"的半成品的周转箱上贴上"报废"标签 　车间将报废的半成品送到仓库，并办理入库手续。仓库应将报废的半成品定期卖掉	报废申请单	质量工程师
	6.2.6 如生产车间认为不合格半成品可以让步接收而无须返工，生产车间应填写"让步接收申请表"，工艺技术部经理在考虑对下道工序或成品的影响程度的基础上，做出是否接收让步申请的决定。让步申请应送顾客批准 　对批准让步接收的不合格半成品，质检员应在其周转箱上贴上"让步接收"标签 　车间将"让步接收"的半成品送到仓库，并办理入库手续	让步接收申请表	生产车间
6.3 成品入库检验中不合格品的控制	6.3.1 对检验中判定的不合格批，质检员应在其包装箱上贴上不合格品标签		质检员
	6.3.2 车间将不合格成品放置在不合格品区域，并做好隔离		车间
	6.3.3 质检员将"成品检验报告"送质量工程师，质量工程师对不合格品做出处理意见	成品检验报告	质检员
	6.3.4 如做返工处理，质量工程师开出"返工报告单"，经质量部经理批准后送车间执行 　质检员应在"需返工"的成品的包装箱上贴上"需返工"标签 　车间按《挑选/返工作业指导书》要求返工后的成品由质量部复检	返工报告单	质量工程师

(续)

程　序	工作内容	输出文件	责任部门/人
6.3　成品入库检验中不合格品的控制	6.3.5　如生产车间认为不合格成品可以让步接收而无须返工，生产车间应填写"让步接收申请表"，送产品研发部经理审核、顾客批准 对批准让步接收的不合格成品，质检员应在其包装箱上贴上橙色"让步"标签 车间将"让步接收"的成品送到仓库，并办理入库手续	让步接收申请表	生产车间
	6.3.6　让步的产品发运给顾客时，应在外包装箱（或集装箱）上贴上经顾客同意的橙色标识，并保留顾客批准期限和数量方面的记录		
6.4　交付后不合格品的处理	6.4.1　我公司发现不合格品被发运时，营销部应立即通知顾客并协商处理措施		
	6.4.2　顾客退货的处理 1）营销部顾客专员接收顾客退货，将其放在仓库暂存区 2）顾客专员填写"退货送检单"交质量工程师 3）质量工程师对顾客退货进行检验与分析，提出处理意见。处理意见应填写在"退货送检单"上 4）顾客专员将顾客退货连同"退货送检单"送至仓库，办理退库 5）仓库管理员根据"退货送检单"上的处理意见，通知相关部门对退货进行返工或报废	退货送检单	质量工程师
	6.4.3　对顾客现场发生的失效，本公司将派人去顾客现场解决或要求顾客将产品退回		

7. 过程绩效的监视

目标名称	计算公式（计算方法）	目标值	监视频率	监视单位
7.1　不合格品被非预期使用和交付的次数	每月统计不合格品被非预期使用和交付的次数	0次	月度	质量部
7.2　不合格品被发运后，未及时通知顾客的次数	1）在顾客进料检查前通知顾客，视为及时通知 2）每月统计一次	0次	月度	质量部
7.3　质量成本/产值	按会计规则计算	≤3.5%	月度	财务部
7.4　外部损失/产值	按会计规则计算	≤1.1%	月度	财务部
7.5　内部损失/产值	按会计规则计算	≤0.6%	月度	财务部

8. 过程中的风险和机遇的控制（风险应对计划）

风　　险	应对措施	其他事项	执行时间	负责人	监视方法
8.1 不合格品被使用或被发给顾客	1）质量部对不合格品进行100%标识			质检员	质量保证工程师每天对检验状态的标识情况进行检查，发现问题及时处理
	2）仓库/车间按要求对不合格品进行隔离			仓库/车间	质量保证工程师每天对不合格品的隔离情况进行检查，发现问题及时处理
	3）严明纪律，谁使用、发出不合格品，都将按《员工奖惩制度》进行处罚			质量部经理	生产副总经理监督质量部经理开出"员工处罚单"
8.2 顾客退货处理不及时	营销部顾客专员必须在3天内对顾客退货办理入库，并做好"顾客退货处理登记表"			顾客专员	营销部经理每月对"顾客退货处理登记表"进行检查
8.3 初始通知不详细	1）当发现不合格品被发运时，营销部顾客专员首先要电话通知顾客 2）在电话通知后，立即发电子邮件，详细说明情况。电子邮件发出前，内容需营销部经理审核			顾客专员	营销部经理对通知的内容进行审核

9. 支持性文件

（无）

10. 记录

10.1　进料检验报告

10.2　返工报告单（见表5.10-1）

10.3　报废申请单

10.4　让步接收申请表（见表5.10-2）

表 5.10-1　返工报告单

订单号		产品名称		BOM 号	
本批总数量		不良数量		不良发生日	

返工要求：

提出人/日期：

返工结果简述：

返工损耗的计算：

A—投入总人数；　　B—返工花费时间（小时）；　　C—辅料损失；　　　　D 其他：

投入工时费用 $E = A \times B \times$ 单位小时人工费用 =

合计：本次返工损耗 $F = E + C + D =$

返工责任比例建议（外协厂写真实名称，由返工提出人落实）：

部门					
比例%					
分摊费用					

车间主任/日期：　　　　　　　　　　　返工提出人/日期：

责任部门会签/日期：

返工产品复验、验证：

检验员/日期：

批准人意见：

批准/日期：

表 5.10-2　让步接收申请表

产品名称：	规格/型号：
生产单位：	生产日期：
数量：	检验报告单号：
申请单位：	申请日期：
申请理由： 申请人/日期：	
产品研发部/工程技术部意见： 工程师/日期：　　　　　　　　　经理/日期：	
质量部意见： 质量部经理/日期：	
顾客批准意见： 顾客/日期：	

第 6 章

IATF 16949：2016 程序文件——绩效评价类

6.1 顾客满意度评定程序

顾客满意度评定程序

1. 目的

对顾客满意度评定活动进行规范，确保评定的客观性和有效性，使得评定的结论能真实地反映顾客的满意程度。

2. 适用范围

适用于本公司的顾客满意度评定活动。

3. 职责

3.1 营销部负责顾客满意度的评定工作。

3.2 管理者代表监督顾客满意度的评定工作。

4. 过程分析乌龟图

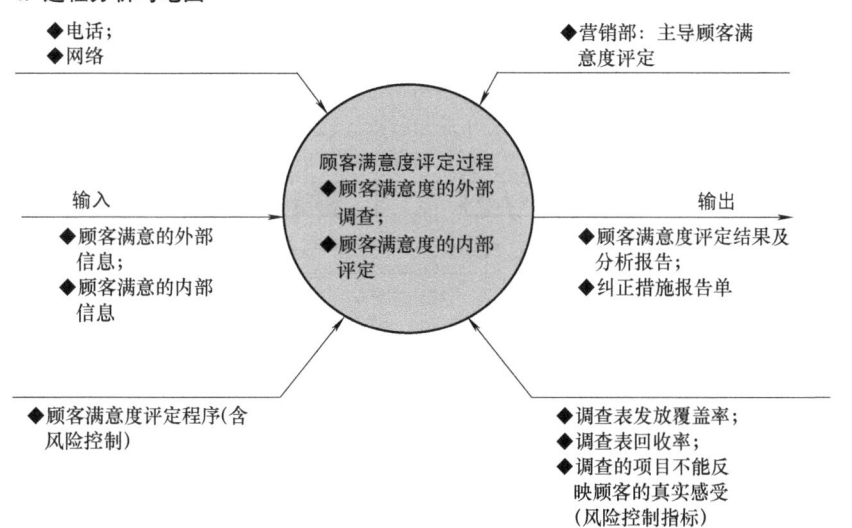

5. 过程流程图

5.1 顾客满意度Ⅰ外部调查流程

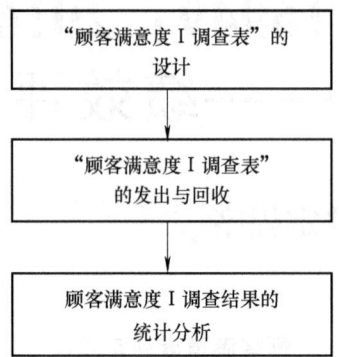

5.2 顾客满意度Ⅱ内部评定流程

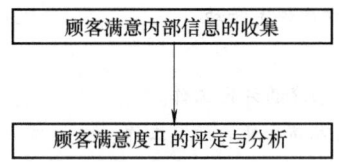

5.3 总的顾客满意度的评定分析流程

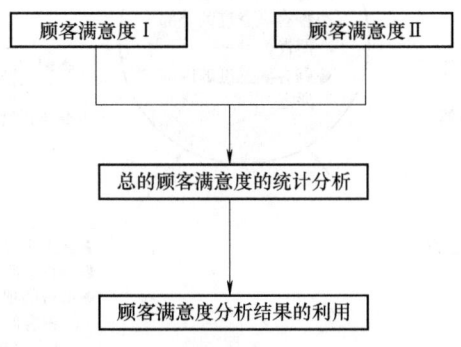

6. 作业程序与控制要求

6.1 顾客满意度Ⅰ的外部调查

程　　序	工　作　内　容	输出文件	责任部门/人
6.1.1 "顾客满意度Ⅰ调查表"的设计	1）调查表中的评估项目、评估项目占顾客满意度Ⅰ总分的比率见下表： 	评估项目	评估项目占顾客满意度Ⅰ总分的比率
---	---
产品质量	25%
交货及时性	25%
处理顾客问题的速度、效果	25%
服务态度	25%			营销部
	2）针对每一评估项目由顾客给出满意度的等级。等级及其对应的分数见下表： 	等　　级	对　应　分　数
---	---
满意	100
比较满意	80
一般	60
不太满意	40
不满意	0			营销部
	3）在每次调查时，可根据调查的重点、调查的对象，对调查表中的评估项目数量，以及它们所占的分值比率进行适当的调整		营销部
	4）设计出的"顾客满意度Ⅰ调查表"样式需经管理者代表审核、总经理批准	顾客满意度Ⅰ调查表	营销部
6.1.2 "顾客满意度Ⅰ调查表"的发出与回收	1）每季度最后一个星期，营销部向每个顾客派发"顾客满意度Ⅰ调查表"，收集顾客这一季度对我公司产品、服务质量的满意情况		营销部
	2）营销部要保证发出后的5天内100%收回"顾客满意度Ⅰ调查表"		营销部
6.1.3 顾客满意度Ⅰ调查结果的统计分析	1）每次进行外部顾客满意度调查后，营销部都要对收回的"顾客满意度Ⅰ调查表"进行整理和统计分析，计算出： ① 每一个评估项目的平均分数 = 评估项目的原始分数之和/调查表数量 ② 每一个被调查顾客的满意度 = $\sum$（每一个评估项目的原始分数×设定比率） ③ 顾客的平均满意度 = 每一个被调查顾客的满意度之和/调查表的数量		营销部

(续)

程　　序	工作内容	输出文件	责任部门/人
6.1.3 顾客满意度Ⅰ调查结果的统计分析	2) 营销部根据对"顾客满意度Ⅰ调查表"的统计分析结果，编制"顾客满意度Ⅰ调查结果及分析报告"，内容至少包括： ① 每一评估项目及顾客满意度Ⅰ的统计结果 ② 特殊统计数值说明。如：平均分数最低的评估项目，与前次调查结果比较分数降低较大的项目、升浮最高的项目 ③ 顾客满意度Ⅰ分析的总结论及改进建议	顾客满意度Ⅰ调查结果及分析报告	营销部

6.2 顾客满意度Ⅱ的内部评定

程　　序	工作内容	输出文件	责任部门/人
6.2.1 顾客满意内部信息的收集	1) 营销部收集以下质量方面的信息： ① 被顾客退回的不合格品数量以及发给顾客的产品总数量 ② 顾客对我公司的送货，作为特采处理的批次 ③ 因质量问题，导致顾客生产线停产（2小时以上）的次数 ④ 顾客整批退货的次数 ⑤ 因发运不合格产品，导致本公司通知顾客的次数 ⑥ 因质量问题，被顾客红牌警告的次数		营销部
	2) 营销部收集以下交付方面的信息： ① 按时交货批次以及应交货总批次 ② 因质量外的问题，导致顾客生产线停产（2小时以上）的次数 ③ 因交付问题，导致本公司通知顾客延期交货的次数 ④ 发生附加运费的次数（超过正常运输费用的，均视为有附加运费产生，如海运改为空运，一次交货变成多次交货等）		营销部
6.2.2 顾客满意度Ⅱ的评定与分析	1) 每季度首月的第10个工作日前，完成上一季度的顾客满意度的内部评定（顾客满意度Ⅱ），填写"顾客满意度Ⅱ内部评定表"。顾客满意度内部评定由营销部组织，质量部参加	顾客满意度Ⅱ内部评定表	营销部
	2) 总的顾客满意度Ⅱ是所有顾客满意度Ⅱ的均值。每个顾客的满意度Ⅱ的评定公式为： 顾客满意度Ⅱ＝质量得分＋交付得分 评定的项目及分值如下（总分100分，各项目得分最少为0分）： ① 质量得分：满分60分 ② 交付得分：满分40分		

(续)

程　序	工 作 内 容	输出文件	责任部门/人
6.2.2 顾客满意度Ⅱ的评定与分析	3）质量得分由营销部评定、质量部配合 质量得分＝[1－(被顾客退回的不合格品数量/发给顾客的产品总数量)]×60－扣分 扣分计算如下： ① 顾客对我公司的送货特采一批扣3分 ② 因质量问题，导致顾客生产线停产（2小时以上）一次扣5分 ③ 顾客整批退货，一次扣10分 ④ 因发运不合格产品，导致本公司通知顾客，一次扣5分 ⑤ 因质量问题，被顾客红牌警告一次，扣10分		营销部
	4）交付得分由营销部评定、仓库配合 交付得分＝(按时交货批次/应交货总批次)×40－扣分 扣分计算如下： ① 因质量外的问题，导致顾客生产线停产（2小时以上）一次扣5分 ② 因交付问题，导致本公司通知顾客延期交货，一次扣3分 ③ 每发生一次附加运费，扣3分；附加运费每增加1000元，扣2分		营销部

6.3　总的顾客满意度的评定分析

程　序	工 作 内 容	输出文件	责任部门/人
6.3.1 总的顾客满意度的评定分析	1）总的顾客满意度的评定公式： 顾客满意度 ＝顾客满意度Ⅰ×70％＋顾客满意度Ⅱ×30％ 2）营销部根据对顾客满意度Ⅰ、顾客满意度Ⅱ的汇总分析，编制"顾客满意度评定结果及分析报告"，内容至少包括： ① 顾客满意度总分，外部调查的顾客满意度Ⅰ的分值，内部评定的顾客满意度Ⅱ的分值 ② 特殊统计数值说明。如：平均分数最低的评估项目，与前次调查结果比较分数降低较大的项目、升浮最高的项目 ③ 改进建议	顾客满意度评定结果及分析报告	营销部
6.3.2 顾客满意度分析结果的利用	1）将分析得出的顾客满意度与相应的质量目标、前几次调查的结果进行对照，以确定： ① 顾客满意度的趋势 ② 顾客满意度与设定目标值的比较结果		营销部

(续)

程　序	工　作　内　容	输出文件	责任部门/人
6.3.2 顾客满意度分析结果的利用	2）在顾客满意度下降（下降≥5%）、顾客满意度达不到目标值、某些评估项目分值很低（≤设定分值的70%）、顾客有明确投诉时，管理者代表应适时要求有关部门采取纠正措施，详见《纠正措施控制程序》		管理者代表

7. 过程绩效的监视

目标名称	计算公式 （计算方法）	目标值	监视时机	监视单位
7.1 调查表发放覆盖率	调查表发放覆盖率 = $\dfrac{\text{进行调查的顾客数量}}{\text{公司的顾客数量}} \times 100\%$	100%	每次调查结束后第5日	营销部经理
7.2 调查表回收率	调查表回收率 = $\dfrac{\text{回收的调查表数量}}{\text{发放的调查表数量}} \times 100\%$	100%	每次调查结束后第5日	营销部经理

8. 过程中的风险和机遇的控制（风险应对计划）

风　险	应对措施	其他事项	执行时间	负责人	监视方法
8.1 调查的项目不能反映顾客的真实感受	每次调查均需重新设计调查表。设计调查表前，需向不少于5家重点顾客就调查的项目征询意见，以保证调查的项目能够真实地反映顾客的满意程度			营销部市场调查员	营销部经理检查市场调查员是否就调查项目征询了不少于5家重点顾客的意见

9. 支持性文件

9.1 　《纠正措施控制程序》

10. 记录

10.1 　顾客满意度Ⅰ调查表（见表6.1-1）

10.2 　顾客满意度Ⅰ调查结果及分析报告（见表6.1-2）

10.3 　顾客满意度Ⅱ内部评定表（见表6.1-3）

10.4 　顾客满意度评定结果及分析报告

表 6.1-1　顾客满意度 I 调查表

尊敬的顾客：
请您将意见或建议填写在这张表中发给我们，以便我们更好地为您服务。谢谢！

填表注意事项：
1. 请打"√"选择满意度等级
2. 请在 5 天内寄（传）回深圳××科技有限公司销售部

公司地址：深圳市宝安区福永镇永和路××大厦××层
电话：0755-××××××××-×××　　　电子邮箱：

顾客名称						
顾客地址						
电　　话			电子邮箱			
填 表 人			填表日期			
评估项目	满意程度					备注
	满意	比较满意	一般	不太满意	不满意	
产品质量						
交货及时性						
处理顾客问题的速度、效果						
服务态度						

其他不满意之处或建议：

表 6.1-2　顾客满意度 I 调查结果及分析报告

编写/日期：	批准/日期：
调查针对的季度：	
调查起止时间：	
调查对象：	
调查组织： （1）主持人： （2）执行人：	
调查概述：	
调查结果的统计与分析：	

第6章 IATF 16949：2016 程序文件——绩效评价类

表 6.1-3 顾客满意度 II 内部评定表

序号	顾客	质量满意评价						交付满意评价					顾客满意度 II
		被顾客退回的不合格品数量	发给顾客的产品总数量	顾客对我公司的送货，作为特采处理的批次	因质量问题，导致顾客生产线停产的次数	顾客整批退货的次数	因发运不合格产品，导致本公司致知通顾客的次数	因质量问题，被顾客红牌警告的次数	质量得分	按时交货批次	应交货总批次	因质量外的问题，导致顾客生产线停产的次数	因交付问题，导致本公司通知顾客延期交货的次数	发生附加运费的次数、金额	交付得分	

（总的）顾客满意度 II：

评定针对的季度：

评定与分析：

编制/日期：　　　　　　　审核/日期：　　　　　　　评定日期：　　　　　　　批准日期：

· 305 ·

6.2 分析与评价控制程序

分析与评价控制程序

1. 目的

分析质量管理体系的现状，评价质量管理体系运行的绩效和有效性，进而发现趋势，寻找改进质量管理体系的机会和需求。

2. 适用范围

适用于与公司产品、过程、体系有关的数据和信息的收集、分析与评价。

3. 职责

3.1 管理者代表是数据和信息收集、分析与评价的归口管理者，并负责质量管理体系运行数据和信息的收集、分析与评价。

3.2 质量部负责产品质量、风险控制方面的数据和信息的收集、分析与评价。

3.3 生产部负责生产过程数据和信息的收集、分析与评价。

3.4 采购部负责供应商方面的数据和信息的收集、分析与评价。

3.5 营销部负责市场经营、顾客服务、顾客满意程度、竞争对手方面的数据和信息的收集、分析与评价。

3.6 产品研发部、工艺技术部、财务部等部门负责其业务范围内的数据和信息的收集、分析与评价。

4. 过程分析乌龟图

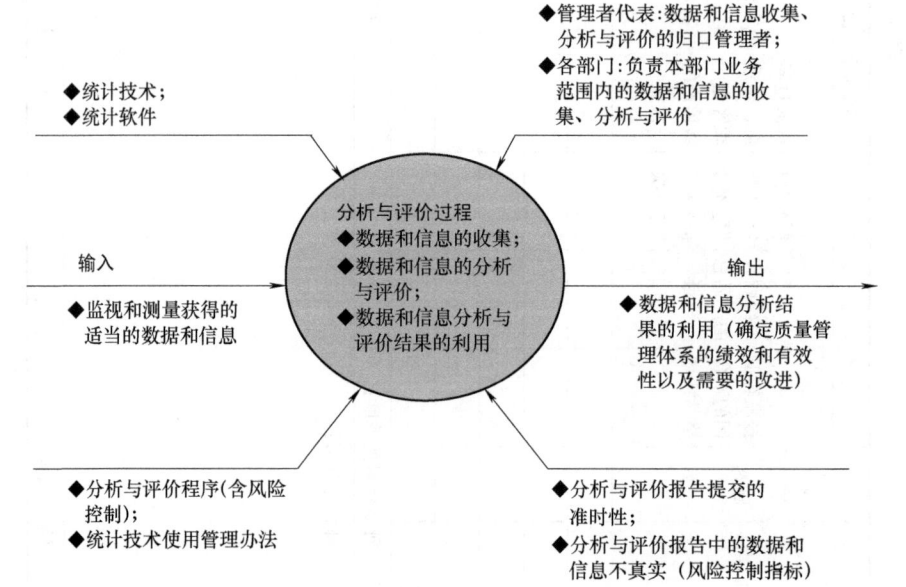

5. 过程流程图

```
┌─────────────────────────────┐
│      数据和信息的收集         │
│ ——质量管理体系运行数据和      │
│   信息的收集；               │
│ ——产品质量、风险控制方面的    │
│   数据和信息的收集；          │
│ ——生产过程数据和信息的收      │
│   集；                       │
│ ——供应商方面的数据和信息      │
│   的收集；                   │
│ ——市场经营、顾客服务、顾客    │
│   满意程度、竞争对手方面的    │
│   数据和信息的收集；          │
│ ——其他业务数据和信息的收      │
│   集                         │
└──────────────┬──────────────┘
               ↓
┌─────────────────────────────┐
│     数据和信息的分析与评价     │
│       ——趋势分析或报告        │
└──────────────┬──────────────┘
               ↓
┌─────────────────────────────┐
│          数据和信息           │
│      分析与评价结果的利用      │
│ ——评价产品和服务符合要求；    │
│ ——评价顾客满意程度；          │
│ ——评价质量管理体系的绩效      │
│   和有效性；                 │
│ ——评价策划是否得到有效实      │
│   施；                       │
│ ——评价风险和机遇应对措施      │
│   的有效性；                 │
│ ——评价外部供应商的绩效；      │
│ ——确定质量管理体系改进的      │
│   需求                       │
└─────────────────────────────┘
```

6. 作业程序与控制要求

程　　序	工作内容	输出文件	责任部门/人
6.1 数据和信息的收集	6.1.1 各部门按下列职责要求收集相关数据和信息： 1）管理者代表收集质量管理体系运行的数据和信息 2）质量部收集产品质量、风险控制方面的数据和信息 3）生产部收集生产过程方面的数据和信息 4）采购部收集供应商方面的数据和信息 5）营销部收集市场经营、顾客服务、顾客满意程度、竞争对手方面的数据和信息 6）产品研发部、工艺技术部、财务部等部门收集其业务范围内的数据和信息		相关部门
	6.1.2 数据和信息的载体、数据和信息收集的传输渠道、频次和方法见表6.2-1"数据和信息传输要求一览表"		
6.2 数据和信息的分析与评价	6.2.1 质量部对产品质量、风险控制方面的数据和信息进行分析与评价，每月编制"质量与风险控制分析报告"，内容包括： 1）进料检验、过程检验、成品检验中产品的质量状况和趋势；SPC控制、MSA分析情况 2）产品不合格、返工、让步、报废情况 3）顾客对我公司的送货，作为特采处理的情况 4）因质量问题，导致顾客生产线停产（2小时以上）的情况 5）因发运不合格产品，导致本公司通知顾客的情况 6）因质量问题，被顾客红牌警告的情况 7）顾客退货、现场失效处理情况 8）风险控制措施的有效性分析 9）纠正和预防措施实施情况 10）所监管的过程绩效指标达成情况以及风险控制情况	质量与风险控制分析报告	质量部
	6.2.2 营销部对市场经营、顾客服务、顾客满意程度、竞争对手方面的数据和信息进行分析与评价，每月编制"营销与顾客服务分析报告"，内容包括： 1）销售、回款情况统计与分析 2）订单达成情况分析。因交付问题，导致本公司通知顾客延期交货的情况 3）市场趋势、竞争对手情况分析 4）因质量外的问题，导致顾客生产线停产（2小时以上）的情况 5）发生附加运费的情况（超过正常运输费用的，均视为有附加运费产生，如海运改为空运，一次交货变成多次交货等） 6）顾客开拓及进展情况统计与分析 7）顾客的满意度，顾客投诉处理的情况 8）所监管的过程绩效指标达成情况以及风险控制情况	营销与顾客服务分析报告	营销部

（续）

程　　序	工作内容	输出文件	责任部门/人
6.2 数据和信息的分析与评价	6.2.3 生产部对生产过程方面的数据和信息进行分析与评价，每月编制"生产控制分析报告"，内容包括： 1）生产计划达成率分析 2）生产效率分析 3）生产成本、物料耗损分析 4）现场环境、劳动纪律、安全生产情况总结 5）所监管的过程绩效指标达成情况以及风险控制情况	生产控制分析报告	生产部
	6.2.4 采购部对供应商方面的数据和信息进行分析与评价，每月编制"采购与供应商业绩分析报告"，内容包括： 1）采购计划达成率分析，采购成本控制分析 2）主要物料的市场价格趋势分析 3）供应商业绩分析 4）供应商来料的特采情况；因供应商原因，导致我公司生产线停产的情况 5）因供应商问题，导致本公司通知顾客的情况 6）由于供应商的原因造成本公司或本公司顾客产品滞留/停止出货的情况 7）单项物料连续延误交期 3 天以上（含 3 天）的情况；当月出现三项以上物料延迟交期 3 天以上（含 3 天）的情况 8）来料异常处理超过 7 天的情况 9）发生附加运费（超过正常运输费用的，均视为有附加运费产生，如海运改为空运，一次交货变成多次交货等）的情况 10）所监管的过程绩效指标达成情况以及风险控制情况	采购与供应商业绩分析报告	采购部
	6.2.5 工艺技术部对工艺设计、工艺纪律检查、过程能力分析方面的数据和信息进行分析与评价，每月编制"工艺技术与工艺管理分析报告"，内容包括： 1）工艺设计与改进情况总结 2）工装设计与工装改进情况总结 3）特殊过程的确认及监控情况总结 4）过程能力分析情况总结 5）工艺纪律检查情况总结 6）所监管的过程绩效指标达成情况以及风险控制情况	工艺技术与工艺管理分析报告	工艺技术部

（续）

程　序	工 作 内 容	输出文件	责任部门/人
6.2　数据和信息的分析与评价	6.2.6　管理者代表对质量管理体系的运行情况进行监控，并在例行的管理评审前，按《管理评审控制程序》的要求对收集的质量管理体系运行信息进行整理分析，形成"质量管理体系运行情况分析报告"，内容包括： 1）公司质量方针、目标、经营计划的实施情况 2）过程绩效指标的实现情况 3）前次管理评审跟踪措施的落实情况和效果评价 4）内、外部质量审核的总结及分析（含内部审核方案实施有效性的评价结论） 5）质量管理体系文件的变动、组织结构的变动以及其他内外部环境的变化 6）资源的充分性分析 7）质量管理体系适宜性、充分性、有效性，以及与组织战略方向的一致性的初步总体评价 8）改进建议	质量管理体系运行情况分析报告	管理者代表
	6.2.7　其他部门对其业务范围内的数据和信息进行分析与评价，每月编制"部门总结报告"	部门总结报告	相关部门
	6.2.8　在数据和信息的分析与评价过程中，可采用相关的统计技术，如：趋势图、排列图、直方图、控制图和过程能力分析等，详见《统计技术使用管理办法》		
	6.2.9　上述数据和信息的分析与评价报告应按表6.2-1"数据和信息传输要求一览表"的规定发至管理者代表及相关部门		
6.3　数据和信息分析与评价结果的利用	6.3.1　数据和信息分析与评价结果有助于公司了解、确定： 1）产品和服务的符合性 2）顾客满意程度 3）质量管理体系的绩效和有效性 4）策划是否得到有效实施 5）风险和机遇应对措施的有效性 6）外部供应商的绩效 7）质量管理体系改进的需求		
	6.3.2　在进行数据和信息的分析与评价时，应考虑将结果与相应的质量目标、过程绩效指标进行对照，以确定： 1）过程运行的趋势 2）问题解决的优先顺序。对于与顾客满意差距大的项目，要优先解决		

（续）

程　序	工作内容	输出文件	责任部门/人
6.3 数据和信息分析与评价结果的利用	6.3.3 管理者代表对各部门提交的分析与评价报告进行审查，发现问题时，应按《纠正措施控制程序》的要求责成相关部门采取改进和纠正措施		管理者代表
	6.3.4 应将数据和信息分析与评价的结果作为绩效考核的重要依据		

7. 过程绩效的监视

绩效指标	计算公式（计算方法）	指标值	监视频率	监视单位/人
7.1 分析和评价报告提交的准时性	分析和评价报告提交的准时性 $=\dfrac{\text{准时提交的报告数量}}{\text{应提交的报告数量}} \times 100\%$	≥98%	月	管理者代表

8. 过程中的风险和机遇的控制（风险应对计划）

风　险	应对措施	其他事项	执行时间	负责人	监视方法
8.1 分析和评价报告中的数据和信息不真实	质量保证工程师每月抽5个部门的报告进行检查，复核其原始数据是否准确，数据的加工是否造假，得出的结论是否具有逻辑性。检查结论填写在"数据和信息真实性检查表"中		每月10号对上月报告进行检查	质量保证工程师	管理者代表对"数据和信息真实性检查表"进行审查

9. 支持性文件

9.1 《统计技术使用管理办法》

10. 记录

10.1 数据和信息传输要求一览表（表6.2-1）

10.2 质量与风险控制分析报告

10.3 营销与顾客服务分析报告

10.4 生产控制分析报告

10.5 采购与供应商业绩分析报告

10.6 工艺技术与工艺管理分析报告

10.7 质量管理体系运行情况分析报告

10.8 部门总结报告

表 6.2-1 数据和信息传输要求一览表

序号	类别	信息表单	具体内容	密级	发出岗位	周期	具体时间	接收岗位
1	质量	物料入厂检验合格报告	来料检验合格数据	普通	检验室来料检验	每天	报检后2小时内	仓管
2	质量	物料入厂检验不合格报告	来料检验不合格数据	普通	检验室来料检验	每天	报检后2小时内	仓管、工艺、品保、采购
3	质量	来料不合格情况日报表	每天来料不合格处理情况汇总	普通	检验室来料检验	每天	次日9:00前	工艺、品保、计划、采购
4	质量	来料质量分析月报	来料批次合格率、趋势、不合格原因分析等	秘密	检验室质量统计	每月	5日前	检验室、质量统计
5	质量	总装不良项目记录表	总装不良项目、数量	普通	总装车间质量主管	每天	次日9:00前	品保
6	质量	物料使用过程批量不合格处理单	使用过程物料批量不合格数据	普通	总装车间、配件车间质量主管	不定	处理完毕1个工作日内	品保
7	质量	不合格物料处理统计月报	车间工废、料废物料统计	普通	总装车间、配件车间核算员	每月	5日前	总装、配件、工艺
8	质量	出厂检验合格报告	出厂检验合格数据	普通	检验室成品检验	每天	报检后2小时内	总装、工艺
9	质量	出厂检验不合格报告	出厂检验不合格数据	普通	检验室成品检验	每天	报检后2小时内	品保
10	质量	装配质量分析月报	装配直通率、趋势、不合格原因分析、DPMO (Defects Per Million Opportunities, 百万机会的缺陷数)	秘密	检验室质量统计	每月	5日前	品保、检验
11	质量	配件车间质量日报表	配件加工不合格率、不合格项统计	普通	配件车间检验主管	每天	次日9:00前	品保、检验
12	质量	自制半成品检验报告	自制半成品检验记录	普通	配件车间配件检验员	每天	次日9:00前	配件车间
13	质量	配件质量分析月报	自制件不合格率、不合格项、趋势、原因分析、DPMO	普通	配件车间检验主管	每月	5日前	品保
14	质量	纠正预防措施单	内部问题纠正预防	普通	各部门	不定	发现问题1个工作日内	品保
15	质量	过程异常信息反馈单	过程异常情况及处理建议	普通	总装、配件、仓库等	不定	发现异常1个工作日内	品保
16	质量	成品质量分析月报	成品抽检合格率、趋势、不合格原因分析及对策	秘密	检验室质量统计	每月	5日前	品保
17	质量	产品质量综合分析月报	来料、成品、市场品质状况统计分析、趋势、不合格原因分析及对策	秘密	品保	每月	10日前	各部门负责人、股份公司

6.3 内部质量管理体系审核控制程序

内部质量管理体系审核控制程序

1. 目的

审核质量管理体系涉及的各部门所开展的质量活动及其结果是否符合要求,确保质量管理体系持续有效地运行,并为质量管理体系的改进提供依据。

2. 适用范围

本程序适用于公司内部质量管理体系审核工作。

3. 职责

3.1 管理者代表负责制定年度内部质量管理体系审核方案,负责组织对审核方案的监视、评审与改进。

3.2 审核组长负责编写本次内部审核实施计划,选定审核员,编写每次审核内审报告。

3.3 审核员接受审核组长的安排,按职责分工编制内审检查表,完成审核工作,做好记录,编写不合格报告,跟踪验证纠正措施。

3.4 各部门对审核中发现的不合格项,负责制定纠正措施并组织实施。

4. 过程分析乌龟图

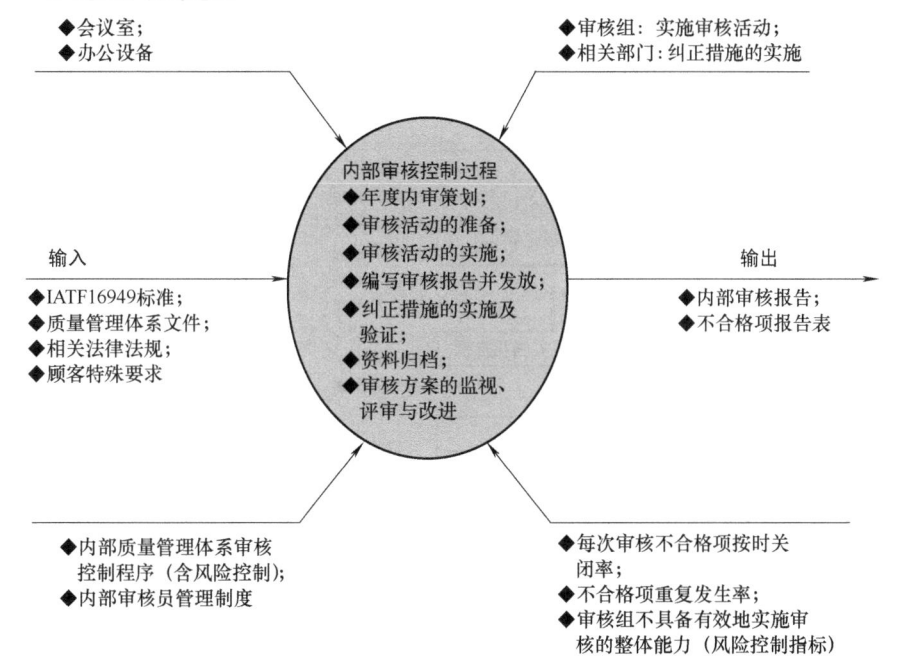

5. 过程流程图

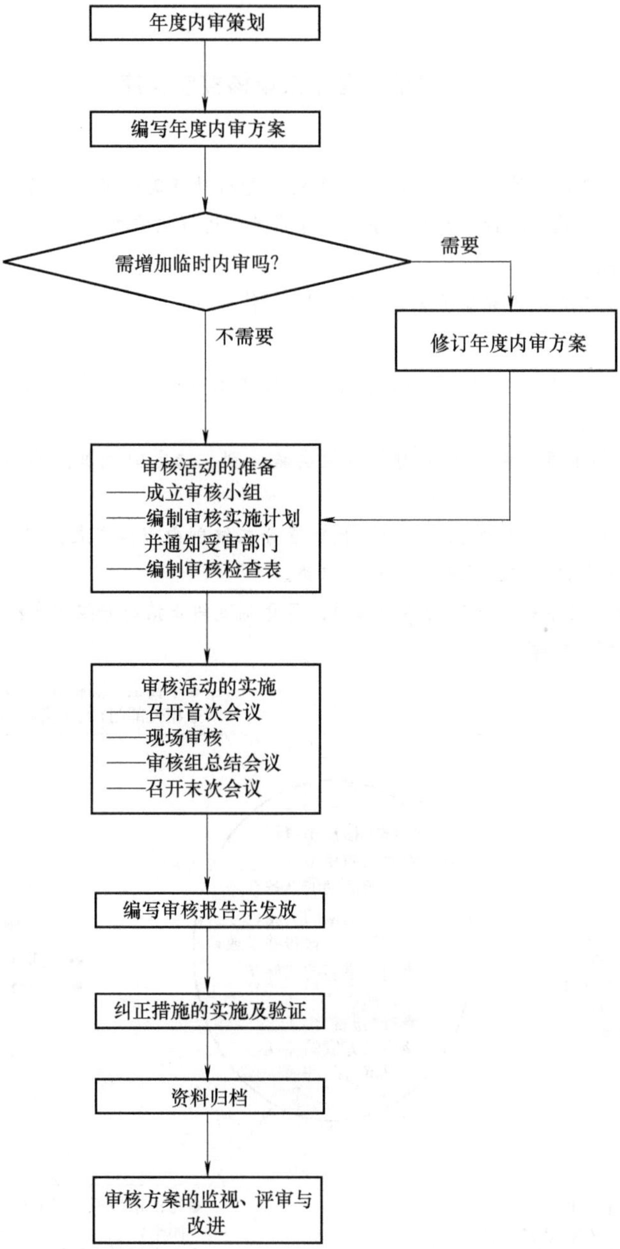

```
年度内审策划
   ↓
编写年度内审方案
   ↓
需增加临时内审吗? ——需要——→ 修订年度内审方案
   ↓ 不需要                        ↓
审核活动的准备
——成立审核小组
——编制审核实施计划
  并通知受审部门
——编制审核检查表
   ↓
审核活动的实施
——召开首次会议
——现场审核
——审核组总结会议
——召开末次会议
   ↓
编写审核报告并发放
   ↓
纠正措施的实施及验证
   ↓
资料归档
   ↓
审核方案的监视、评审与改进
```

6. 作业程序与控制要求

程　序	工 作 内 容	输出文件	责任部门/人
6.1　年度内审方案的编写	6.1.1　年度内审方案的策划与编写 1）每年1月15号前，由管理者代表策划并编制本年度的内审方案，策划时应根据风险、内部和外部绩效趋势和过程的关键程度，决定审核的优先排序；要考虑拟审核的区域和过程的状况、重要性，对组织有影响的变更，以及以往审核的结果 2）应保证每个过程每年至少接受2次内部审核。年度内审方案的内容一般包括：审核目的、审核职责、审核准则、审核范围、审核频次、审核方法等	年度内审方案	管理者代表
	6.1.2　年度内审方案经总经理批准后下发		管理者代表
6.2　年度内审方案的修订	6.2.1　在质量管理体系发生重大变化、社会要求或环境条件发生变化、过程发生重大变化、顾客重大投诉或发生其他严重的质量问题等情况下，管理者代表应根据需要对年度内审方案进行修订，增加内审次数	年度内审方案	管理者代表
	6.2.2　修订后的年度内审方案经总经理批准后下发		管理者代表
6.3　审核活动的准备	6.3.1　由管理者代表指定审核组长，并成立审核组，审核组的构成必须符合《内部审核员管理制度》的要求。由审核组长分配审核小组成员的任务。在分配审核任务时应确保审核人员必须是与被审核领域无直接责任的人员		管理者代表 审核组长
	6.3.2　审核组长负责制定内部审核实施计划，经管理者代表批准后，在审核前5天下发给受审部门 内部审核实施计划的内容包括： 1）受审核的部门、过程，审核的目的、范围、日期 2）审核准则 3）审核的主要内容及时间安排 5）审核员分工	内部审核实施计划	审核组长
	6.3.3　受审部门收到内部审核实施计划以后，如果对审核日期和审核的主要项目有异议，可在两天之内通知审核组，经过协商可以再行安排		受审部门
	6.3.4　审核组长组织审核组成员编制审核检查表 1）由审核员负责编写评价质量管理体系要求的审核检查表 2）审核组长协助审核员准备并最终审定审核检查表	审核检查表	审核员

（续）

程　序	工　作　内　容	输出文件	责任部门/人
6.4 审核活动的实施	6.4.1 召开首次会议。召开有审核组全体人员、受审核部门代表、主要工作人员及其陪同人员、管理者代表、高层的管理者（必要时）参加的首次会议。首次会议由审核组长主持 首次会议的内容包括： 1）审核组长介绍审核组成员及其分工 2）重申审核的范围、准则和目的 3）简要介绍审核采用的方法 4）澄清审核实施计划中不明确的内容	首次会议签到表、首次会议记录	审核组长
	6.4.2 现场审核。按审核实施计划的安排进行现场审核 1）审核的具体内容按照"审核检查表"进行 2）审核员通过交谈、查阅文件、记录，检查现场，收集证据，检查体系、过程的运行情况 3）现场发现问题时，应当场让该项工作负责人（或作业者）确认并记录在"审核检查表"中，以保证不合格项能够完全被理解，有利于纠正	填写了审核记录的"审核检查表"	审核员
	6.4.3 审核组总结会议。现场审核结束后，末次会议召开前，审核组长召集审核组成员召开审核组总结会议，汇总审核发现，确定所有不合格项报告	不合格项报告	审核组
	6.4.4 末次会议。由审核组长主持召开有审核组全体人员、受审核部门代表、主要工作人员及其陪同人员、管理者代表、高层的管理者（必要时）参加的末次会议，会议内容包括： 1）重申审核的范围、准则和目的 2）向受审核方说明审核发现，以使他们清楚理解审核结论 3）宣读并发出"不合格项报告表" 4）提出审核小组的结论和建议 5）审核组长说明对纠正措施采取的监督工作		审核组长
6.5 审核报告的编制与发放	6.5.1 由审核组长编写"审核报告"。"审核报告"的内容包括： 1）受审核的部门、过程，审核目的、范围、日期 2）审核准则 3）审核员、受审部门主要参加人员 4）审核概况（审核发现，不合格项的数量，不合格项分布情况等） 5）审核结论 6）不合格项及纠正要求 7）今后质量管理体系改进的建议	审核报告	审核组长
	6.5.2 "审核报告"经管理者代表批准后，由审核组长负责分发至总经理、副总经理、管理者代表、受审核部门、不合格项所涉及的相关部门		审核组长

（续）

程　序	工作内容	输出文件	责任部门/人
6.6　纠正措施的实施与验证	6.6.1　纠正措施的制定。责任部门负责人接到"不合格项报告"后，组织对不合格原因进行分析，针对问题产生的原因，拟定纠正措施，交审核员认可，若审核员对纠正措施不予认可，则要求不合格责任部门重新拟定纠正措施	填写了纠正措施的"不合格项报告"	责任部门
	6.6.2　纠正措施的审批。纠正和预防措施经管理者代表批准后由责任部门执行		管理者代表
	6.6.3　纠正措施的验证。审核员接到纠正措施计划已完成的通知后，应对所采取的纠正措施的有效性进行验证，填写验证记录。纠正措施采取不力或无效时，审核员报告审核组长或管理者代表，责令责任部门重新制定和实施纠正措施	填写了验证记录的"不合格项报告"	审核员
	6.6.4　验证有效的纠正措施，涉及文件修改时，应按《文件控制程序》的要求对文件进行修改控制		责任部门
6.7　资料归档	"审核报告"发出后的5天内，审核组长应将本次审核的全部记录（审核实施计划、首、末次会议的记录、签到表，审核检查表，不合格项报告及审核报告）全部移交给管理者代表保存，并执行《记录控制程序》		管理者代表
6.8　审核方案的监视、评审与改进	6.8.1　审核方案的监视 1）每次审核时，管理者代表派体系专员监督审核实施情况，发现问题，及时解决 2）管理者代表参加每次审核的末次会议，为审核结论把关，并对实施改进措施提供指导 3）审核组完成审核后，要将审核的记录交管理者代表，管理者代表对其完整性和符合性进行评审		管理者代表
	6.8.2　审核方案的评审与改进。 1）每次内审的"不合格项报告"全部关闭后3天内，管理者代表召集审核组成员及受审核部门代表对审核工作进行总结，对审核工作是否按《内部质量管理体系审核程序》执行以及审核的有效性进行评价 　评审中，如认为有必要增加审核次数，那么管理者代表就应适时修改年度审核方案并监督实施 2）每年12月底，由管理者代表组织召集各部门负责人对一年来的审核实施情况进行总结，评审审核的合理性、审核实施的有效性以及审核工作对企业管理水平提高的贡献程度，并提出改进意见 　应将总结评审的结论形成"内部审核方案实施效果评价报告"，作为管理评审输入的一部分提交给管理评审会议	内部审核方案实施效果评价报告	管理者代表

7. 过程绩效的监视

目标名称	计算公式（计算方法）	目标值	监视时机	监视单位
7.1 每次审核不合格项按时关闭率	（按计划时间关闭的不合格项/审核发现的总不合格项）×100%	≥98%	每次审核结束后的第30个工作日	管理者代表
7.2 不合格项重复发生率	（重复发生的不合格项/累计审核发现的不合格项）×100%	≤2%	每年12月底进行统计	管理者代表

8. 过程中的风险和机遇的控制（风险应对计划）

风险	应对措施	其他事项	执行时间	负责人	监视方法
8.1 审核组不具备有效地实施审核的整体能力	选择审核员时，要保证审核员不仅具备 IATF 16949 的知识、审核知识，而且要对受审核过程很熟悉。应完全执行《内部审核员管理制度》		每次审核都要严格执行	审核组长	每次审核组成审核组时，管理者代表要对审核员的资格进行审查

9. 支持性文件

9.1 《文件控制程序》

9.2 《内部审核员管理制度》

10. 记录

10.1 内部审核方案（见表 6.3-1）

10.2 内部审核实施计划（见表 6.3-2）

10.3 内部审核检查表（见表 6.3-3、表 6.3-4）

10.4 不合格项报告表

10.5 内部审核报告

10.6 内部审核方案实施效果评价报告（见表 6.3-5）

表 6.3-1　内部审核方案

年度：2018 年

方案目的	1）检查本公司管理体系是否正常运行，评价管理体系的有效性和符合性 2）评价主要供应商的质量管理体系是否有持续提供合格产品的能力
审核范围	1）本公司质量管理体系覆盖的所有部门和过程 2）主要供应商的合同评审、设计和开发、采购、生产、检验、防护、售后服务过程
审核准则	1）本公司内部审核准则：IATF 16949 标准、质量手册、程序文件及其他相关文件、适用的法律法规、顾客特殊要求及其他要求 2）供应商审核准则：采购合同、IATF 16949 标准
审核的程序及文件记录	内部审核按 COP18《内部审核程序》执行；供应商审核执行《供应商管理办法》
审核方式	按过程进行审核
审核频次、日程、审核组安排	1）2018 年 5 月份进行第一次内部质量管理体系审核（集中式审核），审核所有过程。由曹××、袁××、袁××组成审核组进行审核 2）2018 年 11 月份进行第二次内部质量管理体系审核（集中式审核），审核所有过程。由刘洋、孙成、鲁肃组成审核组进行审核 3）2018 年 6 月份对 A 供应商进行审核，由曹××、袁××组成审核组进行审核 4）2018 年 8 月份对 B 供应商进行审核，由刘××、孙××组成审核组进行审核
所需资源	质量管理部在 2018 年 3 月份前购买 30 本内审员培训教材
审核方案的监视	1）审核计划的审查与批准。每次审核组长编制的审核计划，要由质量管理部经理负责审核，检查其与审核方案、审核程序的符合性以及策划的合理性，最后由管理者代表批准后予以实施 2）审核实施过程的监视。每次审核时由质量管理部派体系专员监督审核实施情况，发现问题，及时解决。每次审核结束后，体系专员要对审核的实施情况进行总结并编写总结报告上交管理者代表、质量管理部经理 3）审核结果的监视。管理者代表参加每次审核的末次会议，为审核结论把关，并对实施改进措施提供指导 4）审核文件的监视。审核组完成审核后，要将审核的文件与记录交管理者代表，管理者代表按有关规定对其完整性和符合性进行评审
审核方案的评审	1）每次内审结束后，管理者代表召集审核组成员及受审核部门代表对审核工作进行总结，对审核工作是否按《内部审核程序》执行以及审核的有效性进行评价 2）12 月由管理者代表组织召集审核组长、部门负责人对一年来的审核方案实施情况进行总结，评审审核方案的合理性、审核方案实施的有效性以及审核工作对企业管理水平提高的贡献程度，并提出改进意见
内审员的评价与管理	1）质量管理部经理负责对所有内审员进行一次考核。考核不合格者，送相关机构培训 2）内审员数量不够。2018 年 4 月份之前由人力资源部请咨询公司的讲师来公司培训一批内审员，各部门主管要参加内审员培训
审核报告的分发	每次的内审报告要发至受审核部门、质量管理部、管理者代表、正副总经理
其他	1）鉴于 2017 年最后一次审核中在产品设计和开发过程（产品研发部）发现较多问题，因此 2018 年 5 月份进行本年度第一次内审时，需对产品设计和开发过程（产品研发部）加多审核时间，并由质量管理部经理审核 2）应保证审核人员不审核自己的部门
说明：要将质量管理体系、过程审核、产品审核的内部审核方案写在一起		

编制/日期：	审核/日期：	批准/日期：

表 6.3-2 内部审核实施计划

编写/日期：			批准/日期：	
审核目的	检查质量管理体系是否正常运行，评价质量管理体系的有效性和符合性			
审核范围	质量手册所要求的过程及相关职能部门，包括公司高层（总经理、管理者代表、副总经理）、产品研发部、质量部、生产部、采购部、营销部、人事行政部（文控中心）、仓库、工艺设备部			
审核准则	1）IATF 16949 标准 2）质量手册、程序文件及其他相关文件 3）顾客特殊要求 4）组织适用的法律法规及其他要求			
审核组成员	审核组长：张×× 审核员 A 组：张××、王××； B 组：刘××、赵××； C 组：谢××、钱×× D 组：姚××、卢××			
审核日期	2018 年 5 月 21 日~2018 年 5 月 22 日			
受审核者需提供的资源	每个部门确定 1 名联络人员，负责联络工作与现场审核见证			
跟踪措施要求	审核中发生的任何不合格项，由发生不合格项部门的负责人牵头按规定的时间制定纠正措施并组织措施，审核组将组织纠正措施的跟踪验证			
审核报告发布日期及范围	审核报告将于 2018 年 5 月 25 日发布，发放范围为公司总经理、副总经理、各部门经理、管理者代表及审核组各成员			
审核日程安排与分工：				
日期/时间	审核小组	受审过程及主要活动	涉及的主要部门	涉及的 IATF 16949 条款
9：00~9：30	所有成员	首次会议	所有部门负责人	
5 月 21 日 9：30~12：00	A	C1	合同管理	营销部、生产部	8.2
	B	C2	顾客投诉处理	质量部、营销部	8.2
	C	C3	设计和开发	研发部、工艺设备部	8.1、8.3、8.5.6
	D	C4	生产与物控管理	生产部	7.1.4、8.1、8.5.1、8.5.2、8.5.3、8.5.4、8.5.6
13：00~15：00	A	C5	产品交货	营销部、仓库	8.5.1、8.5.5
	B	M1	风险控制	质量部、管理者代表	6.1
	C	M2	经营计划管理	总经理	4.1、4.2、5.1、5.2、6.2
	D	M3	顾客满意调查	营销部	9.1.2

(续)

日期/时间	审核小组		受审过程及主要活动	涉及的主要部门	涉及的 IATF 16949 条款
5月21日 15:00~17:00	A	M4	分析与评价	质量部	9.1.1、9.1.3
	B	M5	内部审核	质量部	9.2
	C	M6	管理评审	总经理、管理者代表	9.3
	D	M7	改进管理	管理者代表、质量部	10.1~10.3
17:00~17:30	所有成员		审核组内部会议（沟通一天审核情况）		
5月22日 8:00~10:00	A	S1	设备管理	工艺设备部	7.1.3、8.5.1
	B	S2	工装管理	工艺设备部	7.1.3、8.5.1
	C	S3	监测设备管理	质量部	7.1.5
	D	S4	知识管理	人事行政部	7.1.6
5月22日 10:00~12:00	A	S5	培训管理	人事行政部	7.1.2、7.2、7.3
	B	S6	文件管理	文控中心	6.3、7.5
	C	S7	供应商管理	采购部	8.4
	D	S8	采购管理	采购部	8.4
13:00~15:00	A	S9	产品检验	质量部	8.6
	B	S10	不合格品控制	质量部	8.7
15:00~16:00	所有成员		审核组内部总结会议（整理审核结果、开不符合项报告）		
16:00~17:00	所有成员		末次会议	所有部门负责人	

注：IATF 16949 之 5.3、7.1.2、7.1.3、7.1.4、7.2、7.3、7.4 等条款，与每个过程都有关。

表 6.3-3 内部审核检查表（格式一）

受审核过程：设备管理　　编制/日期：　　批准/日期：
审核员：　　审核日期：　　依据文件：设备管理程序、相关设备操作及维护保养规定

检查项目		检查方法（提问）	标准条款	文件条款	文件查阅	现场检查	审核地点	检查结果
1. 设备的配置		◆ 是否根据生产的需要提出了"设备配置申请表"？			√		设备部	
		◆ 设备外购时，是否开具了"请购单"交生产副总经理批准？			√		设备部	
		◆ 设备购置时，是否要求供应商提供必要的备件、图样资料和使用说明书？			√		设备部	
		◆ 设备购回后，设备是否对购置的设备按说明书或和装箱单逐一进行了清点？技术资料是否归设备部档存？			√		设备部	
		◆ 设备部是否组织生产部、生产工艺部等有关部门对设备进行安装验收并填写"设备验收单"？			√	√	设备部	
2. 设备的验收		◆ 设备部是否对设备进行编号并记入设备台账？操作控制系统是否稳定可靠？			√	√	生产部	
3. 设备的使用管理	3.1 设备的分类管理	◆ 是否将设备分为了A、B、C三类，设备的类别是否在设备台账上做了注明？			√	√	设备部 生产现场	
	3.2 设备的操作与维护规程	◆ 设备部是否组织编写了设备的操作与维护规程？内容是否完整并具有可操作性？			√	√	设备部 生产现场	
	3.3 设备操作人员	◆ 操作工是否经过培训，掌握了设备操作技能及日常保养方法？操作工是否持证上岗？			√	√	人力资源部 生产现场	

第6章　IATF 16949：2016程序文件——绩效评价类

（续）

受审核过程：设备管理　　　　　　编制/日期：　　　　　　批准/日期：
审核员：　　　　　　审核日期：　　　　　　依据文件：设备管理程序、相关设备操作及维护保养规定

检查项目	检查方法					检查结果
	提问	标准条款	文件条款	文件查阅	现场检查	审核地点
3. 设备的使用管理						
3.4 设备使用注意事项	◆ 操作工是否熟悉所使用设备的性能、操作要领及日常保养方法？是否严格遵守有关的设备操作与规程？			√	√	设备部 生产现场
	◆ 对于A类设备，是否做好了"设备运行记录"？连续运行时，是否办理了"设备交接班记录"？			√	√	生产现场
	◆ 长期闲置而又不报废的设备，设备部是否对该设备进行了封存并在设备上挂上了"闲置设备"牌？是否对闲置设备进行了防护处理？			√	√	设备部 生产现场
3.5 设备备件管理	◆ 检修中的设备是否挂上了红色检修牌？			√	√	生产现场
	◆ 设备维修、保养所需的备品配件是否充足？备品配件的管理是否符合规定要求？			√	√	设备部 设备仓库
4. 设备的保养	◆ 使用者是否对设备进行了日常保养并填写了"设备日常保养记录"？			√	√	生产现场
	◆ 设备部是否对设备进行了定期保养并填写了"设备定期保养记录"？			√	√	设备部 生产现场
	◆ 每年12月，设备部是否做好了下年度的设备定期保养计划？			√	√	设备部
5. 设备的维修	◆ 设备在日常使用过程中发生故障时，是否及时进行了修理并填写了"设备检修单"？			√		设备部

（续）

受审核过程：设备管理　　　　　　　　编制/日期：　　　　　　　批准/日期：
审核员：　　　　　　　　　　　　　　审核日期：　　　　　　　依据文件：设备管理程序、相关设备操作及维护保养规定

检查项目	检查方法（提问）	标准条款	文件条款	文件查阅	现场检查	审核地点	检查结果
6. 设备的转移	◆设备转移至其他部门时，是否填写了"固定资产内部转移单"？			√		设备部	
7. 设备的外借	◆设备从所在部门借出时，是否办理了借用登记手续？			√		设备部	
8. 设备的报废	◆设备报废时，是否填写了"固定资产报废单"？			√		设备部 财务部	
9. 设备的盘点	◆设备部和财务部是否每年对设备做一次总盘点。			√		设备部	
10. 设备事故的处理	◆发生设备事故时，设备使用部门是否及时上报设备部等有关部门单位？			√		设备部	
	◆设备部是否会同使用部门查明了事故原因及事故责任者，并采取了必要的整改措施？			√		设备部	
11. 设备管理过程绩效的实现情况 11.1 设备能力100%合格	◆设备能力是否足够？有无达到目标要求？未达到目标要求时，如何改进？			√		设备部	
11.2 平均故障率≤5%	◆平均故障率是多少？有无达到目标要求？未达到目标要求时，如何改进？			√		设备部	
11.3 备件可得率≥98%	◆备件可得率是多少？有无达到目标要求？未达到目标要求时，如何改进？			√		设备部	
12. 设备管理过程风险控制 12.1 风险——设备不能满足工艺要求	◆风险是如何控制的？设备不能满足工艺要求时，如何改进？			√		设备部	

表 6.3-4　内部审核检查表（格式二）

受审过程：采购过程			编制：	批准：
审核员：			审核日期：	依据文件：
过程要素	审核地点	涉及标准条款	审核内容和方法	审核结果记录
过程输入	采购部		1）采购过程的输入是什么（物料需求月计划、物料请购单）？输入来自哪里？	
			2）输入的表单（物料需求月计划、物料请购单）内容是否完整？签批手续是否齐全？	
人力资源	采购部		1）人员是否充足？有无《岗位说明书》？	
			2）工作人员是否已经培训，是否满足要求？	
			3）工作人员是否熟悉本岗位的作业文件并能掌握其要求？	
			4）人员的临时顶岗如何处理？	
物质资源	采购部		1）采购过程所需的物质资源（资金、设施设备、工作环境、信息等）是什么？	
			2）资源可用吗？	
过程管理	采购部		1）过程的"所有者"是谁？	
			2）对过程进行控制的文件是什么？文件版本是否有效？采购员是否按文件要求进行作业？	
			3）采购员是否从"合格供应商名单"中选取供应商？	
			4）采购员是否进行了询价和比价？	
			5）首次从供应商处采购物料时，采购员是否填写了"采购合同审批表"报总经理批准？是否与供应商签订了"采购合同"及必要的"供货质量协议"？	
			6）采购员是否根据"采购订单"的内容建立了"采购进度控制表"，以跟进物料交货情况？	
			7）"采购订单"的变更如何处理？	
			8）如何对供应商的交货进行监控？	
			9）针对质量部反馈的在收料过程中出现的异常质量问题，采购员如何进行处理？	
			10）如何办理物料入库以及向供应商付款？	
			11）采购员如何进行退货、换货、补货工作？	
			12）采购过程的沟通渠道、信息传递和信息反馈是否通畅？	
			13）过程中的风险有哪些？是否得到了控制？	

(续)

受审过程：采购过程			编制：	批准：
审核员：			审核日期：	依据文件：
过程要素	审核地点	涉及标准条款	审核内容和方法	审核结果记录
过程输出	采购部		1）"采购月计划""采购订单"内容是否完整，签批手续是否齐全？	
			2）"采购订单"的要求是否实现？	
			3）"外购入库单""进料检验报告"能否证明确实采购到了符合要求的物料？	
过程绩效	采购部		1）过程绩效指标（来料批合格率，交期准时率，因供应商质量、交付问题导致本公司通知顾客次数，因供应商的原因造成本公司或本公司顾客产品滞留/停止出货次数，发生附加运费次数）是什么？	
			2）如何对过程绩效指标进行监视、测量和分析？过程绩效指标实现情况如何？	
			3）过程绩效指标不达标时，是否采取了纠正措施？	

表 6.3-5　内部审核方案实施效果评价报告

评价日期：			评价人：
序号	评价项目	评价结论	改进建议
1	审核实施计划与审核方案的一致性		
2	审核组完成工作的能力		
3	审核活动与审核方案的一致性		
4	审核计划完成情况		
5	不符合项的关闭情况		
6	审核工作对企业管理水平提高的贡献程度		
评价总结论：			

6.4 过程审核控制程序

过程审核控制程序

1. 目的

对过程的质量能力进行评定，使过程能达到受控和有能力，能在各种干扰因素下仍然稳定受控。

2. 适用范围

本程序适用于公司内部的过程审核工作。

3. 职责

3.1 质量部负责制定年度过程审核方案，经总经理批准后实施。

3.2 审核组长负责编制每次审核的实施计划，按计划组织审核小组成员对有关过程进行审核、评价和报告。

3.3 各部门对审核中发现的不符合项，负责制定纠正措施并组织实施。

4. 过程分析乌龟图

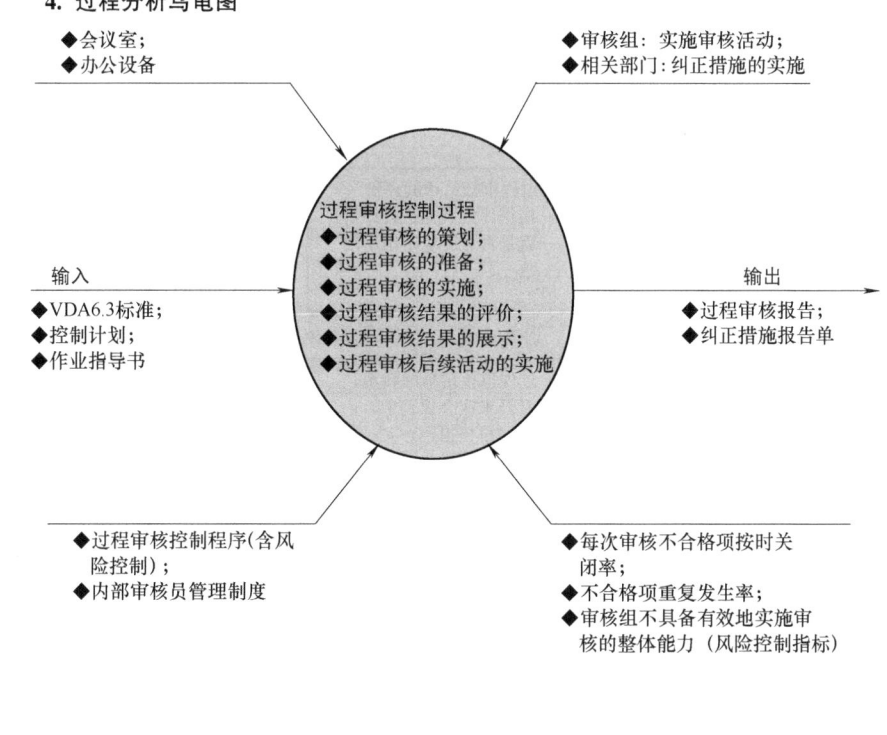

5. 过程流程图

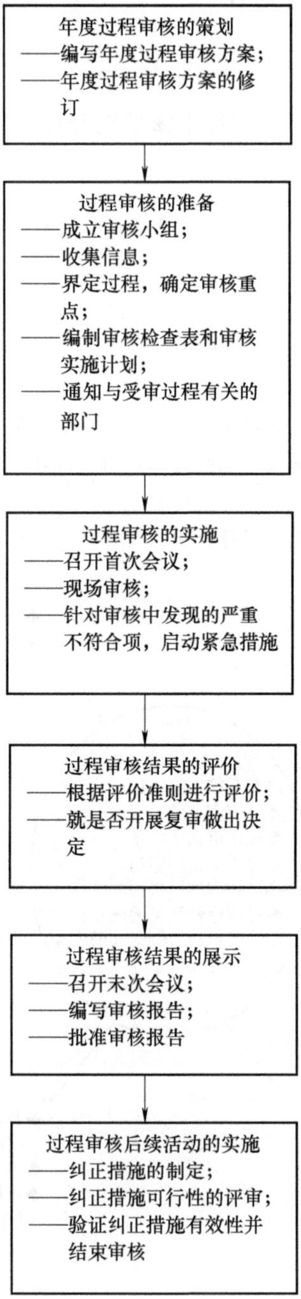

```
┌─────────────────────────┐
│    年度过程审核的策划    │
│ ——编写年度过程审核方案； │
│ ——年度过程审核方案的修  │
│   订                    │
└───────────┬─────────────┘
            │
┌───────────▼─────────────┐
│     过程审核的准备      │
│ ——成立审核小组；        │
│ ——收集信息；            │
│ ——界定过程，确定审核重  │
│   点；                  │
│ ——编制审核检查表和审核  │
│   实施计划；            │
│ ——通知与受审过程有关的  │
│   部门                  │
└───────────┬─────────────┘
            │
┌───────────▼─────────────┐
│     过程审核的实施      │
│ ——召开首次会议；        │
│ ——现场审核；            │
│ ——针对审核中发现的严重  │
│   不符合项，启动紧急措施│
└───────────┬─────────────┘
            │
┌───────────▼─────────────┐
│   过程审核结果的评价    │
│ ——根据评价准则进行评价；│
│ ——就是否开展复审做出决  │
│   定                    │
└───────────┬─────────────┘
            │
┌───────────▼─────────────┐
│   过程审核结果的展示    │
│ ——召开末次会议；        │
│ ——编写审核报告；        │
│ ——批准审核报告          │
└───────────┬─────────────┘
            │
┌───────────▼─────────────┐
│ 过程审核后续活动的实施  │
│ ——纠正措施的制定；      │
│ ——纠正措施可行性的评审；│
│ ——验证纠正措施有效性并  │
│   结束审核              │
└─────────────────────────┘
```

6. 作业程序与控制要求

程　　序	工 作 内 容	输出文件	责任部门/人
6.1 年度过程审核方案的编写	6.1.1 年度过程审核方案的策划与编写 1）每年 1 月 15 日前，由质量部经理策划并编制本年度的过程审核方案，策划时要考虑拟审核的过程的状况、重要性，新产品开发的计划，以及以往审核的结果 2）应保证每个过程每年至少接受两次过程审核。年度过程审核方案的内容包括：审核目的、审核准则、审核范围、审核频次（时间）等	年度过程审核方案	质量部
	6.1.2 年度过程审核方案经管理者代表批准后下发		管理者代表
6.2 年度过程审核方案的修订	6.2.1 在以下几种情况下，应根据需要对年度过程审核方案进行修订，增加过程审核的次数： 1）产品审核时发现产品质量连续下降 2）顾客多次索赔及抱怨 3）发生重大质量事故 4）生产流程、工艺更改 5）生产地点变更 6）SPC 多次发现生产过程不稳定 7）顾客或法规新增特殊要求时 8）新产品小批量试生产或批量生产时	年度过程审核方案	质量部
	6.2.2 修订后的年度过程审核方案经管理者代表批准后下发		管理者代表
6.3 过程审核的准备	6.3.1 由质量部经理指定审核组长，并成立审核小组。由审核组长分配审核小组成员的任务。在分配审核任务时应注意：审核人员必须是与被审核过程无直接责任的人员		质量部经理、审核组长
	6.3.2 收集与所审过程有关的文件和记录 收集与所审过程有关的文件和记录，以便了解过程以及过程之间的相互作用和接口关系。收集的文件和记录可包括： 1）工艺流程图 2）生产控制计划 3）FMEA 4）标准、技术规范、顾客的要求 5）目标方面的要求（例如 PPM） 6）工艺文件 7）质量控制卡 8）以往过程审核的结果 9）最近一次过程审核中确定的整改措施 10）供应商交货质量情况（质量绩效） 11）顾客投诉 12）车间平面布置图 13）项目计划表，等等		

(续)

程　序	工作内容	输出文件	责任部门/人
6.3 过程审核的准备	6.3.3 界定过程，确定审核重点 1）在过程界定方面，第一步是确定过程的起点和终点，第二步是将过程划分为一个个工序（过程步骤） 2）对于所界定的过程，应在所收集的信息的基础上，确定过程风险。审核人员应将对产品和过程影响最大的风险所在的部分（一般指特殊工序、关键工序）确定为审核重点 3）一般而言，对工序基本相同的同类产品（产品组），只需按产品组进行过程审核即可		
	6.3.4 审核组长负责制定审核实施计划，经质量部经理审核，管理者代表批准后，在审核前5天下发给受审部门 审核实施计划的内容包括： 1）审核目的 2）受审核的过程/受审部门（涵盖所有发生的班次，包括适当的交接班抽样） 3）审核准则 4）审核组成员名单及分工情况 5）审核的时间和地点 6）审核过程中会议的安排 7）审核报告的分发范围和预定发布日期	过程审核实施计划	审核组长
	6.3.5 受审部门收到审核实施计划以后，如果对审核日期和审核的主要项目有异议，可在两天之内通知审核组，经过协商可以再行安排		受审部门
	6.3.6 审核组长组织审核组成员编制过程审核检查表 1）由审核员负责编写过程审核检查表 2）审核组长协助审核员准备并最终审定检查表	过程审核检查表	审核员
6.4 过程审核的实施	6.4.1 召开首次会议 召开由审核组全体人员、受审核部门代表、主要工作人员及其陪同人员、管理者代表（必要时）参加的首次会议 首次会议的内容包括： 1）审核组长介绍审核组成员及其分工 2）说明审核的原因、目的、准则和过程范围 3）简要介绍审核采用的方法 4）澄清与会人员的疑问	首次会议签到表、首次会议记录	审核组长

(续)

程　序	工作内容	输出文件	责任部门/人
6.4　过程审核的实施	6.4.2　现场审核 1) 审核的具体内容按照"过程审核检查表"进行 2) 审核员通过提问，查阅文件、记录，检查现场，收集证据，检查过程的运行情况 3) 现场发现问题时应当场让该项工作负责人（或操作者）确认并记录在"过程审核检查表"中，以保证不符合项能够完全被理解，并避免事后争执	过程审核检查表	审核员
	6.4.3　针对审核中发现的严重不符合项，启动紧急措施 审核中发现严重不符合项（严重失效）时，审核组长应通知被审核方立即启动紧急措施。严重不符合项是指： 1) 顾客重大投诉 2) 产品功能失效或性能严重降低 3) 发现影响产品、生产安全，不符合政府法规的事实 4) 产品、过程的关键特性失去控制 应对紧急措施的实施情况进行验证		审核组长
6.5　过程审核结果的评价	6.5.1　对过程审核结果进行整理、评价 1) 计算过程符合率。应计算每个过程的符合率、生产过程中各子要素的符合率，以及整个过程总的符合率 2) 对过程进行定级。根据过程总符合率，对过程进行定级		审核组
	6.5.2　就是否开展复审做出决定 在下列情况下，审核组应决定进行复审： 1) 没有达到某个规定的符合率 2) 关键过程存在风险 3) 没有满足一个或者多个星号问题（"＊"号问题）的要求（"＊"号问题的评分为0分） 复审应在一个确定的时间范围内进行。在这段时间内，被审核组织应采取措施，有效地改进不符合项 在复审中，审核的范围与上次审核的范围一致，不能仅仅只对不符合项的改进效果进行验证		审核组长

（续）

程　序	工作内容	输出文件	责任部门/人
6.6 过程审核结果的展示	6.6.1　召开末次会议 在完成审核结果的评价后，应召开末次会议。在末次会议上，审核组将向与被审核过程有关的部门通报审核情况并确定相关事宜，内容包括： 1）告知审核结果和审核中的发现 2）对不清楚的事项加以澄清 3）确定接下来的工作安排，例如解决审核中发现的问题的时间计划；必要时，通知被审核方需要进行复审 4）确定要采取的纠正措施及其责任部门 5）说明启动的紧急措施 6）确定审核报告的发放范围 在末次会议上，审核组与被审核方要就下一步的工作达成一致		审核组长
	6.6.2　编写过程审核报告 审核组长组织编写过程审核报告，内容可包括： 1）审核的目的（理由）和范围（过程范围描述/受审部门） 2）审核准则 3）审核组成员、受审核方代表、审核日期 4）审核计划的实施情况 5）不能评价的审核提问项目或增加的审核提问项目 6）不符合项，以及采取的改进措施及其时间 7）评分与定级；定级时如有降级，则应说明降级的理由 8）特定领域的优缺点 9）审核结论，应表明过程是否具备质量能力 10）确定审核报告分发范围	过程审核报告	审核组长
	6.6.3　"过程审核报告"经管理者代表批准后，由审核组长负责分发至正副总经理、管理者代表、与过程审核有关的部门、不合格项所涉及的相关部门		审核组长
6.7 过程审核后续活动的实施	6.7.1　纠正措施的制定。责任部门负责人接到"纠正措施报告单"后，组织对不合格原因进行分析，针对问题产生的原因，拟定纠正措施	纠正措施报告单	责任部门
	6.7.2　纠正措施可行性的评审。纠正措施应交纠正措施员进行可行性评审，若审核员对纠正措施不予认可，则要求不合格责任部门重新拟定纠正措施		审核员
	6.7.3　纠正和预防措施经管理者代表批准后，由责任部门执行		管理者代表

（续）

程　序	工作内容	输出文件	责任部门/人
6.7 过程审核后续活动的实施	6.7.4 纠正措施的验证。审核员接到纠正措施计划已完成的通知后，应对所采取的纠正措施的有效性进行验证，填写验证记录。纠正措施采取不力或无效时，审核员报告审核组长或管理者代表，责令责任部门重新制定和实施纠正措施		审核员
	6.7.5 验证有效的纠正措施，涉及文件修改时，应按《文件控制程序》的要求对文件进行修改控制		责任部门
6.8 资料归档	"过程审核报告"发出后的5天内，审核组长应将本次审核的全部记录（审核实施计划，首、末次会议的记录、签到表，审核检查表，纠正措施报告单及审核报告）全部移交给质量部保存		质量部

7. 过程绩效的监视

目标名称	计算公式（计算方法）	目标值	监视时机	监视单位
7.1 每次审核不合格项按时关闭率	（按计划时间关闭的不合格项/审核发现的总不合格项）×100%	≥98%	每次审核结束后的第30个工作日	质量部经理
7.2 不合格项重复发生率	（重复发生的不合格项/累计审核发现的不合格项）×100%	≤2%	每年12月底进行统计	质量部经理

8. 过程中的风险和机遇的控制（风险应对计划）

风　险	应对措施	其他事项	执行时间	负责人	监视方法
8.1 审核组不具备有效地实施审核的整体能力	选择审核员时，要保证审核员不仅具备IATF 16949的知识、VDA 6.3知识、审核知识，而且要对受审核过程很熟悉。应完全执行《内部审核员管理制度》		每次审核都要严格执行	审核组长	每次审核组成审核组时，管理者代表要对审核员的资格进行审查

9. 支持性文件

9.1 《文件控制程序》

9.2 《内部审核员管理制度》

10. 记录

10.1 年度过程审核方案

10.2 过程审核实施计划

10.3 过程审核检查表

10.4 过程审核报告

10.5 纠正措施报告单

（上述表格格式请参考笔者所编著的《IATF 16949：2016内审员实战通用教程》）

6.5 产品审核控制程序

产品审核控制程序

1. 目的

站在用户立场上对产品进行客观审核,验证产品是否符合所有规定的要求,并利用审核信息确定产品的质量水平及其变化趋势。

2. 适用范围

本程序适用于公司内部的产品审核工作。

3. 职责

3.1 质量部负责组织制定年度产品审核方案,负责编制《产品审核评级指导书》。

3.2 审核组长负责编制每次产品审核的实施计划,按计划组织审核小组成员对有关产品进行审核、评价和报告。

3.3 各部门对审核中发现的不符合项,负责制定纠正措施并组织实施。

4. 过程分析乌龟图

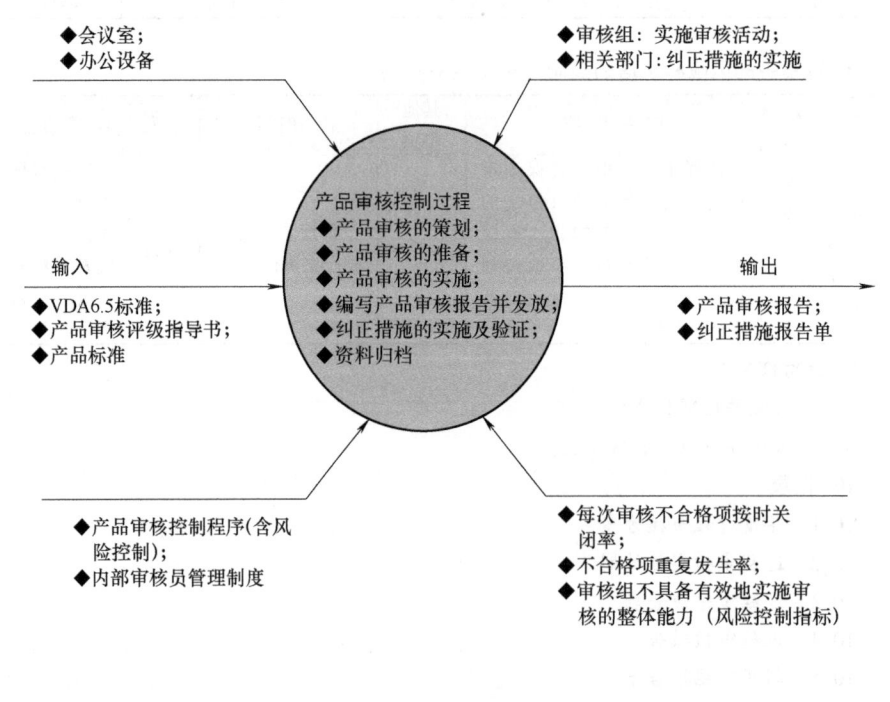

5. 过程流程图

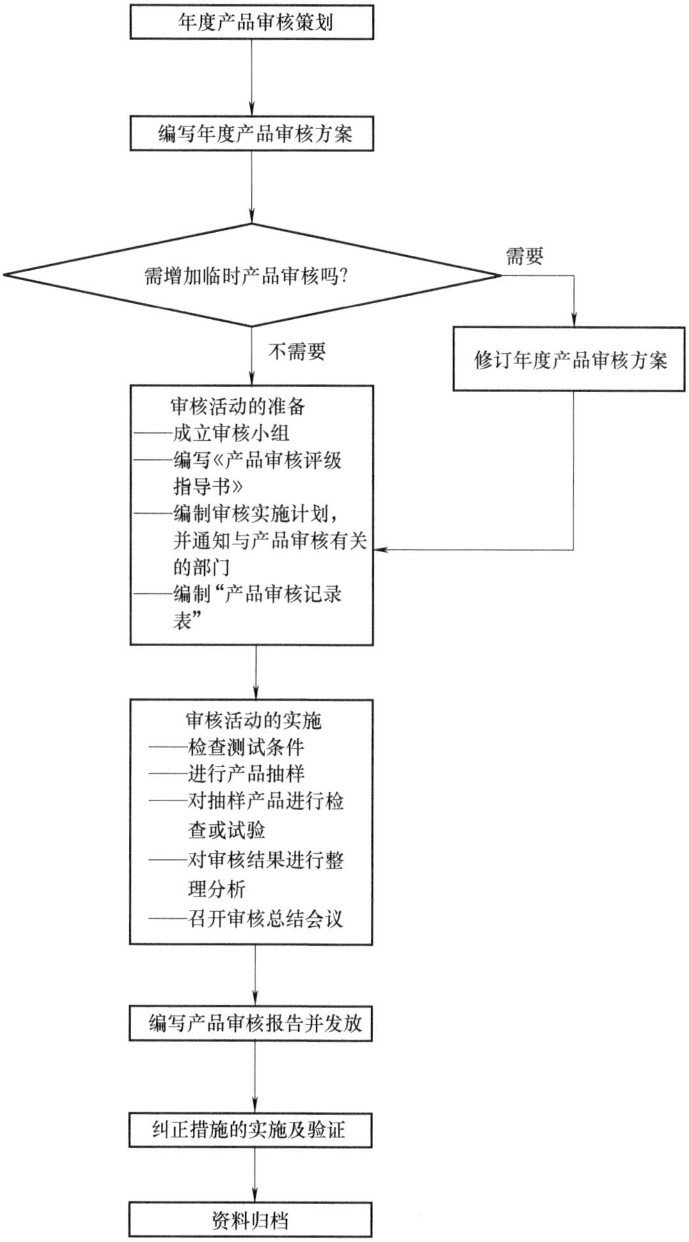

```
            ┌─────────────────┐
            │ 年度产品审核策划 │
            └────────┬────────┘
                     ↓
            ┌─────────────────┐
            │ 编写年度产品审核方案 │
            └────────┬────────┘
                     ↓
                   ◇需要
          ╱需增加临时产品审核吗?╲──────→ ┌─────────────────┐
                   ╲             ╱        │ 修订年度产品审核方案 │
                     ↓不需要              └────────┬────────┘
            ┌─────────────────┐                   │
            │ 审核活动的准备   │                   │
            │ ——成立审核小组   │                   │
            │ ——编写《产品审核评级 │←─────────────┘
            │   指导书》        │
            │ ——编制审核实施计划,│
            │   并通知与产品审核有关│
            │   的部门          │
            │ ——编制"产品审核记录│
            │   表"            │
            └────────┬────────┘
                     ↓
            ┌─────────────────┐
            │ 审核活动的实施   │
            │ ——检查测试条件   │
            │ ——进行产品抽样   │
            │ ——对抽样产品进行检│
            │   查或试验        │
            │ ——对审核结果进行整│
            │   理分析          │
            │ ——召开审核总结会议│
            └────────┬────────┘
                     ↓
            ┌─────────────────┐
            │ 编写产品审核报告并发放 │
            └────────┬────────┘
                     ↓
            ┌─────────────────┐
            │ 纠正措施的实施及验证 │
            └────────┬────────┘
                     ↓
            ┌─────────────────┐
            │    资料归档     │
            └─────────────────┘
```

6. 作业程序与控制要求

程　　序	工　作　内　容	输出文件	责任部门/人
6.1 年度产品审核方案的编写	6.1.1 年度产品审核方案的策划与编写 1）每年1月15日前，由质量部经理策划并编制本年度的产品审核方案，策划时要考虑拟审核的产品的状况、重要性、新产品开发的计划，以及以往审核的结果 2）应保证每种产品每两个月至少接受一次产品审核。年度产品审核方案的内容包括审核目的、审核准则、受审产品范围、审核频次（时间）等	年度产品审核方案	质量部
	6.1.2 年度产品审核方案经管理者代表批准后下发		管理者代表
6.2 年度产品审核方案的修订	6.2.1 在以下几种情况下，应根据需要对年度产品审核方案进行修订，增加产品审核的次数： 1）入仓检验发现同种产品质量连续3个月下降 2）1个月内，同种产品出现两次顾客索赔及退货 3）发生重大质量事故，导致产品被召回 4）生产流程、工艺更改 5）生产地点变更 6）产品长期停产，当恢复生产时 7）关键材料供应商更换 8）顾客或法规新增特殊要求时 9）新产品批量生产时	年度产品审核方案	质量部
	6.2.2 修订后的年度产品审核方案经管理者代表批准后下发		管理者代表
6.3 产品审核的准备	6.3.1 由质量部经理指定审核组长，并成立审核小组。由审核组长分配审核小组成员的任务。在分配审核任务时应注意：审核员不应是对所审核产品质量负有直接责任的人，如产品检验员；也不应是与被审核产品/领域有连带责任的人，如产品设计工程师		质量部经理、审核组长
	6.3.2 质量部组织编写《产品审核评级指导书》，内容包括： 1）产品名称、型号、规格 2）按产品安全性、功能、结构、外观、包装等特性分组划分的质量缺陷编号、缺陷内容及缺陷等级 《产品审核评级指导书》应送管理者代表批准。每次审核时，均可使用批准后的《产品审核评级指导书》。在产品质量有了改进时，应重新修订《产品审核评级指导书》	《产品审核评级指导书》	质量部

(续)

程　序	工作内容	输出文件	责任部门/人
6.3　产品审核的准备	6.3.3　审核组长负责制定产品审核实施计划，经质量部经理审核，管理者代表批准后，在审核前5天下发给受审部门 产品审核实施计划的内容包括： 1）审核目的 2）受审核的产品/审核范围 3）审核准则 4）审核组成员名单及分工情况 5）审核的时间和地点 6）抽样样本量的大小 7）日程安排 8）审核总结会议的安排 9）审核报告的分发范围和预定发布日期	产品审核实施计划	审核组长
	6.3.4　受审部门收到产品审核实施计划以后，如果对审核日期和审核的主要项目有异议，可在两天之内通知审核组，经过协商可以再行安排		受审部门
	6.3.5　审核组长组织审核组成员编制产品审核检查表 1）由审核员负责编写产品审核检查表 2）审核组长协助审核员准备并最终审定检查表	产品审核检查表	审核员
6.4　产品审核的实施	6.4.1　检查测试条件 对与受审产品有关的测试条件进行检查。检查内容包括： 1）检查测试产品的量具和仪器的校准情况 2）检查测试环境是否符合规定要求 3）检查测试人员的技能、资格		审核员
	6.4.2　进行产品抽样 按审核实施计划的要求进行抽样。要在包装之后准备发运的产品中进行抽样，除非审核实施计划有特别的规定。抽样时应注意以下事项： 1）样品的随机性 2）要注意样品生产的时期，要保证样品能反映同一时期的质量状况 3）要做好样品的标识。必要时，要对抽样涉及的批次加以隔离，直到审核结束		审核员
	6.4.3　对抽样产品进行检查或试验 1）按《产品审核评级指导书》、产品标准的要求，对样品进行检查，包括功能测试、结构检查、外观检查、包装检查等 2）将测试条件检查的情况、样品检查或试验中发现的缺陷，记入"产品审核记录表"中	产品审核记录表	审核员

（续）

程　　序	工 作 内 容	输出文件	责任部门/人
6.4　产品审核的实施	6.4.4　对审核结果进行整理分析 1）在召开审核总结会议前，审核组应对审核结果进行整理分析 2）对产品审核中的缺陷项做出处理 ① 若有 A 类缺陷，则通知质量部不允许这批产品出厂（如果产品审核是针对仓库中的成品） ② 若有 B 类缺陷，则应加倍抽样重新审核，如仍有 B 类缺陷，则不允许这批产品出厂 3）对产品审核的结果进行分析总结 ① 计算质量指数 QKZ ② 必要时，做质量指数 QKZ 的趋势图。从趋势图上，可以判断质量水平是上升了或是下降了 ③ 确定产品质量定级 ④ 找出重要的、突出的质量缺陷，如：B 类以上的质量缺陷，多次重复出现的 C 类缺陷等 ⑤ 找出质量缺陷出现频次高或缺陷加权分值高的质量特性组 ⑥ 做出产品审核的结论		审核组
	6.4.5　召开审核总结会议 在审核总结会议上，向与被审核产品有关的部门通报审核情况，并与这些部门一起讨论、分析缺陷的起因，在此基础上，确定要采取的纠正措施及其责任部门。会后，审核员根据会议的决定向有关责任部门发出"纠正措施报告单"	纠正措施报告单	审核组长
6.5　编写产品审核报告并发放	6.5.1　编写产品审核报告 审核组长组织编写产品审核报告，内容可包括： 1）产品审核缺陷的处理与分析 ① 对产品审核中的缺陷项做出处理意见 ② 找出重要的、突出的质量缺陷，如：B 类以上的质量缺陷，多次重复出现的 C 类缺陷等 ③ 对质量缺陷出现频次高或缺陷加权分值高的质量特性组进行说明 2）质量指数 QKZ 3）质量指数 QKZ 的趋势图（必要时） 4）产品质量定级 5）产品审核的结论 6）改进产品质量的建议	产品审核报告	审核组长
	6.5.2　"产品审核报告"经管理者代表批准后，由审核组长负责分发至正副总经理、管理者代表、与产品审核有关的部门、不合格项所涉及的相关部门		审核组长

（续）

程　序	工作内容	输出文件	责任部门/人
6.6 纠正措施的实施及验证	6.6.1 纠正措施的制定。责任部门负责人接到"纠正措施报告单"后，组织对不合格原因进行分析，针对问题产生的原因，拟定纠正措施	纠正措施报告单	责任部门
	6.6.2 纠正措施可行性的评审。纠正措施应交审核员进行可行性评审，若审核员对纠正措施不予认可，则要求不合格责任部门重新拟定纠正措施		审核员
	6.6.3 纠正措施经管理者代表批准后由责任部门执行		管理者代表
	6.6.4 纠正措施的验证。审核员接到纠正措施计划已完成的通知后，应对所采取的纠正措施的有效性进行验证，填写验证记录。纠正措施采取不力或无效时，审核员报告审核组长或管理者代表，责令责任部门重新制定和实施纠正措施		审核员
	6.6.5 验证有效的纠正措施，涉及文件修改时，应按《文件控制程序》的要求对文件进行修改控制		责任部门
6.7 资料归档	"产品审核报告"发出后的5天内，审核组长应将本次审核的全部记录（审核实施计划、首、末次会议的记录、签到表、审核检查表、纠正措施报告单及审核报告）全部移交给质量部保存		质量部

7. 过程绩效的监视

目标名称	计算公式（计算方法）	目标值	监视时机	监视单位
7.1 每次审核不合格项按时关闭率	（按计划时间关闭的不合格项/审核发现的总不合格项）×100%	≥98%	每次审核结束后的第30个工作日	质量部经理
7.2 不合格项重复发生率	（重复发生的不合格项/累计审核发现的不合格项）×100%	≤2%	每年12月底进行统计	质量部经理

8. 过程中的风险和机遇的控制（风险应对计划）

风险	应对措施	其他事项	执行时间	负责人	监视方法
8.1 审核组不具备有效地实施审核的整体能力	选择审核员时，要保证审核员不仅具备IATF 16949的知识、VDA 6.5知识、审核知识，而且要对受审核产品很熟悉。应完全执行《内部审核员管理制度》		每次审核都要严格执行	审核组长	每次审核组成审核组时，管理者代表要对审核员的资格进行审查

9. 支持性文件

9.1 《文件控制程序》

9.2 《内部审核员管理制度》

10. 记录

10.1 年度产品审核方案

10.2 产品审核实施计划

10.3 产品审核检查表

10.4 产品审核报告

10.5 纠正措施报告单

6.6 管理评审控制程序

管理评审控制程序

1. 目的

确保质量管理体系的持续适宜性、充分性、有效性,并与组织的战略方向一致。

2. 适用范围

适用于公司总经理组织公司的管理层对质量管理体系进行的评审。

3. 职责

3.1 总经理负责主持管理评审会议,批准管理评审计划和管理评审报告。

3.2 管理者代表负责编制管理评审的计划、管理评审报告,对落实管理评审输出中的决定和措施负责。

3.3 各部门负责人负责准备并提供本部门主管的各项工作的实施情况报告,制定并实施管理评审输出中与本部门有关的各项纠正、改进措施。

4. 过程分析乌龟图

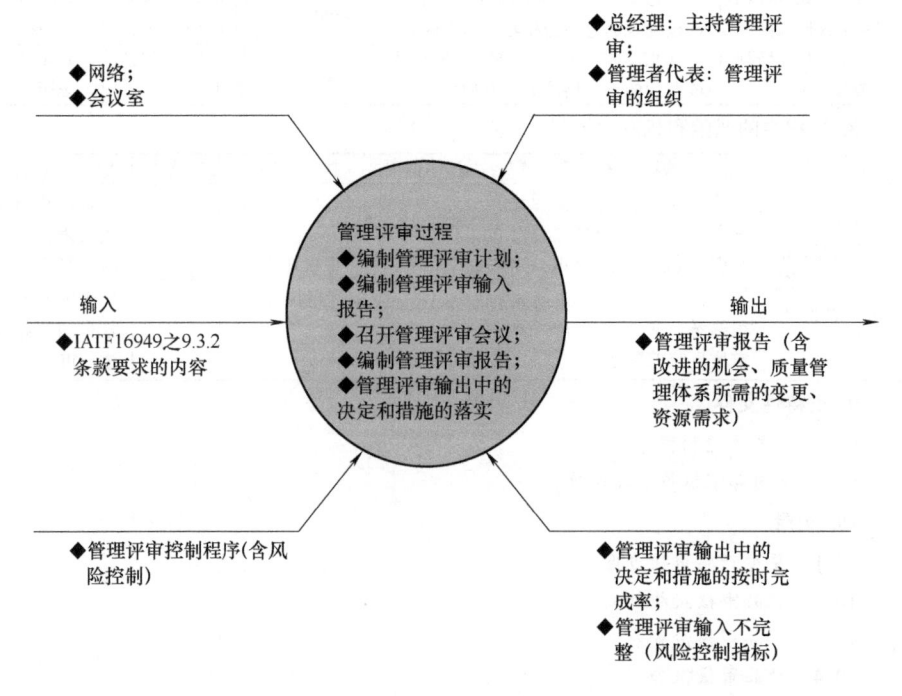

5. 过程流程图

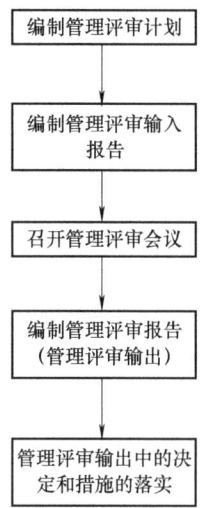

6. 作业程序与控制要求

程　　序	工　作　内　容	输出文件	责任部门/人
6.1　编制管理评审计划	6.1.1　管理评审频次 1）一般情况下，公司于每年的1月就上一年的工作进行年终总结（管理评审） 2）当出现影响质量管理体系及其绩效的内外部变化可能引起满足顾客要求的风险时，要增加管理评审的次数。如下列情况： ① 当公司的组织结构、产品结构发生重大调整、市场环境条件发生重大变化时 ② 当公司发生重大质量事故、顾客有重大投诉时 ③ 当总经理认为必要时		
	6.1.2　在实施管理评审的前2周，管理者代表编制管理评审计划，内容包括：评审目的、评审内容、评审人员、时间安排、评审方法、评审输入的准备等	管理评审计划	管理者代表
	6.1.3　管理评审计划经总经理批准后下发给参加管理评审的有关人员		

（续）

程　序	工　作　内　容	输出文件	责任部门/人
6.2 管理评审的输入	6.2.1 评审输入的准备 参加管理评审的人员在收到管理评审计划后，在1周内按以下要求准备管理评审输入报告： 1）质量部 ◆ 产品质量统计分析报告（包括产品检验、重大质量事故、客户投诉、退货等情况） ◆ 纠正和预防措施实施情况报告 ◆ MSA分析情况 ◆ 产品审核、过程审核总结 ◆ 不合格品控制情况 ◆ 风险控制措施的有效性（包括现场失效风险的识别与控制情况） ◆ 顾客处实际发生的失效及其对环境、安全的影响情况 ◆ 产品保修服务情况及保修过程绩效的实现情况 ◆ 不良质量成本的总结分析报告 ◆ 应急准备和响应情况总结报告 ◆ 改进建议、本部门质量目标实施情况报告 注：改进建议可涉及组织结构、体系、过程、产品、文件、资源配置等方面，下同 2）产品研发部 ◆ 产品开发情况（包括设计测量情况）报告 ◆ 产品改进落实情况报告 ◆ 改进建议、本部门质量目标实施情况报告 3）工艺设备部 ◆ 对现有操作更改、新设施或新产品进行的制造可行性评价（含产能策划）的结论 ◆ 工艺设计与改进情况总结 ◆ PFMEA分析情况总结 ◆ 控制计划实施情况总结 ◆ 工艺检查情况报告（包括特殊过程的确认及监控情况，工艺纪律的执行情况等） ◆ 设备维护保养及设备维护目标的实现情况 ◆ 改进建议、本部门质量目标实施情况报告 4）生产部 ◆ 生产计划的执行情况报告 ◆ 生产成本、物料耗损情况报告 ◆ 生产现场控制情况报告 ◆ 劳动纪律、生产安全执行情况报告 ◆ 产能分析报告 ◆ 改进建议、本部门质量目标实施情况报告 5）仓库 ◆ 仓库管理、产品贮存状况报告 ◆ 改进建议、本部门质量目标实施情况报告	管理评审输入报告	各部门

（续）

程 序	工 作 内 容	输出文件	责任部门/人
6.2 管理评审的输入	6）采购部 ◆ 供应商业绩情况报告 ◆ 供应商质量管理体系的开发情况 ◆ 改进建议、本部门质量目标实施情况报告 7）人事行政部 ◆ 组织机构、职责分配、人力资源的总体分析报告 ◆ 人员培训情况报告 ◆ 知识管理情况总结 ◆ 文件控制情况 ◆ 改进建议（包括员工合理化建议）、本部门质量目标实施情况报告 8）营销部 ◆ 服务情况报告（包括顾客的满意度、顾客投诉处理的情况以及顾客反馈的其他信息等） ◆ 本年度销售及市场分析报告（包括市场环境的变化等） ◆ 合同的执行状况报告 ◆ PPAP实施情况 ◆ 向顾客交货及额外运费的情况 ◆ 对顾客记分卡进行分析评审的结论 ◆ 新产品开发建议 ◆ 改进建议、本部门质量目标实施情况报告 9）生产车间 ◆ 各车间生产计划完成情况报告 ◆ 生产过程质量控制情况报告 ◆ 生产现场控制情况报告 ◆ 改进建议、本部门质量目标实施情况报告 10）管理者代表 管理者代表对各部门提交的报告进行分析，并在此基础上编写"质量管理体系运行情况总结报告"，内容包括： ◆ 公司质量方针、目标、经营计划的实施情况 ◆ 过程绩效指标的实现情况 ◆ 前次管理评审跟踪措施的落实情况和效果评价 ◆ 内、外部质量审核的总结及分析（含内部审核方案实施有效性的评价结论） ◆ 质量管理体系文件的变动、组织结构的变动以及其他内外部环境的变化 ◆ 资源的充分性分析 ◆ 质量管理体系适宜性、充分性、有效性、以及与组织战略方向的一致性的初步总体评价 ◆ 改进建议		

(续)

程　　序	工作内容	输出文件	责任部门/人
6.2　管理评审的输入	6.2.2　评审输入资料的提交 1）各职能部门/人员应于收到管理评审计划后的1周内将管理评审输入报告提交给管理者代表。管理者代表在此基础上，准备好全面的质量管理体系运行情况总结报告 2）各职能部门/人员应在管理评审实施前1周，将其管理评审输入报告发送给所有参加管理评审的人员		各部门
6.3　召开管理评审会	6.3.1　按管理评审计划中确定的时间召开管理评审会。管理评审会由总经理主持，管理者代表负责会议的准备工作，做好会议签到和会议记录并予以保存		总经理
	6.3.2　管理评审的内容。参加管理评审会议的人员，结合各部门提交的管理评审输入报告，就以下内容进行评审： 1）以往管理评审所采取措施的实施情况 2）与质量管理体系相关的内外部因素的变化 3）有关质量管理体系绩效和有效性的信息，包括其趋势： ① 顾客满意和相关方的反馈 ② 质量目标的实现程度 ③ 过程绩效（过程有效性、过程效率）以及产品和服务的符合性 ④ 不合格以及纠正措施 ⑤ 监视和测量结果 ⑥ 内、外部审核结果 ⑦ 外部供方的绩效 4）资源的充分性 5）应对风险和机遇所采取措施的有效性 6）改进的机会、意见和建议 7）不良质量成本（内部和外部不符合成本）的分析与评价报告 8）对现有操作更改、新设施或新产品进行的制造可行性评价（含产能策划）的结论 9）设备维护目标（OEE、MTBF、MTTR等）的实现情况（绩效） 10）组织保修过程的绩效 11）对顾客记分卡进行分析评审的结论 12）风险分析确定的潜在的现场失效 13）实际现场失效及其对安全或环境的影响 14）产品和过程设计中的测量结果的分析、汇总 15）内部审核方案实施有效性的评价结论		与会人员
	6.3.3　管理评审中应确定需纠正、改进的项目，并落实责任部门		与会人员

（续）

程　序	工作内容	输出文件	责任部门/人
6.3 召开管理评审会	6.3.4 评审结论（评审输出）。总经理在以上评审的基础上做出评审结论并对评审后的纠正、改进活动提出明确要求。评审结论包括： 1）质量管理体系的适宜性、充分性、有效性，并与组织的战略方向一致的结论 2）组织机构是否需要调整？ 3）方针、目标是否适宜？是否需要修改？ 4）质量管理体系是否需要变更？质量管理体系文件（主要指质量手册、程序文件）是否需要修改？ 5）资源配备是否充足，是否需要调整增加？ 6）过程、产品、风险控制及其他方面改进的决定和措施 7）制定下一年度质量目标的建议		总经理
6.4 管理评审报告	6.4.1 管理评审会结束后3日内，由管理者代表组织编写出"管理评审报告"。报告应包括管理评审的结论（见6.3.4）	管理评审报告	管理者代表
	6.4.2 管理评审报告经总经理审批后，分发给参加管理评审的有关部门/人员		管理者代表
6.5 管理评审输出中的决定和措施的落实	6.5.1 对管理评审中确定的需采取纠正措施的项目，由管理者代表责成质量部填写"纠正措施报告单"，下发给相应的责任部门。纠正措施的实施与跟踪验证执行《纠正措施控制程序》	纠正措施报告单	质量部
	6.5.2 需采取改进措施时，由责任部门提交相应的改进计划，经管理者代表审核、总经理批准后，发给相关部门予以执行。质量部对改进措施实施情况进行跟踪和验证		质量部

7. 过程绩效的监视

目标名称	计算公式 （计算方法）	目标值	监视时机	监视单位
7.1 管理评审输出中的决定和措施的按时完成率	管理评审输出中的决定和措施的按时完成率 $=\dfrac{\text{按时完成的决定和措施的数量}}{\text{管理评审输出中的决定和措施的数量}} \times 100\%$	100%	按计划	管理者代表

8. 过程中的风险和机遇的控制（风险应对计划）

风　　险	应对措施	其他事项	执行时间	负责人	监视方法
8.1 管理评审输入不完整	管理者代表对各部门的管理评审输入报告进行检查，不完整的要重写			管理者代表	管理评审输入报告必须有管理者代表审查签字

9. 支持性文件

9.1 《纠正措施控制程序》

10. 记录

10.1 管理评审计划

10.2 管理评审输入报告

10.3 管理评审报告

（上述表格格式请参考笔者所编著的《IATF 16949：2016 内审员实战通用教程》）

第 7 章

IATF 16949：2016 程序文件——改进类

7.1 纠正措施控制程序

纠正措施控制程序

1. 目的

规定纠正措施的实施，以消除不合格的原因，防止不合格的再次发生。

2. 适用范围

适用于对管理活动所采取的纠正措施的控制（内部审核发现的不符合的纠正措施执行《内部质量管理体系审核控制程序》《过程审核控制程序》《产品审核控制程序》；顾客质量投诉执行《顾客投诉处理程序》）。

3. 职责

3.1 纠正措施由"纠正措施报告单"发出部门负责监督和检查其执行情况。

3.2 纠正措施责任部门的负责人组织进行原因分析和纠正措施的制定和实施。

3.3 总经理批准所需实施的纠正和预防措施。

3.4 管理者代表对纠正措施的实施过程进行监督。

4. 过程分析乌龟图

- ◆网络；
- ◆电话；
- ◆计算机

- ◆相关部门：不合格信息的接收/发现与评价分析；
- ◆责任部门：纠正措施的实施

输入
- ◆不合格信息

纠正措施控制过程
- ◆不合格信息的接收或发现；
- ◆不合格信息的评价分析；
- ◆原因分析与纠正措施的制定；
- ◆纠正措施的实施与验证；
- ◆结案与资料归档

输出
- ◆临时应急措施要求表；
- ◆纠正措施报告单

- ◆纠正措施控制程序(含风险控制)

- ◆纠正措施按时完成率；
- ◆同样问题仍然重复出现（风险控制指标）

5. 过程流程图

```
        不合格信息的接收或发现
                 ↓
        不合格信息的评价与分析
                 ↓
          ◇ 要先采取临时应急措施吗？ ──不要──┐
                 ↓ 要                      │
          采取临时应急措施                  │
                 ↓                         │
          责任部门判定 ←───────────────────┘
                 ↓
          原因分析 ←──────────────┐
                 ↓                │
          制定纠正措施             │
                 ↓                │
          实施纠正措施             │
                 ↓                │
          ◇ 效果验证 ──无效───────┘
                 ↓ 有效
          制定巩固措施并实施
                 ↓
          结案、资料归档
```

6. 作业程序与控制要求

程　　序	工作内容	输出文件	责任部门/人
6.1 不合格信息的接收或发现	6.1.1 质量部接收或发现下列不合格信息： 1）同一供应商同一产品连续 2 批进货检验不合格 2）生产线上发现物料不合格率超过 3% 3）生产线上工序检验发现不合格品率超过 3% 4）一天内同一质量问题出现 3 次以上 5）产品在顾客现场失效 6）巡检中，一天发现 3 人次不按作业指导书作业 7）入库检验中，同一车间一天内有 3 批以上被判不合格 8）顾客整批退货 9）风险应对措施失效 10）过程绩效指标不达标 11）在生产现场发现新、旧文件并存 12）关键工序员工没有上岗证 13）MSA 分析不合格 14）过程能力分析不合格 15）质量成本超过设定指标 16）顾客对我公司的送货作为特采处理的情况 17）因质量问题，导致顾客生产线停产（2 小时以上）的情况 18）因发运不合格产品，导致本公司通知顾客的情况 19）因质量问题，被顾客红牌警告的情况 20）因供应商质量原因，导致我公司生产线停产的情况 21）因供应商质量问题，导致本公司通知顾客的情况 22）由于供应商的质量原因造成本公司或本公司顾客产品滞留/停止出货的情况 23）其他质量方面的问题		质量部
	6.1.2 采购部接收或发现下列不合格信息： 1）在每季度的定期评价中，供应商被评为 C 级 2）在每季度的定期评价中，供应商的交期得分少于目标值的 90% 3）采购中，一月内 2 次以上发现本公司发给供应商的图样出错 4）因供应商交付问题，导致本公司通知顾客的情况 5）由于供应商交付的原因造成本公司或本公司顾客产品滞留/停止出货的情况 6）单项物料连续延误交期 3 天以上（含 3 天）的情况；当月出现 3 种以上物料延迟交期 3 天以上（含 3 天）的情况 7）来料异常处理超过 7 天的情况 8）发生附加运费（超过正常运输费用的，均视为附加运费产生，如海运改为空运，一次交货变成多次交货等）的情况		采购部

（续）

程　序	工作内容	输出文件	责任部门/人
6.1 不合格信息的接收或发现	6.1.3 生产车间接收或发现下列不合格信息： 1）批量生产中，一月内2次以上发现作业标准有错 2）一月内出现3次以上停工待料 3）生产线上发现物料不合格率超过3%，且一个月内出现2次以上		生产车间
	6.1.4 营销部接收或发现下列不合格信息： 1）向同一顾客供货，一月内出现2次以上延迟交货，或延迟交货超过2天 2）在顾客对其供应商进行评价时，我公司被评为B级供应商 3）因交付问题，导致本公司通知顾客延期交货的情况 4）因质量外的问题，导致顾客生产线停产（2小时以上）的情况 5）向顾客发货，发生附加运费的情况（超过正常运输费用的，均视为有附加运费产生，如海运改为空运，一次交货变成多次交货等） 6）顾客重大投诉（不包括产品质量投诉）		营销部
	6.1.5 管理者代表接收或发现下列不合格信息： 1）顾客满意度调查中的问题：顾客满意度比上一年下降≥5%、顾客满意度达不到目标值、某些评估项目分值很低（≤70分）、顾客有明确投诉 2）管理评审中确定的需采取纠正措施的项目 3）外审中的不符合项 4）不按要求进行员工培训 5）其他不按公司规章制度办事的情况		管理者代表
	6.1.6 其他部门发现与本部门监管有关的不合格信息		其他部门
6.2 不合格信息的评价分析	6.2.1 上述相关单位（见6.1）对接收或发现的不合格信息进行分析与评价，判断是否需要采取临时应急措施。临时应急措施包括停产、挑选、返工、修补、更换、停止发货等。一般在下列情况下需采取临时应急措施： 1）错误在继续发生 2）重大紧急的对外事项。这些对外事项如果处理得不及时，很可能被顾客"上纲上线"或者被竞争对手恶意利用		相关单位（见6.1）
	6.2.2 如需采取临时应急措施，相关单位（见6.1）应将临时应急措施的要求填写在"临时应急措施要求表"中，经总经理批准后发至有关部门执行。如不需采取临时应急措施，则直接进入6.4条款	临时应急措施要求表	相关单位（见6.1）

（续）

程　　序	工　作　内　容	输出文件	责任部门/人
6.3 采取临时应急措施	6.3.1 有关部门接到"临时应急措施要求表"后，应立即实施		有关部门
	6.3.2 "临时应急措施要求表"发出单位要对临时应急措施的实施情况进行监督检查		"临时应急措施要求表"发出单位
6.4 责任部门判定	6.4.1 相关单位（见6.1）判定不合格的责任部门		相关单位（见6.1）
	6.4.2 相关单位（见6.1）填写"纠正措施报告单"中的"不合格事实陈述""纠正措施任务的下达"栏目，而后将"纠正措施报告单"发给责任部门	纠正措施报告单	相关单位（见6.1）
	说明： 1）如果顾客要求使用其规定的表单处理其投诉，则整个处理过程中，均应使用顾客规定的表单 2）向供应商发出"供应商纠正措施报告单"		
6.5 原因分析与纠正措施的制定	6.5.1 责任部门收到有关"纠正措施报告单"后应立即组织有关人员分析不合格的原因		责任部门
	6.5.2 针对问题和原因制定相应的纠正措施，明确责任人和完成日期。纠正措施应与问题的影响程度相适应。应确保纠正措施的可行性及不产生新的问题，以及对相似的过程和产品不产生负面影响		
	6.5.3 纠正措施方案由责任部门负责人审核，总经理批准后实施		
6.6 纠正措施的实施与效果验证	6.6.1 纠正措施实施过程中，"纠正措施报告单"发出单位要做好督促检查工作		"纠正措施报告单"发出单位
	6.6.2 当纠正措施实施计划完成日期已到时，"纠正措施报告单"发出单位应派人员去验证纠正措施完成的情况。验证结果应通告相关部门	纠正措施报告单	"纠正措施报告单"发出单位
6.7 制定巩固措施并实施	6.7.1 因纠正措施的实施而需修订作业指导书等有关的文件时，应按《文件控制程序》中有关更改的规定进行更改		

（续）

程　　序	工作内容	输出文件	责任部门/人
6.7 制定巩固措施并实施	6.7.2 必要时，要求人力资源部对员工进行培训，把这些有用的措施和经验普及到相关的员工，使他们掌握这些措施和经验并应用到工作中去，以确保以后不再发生同样的错误		
	6.7.3 考虑在相类似的过程和产品中实现这个有效措施的可能性，以放大这个有效措施的作用		管理者代表
	6.7.4 必要时，更新以往策划的风险和机遇，以及对质量管理体系进行更新		
6.8 结案、资料归档	6.8.1 与纠正措施有关的质量记录，按《记录控制要求》的规定进行管理		
	6.8.2 有关部门根据需要将纠正措施的实施情况通报或提供给有要求的顾客、供应商		有关部门

7. 过程绩效的监视

绩效指标	计算公式（计算方法）	指标值	监视频率	监视单位/人
7.1 纠正措施按时完成率	纠正措施按时完成率 = $\dfrac{按时完成的纠正措施}{纠正措施总数} \times 100\%$	100%	月	质量部

8. 过程中的风险和机遇的控制（风险应对计划）

风　　险	应对措施	其他事项	执行时间	负责人	监视方法
8.1 同样问题仍然重复出现	1）部门负责人、业务骨干要参与原因分析、纠正措施的制定 2）验证人员必须是非常熟悉业务的骨干人员 3）重新进行原因分析，制定新的纠正措施，直到问题解决			纠正措施实施部门、验证部门负责人	管理者代表每月对纠正措施实施情况进行复查

9. 支持性文件

9.1 《内部质量管理体系审核控制程序》

9.2 《过程审核控制程序》

9.3 《产品审核控制程序》

9.4 《顾客投诉处理程序》

10. 记录

10.1 临时应急措施要求表（见表7.1-1）

10.2 纠正措施报告单（见表7.1-2）

10.3 供应商纠正措施报告单

表 7.1-1　临时应急措施要求表

采取临时应急措施的原因：

采取临时应急措施的要求：

提出人/日期：　　　　　　　　　　　批准/日期：

临时应急措施实施简述：

当事部门主管/日期：

临时应急措施的验证：

验证人/日期：

表7.1-2 纠正措施报告单

不符合事实陈述：

填写/日期：

纠正措施任务的下达：
① 责任部门：＿＿＿＿＿＿＿＿
② 要求：

填写人/日期：　　　　　审批/日期：

纠正措施的制定：
① 原因分析（由责任部门填写）：

② 纠正措施的制定（由责任部门填写）：
a) 责任人：＿＿＿＿＿＿　b) 预定完成日期：＿＿＿＿＿＿
c) 制定的纠正措施：

编制/日期：　　　　　审核/日期：　　　　　批准/日期：

纠正措施的验证：
☐纠正措施已按期在＿＿＿年＿＿月＿＿日完成
效果简述：
☐纠正措施未在规定日期完成，推迟至＿＿＿年＿＿月＿＿日完成
未完成原因：

☐
其他：
验证人/日期：　　　　　复核/日期：

7.2 创新管理程序

创新管理程序

1. 目的

为公司的创新活动提供准则,使公司的创新活动有序地进行。

2. 适用范围

适用于公司对创新活动的管理。

3. 职责

3.1 管理者代表负责创新活动的监管,负责组织评价组对创新活动的效果进行评价。

3.2 创新活动课题组负责创新活动的实施。

4. 过程分析乌龟图

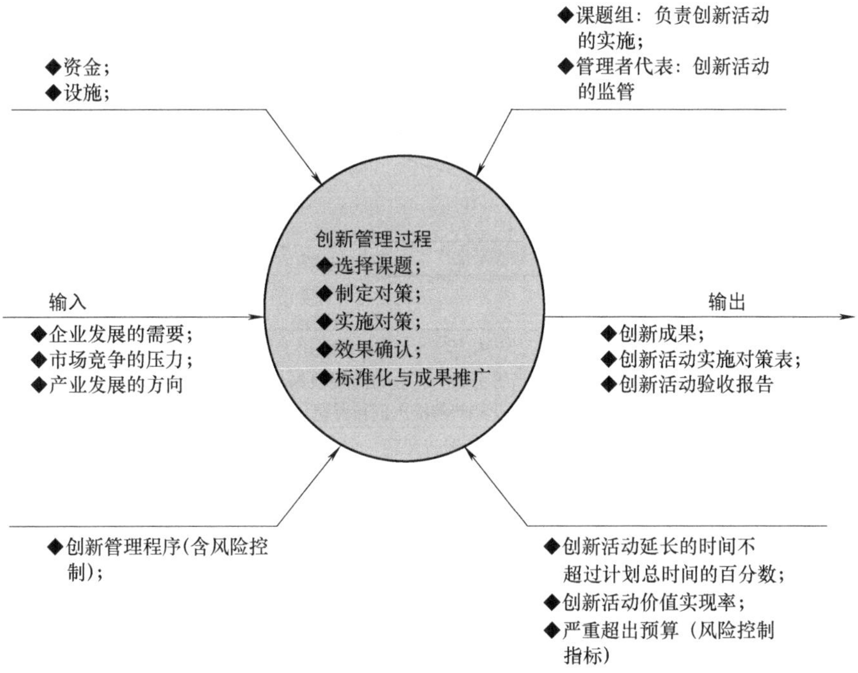

```
                              ◆课题组:负责创新活动
                                的实施;
                              ◆管理者代表:创新活动
    ◆资金;                      的监管
    ◆设施;

                    ┌─────────────────┐
                    │  创新管理过程      │
   输入              │ ◆选择课题;        │           输出
  ─────────────────▶│ ◆制定对策;        │─────────────────▶
   ◆企业发展的需要;  │ ◆实施对策;        │  ◆创新成果;
   ◆市场竞争的压力;  │ ◆效果确认;        │  ◆创新活动实施对策表;
   ◆产业发展的方向   │ ◆标准化与成果推广  │  ◆创新活动验收报告
                    └─────────────────┘


   ◆创新管理程序(含风险控          ◆创新活动延长的时间不
     制);                         超过计划总时间的百分数;
                                 ◆创新活动价值实现率;
                                 ◆严重超出预算(风险控制
                                   指标)
```

5. 过程流程图

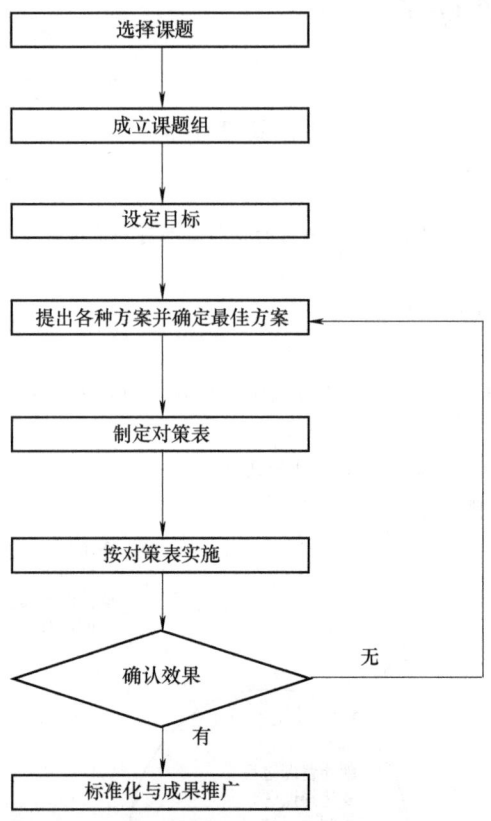

6. 作业程序与控制要求

程　　序	工 作 内 容	输出文件	责任部门/人
6.1 选择创新课题	6.1.1 在每季度的高管会议上，公司高层根据企业发展的需要、行业的变化趋势等提出创新课题		公司高层
	6.1.2 下列项目可以成为创新课题： 1）顾客提高要求的期望 2）生产工艺的优化 3）产品的技术革新 4）针对新产品开发的基础研究 5）生产效率的提高 6）新的管理、销售模式 7）其他可优化的项目，如过程能力指数继续提高等		
	6.1.3 对所有提出的课题，由管理者代表组织有关人员从预期效益、可实施性、经济性、风险四个方面进行评估。只有评估得分≥80分的课题才会正式立项。评估时要填写"课题选择评估表"	课题选择评估表	管理者代表

（续）

程　序	工作内容	输出文件	责任部门/人
6.2 成立课题组、建立目标	6.2.1 总经理指定课题组长，由课题组长负责组织成立课题组		课题组长
	6.2.2 课题组成员充分讨论，建立课题目标，目标要尽可能量化。课题目标应送总经理批准		课题组成员
6.3 提出各种方案，并确定最佳方案	6.3.1 课题组全体成员用创造性思维，借助"头脑风暴法"，互相启发，深入思考，把可能达到预定目标的各种途径（方案）都充分地提出来。这里不要受常规思维、经验的束缚，不要拘泥于该途径（方案）技术上是否可行、经济上是否合理、能力上能否做到等，只要是可能达到预定目标、实现创新的途径（方案）均可提出来		课题组
	6.3.2 课题组全体成员对所有方案逐个进行综合分析论证，做出评价。分析论证可以从技术的可行性（含难易程度）、经济合理性（含需投资多少）、预期效果（实现目标的概率）、耗时多少、对其他工作的影响，以及对环境的影响六个方面进行		课题组
	6.3.3 在对各个方案进行综合分析、评价的基础上，通过各方案间的比较，选出最佳方案，即准备实施的方案。最佳方案应送总经理批准		课题组
6.4 制定对策表	6.4.1 针对要实施的方案，课题组确定具体的措施		课题组
	6.4.2 填写"课题实施对策表"，内容包括：方案、措施（实施方案的具体做法和步骤）、负责人、完成时间	课题实施对策表	课题组
6.5 按对策表实施	6.5.1 课题组组长监督课题组按对策表去实施。实施过程中，要做好进度、成本、质量、风险的控制		课题组组长
	6.5.2 实施过程中，未达到方案要求时，课题组组长要让课题组成员再讨论提出一些补充措施，并加以实施，直至达到方案要求		课题组组长
	6.5.3 在实施过程中，要认真做好实施情况记录，包括有关的试验数据，并可适当穿插一些学习活动，以有助于顺利实施		课题组

（续）

程　　序	工　作　内　容	输出文件	责任部门/人
6.6 确认效果	6.6.1 管理者代表组织验收评价组对创新活动的效果进行验收，验收的重点是经济指标、技术指标及在行业中的先进性		管理者代表
	6.6.2 验收的结论填写在"创新课题验收报告"中	创新课题验收报告	管理者代表
6.7 标准化与成果推广	6.7.1 将创新的成果标准化。标准化可以是设计图样，或工艺规程，或管理制度（办法）等技术文件或管理文件		课题组
	6.7.2 对创新成果进行推广，以便取得更大效益		管理者代表

7. 过程绩效的监视

绩效指标	计算公式（计算方法）	指标值	监视频率	监视单位/人
7.1 创新活动延长的时间不超过计划总时间的百分数	创新活动延长的时间不超过计划总时间的百分数 = $\dfrac{延期的天数}{计划的天数} \times 100\%$	≤5%	课题验收通过后3天内统计分析	管理者代表
7.2 创新活动价值实现率	创新活动价值实现率 = $\dfrac{实际创造的经济价值}{预计创造的经济价值} \times 100\%$	≥95%	课题验收通过1年后统计计算	财务部

8. 过程中的风险和机遇的控制（风险应对计划）

风险	应对措施	其他事项	执行时间	负责人	监视方法
8.1 严重超出预算	1）课题组组长每月对课题经费的使用情况进行报告			课题组组长	管理者代表对课题组组长的报告、财务审计报告进行复查
	2）对课题的实施情况进行分阶段的审计			财务部	

9. 支持性文件

（无）

10. 记录

10.1 课题选择评估表（表7.2-1）

10.2 课题实施对策表（表7.2-2）

10.3 创新课题验收报告

表 7.2-1 课题选择评估表

序号	课题	评估项目得分				总得分	是否立项
		预期效益 (40分)	可实施性 (30分)	经济性 (20分)	风险 (10分)		

表 7.2-2 课题实施对策表

方　案	措　施	负责人	完成日期	备　注

第 8 章
质量管理体系作业指导书

8.1 设计和开发类

8.1.1 产品图样和技术文件的编号方法

产品图样和技术文件的编号方法

1. 范围

本标准规定了减振器产品图样和技术文件编号的基本原则和方法。

本标准适用于本公司设计制造的减振器产品图样和技术文件的编号。

2. 规范性引用文件

(无)

3. 基本原则

3.1 机械部分的产品图样，均采用全隶属编号方式。

3.2 机械部分产品图样代号按其基本装配关系由零件、三级部件、二级部件、一级部件、产品五级组成（见图 8.1-1）。

3.3 产品图样中零件图的编号应尽量连续。

3.4 产品的每个图样及设计文件应有独立的代号。某一产品图样或设计文件使用过的代号不得再给予另一产品图样或设计文件使用，不允许一件多号。

1) 同类产品制成表格时，对于表格中各种规格的零件要分别编号。

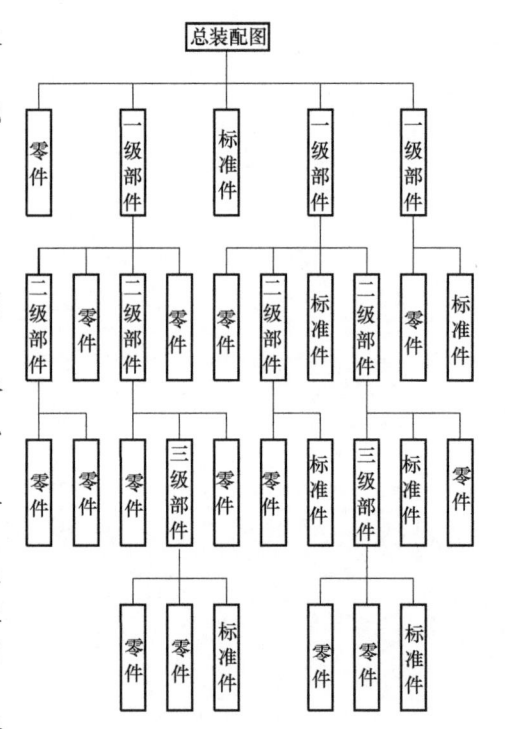

图 8.1-1 产品装配关系（机械部分）

2) 对同一产品、部件、零件的产品图样和设计文件，当用数张图样表达时，均应在每张图样上标注同一代号，并应编写页次号，产品图样的明细栏和技术要求的表达应在首页上。

3.5 产品图样上不允许出现无图样代号的零、部、组件。

3.6 产品图样中,凡借用其他产品的零部件(指零件、三级部件、二级部件、一级部件)的图样时,不论其借用次数多少,仍保留其原图样的代号,不得更改,并需在明细栏备注项内填写"借用"字样。

3.7 产品中采用外购件(无须出图样)时,应在图样明细栏代号项中填写该产品规定的代号,并在备注项内填写"外购"字样。

4. 机械部分装配图、部件图、零件图编号的方法

4.1 机械部分装配图、部件图、零件图编号。

编号由七部分组成(见图8.1-2)。

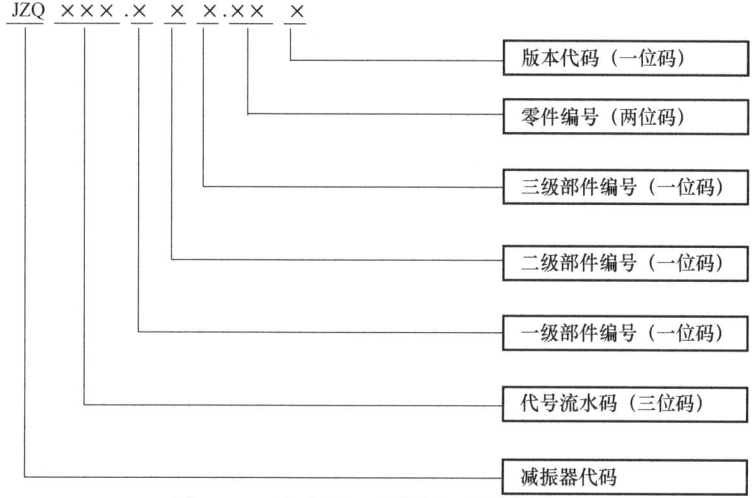

图 8.1-2 装配图、部件图、零件图编号

4.2 机械部分装配图、部件图、零件图编号说明。

1)产品、部件、零件图编号均采用0~9阿拉伯数字。

2)一级部件编号:1~8。

3)二级部件编号:1~9。

4)三级部件编号:1~9。

5)零件编号:01~99。

6)版本代码:用a、b、c……表示。

4.3 装配图、部件图、零件图编号举例说明。

1)某005号减振器装配图编号为:JZQ005.000.00a。

2)某005号减振器一级部件,图号为:JZQ005.200.00a。

3)某005号减振器一级部件中的零件,图号为:JZQ005.200.09a。

4)某005号减振器二级部件,图号为:JZQ005.210.00a。

5)某005号减振器二级部件中的零件,图号为:JZQ005.210.01a。

6)某005号减振器三级部件中的零件,图号为:JZQ005.211.08a。

5. 包装图、安装图的编号方法

包装图、安装图不采用隶属关系编号，而是按图样的类别，以流水号的方式进行编号。编号的组成见图8.1-3：

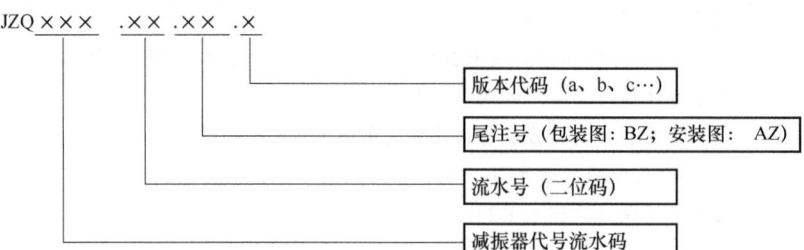

图8.1-3 包装图、安装图的编号

举例说明：

1) 某005号减振器第2张包装图编号为：JZQ005.02.BZ.a。
2) 某005号减振器第1张安装图编号为：JZQ005.01.AZ.a。

6. 电气类图样的编号方法

电气类图样指：原理图（电路图）、丝印图、铜箔图、接线图、方框图、逻辑图、信息处理流程图、线缆连接图等。

电气类图样不采用隶属关系编号，编号时也不细分类别，按统一的流水号方式进行编号。电气类图样的编号组成见图8.1-4。

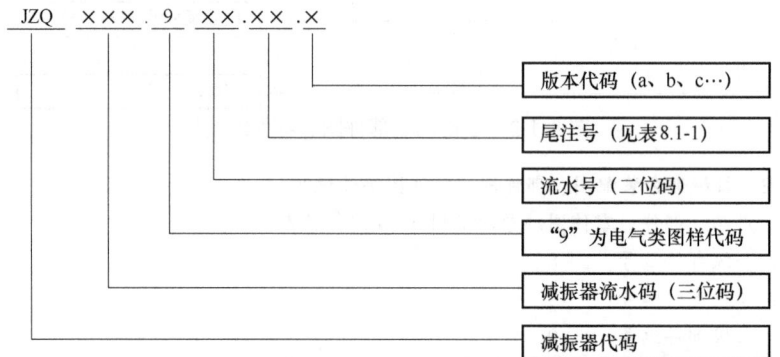

图8.1-4 电气类图样编号

表8.1-1为电气类图样的尾注号。

表8.1-1 电气类图样的尾注号

序号	尾注号	设计文件名称	字母含义	序号	尾注号	设计文件名称	字母含义
1	DL	原理图（电路图）	电路	5	FK	方框图	方框
2	SY	丝印图	丝印	6	LJ	逻辑图	逻辑
3	TB	铜箔图	铜箔	7	LC	信息处理流程图	流程
4	JX	接线图	接线	8	XL	线缆连接图	线缆

举例说明:
1) 某005号减振器第1份电气类图样是电路图,编号为:JZQ005.901.DL.a。
2) 某005号减振器第2份电气类图样是电路图,编号为:JZQ005.902.DL.a。
3) 某005号减振器第3份电气类图样是丝印图,编号为:JZQ005.903.SY.a。
4) 某005号减振器第4份电气类图样是铜箔图,编号为:JZQ005.904.TB.a。
5) 某005号减振器第5份电气类图样是接线图,编号为:JZQ005.905.JX.a。

7. 技术文件编号方法

7.1 针对整机而言。

按技术文件的类别,以流水号的方式进行编号。编号的组成见图8.1-5。

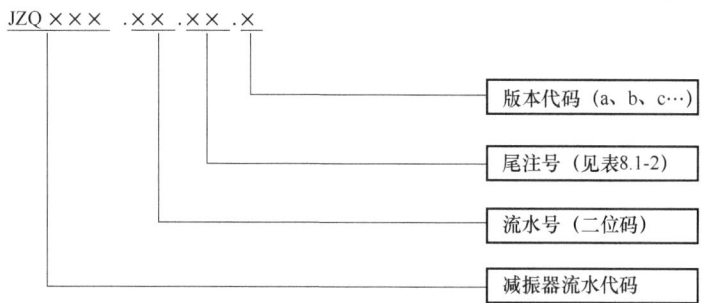

图8.1-5 技术文件的编号(针对整机而言)

尾注号一般用两个拉丁字母表示,见表8.1-2。

表8.1-2 技术文件的尾注号

序号	尾注号	设计文件名称	字母含义	序号	尾注号	设计文件名称	字母含义
1	JY	项目开发建议书	建议	14	HZ	汇总表(BOM)	汇总
2	XY	技术协议书	协议	15	JL	试制过程记录表	记录
3	JH	产品设计开发计划书	计划	16	ZJ	试制总结	总结
4	SR	设计任务书	设任	17	FZ	专用设备生产总结报告	非总
5	FA	设计方案	方案	18	YJ	样机鉴定报告	样鉴
6	PS	设计评审报告	评审	19	CJ	产品鉴定报告	产鉴
7	JS	设计计算书	计算	20	SQ	设计更改申请表	申请
8	JT	技术条件	技条	21	TZ	图样及技术文件更改通知单	通知
9	SM	技术说明书	说明	22	ZX	装箱清单	装箱
10	BC	编程说明书	编程	23	GY	工艺文件	工艺
11	TS	调试说明书	调试	24	TY	产品图样及文件移交清单	图移
12	CZ	操作说明书	操作	25	BM	文件归档编目清单	编目
13	MX	明细表	明细	26	……		

举例说明:
1) 某005号减振器第1份设计方案编号为: JZQ005.01.FA.a。
2) 某005号减振器第2份设计方案编号为: JZQ005.02.FA.a。
3) 某005号减振器操作说明书编号为: JZQ005.01.CZ.a。
4) 某005号减振器产品鉴定报告编号为: JZQ005.01.CJ.a。
5) 某005号减振器第2份装箱清单编号为: JZQ005.02.ZX.a。

7.2 针对零部件而言。

按技术文件的类别,以流水号的方式进行编号。编号的组成见图8.1-6。

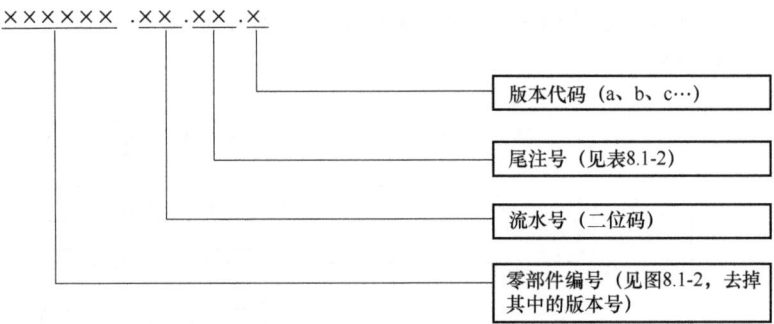

图8.1-6 技术文件的编号(针对零部件而言)

举例说明:
1) 某005号减振器一级部件明细表,编号为: JZQ005.200.00.01.MX.a。
2) 某005号减振器二级部件明细表,编号为: JZQ005.210.00.01.MX.a。

8. 电脑中电子文档名称

8.1 图样和技术文件电子文档名称。

图样和技术文件电子文档名称为:图样和技术文件编号+图样和技术文件名称。

举例说明:
1) 某编号为"JZQ667.600.03a"的"支撑安装座"的电子文档名称为: JZQ667.600.03a支撑安装座。
2) 某编号为"JZQ456.02.FA.a"的"设计方案"的电子文档名称为: JZQ456.02.FA.a设计方案。

8.2 文件夹名称

如将整机或部件的图样及技术文件放在1个文件夹里,文件夹的名称为:整机或部件的编号(去掉版本代码)+整机或部件的名称。

举例说明:部件"支撑系统"(其部件装配图编号为"JZQ667.600.00a")包括很多张图样,为这些图样建一个文件夹,文件夹的名称为JZQ667.600.00支撑系统。

8.1.2 产品图样及设计文件完整性要求

产品图样及设计文件完整性要求

1. 目的

本规范规定了产品设计过程中所需要产品图样及设计文件的完整性要求。

2. 范围

本规范适用于产品设计输出文件的完整性管理。

3. 基本要求

3.1 产品设计输出的文件应完整、成套、统一、正确、清晰。

3.2 产品设计输出文件的格式应统一、规范。

3.3 产品设计输出文件的编号应完整、统一、正确。

3.4 产品设计输出的文件经各级签字完善后,应按阶段将原件装订成册并归档。

3.5 产品设计的各个阶段输出文件的完整性应符合表8.1-3的规定。

表8.1-3 产品图样及设计文件的完整性

序号	文件名称	决策阶段	设计阶段	样机试制阶段	小批试制阶段	正式生产阶段	备注
1	市场分析预测报告	▲					
2	新产品开发项目计划	▲					
3	市场调研报告	▲					
4	新产品效果图(初步)	▲					
5	技术经济分析报告		▲				
6	技术调研报告	★					
7	可行性分析报告	★					
8	新产品开发建议书	▲					
9	新产品立项申请书	▲					
10	新产品立项评审报告	▲					
11	产品及过程特殊特性清单(初步)	▲					
12	过程流程图(初步)	▲					
13	新产品立项审批表	▲					
14	设计开发项目组成立决定	▲					
15	任命项目主管工程师决定	▲					
16	新产品设计任务书	▲					
17	新产品效果图(详细)		▲				
18	模型评审记录		▲				
19	模型评审报告		▲				

(续)

序号	文件名称	决策阶段	设计阶段	样机试制阶段	小批试制阶段	正式生产阶段	备注
20	模型确认报告		▲				
21	总体设计说明书		▲				
22	总布置设计简图		★				
23	设计计算书		▲				
24	零部件明细表		▲				
25	产品图样		▲				
26	产品及过程特殊特性清单（详细）		▲				
27	标准件明细表		▲				
28	自制件、外购件明细表		▲				
29	试验大纲		▲				
30	设计评审记录		▲				
31	设计评审报告		▲				
32	设计更改单		▲	▲	▲		
33	试制申请书			▲			
34	试制实施计划			▲			
35	试制协议			▲			
36	保密协议			▲			
37	技术质量协议			▲			
38	检验记录单			▲			
39	新产品样件确认表			▲			
40	试制记录表			▲	▲		
41	试制总结			▲	▲		
42	试验记录			▲	▲		
43	试验报告（包括各种试验）			▲	▲		
44	设计确认评审记录表			▲			
45	设计确认报告			▲			
46	产品标准		▲				
47	关重件明细表		▲				
48	装箱清单		▲				
49	维修手册		▲				
50	产品使用维护说明书		▲				
51	配件目录及图册		▲				
52	小批量试装申请表				▲		
53	小批量试制总结				▲		
54	标准化审查报告					▲	
55	设计文件总目录					▲	
56	新产品定型检测报告					▲	国家检测
57	批产确认申请					▲	
58	批量生产批准表					▲	
59	新产品公告					▲	
60	移交文件清单					▲	

注：1."▲"表示要求必须具备的输出文件。
　　2."★"表示根据实际情况需要而确定的输出文件。

8.1.3 技术更改管理规定

技术更改管理规定

1. 目的
对更改进行控制,以保证公司具有持续的生产能力。

2. 适用范围
适用于公司提出的技术更改。

3. 职责
3.1 技术中心是更改最终的决定部门,负责更改全过程的组织和协调。
3.2 质量部做好产品的检验、测量和试验工作。
3.3 生产部负责小批试制阶段的生产组织落实及计划进程的控制。
3.4 营销部负责与顾客的联系并组织进行PPAP生产件批准工作。

4. 过程流程图

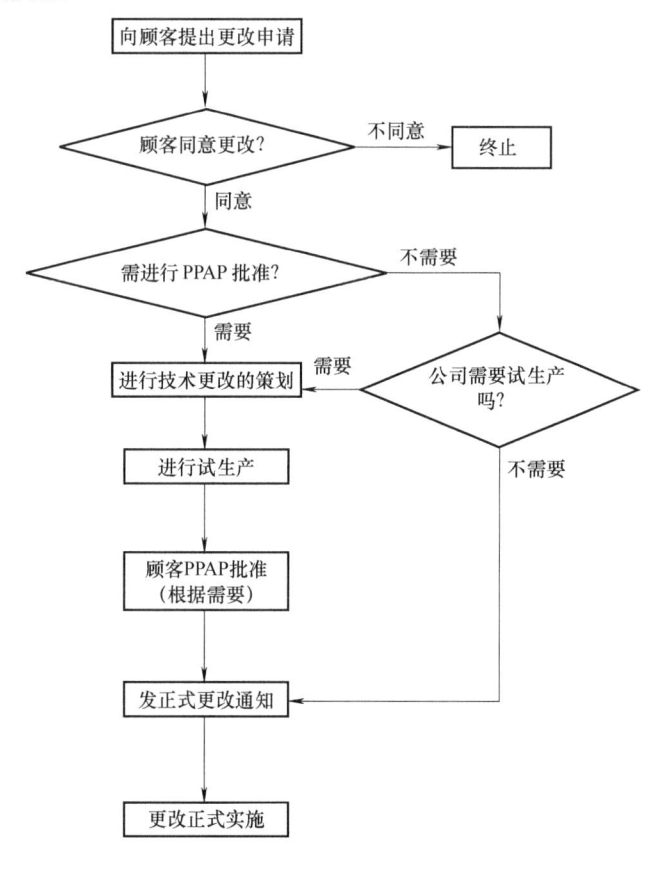

5. 作业程序与控制要求

程　　序	工 作 内 容	输出文件	责任部门/人
5.1 向顾客提出技术更改申请	5.1.1 在下列情况下，需考虑向顾客提出技术更改申请： 1）工艺规范或材料规范的改变引起了产品的改变 2）已批准的零件使用了其他不同的加工方法或材料 3）使用了新的或改进的工装（不包括易损工装）、模具、铸模、模型等，包括备用的工装 4）在对现有的工装或设备进行翻新或重新布置之后进行生产 5）生产是在工装和设备转移到不同的工厂（车间）或在一个新增的厂址进行的 6）本公司分包出去的零件、材料或服务（如热处理、电镀）发生了变化 7）组成产品的零部件（可能由本公司制造，也可能由本公司的供应商制造）及其制造过程发生了变化 8）试验和检验的方法发生了变化		
	5.1.2 在向顾客提出申请前，需对更改的可行性（含风险、产品安全性）进行评审，填写"更改可行性评审报告" 只有在更改可行时，才可用"技术更改申请单"向顾客提出申请	更改可行性评审报告、技术更改申请单	技术中心
	5.1.3 顾客对更改申请的反馈 1）顾客以书面的方式反馈其是否同意更改的意见 2）顾客不同意更改，则终止更改；顾客同意更改，但不需进行 PPAP 批准，则执行步骤 5.2.1；顾客同意更改，但需进行 PPAP 批准，则执行步骤 5.2.2		顾客
5.2 技术更改的策划	5.2.1 顾客同意更改，但不需进行 PPAP 批准时，技术中心应决定本公司是否需试生产。如果需实施试生产，则执行步骤 5.2.2；如果不需实施试生产，则执行步骤 5.4		
	5.2.2 技术中心发出"技术更改通知单（试制用）"，以及更改的技术文件（试制用）	技术更改通知单（试制用）	技术中心
	5.2.3 必要时，质量部编写测量系统分析（MSA）计划，确定相关的人员、内容、方法和完成时间等	测量系统分析（MSA）计划	质量部
	5.2.4 必要时，质量部编写过程能力研究计划，确定相关的人员、内容、方法和完成时间等	过程能力研究计划	质量部
	5.2.5 如需新增或改进设施、设备时，设备部要编制"设施、设备新增/改进计划"，经多方论证小组（CFT）审核后，报总经理批准	设施、设备新增/改进计划	设备部

(续)

程　序	工作内容	输出文件	责任部门/人
5.2 技术更改的策划	5.2.6 如需新增或改进工装时,技术中心要编制"工装新增/改进计划",经多方论证小组(CFT)审核后,报总经理批准	工装新增/改进计划	技术中心
	5.2.7 如需新增或改进监测设备时,质量部要编制"监测设备新增/改进计划",经多方论证小组(CFT)审核后,报总经理批准	监测设备新增/改进计划	质量部
5.3 试生产	5.3.1 技术中心发"生产试制通知单"给相关部门。小批量试制的数量依顾客要求而定。顾客未做规定时,小批量试制数量为300~500件	生产试制通知单	技术中心
	5.3.2 确定试制用文件已经下发到试制现场与相关部门		技术中心
	5.3.3 技术中心用"新设备、工装和试验设备检查表"检查新设备、工装和试验设备的准备情况,确保新设备、工装和试验设备在试生产前到位	新设备、工装和试验设备检查表	技术中心
	5.3.4 生产部做好车间试制计划并统筹试制用物料的采购,确保试制物料按时到位	试制排产计划	生产部
	5.3.5 用"试生产准备状态检查表"对试生产准备状态进行全面检查	试生产准备状态检查表	生产部
	5.3.6 试制前1天,由技术中心主持召开产前会,落实试制准备情况并明确各部门在试制中的作用。同时由有关工程师讲解试制过程中的检验和生产要点		技术中心
	5.3.7 技术中心工程师指导车间根据试制用文件以及其他文件进行试制工作。试制中,质量部等部门应做好配合。试制过程中,生产部试制负责人要将试制中的异常情况记录在"试制过程记录表"中	试制过程记录表	生产部试制负责人
	5.3.8 在试生产过程中,质量部按"测量系统分析计划"的要求进行测量系统分析。测量系统分析的方法详见《MSA作业指导书》。 MSA分析结束后,质量部要出具"MSA测量系统分析报告"。通过MSA分析,要确保所有的测量系统都达到要求	MSA测量系统分析报告	质量部

（续）

程　序	工作内容	输出文件	责任部门/人
5.3 试生产	5.3.9 在试生产过程中，质量部按"过程能力研究计划"的要求进行过程能力研究。过程能力研究的方法详见《过程能力研究作业指导书》 过程能力研究结束后，技术中心要出具"过程能力研究报告"。通过过程能力研究，要确保所有的过程能力都达到要求	过程能力研究报告	技术中心
	5.3.10 质量部对所有试产的产品进行常规检测，出具相应的检测报告。并抽1~3台（顾客有要求时，抽取顾客要求的数量）进行型式试验（全尺寸检验和功能试验，含包装试验），出具型式试验报告	常规检验报告、型式试验报告	质量部
	5.3.11 营销部根据顾客要求，按照《PPAP生产件批准作业规范》的规定组织进行生产件批准 顾客PPAP生产件批准通过后，方可进行正式的更改并批量生产		营销部
5.4 技术更改正式实施	5.4.1 技术中心发放正式的"技术更改通知单"，以及相应的更改后的正式技术文件（根据实际情况，更改的文件可能包括PFMEA、生产控制计划、作业指导书等），同时收回试制用技术文件（根据实际情况）	技术更改通知单	技术中心
	5.4.2 各部门按照"技术更改通知单"的要求完成批量生产的准备工作		
	5.4.3 上述工作完成后，更改也就完成了，就可以进入正式批量生产		生产部

6. 支持性文件

（略）

7. 记录

（略）

8.1.4 过程控制临时更改管理规定

过程控制临时更改管理规定

1. 目的

对临时更改进行控制,以保证公司在异常状态下都具有持续的生产能力。

2. 适用范围

适用于公司提出的临时更改。

3. 职责

3.1 技术中心是临时更改最终的决定部门,负责临时更改全过程的组织和协调。

3.2 质量部做好产品的检验、测量和试验工作。

3.3 生产部负责按临时替代方法进行生产。

3.4 营销部负责与顾客的联系并与顾客就临时更改达成一致。

4. 过程流程图

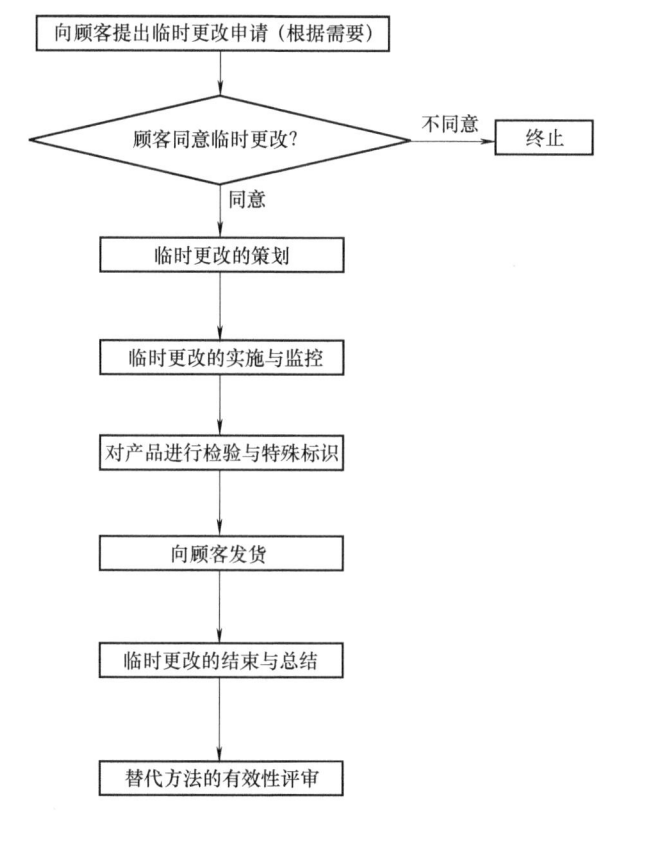

5. 作业程序与控制要求

程　　序	工作内容	输出文件	责任部门/人
5.1 向顾客提出临时更改申请（必要时）	5.1.1 在下列情况下，根据需要向顾客提出临时更改申请： 1）临时改变工艺方法 2）关键设备出现故障，用其他设备临时替代 3）关键工装出现故障，用其他工装或方法临时替代 4）检验、测量、试验、防错装置出现故障，用其他装置或方法替代 5）其他临时替代方法		
	5.1.2 在向顾客提出申请前，需对临时更改的可行性（含风险、产品安全性）进行评审，填写"临时更改可行性评审报告" 　　只有在临时更改可行时，才可用"临时更改申请单"向顾客提出申请	临时更改可行性评审报告、临时更改申请单	技术中心
	5.1.3 顾客对临时更改申请的反馈 1）顾客以书面的方式反馈其是否同意临时更改的意见 2）顾客不同意临时更改，则终止更改；顾客同意临时更改，则往下执行		顾客
5.2 临时更改的策划	5.2.1 技术中心就临时更改（替代方法）进行 PFMEA 分析，对原有 PFMEA 分析报告进行修改。一般是在原有过程下，增加替代过程一行	PFMEA 分析报告	技术中心
	5.2.2 技术中心就临时更改修订原有的生产控制计划。一般是在原有过程下，增加替代过程一行	控制计划	技术中心
	5.2.3 技术中心编制"临时更改通知单"，以及与临时更改有关的替代方法作业指导书，批准后下发。"临时更改通知单"应说明临时更改的有效期，以及与之有关的产品数量	临时更改通知单	技术中心
5.3 临时更改的实施与监控	5.3.1 各部门按照"临时更改通知单"的要求进行临时生产的准备工作		各部门
	5.3.2 确定与临时更改有关的作业指导书已经下发到生产现场和有关部门		相关部门
	5.3.3 用"临时生产条件确认表"对临时生产的准备状态进行全面检查	临时生产条件确认表	质量部
	5.3.4 生产车间根据临时替代方法作业指导书以及其他文件进行生产		生产车间
	5.3.5 质量部每天对临时替代方法的实施情况进行检查，确保其有效性，同时也评估一下能否早日返回到控制计划规定的常规标准方法	临时替代方法实施情况检查表	质量部

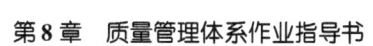

(续)

程　　序	工 作 内 容	输出文件	责任部门/人
5.4 产品的检验与标识	5.4.1 对用临时替代方法生产的产品，质量部要做好首件检验、过程检验、成品检验，详见《产品检验控制程序》		质量部
	5.4.2 用颜色标签、批号（序列号）标签或顾客要求的标签对用替代方法生产的产品进行标识。应在生产日报表、产品检验记录中记产品批号、颜色标签识别号，以实现其可追溯性		生产车间
5.5 向顾客发货	5.5.1 如果顾客规定发货前需得到其批准，那么营销部应向顾客提出批准请求		营销部
	5.5.2 用临时替代方法生产的产品发运给顾客时，应在外包装箱（或集装箱）上贴上经顾客同意的相关标识		仓库
5.6 临时更改的结束与总结	5.6.1 临时更改结束，恢复正常生产前，要用"生产条件确认表"对正常生产状态进行检查，只有检查合格，才可以恢复正常生产	生产条件确认表	质量部
	5.6.2 将行之有效的临时替代方法记入"替代方法清单"中，以便出现同样情况时使用	替代方法清单	技术中心
5.7 替代方法的有效性评审	5.7.1 每年12月的最后一个星期，技术中心对"替代方法清单"进行评审，适时进行修正。要将无效、无用的替代方法从清单中取消		技术中心

6. 支持性文件

（略）

7. 记录

（略）

8.2 质量检验类

8.2.1 产品质量不合格严重性分级标准

产品质量不合格严重性分级标准

1. 目的

制定产品不合格分级标准，为检验作业指导书中检验项目不合格的分级提供指导。

2. 适用范围

适用于公司的所有来料、零部件及成品。

3. 质量不合格严重性分级原则

不合格级别 \ 涉及的方面	安全性	运转或运行	寿命	可靠性	装配	使用安装	外观
致命不合格（A）	影响安全的所有缺陷	会引起难以纠正的非正常情况	会影响寿命	必然会造成产品故障	无	会造成产品安装的困难	一般外观缺陷构不成致命缺陷
严重不合格（B）	不涉及	可能引起易于纠正的异常情况	可能影响寿命	可能会引起易于修复的故障	肯定会造成装配困难	可能会影响产品安装的顺利	使产品外观难以被接受
一般不合格（C）	不涉及	不会影响运转或运行	不影响寿命	不会成为故障的起因	可能影响装配的顺利	不涉及	对产品有影响

4. 零部件不合格分类

4.1 压铸、铸造、冲压、喷涂类零件不合格分类

致命不合格（A）	严重不合格（B）	一般不合格（C）
	1. 裂纹、断裂 2. 变形影响装配 3. 尺寸超差（图样要求及实测值） 4. 形位公差超差（图样要求及实测值） 5. 有飞边、尖锐刮手的披锋 6. 实物与图号不符 7. 粗糙，多肉或缺肉 8. 有大量气孔、砂眼 9. 厚度不匀，会影响装配 10. 冲击试验不过 11. 颜色不符、漏喷、附着力差、油漆剥落、流挂 12. 焊接不牢固、开焊 13. 焊接粗糙、不美观 14. 位置干涉	1. 厚度不匀，不足以影响装配 2. 毛坯清理不良 3. 少量、细小气孔、砂眼 4. 有轻微脏污 5. 外层油漆剥落不影响外观

4.2 塑料、橡胶、铝型材、标准件类零件不合格分类

致命不合格（A）	严重不合格（B）	一般不合格（C）
1. 不阻燃 2. 螺栓等紧固类标准件出现断裂现象	1. 破裂、损伤、塞孔、断柱、变形影响外观和装配 2. 塑料件试验不过 3. 在60cm距离外目测可见刮痕、缩水、发白、气纹 4. 刻度不对 5. 尺寸不符合图样和样板要求 6. 手触有尖锐刮手感觉，在1m距离外目测可见	1. 有脏污 2. 不影响装配及外观的轻微损裂 3. 在30cm距离外目测不易察觉的外观性问题

5. 半成品、成品不合格分类

启动系统类产品：

致命不合格（A）	严重不合格（B）	一般不合格（C）
1. 开关失灵；不启动；电动机倒转 2. 绝缘不良 3. 耐压不合格 4. 接地电阻过小 5. 泄漏电流 6. 电器件认证标识不符合要求	1. 表面喷涂存在颜色不符、漏喷、附着力差、流挂等现象 2. 电镀、发黑件不良，有面积较大的严重锈迹 3. 有毛刺、尖锐刮手的披锋；粗糙、多肉或缺肉 4. 零件漏装、错装、混装；零件破损；紧固件安装不正确、有松动现象 5. 零件内有切屑等异物 6. 标牌漏贴，位置不正确，粘贴不牢靠；标牌印刷错误、规格错误 7. 使用说明书等附属资料缺少、错误；印刷字迹不清晰；纸张质量差 8. 纸箱材质不好、质量不好、潮湿 9. 焊接不牢固、开焊 10. 开关动作时伴杂音 11. 电机缺接地标志或接地标志位置不对 12. 空载电流 13. 空载功率 14. 低压启动 15. 制动不良 16. 松脱 17. 噪声大、振动、异音	1. 外观有轻微伤痕、污点，轻微的缝隙及色差 2. 电镀、发黑件不良，有轻微锈迹 3. 标牌印刷不良不影响外观 4. 使用说明书附属资料的印刷污点、字迹略有模糊 5. 焊接粗糙、不美观

6. 不合格品分类

6.1 致命不合格品（A）

存在一个或一个以上致命不合格（A），也可能存在严重不合格（B）或一般不合格（C）的单位零部件或产品，称为致命不合格品。

6.2 严重不合格品（B）

存在一个或一个以上严重不合格（B），也可能存在一般不合格（C），但不存在致命不合格（A）的单位零部件或产品，称为严重不合格品。

6.3 一般不合格品（C）

存在一个或一个以上一般不合格（C），但不存在致命不合格（A）和严重不合格（B）的单位零部件或产品，称为一般不合格品。

8.2.2 进料检验规程

文件编号		文件版本			
编写/日期		审核/日期		批准/日期	
产品类别	电子元器件	名称/规格		插件用电解电容	
抽样方案	1）样本量按 GB/T2828.1 正常检验一次抽样方案抽取 2）检验水平 IL：一般检验水平 Ⅱ 3）接收质量限 AQL：严重不合格品（MA）AQL=0.65；轻微不合格品（MI）AQL=1.5 4）判断标准统一为"零缺陷"：$[Ac, Re] = [0, 1]$				
参考文件	1）《LCR 数字电桥操作指引》 2）《数字电容表操作指引》				
检验项目	不合格类别	检验要求		检验方式	备注
包装检验	MI	a. 根据来料送检单核对外包装或标签上的 P/N 及实物是否都正确，任何有误，均不可接受		目测	
外观检验	MI	a. 极性等标记符号印刷不清，难以辨认，不可接受 b. 电解电容的热缩套管破损、脱落，不可接受 c. 本体变形，破损等不可接受 d. 管脚生锈氧化，均不可接受		目测	
可焊性检验	CR	管脚上锡不良，或完全不上锡，不可接受（将管脚沾上松香水，再插入锡炉 5 秒钟左右后拿起观看管脚是否 100% 良好上锡；如果不是则拒收）		试做	每批取 5~10PCS 在锡炉上验证上锡性
尺寸规格检验	MA	外形尺寸不符合规格要求不可接受		卡尺	若用于新的型号，需在 PCB 上对应的位置进行试插
电性检验	MA	电容值超出规格要求则不可接受			用数字电容表或 LCR 数字电桥测试仪量进行测量

8.2.3 实验室样品管理规定

实验室样品管理规定

1. 目的

使本实验室样品的标识、传递、保存、使用、保存得到有效控制,保证样品的完好与完整。

2. 适用范围

本程序适用于实验室根据取、制样程序获得的样品和公司其他部门的送样。

3. 职责

实验室样品管理员负责监督本程序的实施。

4. 工作程序

4.1 样品标识制度

4.1.1 样品的唯一性标识。

4.1.1.1 取样人员取样时,在样品上按规定施加唯一性试样编号(当一个检验批中有多个样品时,样品可用编号加序号的方法加以标识,保证样品标识的唯一性。但必须在取样原始记录上注明序号和其对应样品的炉/件号、批号等之间的对应关系)。

4.1.1.2 制样人员必须在制好供试验用的试样上或其包装容器上加注上述唯一性试样编号。

4.1.2 试样检测状态的标识。

根据各部门具体情况使用下列方法区分试样的"未检测""检测中""检测完毕"状态。

1)区域法。在试验室内划分出专门区域存放"未检测"试样、"检测中"试样和"检测完毕"试样。

2)标记法。在盛试样的容器上加注"未检测""检测中""检测完毕"标记,或在容器上(甚至直接在试样上)加贴"未检测""检测中""检测完毕"标签来标识试样检测状态。

4.2 样品的传递

4.2.1 取样人员取样时在样品上标识样品的试样编号,将带标识的样品传递给制样人员制样,同时传递制样要求。

4.2.2 制样人对收到的样品进行验收,对任何异常或偏离于有关检验方法、标准中描述的正常或规定的情况均应记录,大样与提供的描述不符合时或对大样的适用性有疑问时,都应与取样人员联系,获得妥善的解决。

4.2.3 制样人将带标识的、按制样要求制好的试样传递给有关检验人员。

4.2.4 当其他部门送样时,由实验室样品管理员负责接样。接样时,应了解样品的有关背景资料、记录样品的状况、确知样品是否经过了适当制备,或者是否要求由本实验室承担或安排制样。然后将样品传递给有关制样人或有关检验人员。

4.2.5 检验人员对接到的试样是否达到制样要求、满足检验要求及其状态进行验收，对异常情况进行记录。对试样未到达制样要求，以及对其适用性有疑问的，在开始工作之前，检验人员应做进一步说明，与制样人员、取样人员甚至送样部门进行联系，以得到满意的解决，必要时加以记录。

4.2.6 检验人员对试样验收后，在试验的全过程中即时对试样的检测状态按标识方式进行标识，并加以妥善保管。

4.2.7 当检验工作（包括取、制样）不是由一人完成时，样品传递流程间应记录交接情况，传递有关工作要求。

4.3 样品的保留

4.3.1 一般情况下，每批检验都应保存足够的样品，以满足将来重复试验的要求。

4.3.2 保留样品可以为：

4.3.2.1 制备试验用样品后剩余的大样；

4.3.2.2 与试样同时制备而成的保留样品；

4.3.2.3 检验完毕后的试样样余，但都必须能满足再次试验的需求。

4.3.3 根据保留样品的来源，由制样人或检验人员直接将其交给样品管理员，并进行登记、交接，样品管理员对样品的状况、数量进行验收并记录，对不能满足再次检验要求的情况，与传递者联系解决。传递者向样品保管员说明保存要求。

4.3.4 对于在技术规范上可以不保留的、无法用大样制取保留样品的、样品长期保留无法保持取制样时状态的情况，可不保留样品。

4.4 样品的保存

4.4.1 当一份样品或其一部分需妥善保存时（如因为记录、安全或价值的原因，方便补充试验或再次试验在以后进行），交样品管理员妥善保管，以维护样品的良好状态与完整性。

4.4.2 样品保存按其理化性质分类存放，以防止泄漏、相互渗透、污染。

4.4.3 在各类样品的传递、搬运、制备、测试、保存时，要注意样品保存的环境条件。如果有特殊条件，传递者向下传递样品时，应提出要求，接样人严格按条件保护好样品，以防样品变质或损坏。保存在样品室的样品由样品管理员定期检测保存条件，检查样品状况。

4.4.4 一般保留样品保存半年。如果有特殊要求，可由检验员通知样品管理员将该样品根据实际情况要求予以保存。

4.4.5 过期样品由样品管理员征得检验部门同意后进行处理。如果送样部门有退回样品的要求，将其退还给送样部门。

4.4.6 过期的样品，如认为有保存价值的，可延长保存期限。

4.4.7 保留样品未经质量负责人同意不得调用。

4.5 样余的处理

样余不做保留样品用时，按过期样品处理。

5. 支持性文件

（略）

6. 记录

（略）

8.3 监测设备、生产设备管理类

8.3.1 内部校准规程

内部校准规程

1. 目的

对二次元设备进行内部校准，确保其准确度和适用性保持完好。

2. 范围

适用于二次元设备的内部校准（检定）。

3. 校准用基准设备

外校合格的二次元设备。

4. 环境条件

日常的检测环境。

5. 校准步骤

5.1 被检定的二次元设备不应有妨碍读数和影响正常工作的机械损伤，操作要灵活。

5.2 选择10个零件作为校准用标准件。

5.3 用外校合格的二次元设备对10个标准件进行测量，得出测量值A。

5.4 用被校的二次元设备对10个标准件进行测量，得出测量值B。

5.5 根据下式计算相对误差：

$$\Delta(\%) = (B-A)/A \times 100\%$$

式中 A——外校合格的二次元设备所测值；

B——被校的二次元设备所测值。

5.6 所有测量值的相对误差均在±1%以内，判校准（检定）合格。

6. 记录

6.1 监测设备内校记录表（略）

8.3.2 设备操作及维护保养规程

型材切割机设备操作及维护保养规程

1. 操作规程

1) 开机前，检查砂轮片有无破损、裂纹。

2) 紧固切割的工件。

3) 接通电源，向下均匀用力压操纵杆，切忌用力过大，造成砂轮片破裂。
4) 当工件快要被切断时，适当用力压操纵杆。
5) 在调整工件位置时，应停止砂轮片运转。
6) 严禁把砂轮片当作砂轮机使用，在其侧面磨削工件。
7) 更换砂轮片要注意垫好两边的垫子，并使用专用工具锁紧螺母，不得采用敲击方法代替专用工具。

2. 维护保养规程

2.1　日常保养

1) 每天下班时擦净切割机上的灰尘，并给台钳上油。
2) 检查电源线、插头有无破损、松动。

2.2　定期保养

1) 检查轴承、轴的磨损状况（每6个月）。
2) 检查电动机绝缘状况（每3个月）。

8.3.3　安全操作维护规程

压力机（冲床）安全操作维护规程

1. 范围

本标准规定了压力机的安全操作事项和维护保养方法。
本标准适用于压力机的安全操作与维护。

2. 工作前的准备与检查

2.1　操作者在工作前应详细检查设备运行、维修、交接班记录，如果实际情况与记录不符，应立即报告班长采取措施，未经处理完毕，不许开车使用。

2.2　清扫机床台面、各滑动面、冲模等处的灰尘、铁屑、杂物等。

2.3　检查电动机、传动带、冲击器、制动装置开闭器、上下冲模等部位的连接螺钉、键、销等零件有无缺损、裂纹及松动现象，如有不符合规定之处，应即时排除。

2.4　检查脚踏板操纵机构各部位的连接螺钉、杠杆有无松动现象，并试验脚踏板装置应灵活可靠，制动装置松紧应适宜。

2.5　检查配电箱、电气按钮、机床接地等处接触应良好、完善，周围环境应清洁。

2.6　检查各安全罩、防尘罩，必须完整牢固，各滑动面及转动轴套是否有磨耗现象。

2.7　按机床规定注入润滑油脂。

2.8　安装冲压模具，应按照下列规定：

2.8.1　将一套冲模放在冲床工作台中，使冲头尾部处于冲击器的孔下面，并对成一条直线。

2.8.2　用手盘动冲床飞轮，使冲击器放到下死点，将冲模尾部（冲柄）导至冲击器孔中拧紧螺栓，使冲模固定在冲击器上。

2.8.3 松开连杆上的可调螺杆，调整冲头，使其下降到冲压冲模之下，冲模的下降深度要保证能将制件推出，或者调整冲模上的标准垂直间隙量。

2.8.4 调整上下冲模间的水平间隙，利用压板和螺钉将冲模座紧固在工作台上。

2.8.5 紧固连杆可调整的螺母，调整推出装置的挡铁位置。

2.8.6 用手盘动飞轮，使曲轴回转，检查模具安装应正确，并做最后调整。

2.9 在冲切工作前，应做好开车前的准备工作，清扫机床工作台上及机床周围无用的杂物，用手盘动飞轮，使冲头上下行程两次以上，确认无障碍后开动机床。

3. 工作中的注意事项

3.1 机床开动后要仔细查听机床运转情况，认为无异状后，踏上脚踏板，冲压数次，无任何异状后，方准开始冲压工作。

3.2 送料时要将料放平拿牢，将手躲开冲头后，方准脚踏开关冲切，在连续冲切时，要动作灵敏。

3.3 冲切时，应根据机床规格性能进行，禁止超负荷使用，以免损坏机床。

3.4 不可冲切已淬火的或硬钢材，以防发生事故。

3.5 工作中禁止开车调整冲模间隙或紧固各连接螺钉，如发现有松动现象，应停车处理。

3.6 机床在运转时，禁止用手清除冲模上的铁边铁块，如需清扫时，应用铁刷清除，并要在停车后进行。

3.7 为避免发生事故，送料时操作者应把脚离开脚踏开关。脚踏开关下面不准放置任何障碍物，以免妨碍开关动作。

3.8 冲模应经常保持锐利和正确的间隙及安装的稳固性，如果使用复合冲模，还须注意模具间装配的稳固性。

3.9 机床运转时，操作者不许离开机床，遇有停电或必须离开机床时，应将脚踏开关锁住，切断电源，等机床驱动机构完全停止运动后，方准离开机床。

3.10 操作者返回机床后，重新开动机床时，应认真检查脚踏开关位置，及冲模上面有无杂物，确认无异状后，方准开车。

3.11 在机床运转中操作者应经常注意机床各传动部位的动作、音响、润滑情况及电动机运转状态，滑板和冲头部分螺钉紧固情况，模具紧固情况，如发现异音异响或有松动部位应立即停车检查处理。

3.12 冲下的工件、铁边应适时停车清理，保持周围整洁。

3.13 机床发生事故或故障时，应立即停车，保持现场，及时报告班长，会同有关人员检查处理。

4. 工作后的整理与清扫

4.1 工作完毕后，切断电源，将脚踏开关锁住。

4.2 待机床停稳后整理工件、板料、铁边，将工件、冲料等堆放到指定地点。

4.3 彻底清扫擦拭机床各滑动面、工作台、床身、冲击器、制动装置、灰尘、油垢、杂物等，向各滑动面、刀刃等处涂上一层薄油。

4.4 认真填写设备运行、维修、交接班记录。

8.4 人力资源类

8.4.1 岗位说明书

表 8.4-1 质量部经理岗位说明书

岗位概况	岗位名称	质量部经理	所属部门	质量部	岗位定员	1
	直接上级	生产副总经理	岗位编号		薪资等级	
	直接下属	质量检验科科长、质量保证科科长、质量工程科科长				
工作概述	全面负责公司的质量管理与质量检验工作。					
工作内容和职责	1）统筹建立并不断完善公司的质量管理体系 2）组织制定并完善公司的质量管理标准和规章制度 3）组织制定公司的各项质量管理工作计划与质量活动的实施计划 4）负责组织制定并完善公司的质量责任制度，并确保对该制度的落实进行检查考核 5）负责组织、推动 QCC 品管圈、六西格玛活动 6）计划、组织并实施内部质量管理体系审核、产品审核、过程审核 7）配合培训部门制定并实施质量培训计划 8）参与设计评审、产品鉴定工作，参与供应商评审和合同评审工作 9）对公司内的重大质量争议进行协调和处理，负责解决顾客的重大质量投诉 10）组织先进的质量管理方法的推广工作，组织做好质量成本的分析与控制工作 11）主持重大的质量改进项目 12）制定本部门的工作目标、工作计划并组织实施 13）做好年、季、月度的部门工作总结报告					
工作权限	1）质量控制计划的批准权。2）重大质量争议的最终裁决权。3）外购品收货和成品出货的否决权。4）重大质量改进项目立项的批准权。5）重大质量问题的惩罚权。6）对本部门员工的调动权、检查权、考核权；对科长级人员的处分、异动、升职的提议权；对科长以下级别员工的处分决定权；对科长以下级别员工的聘用权、任免权。7）对下属决定的否决权					
任职资格	身体条件	年龄	30~45	性别	不限	
		身高	无特殊要求	相貌	无特殊要求	
	学历要求	大学本科以上学历				
	专业要求	机械制造、机电一体化等相关专业				
	经验要求	5 年以上质量管理、质量检验工作经验，2 年以上本职务工作经验。				
	必备工作技能	计算机	熟练使用办公软件操作系统			
		外语	无			
		其他	普通话流利			
	必备资格证	无特殊要求				
	所需技能培训	IATF 16949、TQM、六西格玛培训、企业程序文件培训、中层经理管理艺术与技巧培训				
职业发展	可直接晋升的职位	生产副总经理				
	可相互转换的职位	研发部经理、生产部经理、生产技术部经理				
	可升迁至此的职位	质量检验科科长、质量保证科科长、质量工程科科长				
离岗时职务代理人	生产副总经理					

表 8.4-2 质检组组长岗位说明书

岗位概况	岗位名称	质检组组长	所属部门		质量部	岗位定员	
	直接上级	质量检验科科长	岗位编号			薪资等级	
	直接下属	质检员					
工作概述	负责组织对车间完工品进行检验							
工作内容和职责	1）督促质检员按有关的检验作业指导书、图样、工艺规程等进行检验工作，严格执行检验制度，对本组人员的工作差错负责 2）对现场作业中的不合理之处提出修正意见和建议。发现不合格批要及时上报 3）协助技术部工程师、质量工程师对生产过程中的质量问题进行研究和分析，并协助对改进措施的效果进行验证 4）负责审核本组人员的检验记录，对记录的完善、齐全及正确无误负责 5）与车间组长对检查中的不合格品进行共同确认 6）及时向直接上级报告检验中引起争端的质量问题，并参与问题的分析与解决 7）每天对产品检验情况进行统计分析，并及时上报分析报告							
工作权限	1）完工品的放行权。2）检验规范改进的建议权。3）生产线因质量问题停产的建议权。4）生产质量控制的检查权与监督权。5）质量问题的报告权。6）对本部门质检员的调动权、检查权、考核权；对质检员的处分、异动、聘用、升职的提议权							
任职资格	身体条件	年龄	25 岁以上		性别		不限	
		身高	无特殊要求		相貌		无特殊要求	
	学历要求	中专以上学历						
	专业要求	机械制造、机电一体化、电子技术等相关专业						
	经验要求	2 年以上质量检验工作经验						
	必备工作技能	计算机	熟练使用办公软件操作系统					
		外语	无					
		其他	普通话流利					
	必备资格证	无特殊要求						
所需技能培训	IATF 16949、TQM、GB/T2828.1 抽样检验技术、新旧 QC 七大手法、企业程序文件培训、相关作业指导书培训、基层主管管理艺术与技巧培训							
职业发展	可直接晋升的职位	质量检验科科长					
	可相互转换的职位						
	可升迁至此的职位	质检员					
	离岗时职务代理人	质量检验科科长、质检员					

表 8.4-3　质检员岗位说明书

岗位概况	岗位名称	质检员	所属部门		质量部		岗位定员	
	直接上级	质检组组长	岗位编号				薪资等级	
	直接下属							
工作概述	负责对车间完工品进行检验。							
工作内容和职责	1) 执行产品质量检验规范，做好入库产品（半成品或成品）的检验工作 2) 按规定做好产品的检验状态标识，做好检验记录，并做好检验记录的传递、整理、归档工作，对记录的正确性负责 3) 做好检查中发现的不合格品的隔离工作 4) 及时向组长报告检查中发现的不合格情况，对因不汇报造成的后果负责 5) 有权放行检查合格的产品，有权在规定的职责范围内对不合格品进行处理 6) 积极参加质量改进活动，并提出质量改进的建议 7) 对仓库中超过检验有效期的产品进行复检							
工作权限	1) 检验规范改进的建议权。2) 生产线因质量问题停产的建议权。3) 违规生产的纠正权和处罚建议权。4) 质量问题的报告权。							
任职资格	身体条件	年龄	18 岁以上		性别		不限	
		身高	无特殊要求		相貌		无特殊要求	
	学历要求	中专以上学历						
	专业要求	专业不限						
	经验要求							
	必备工作技能	计算机	无					
		外语	无					
		其他	普通话流利					
	必备资格证	无特殊要求						
所需技能培训	IATF 16949、TQM、GB/T2828.1 抽样检验技术、新旧 QC 七大手法、相关作业指导书培训、岗位操作培训							
职业发展	可直接晋升的职位	质检组组长						
	可相互转换的职位							
	可升迁至此的职位							
离岗时职务代理人	其他质检员							

8.4.2 岗位绩效指标

岗位绩效指标

岗位名称：质量部经理

编号		指标名称	设置目的	计算公式（计算方法）	标准值	加扣分方式（考核方式）	权重	考核周期或考核时间	考核人或考核单位	信息来源
KPI	P1	百元产值内部损失率	考核企业内部的质量效益	百元产值内部质量损失率＝内部质量损失总金额/总产值×100%	≤2%	1.9%~2%，得100分；≤1.9%，奖励绩效总分5分；每超过标准值0.1%，扣10分；损失率超过3%，全扣，并罚绩效总分10分	10%	月	财务部	质量成本汇总表、会计报表
	P2	顾客投诉次数（质量方面）	了解出货质量情况	每收到一张顾客纠正措施要求单，第一次投诉	≤5次/月	增加1次扣10次，超过10次，全扣	20%	月	销售部	顾客投诉登记表
	P3	顾客验货一次通过率	了解质量控制情况	顾客验货一次通过次数/验货次数	≥98%	（一次通过次数/验货次数）×100	20%	月	销售部	顾客验货记录
	P4	外部审核开出的不符合项报告数量	了解质量管理体系运行情况	每次外审收到的不符合项报告数量	≤2张/次	每超过1张，扣20分；6张以上，全扣，且每超过1张罚绩效总分5分	20%	外审所在月份	管理者代表	外审报告
	P5	上级交办事项及时完成率	衡量执行能力	上级交办事项及时完成次数/任务总数	100%	每降低1%，扣10分；低于95%，全扣	10%	月	副总经理	工作日志
KBI	B1	工作表现满意度上级	衡量下属取得上司信任的能力	对"工作表现满意度打分表"进行统计，得出满意度百分数	≥95%	每降低1%，扣10分；低于90%，全扣	6%	月	副总经理	工作表现满意度打分表
	B2	工作表现满意度下级	衡量带队伍的能力	对"工作表现满意度打分表"进行统计，得出满意度百分数	≥80%	每降低1%，扣10分；低于75%，全扣	6%	月	直接下属	工作表现满意度打分表
	B3	工作表现满意度平级	衡量合作能力	对"工作表现满意度打分表"进行统计，得出满意度百分数	≥90%	每降低1%，扣10分；低于85%，全扣	8%	月	平级同事	工作表现满意度打分表

8.5 五大工具类

8.5.1 控制计划管理规定

控制计划管理规定

1. 目的

对控制计划的编制、实施进行管理,确保控制计划的完整性和有效性。

2. 适用范围

适用于公司的样件试制控制计划、小批量试生产控制计划、批量生产控制计划。

3. 职责

3.1 产品研发部负责组织制定样件试制控制计划。

3.2 质量部负责组织制定小批量试生产控制计划、批量生产控制计划。

3.3 跨职能小组成员参与制定控制计划并对控制计划进行检查。

4. 工作程序

4.1 制定控制计划的时机

4.1.1 在样件试制前,要制定样件试制控制计划。

4.1.2 在小批量试生产前,要制定小批量试生产控制计划。

4.1.3 在小批量试制鉴定后,批量生产前,要根据试生产的实际情况和生产经验,对小批量试生产控制计划进行修订和扩展,形成批量生产控制计划。

4.1.4 各类控制计划制定的时机要遵照产品设计和开发总计划的要求。

4.2 制定控制计划的过程

4.2.1 确定过程。

绘制过程流程图或工艺过程卡,确定每个过程的内容、工艺要求(5M1E),包括产品/过程特性参数、工序生产应达到的质量要求等。

4.2.2 确定每一过程需控制的产品/过程特性,尤其是特殊特性。

在确定产品和过程的特殊特性时,要充分利用下列信息:

◆ 过程流程图。

◆ 系统/设计/过程 FMEA。

◆ 相似产品的经验。

◆ 设计评审。

◆ APQP 小组成员的经验。

◆ 优化方法(如 QFD,DOE),等等。

4.2.3 针对需控制的产品和过程的特殊特性及其他特性,确定控制措施。

控制措施中必须有对产品和过程的特殊特性、产品的检验和试验进行控制的描述。

第8章 质量管理体系作业指导书

4.2.4 确定针对不合格品或操作失控所需的纠偏措施（即制定反应计划）。

4.2.5 填写标准的"控制计划"表格（见4.4条款）。

4.2.6 检查并批准控制计划。

控制计划编写完成后，跨职能小组用"控制计划检查表"对控制计划的完整性进行检查。控制计划实施前要送生产副总经理批准。

4.2.7 做好控制计划的跟踪管理。

控制计划是一个动态文件，当测量系统和控制方法改进时，要及时更新控制计划。

4.3 控制计划的实施与管理

4.3.1 如顾客未要求提供控制计划，则一个单一的控制计划可以适用于以相同过程、相同原料生产出来的同一个系列的产品。当顾客有要求时，则须向顾客提供单一的控制计划。

4.3.2 控制计划一般不能直接指导生产，因此要根据控制计划中要控制的项目和要求，编制一系列作业指导书，供现场的具体操作人员使用。

4.3.3 控制计划是质量体系的受控文件，应按照《文件控制程序》的规定发放和管理。

4.3.4 控制计划是一个动态文件，在发生下列情况时应适时修订：

1) 产品更改；

2) 过程更改；

3) 检验方法、频率发生变化；

4) 测量系统发生变化；

5) 过程不稳定；

6) 过程能力不足，等等。

4.4 "控制计划"标准表格的填写要求

4.4.1 如顾客对控制计划的格式没有特别规定，则使用AIAG《产品质量先期策划和控制计划》规定的格式（即本公司的标准格式）。

4.4.2 标准的"控制计划"表格（见表8.5-1）的填写要求如下：

(1) 样件、试生产、生产（（1）为表格中栏目的序号，以下类推）。

选择控制计划的类别，在其前面的方框内打上"×"符号。

(2) 控制计划编号。

填入控制计划的编号，以便查询。

(3) 零件编号/最新更改等级。

填入被控制的产品编号（一般为图样代号）。必要时填入图样的版本或发布日期。

(4) 零件名称/描述。

填入被控制的产品/过程的名称。

(5) 组织/工厂。

填入制定控制计划的公司和适当的分公司名称。

(6) 组织代码。

填写顾客给本公司的识别码。如顾客没有给定，则不填。

(7) 主要联系人/电话。

填写负责制定控制计划的主要联系人姓名和电话号码。

(8) 核心小组。

填入制定控制计划最终版本的人员的姓名、部门、电话（建议将所有人员的姓名、部门、电话、地址等记录在一张附表上）。

(9) 组织/工厂批准/日期。

填入批准控制计划的生产副总经理的姓名和批准日期。

(10) 日期（编制）。

填入首次编制控制计划的日期。

(11) 日期（修订）。

填入最近修订控制计划的日期。

(12) 顾客工程批准/日期。

顾客有要求时，要获得顾客技术部门的批准，由顾客技术部门将批准填入。

(13) 顾客质量批准/日期。

顾客有要求时，要获得顾客质量代表的批准，由顾客质量代表将批准填入。

(14) 其他批准/日期。

如要求其他有关人员批准，则由其他有关人员将批准填入。

(15) 零件/过程编号。

填入加工过程编号。

(16) 过程名称/操作描述。

填入加工过程/操作名称。

(17) 生产用机器、装置、夹具、工装。

适当时，填入每一操作用的加工装备，如机器、装置、夹具或其他工具。

(18)（特性）编号。

本公司不做特别规定，这一栏空着。

(19) 产品（特性）。

在此填入需控制的产品特性（尤其是特殊特性）。产品特殊特性包括顾客指定的特殊特性，也包括本公司自己开发的特殊特性。这些特性将作为产品检测的项目。

本公司自己规定的产品特性包括：

① 关键特性：如果超出规定的界限就会导致人的生命和财产的损失或使产品丧失功能。

② 重要特性：如果超出规定的界限就会导致产品功能失误或降低原有的使用功能。

③ 次要特性：即使超出规定的界限，对产品的使用性能也不会产生影响或只产生轻微的影响。

关键特性和重要特性统称为特殊特性。

(20) 过程（特性）。

过程特性是指影响产品特性的过程参数。在此填入影响产品特性的过程特殊特性以及其他必要的过程特性。过程特殊特性包括顾客指定的特殊特性，也包括本公司自己开发的特殊特性。

本公司自己规定的过程特性包括：

① 关键特性：这种特性在工序中可能偶尔存在着偏离公差的重大波动，并且将产生难以令人接受的过高的长期平均不合格品率或次品率。

② 重要特性：这种特性在工序中可能偶尔存在着偏离公差的波动，并且将产生较低的长期不合格品率或次品率。

③ 次要特性：这种特性在工序中可能偶尔存在着偏离公差的波动，但不会产生长期不合格品率或次品率。

关键特性和重要特性统称为特殊特性。

（21）特殊特性分类。

填入顾客规定的特殊特性符号和公司自己规定的特殊特性符号。

公司自己规定的特殊特性符号如下：

① 关键特性符号：☆。

② 重要特性符号：△。

③ 次要特性符号：不标志。

（22）产品/过程规范/公差。

填入产品/过程的规范要求/公差。

（23）监控/测量技术。

填入所使用的监控/测量技术，包括用量具、检具、试验装置等进行检验、试验，用样板进行比对，用目测的方式进行检查等。在使用测量系统前，应根据需要对测量系统的线性、稳定性、准确度、再现性、重复性进行分析，并做出相应的改进。

（24）监控/检查的样本容量、频率

在此填入监控/检查的频率。监控/检查过程中，需要取样时，在此填入样本容量。

（25）控制方法/记录。

主要是填入控制方法（监控/测量技术）实施时应留下的记录，这些记录证实了控制方法的实施。可采用SPC控制图、过程记录表单（如入库单、产品检验记录、日常保养记录等）、防错技术（自动/非自动控制）、验收报告等记录证实控制方法已实施。如需引用有关文件，则应在该栏填写引用文件的编号和/或名称。

（26）反应计划。

填入针对不合格产品或操作失控所需要的纠偏措施，这些纠偏措施通常由最接近过程的人员（操作者、检验人员或主管）实施。必要时，应将反应计划的负责人填入此栏。

如果需引用其他的专用反应计划，则应在该栏填写该反应计划的编号和/或名称。

5. 支持性文件

5.1 《文件控制程序》

5.2 《APQP控制程序》

6. 记录

6.1 "控制计划"空白表格（见表8.5-1）

6.2 控制计划特殊特性清单

6.3 控制计划检查表

表 8.5-1 控制计划（格式）

□样件 □试生产 □生产 (1)							主要联系人/电话: (7)			日期（编制）: (10) 日期（修订）: (11)		第___页，共___页
控制计划编号: (2)							核心小组: (8)			顾客工程批准/日期（如需要）: (12)		
零件编号/更新更改等级: (3)							组织/工厂批准/日期: (9)			顾客质量批准/日期（如需要）: (13)		
零件名称/描述: (4)							其他批准/日期（如需要）: (14)			其他批准/日期（如需要）: (14)		
组织/工厂: (5)	组织代码: (6)											
零件/过程编号 (15)	过程名称/操作描述 (16)	机器、装置、夹具、工装 (17)	特性			特殊特性分类 (21)	产品/过程规范/公差 (22)	控制措施				反应计划 (26)
			编号 (18)	产品 (19)	过程 (20)			监控/测量技术 (23)	监控/检查 (24)		控制方法/记录 (25)	
									样本容量	频率		

8.5.2 顾客 PPAP 生产件批准作业规范（公司作为供货方）

顾客 PPAP 生产件批准作业规范

1. 目的

为顾客生产件的批准提供程序准则，确保生产件的批准符合顾客的要求。

2. 适用范围

适用于对顾客要求的生产件批准的控制。对没有生产件批准要求的顾客，可以不实施 PPAP 程序，只需按顾客的要求提交样品和有关文件。

3. 职责

3.1 营销部负责生产件批准的归口管理，负责联络顾客，向顾客提供生产件批准所需实物和资料，并向相关部门反映生产件批准的情况。

3.2 质量部负责统筹 PPAP 批准所需实物和资料的准备。

3.3 相关部门负责准备相关实物和资料并交给质量部汇总。

4. 定义

4.1 生产件：指在正式的生产现场，使用正式生产工装、量检具、工艺过程、材料、操作者、环境和过程参数制造出来的零部件。

4.2 生产件样品：取自于一个有效的生产量，用正规生产工艺制造的有代表性的生产件。

4.3 标准样品：由本公司和顾客双方批准的并做标识的样品。

5. 工作程序

5.1 向顾客提交 PPAP 批准的时机。

5.1.1 PPAP 的提交分下列几种情况：

（1）必须提交 PPAP 批准的情况。

在下列的情况下，公司必须在首批产品发运给顾客前，按照顾客的 PPAP 提交计划的要求提交 PPAP 批准，除非顾客负责 PPAP 批准的部门放弃了该要求。

1) 新的零件或产品。

2) 对以前提交的不符合零件进行纠正之后。

3) 设计文件、技术规范或材料规范的改变引起了产品的改变。

（2）需通知顾客，由顾客决定提交 PPAP 批准的情况。

公司必须将下列设计和过程更改情况通知顾客 PPAP 批准部门（何时通知，按顾客的《供应商管理手册》的要求进行），由顾客决定是否需提交 PPAP 批准。

1) 已批准的零件使用了其他不同的加工方法或材料。

2) 使用了新的或改进的工装（不包括易损工装）、模具、铸模、模型等，包括备用的工装。

3) 在对现有的工装或设备进行翻新或重新布置之后进行生产。

4) 生产是在工装和设备转移到不同的工厂（车间）或在一个新增的厂址进行的。

5) 本公司分包出去的零件、材料或服务（如热处理、电镀）发生了变化。

6) 在工装停止批量生产达到或超过 12 个月以后重新启用。

7) 组成产品的零部件（可能由本公司制造，也可能由本公司的供应商制造）及其制造过程发生了变化。

8) 试验和检验的方法发生了变化。

5.1.2　在出现 5.1.1 中所列出的情况时，营销部必须在首批产品发运给顾客的前两周，用顾客规定格式的通知单就 PPAP 批准事宜与顾客联系。

5.1.3　当顾客有 PPAP 提交要求时，营销部应通知质量部。质量部要做好 PPAP 提交的策划工作，并填写"顾客 PPAP 要求单"通知各部门进行 PPAP 的提交工作。

5.1.4　如果顾客放弃 PPAP 批准，则必须取得同意本次放弃的顾客 PPAP 批准部门负责人的书面授权（书面授权中应有顾客 PPAP 批准部门负责人的签名和日期）。

5.1.5　无论顾客是否放弃 PPAP 批准，PPAP 批准所涉及的资料均需按实际情况进行收集和修订。

5.2　PPAP 提交过程的控制。

5.2.1　PPAP 提交等级以及各等级需提交/保存的实物和资料见表 8.5-2。

表 8.5-2　PPAP 提交等级以及各等级需提交/保存的实物和资料

需提交/保存的实物和资料	提交等级					负责部门
	等级 1	等级 2	等级 3	等级 4	等级 5	
1. 设计记录	R	S	S	*	R	产品研发部
2. 工程更改文件，如果有	R	S	S	*	R	产品研发部
3. 顾客工程批准，如果要求	R	R	S	*	R	产品研发部
4. 设计 FMEA（如果本公司负责设计）	R	R	S	*	R	产品研发部
5. 过程流程图	R	R	S	*	R	工艺技术部
6. 过程 FMEA	R	R	S	*	R	工艺技术部
7. 控制计划	R	R	S	*	R	工艺技术部
8. 测量系统分析研究	R	R	S	*	R	质量部
9. 全尺寸测量结果	R	S	S	*	R	质量部
10. 材料、性能试验结果	R	S	S	*	R	质量部
11. 初始过程研究	R	R	S	*	R	质量部
12. 合格实验室的证明文件	R	R	S	*	R	质量部
13. 外观批准报告（AAR），如果适用	S	S	S	*	R	质量部
14. 生产件样品	R	S	S	*	R	质量部
15. 标准样品	R	R	R	*	R	质量部
16. 检查辅具	R	R	R	*	R	质量部
17. 符合顾客特殊要求的记录	R	R	S	*	R	质量部
18. 零件提交保证书（PSW）	S	S	S	S	R	质量部准备，生产副总经理签发

注：
　　S：公司必须向顾客提交，并在适当的场所保留一份记录或文件的副本。
　　R：公司必须在适当的场所保存，并在顾客有要求时易于得到。
　　*：公司必须在适当的场所保存，并在顾客有要求时向顾客提交。

5.2.2 如顾客无提交等级的要求，则按等级3进行提交。

5.2.3 质量部按顾客要求的等级，组织并协调相关部门准备PPAP所需的实物和资料（见表8.5-2）。PPAP所需的实物和资料，应在产品质量先期策划、样品试制、试生产等活动中做好。

5.2.4 在准备PPAP所需的实物和资料时需注意：

1）按顾客的《供应商管理手册》的要求，做好PPAP提交所需的实物和资料的准备工作。

2）如果生产件采用多腔模具或工具加工，则对每一腔模具生产的零件均需进行全尺寸检查，并且必须在"零件提交保证书"或附件中的"成型模/多模腔/生产过程"一栏中注明所提交的零件的型腔/生产线的编号/名称。

3）除非顾客有其他规定，否则应提交至少一个生产件样品给顾客。并在装运样品的包装箱或集装箱的外侧贴上"PPAP样品零件"标签（顾客有要求时，按顾客要求执行），以免与其他零件混淆。

4）在向顾客提交生产件样品的同时，根据需要，留下一件或几件同一批次的生产件样品作为标准样品。待顾客批准后，将顾客批准的日期填写在标准样品标识卡上。

5）生产件的生产应是有效的生产（Significant Production Run）。生产中要使用正式的工装、量具、过程、材料、操作者、环境和过程参数。生产过程必须是1~8小时的量产，生产数量至少为300件连续生产的零件（顾客另有规定的按顾客的规定执行）。

6）公司在规定的场所保留标准样品，保存时间与生产件批准文件的保存时间相同（见5.4.3）或直到顾客批准而生产出一个相同零件编号的新标准样品为止。

5.2.5 各相关部门按表8.5-2的要求完成PPAP应提交的实物和资料后，交由质量部汇总。质量部确认无误后，交营销部向顾客提交。

5.3 生产件批准状态。

5.3.1 顾客的批准。

批准是指零部件满足顾客所有的规范和要求。此时公司可按顾客要求的节拍批量生产并向顾客发货。

5.3.2 顾客的临时批准。

临时批准是指在有限的时间或数量的前提下，发运顾客生产所需的零部件。若要获得"批准"，需要再次提交。

在PPAP临时批准的情况下，本公司要准备一份纠正措施计划提交给顾客PPAP批准部门。

5.3.3 顾客的拒收。

提交的样品、文件资料不符合顾客要求。此时，公司要采取改进措施，再次提交。

5.4 PPAP资料的归档

5.4.1 质量部应为提交给顾客的每一份资料做好完整的备份。各相关部门应按《质量记录保存单位及其保存期》的规定保存好相应的PPAP资料备份。

5.4.2 质量部应对每一生产件批准的全套资料进行整理、归档并保存。归档时应注意进行明确的标识，标明其归档日期、顾客批准情况等，以保证文件的完整和保持最新的更改水平。

5.4.3 PPAP 记录的保存期为该零部件的在用期再加一个日历年。即在生产该零件的工装报废后，PPAP 记录还要再保存一个日历年。

6. 支持性文件

6.1 顾客的《供应商管理手册》

……

7. 记录

7.1 顾客 PPAP 要求单

7.2 合格实验室的证明文件

7.3 零件提交保证书

7.4 外观件批准报告

7.5 生产件批准——尺寸检验结果

7.6 生产件批准——材料试验结果

7.7 生产件批准——性能试验结果

7.8 潜在失效模式及后果分析报告

7.9 MSA 测量系统分析报告

7.10 初始过程能力研究报告

7.11 控制计划

8.5.3 供应商 PPAP 生产件批准作业规范（公司作为采购方）

供应商 PPAP 生产件批准控制程序

1. 目的

为供应商生产件的批准提供程序准则，确保供应商生产件的批准符合本公司的要求。

2. 适用范围

适用于本公司供应商生产件批准的控制。

3. 职责

3.1 质量部负责供应商生产件批准的归口管理，负责统一接收供应商送来的 PPAP 批准所需的实物和资料，并向供应商通报生产件批准的情况。

3.2 产品研发部、工艺技术部等部门负责审核/验证供应商提交的 PPAP 资料和实物。

3.3 生产副总经理负责对供应商的 PPAP 提交做出总结论并签发供应商的零件提交保证书。

4. 定义

4.1 生产件：指在正式的生产现场，使用正式生产工装、量检具、工艺过程、材料、操作者、环境和过程参数制造出来的零部件。

4.2 生产件样品：取自于一个有效的生产量，用正规生产工艺制造的有代表性的生产件。

4.3 标准样品：由本公司和供应商双方批准的并做标识的样品。

5. 工作程序

5.1 供应商 PPAP 提交的时机。

5.1.1 供应商 PPAP 提交的时机分下列几种情况。

（1）必须提交 PPAP 批准的情况。

在下列的情况下，供应商必须在首批产品发运给本公司前按照"供应商 PPAP 提交要求单"中的计划日期提交 PPAP 批准，除非本公司放弃了该要求：

1）新的零件或产品；

2）对以前提交的不符合零件进行纠正之后；

3）设计文件、技术规范或材料规范的改变引起了产品的改变。

（2）需通知本公司，由本公司决定提交 PPAP 批准的情况。

供应商必须在下列的设计和过程更改的前 2 周通知本公司质量部，由本公司决定是否需提交 PPAP 批准：

1）已批准的零件使用了其他不同的加工方法或材料。

2）使用了新的或改进的工装（不包括易损工装）、模具、铸模、模型等，包括备用的工装。

3）在对现有的工装或设备进行翻新或重新布置之后进行生产。

4）生产是在工装和设备转移到的不同的工厂（车间）或在一个新增的厂址进行的。

5）供应商分包出去的零件、材料或服务（如热处理、电镀）发生了变化。

6）在工装停止批量生产达到或超过 12 个月以后重新启用。

7）组成产品的零部件（可能由供应商制造，也可能由供应商的供应商制造）及其制造过程发生了变化。

8）试验和检验的方法发生了变化。

5.1.2 在出现 5.1.1 中所列出的情况时，本公司供应商必须在首批产品发运给本公司前，用本公司规定格式的通知单（通知单的类型见本公司发给各供应商的《×××公司供应商管理手册》）就 PPAP 提交事宜与本公司质量部联系。

5.1.3 当本公司对供应商有 PPAP 提交要求时，本公司质量部应用"供应商 PPAP 提交要求单"通知供应商进行 PPAP 的提交工作。

5.1.4 当本公司放弃 PPAP 提交要求时，本公司质量部应使用"供应商 PPAP 放弃通知单"通知供应商。

5.1.5 无论本公司是否放弃 PPAP 批准，供应商都应对 PPAP 批准所涉及的资料按实际情况进行收集和修订。

5.2 供应商 PPAP 提交过程的控制。

5.2.1 供应商 PPAP 提交等级以及各等级需提交/保存的实物和资料见表 8.5-3。

表 8.5-3 供应商 PPAP 提交等级以及各等级需提交/保存的实物和资料

需提交/保存的实物和资料	提交等级					备注
	等级1 （Ⅲ类供方）	等级2 （Ⅱ类供方）	等级3 （Ⅰ类供方）	等级4 （按要求）	等级5 （按要求）	
1. 设计记录	R	S	S	*	R	
2. 工程更改文件，如果有	R	S	S	*	R	
3. 本公司工程批准，如果要求	R	R	S	*	R	
4. 设计 FMEA（如果供方负责设计）	R	R	S	*	R	
5. 过程流程图	R	R	S	*	R	
6. 过程 FMEA	R	R	S	*	R	
7. 控制计划	R	R	S	*	R	
8. 测量系统分析研究	R	R	S	*	R	
9. 全尺寸测量结果	R	S	S	*	R	
10. 材料、性能试验结果	R	S	S	*	R	
11. 初始过程研究	R	R	S	*	R	
12. 合格实验室的证明文件	R	S	S	*	R	
13. 外观批准报告（AAR），如果适用	S	S	S	*	R	
14. 生产件样品	R	S	S	*	R	
15. 标准样品	R	R	R	*	R	
16. 检查辅具	R	R	R	*	R	
17. 符合本公司特殊要求的记录	R	R	S	*	R	
18. 零件提交保证书（PSW）	S	S	S	S	R	

注：
S：供应商必须向本公司提交，并在适当的场所保留一份记录或文件的副本。
R：供应商必须在适当的场所保存，并在本公司有要求时易于得到。
*：供应商必须在适当的场所保存，并在本公司有要求时向本公司提交。
按要求：按本公司临时指定的等级要求。

5.2.2 供应商应按本公司要求的等级，向本公司质量部提交供应商 PPAP 所需的实物和资料（见表 8.5-3）。供应商必须指定一个专门部门与本公司质量部联系。

5.2.3 供应商在准备 PPAP 所需的实物和资料时需注意：

1) 如果生产件采用多腔模具或工具加工，则对每一腔模具生产的零件均需进行全尺寸检查，并且必须在"零件提交保证书"或附件中的"成型模/多模腔/生产过程"一栏中注明所提交的零件的型腔/生产线的编号/名称。

2）除非本公司有其他规定，否则应提交一个生产件样品。样品的每一货盘或集装箱的外侧应贴"PPAP样品零件"标签做醒目识别，以免与其他零件混淆。

3）如果供应商PPAP提交等级要求提交检验和试验记录，除非本公司质量部放弃要求，否则供应商应按照表8.5-4、表8.5-5中的最小数量的要求提交数据。

供应商应准备一份简图或图样，上面用数字标明测量点对应的数据以及给出检验样件对应数据。

表8.5-4 针对新零件/产品

类 型	特 性	最小数量
尺寸	配合、形状、功能和加工的重要特性，包括在供应商和/或本公司试生产阶段特别关注的特性，与设计变更相关的特性	5
	除上述之外的特性	1
	本公司特别要求的特性	要求数量
材料	化学特性	1
	物理特性	5
	冶金特性	1
	本公司特别要求的特性	要求数量
功能/可靠性	耐久性检验/试验	1
	非破坏性检验/试验	5
	本公司特别要求的特性	要求数量

表8.5-5 针对设计/过程变更零件

类 型	特 性	最小数量
尺寸、材料、性能/可靠性	与设计/过程变更直接或间接相关的特性	5
	本公司特别要求的特性	要求数量

4）供应商在规定的场所保留标准样品，保存时间与生产件批准文件的保存时间相同（见5.5.2条款）或直到本公司批准而生产出一个相同零件编号的新标准样品为止。

5）供应商PPAP提交中的其他注意事项见本公司发给各供应商的《×××公司供应商管理手册》。

5.3 供应商PPAP提交的实物和资料的审核/验证。

5.3.1 供应商PPAP提交的实物和资料送到本公司质量部后，质量部要进行初步审核，然后按表8.5-6的责任分配，将供应商PPAP提交的实物和资料交有关部门进行符合性审核/验证。

表 8.5-6　供应商 PPAP 提交的实物和资料的符合性审核责任分配

供应商 PPAP 提交的实物和资料	本公司负责部门	审核/验证/批准
1. 设计记录	产品研发部	审核/批准
2. 工程更改文件，如果有	产品研发部	审核/批准
3. 本公司工程批准，如果要求	产品研发部	审核/批准
4. 设计 FMEA（如果供方负责设计）	产品研发部	审核/批准
5. 过程流程图	工艺技术部	审核/批准
6. 过程 FMEA	工艺技术部	审核/批准
7. 控制计划	工艺技术部	审核/批准
8. 测量系统分析研究	质量部	审核/批准
9. 全尺寸测量结果	质量部	验证测量/批准
10. 材料、性能试验结果	质量部	验证试验/批准
11. 初始过程研究	质量部	审核/批准
12. 合格实验室的证明文件	质量部	审核/批准
13. 外观批准报告（AAR），如果适用	质量部	审核/批准
14. 生产件样品	质量部	验证检查/批准
15. 标准样品	质量部	检查（现场审核时）
16. 检查辅具	质量部	检查（现场审核时）
17. 符合顾客特殊要求的记录	质量部	审核/批准
18. 零件提交保证书（PSW）	生产副总经理	审核/批准

　　5.3.2　质量部对各部门的符合性审核/验证结论进行汇总分析，确定供应商的 PPAP 状态（见5.4条款），填写"供应商 PPAP 状态报告"，送生产副总经理签批。生产副总经理同时签发供应商"零件提交保证书（PSW）"。

　　5.4　供应商 PPAP 状态。

　　5.4.1　本公司的批准。

　　批准是指零部件满足本公司所有的规范和要求。此时供应商可按本公司要求的节拍以及订单的要求批量生产并向本公司发货。

　　5.4.2　本公司的临时批准。

　　临时批准是指在有限的时间或数量的前提下，供应商按本公司的采购订单生产、发运本公司生产所需的零部件。若要获得"批准"，供应商需要再次提交。

　　在 PPAP 临时批准的情况下，供应商必须准备一份纠正措施计划提交给本公司质量部批准。

　　5.4.3　本公司的拒收。

　　提交的样品、文件资料不符合本公司要求。此时，本公司不会下订单给供应商。供应商应该准备纠正措施计划，并按规定要求重新提交。

　　5.5　供应商 PPAP 资料的归档。

5.5.1 质量部应为提交给本公司的每一份 PPAP 资料做好完整的备份，应对每一供应商 PPAP 批准的全套资料进行整理、归档并保存。归档时应注意进行明确的标识，标明其归档日期、本公司批准情况等，以保证文件的完整和保持最新的更改水平。

5.5.2 供应商 PPAP 记录的保存期为该零部件的在用期再加一个日历年。即在生产该零件的工装报废后，PPAP 记录还要再保存一个日历年。

6. 支持性文件

6.1 《×××公司供应商管理手册》

7. 记录

7.1 供应商 PPAP 提交要求单

7.2 供应商 PPAP 放弃通知单

7.3 零件提交保证书

7.4 外观件批准报告

7.5 生产件批准——尺寸检验结果

7.6 生产件批准——材料试验结果

7.7 生产件批准——性能试验结果

7.8 供应商 PPAP 状态报告

8.5.4 潜在失效模式及后果分析（FMEA）作业规范

潜在失效模式及后果分析（FMEA）作业规范

1. 目的

通过分析、预测设计、过程中潜在的失效，研究失效的原因及其后果，并采取必要的预防措施，避免或减少这些潜在的失效，从而提高产品、过程的可靠性。

2. 适用范围

适用于公司设计 FMEA、过程 FMEA 活动的控制。

3. 职责

3.1 产品研发部（R&D）负责组织成立 DFMEA（设计 FMEA）小组，负责 DFMEA 活动的管理。

3.2 生产技术部（PE）负责组织成立 PFMEA（过程 FMEA）小组，负责 PFMEA 活动的管理。

3.3 产品研发部、生产技术部、质量部、生产部、营销部、采购部等部门指定人员参加 DFMEA 小组、PFMEA 小组。必要时，由质量部邀请供应商、客户参加。

3.4 DFMEA 小组负责制定《DFMEA 潜在失效后果严重程度（S）评价标准》《DFMEA 潜在失效模式发生概率（O）评价标准》《DFMEA 潜在失效模式探测度（D）评价标准》。

3.5 PFMEA 小组负责制定《PFMEA 潜在失效后果严重程度（S）评价标准》《PFMEA 潜在失效模式发生频度（O）评价标准》《PFMEA 潜在失效模式探测度（D）评价标准》。

4. 工作程序

4.1 设计 FMEA 的开发实施

4.1.1 DFMEA 实施的时机

（1）按 APQP 的计划进行 DFMEA。

（2）在出现下列情况时，DFMEA 小组应在产品零件图样设计之前进行 DFMEA 活动：

1) 开发新产品/产品更改；

2) 产品应用的环境发生变化；

3) 材料或零部件发生变化。

4.1.2 DFMEA 实施前的准备工作

（1）产品研发部（R&D）牵头成立 DFMEA（设计 FMEA）小组，生产技术部、质量部、生产部、营销部、采购部等部门指定人员参加 DFMEA 小组，必要时，由质量部邀请供应商、客户参加。

（2）在 DFMEA 活动实施前，DFMEA 小组应制定出《DFMEA 潜在失效后果严重程度（S）评价标准》《DFMEA 潜在失效模式发生概率（O）评价标准》《DFMEA 潜在失效模式探测度（D）评价标准》。

在产品有了改进或产品使用环境发生变化时，应根据需要适时修订以上标准。

4.1.3 DFMEA 实施的步骤

（1）定义产品。

由产品研发部编写《产品标准》（或产品技术要求），确定产品的要求，包括产品的功能、用途、性能、使用条件等。

（2）明确分析对象。

明确分析对象，即定义约定层次。

DFMEA 的工作程度是随层次级数的增加呈几何级数增长的，因此约定 DFMEA 分析到哪一层次是非常必要的。

（3）绘制方框图。

用方框图描述产品各组成部分所承担的任务或功能间的相互关系。

（4）列出分析对象的功能。

用尽可能简明的文字来说明被分析对象满足设计意图的功能。

（5）确定分析对象的潜在失效模式。

每项功能会对应一种或一种以上的失效模式，填写失效模式要遵循"破坏功能"的原则，即尽量列出破坏该功能的所有可能的模式。

（6）确定潜在失效后果。

每种故障模式都会有相应的故障后果；分析故障后果时，应尽可能分析出故障的最终影响，一般即最严重的影响。根据失效后果的严重程度确定严重度（S）。

(7) 确定潜在失效模式的起因。

所谓失效的潜在起因是指设计的弱点，其结果就是故障模式。根据失效原因发生的可能性，确定发生频度（O）。

(8) 列出现行设计控制措施。

现行设计控制是那些作为已完成的设计过程的一部分而执行的活动，将确保设计功能和可靠性要求得以实现。

有两类设计控制措施应予以考虑：

1) 预防：消除（预防）失效的机理/要因或失效模式的发生，或降低发生频度。

2) 探测：在产品放行到生产前，通过评审、验证、试验等分析方法或物理方法识别出（探测出）失效的要因/机理或失效模式的存在。

根据失效模式/失效原因被识别出的可能性，确定探测度（D）。

(9) 进行风险分析。

按失效影响的严重程度（严重度 S）、发生的频繁程度（频度 O）、发现的难易程度（探测度 D）估计风险顺序数。

严重度 S、频度 O、探测度 D 均利用数字 1 到 10 来判断其程度高低（参见《DFMEA 潜在失效后果严重程度（S）评价标准》《DFMEA 潜在失效模式发生概率（O）评价标准》《DFMEA 潜在失效模式探测度（D）评价标准》）。

各项数字的连乘积称为风险顺序数 RPN。

$$RPN = S \times O \times D$$

风险顺序数 RPN 越高，表示风险越大。

(10) 提出改进措施。

对那些风险顺序数较高的项目，DFMEA 小组应提出改进措施，经生产副总经理批准后实施。

(11) 跟踪改进措施的落实。

DFMEA 小组对 DFMEA 分析中提出的改进措施进行跟踪并对其效果进行评审。

评审认为效果不理想时，应制定新的改进措施。评审认为有效的方法，DFMEA 小组应将它们纳入到文件中。

(12) 填写 DFMEA 分析报告并上报。

将以上工作记录在"潜在失效模式及后果分析报告（DFMEA）"中并上报生产副总经理。

DFMEA 分析报告的填写要求见 4.1.4 条款。

(13) DFMEA 的更新。

DFMEA 是一个动态文件，随后的新变化、纠正措施等，都将会导致其更新。当 DFMEA 需要更新时，DFMEA 小组的责任工程师应负责组织有关人员对"潜在失效模式及后果分析报告（DFMEA）"及相关的文件做及时的修订。

4.1.4 DFMEA 标准表格的填写要求

（读者可以参见笔者所编著的《IATF 16949 质量管理体系五大工具最新版一本通》）

4.2 过程 FMEA 的开发实施

4.2.1 PFMEA 实施的时机

(1) 按 APQP 的计划进行 PFMEA。

(2) 在出现下列情况时，PFMEA 小组应在工装准备之前，在工艺文件（作业指导书）最终定稿之前，针对从单个零件到总成的所有制造工序，开展 PFMEA 活动：

1) 开发新产品/产品更改；
2) 生产过程更改；
3) 生产环境/加工条件发生变化；
4) 材料或零部件变化。

4.2.2 PFMEA 实施前的准备工作

(1) 生产技术部（工艺科/生产工程师）牵头成立 PFMEA（过程 FMEA）小组，产品研发部（R&D）、质量部、生产部、采购部等部门指定人员参加 PFMEA 小组，必要时，由质量部邀请供应商、客户参加。

(2) 在 PFMEA 活动实施前，PFMEA 小组应制定出《PFMEA 潜在失效后果严重程度 (S) 评价标准》《PFMEA 潜在失效模式发生频度 (O) 评价标准》《PFMEA 潜在失效模式探测度 (D) 评价标准》。

在工艺水平或生产环境发生变化时，应根据需要适时修订以上标准。

4.2.3 PFMEA 实施的步骤

(1) 确定过程。

生产技术部生产工程师编制"过程流程图"（或"工艺过程卡"），确定每个工序的内容、工艺要求（5M1E），包括产品/过程特性参数、工序生产应达到的质量要求等。

(2) 确定过程的潜在失效模式。

确定每一过程的潜在失效模式。

(3) 确定潜在失效后果。

为每个列出的失效模式确定潜在的失效后果，潜在的失效后果指失效后顾客（含下一工序）可能注意到或经历到的后果，它可以通过问"如果失效模式发生，客户将受到什么影响？"来确定。

根据失效后果的严重程度确定严重度 (S)。

(4) 确定潜在失效模式的起因。

为列出的每个失效后果或失效模式确定潜在原因，它描述了每个失效是怎么发生的。描述原因要详细，后面建议过程改进措施要依赖于这些原因。每个后果可能有好几个潜在的原因，尽可能多地列出潜在原因，确保没有遗漏。

根据失效原因发生的可能性，确定发生频度 (O)。

(5) 列出现行过程控制措施

尽可能详细地列出当前的预防或探测失效模式或原因的控制措施。

预防：消除（预防）失效的机理/要因或失效模式的发生，或降低发生频度。

探测：探测出失效的起因/机理或失效模式的存在，以便引导采取纠正措施和预防措施。

根据失效模式/失效原因被识别出的可能性，确定探测度 (D)。

第8章 质量管理体系作业指导书

(6) 进行风险分析。

按失效影响的严重程度（严重度 S）、发生的频繁程度（频度 O）、发现的难易程度（探测度 D）估计风险顺序数。

严重度 S、频度 O、发现难度 D 均利用数字 1 到 10 来判断其程度高低（参见《PFMEA 潜在失效后果严重程度（S）评价标准》《PFMEA 潜在失效模式发生频度（O）评价标准》《PFMEA 潜在失效模式探测度（D）评价标准》)。

各项数字的连乘积称为风险顺序数 RPN。

$RPN = S \times O \times D$

风险顺序数 RPN 越高，表示风险越大。

(7) 提出改进措施。

对那些风险顺序数较高的项目，应提出改进措施并实施。对于无法消除的故障，应增加报警、监测、防护等措施。

(8) 跟踪改进措施的落实。

对 PFMEA 分析中提出的改进措施进行跟踪并对其效果进行评审（采取改进措施后，重新计算风险顺序数 RPN)。

负责过程的工程师应负责保证所有的建议措施已被实施或已妥善地落实。

(9) 填写 PFMEA 分析报告并上报。

将以上工作记录在"潜在失效模式及后果分析报告（PFMEA）"中并上报生产副总经理。

PFMEA 分析报告的填写要求见 4.2.4 条款。

(10) PFMEA 的更新。

PFMEA 是一个动态文件，随后的新变化、纠正措施等，都将会导致其更新。当 PFMEA 需要更新时，PFMEA 小组的责任工程师应负责组织有关人员对"潜在失效模式及后果分析报告（PFMEA）"及相关的文件做及时的修订。

4.2.4 PFMEA 标准表格的填写要求

(读者可以参见笔者所编著的《IATF 16949 质量管理体系五大工具最新版一本通》)

5. 支持性文件

5.1 《DFMEA 潜在失效后果严重程度（S）评价标准》

5.2 《DFMEA 潜在失效模式发生概率（O）评价标准》

5.3 《DFMEA 潜在失效模式探测度（D）评价标准》

5.4 《PFMEA 潜在失效后果严重程度（S）评价标准》

5.5 《PFMEA 潜在失效模式发生频度（O）评价标准》

5.6 《PFMEA 潜在失效模式探测度（D）评价标准》

6. 记录

6.1 潜在失效模式及后果分析报告（DFMEA）

6.2 潜在失效模式及后果分析报告（PFMEA）

8.5.5 $\bar{x}-R$ 控制图应用作业指导书

$\bar{x}-R$ 控制图应用作业指导书

1. 目的

通过控制图的应用，对关键工序的主要质量特性值实施控制，消除特殊因素的作用，保证关键工序处于稳定受控状态。

2. 适用范围

本作业指导书适用于加工过程关键工序的质量特性值（计量值）的控制。

3. 职责

3.1 生产技术部 PE 工程师负责控制图的设计、控制图打点结果的分析以及向有关部门提出采取纠正和预防措施的要求并跟进。

3.2 关键工序 PQC 质检员按作业指导书要求，进行抽样、测量、计算统计量并在控制用控制图上打点。

3.3 质量部 QE 工程师负责对控制图应用的指导、协助生产技术部进行分析，监督控制图应用的实施及协助纠正和预防措施的落实。

4. 工作流程

4.1 预备数据的取得

预备数据是用来作分析用控制图的数据，目的是用来诊断要控制的过程是否处于稳定受控状态。

当确认关键工序按标准化作业时，生产技术部 PE 工程师在生产过程中，每隔 2 小时抽取样本容量 $n=5$ 的样本，共抽取 25 组样本，分别填入数据表中（可用 $\bar{x}-R$ 控制图规范样式）。

4.2 计算各子组样本的平均值 $\bar{x}$ 和极差 R。

$$\bar{x} = \frac{x_1 + x_2 + x_3 + x_4 + x_5}{5}$$

$$R = x_{max} - x_{min}$$

4.3 计算 25 组样本的总平均值 $\bar{\bar{x}}$ 和极差平均值 $\bar{R}$。

$$\bar{\bar{x}} = \frac{\sum_{i=1}^{25} \bar{x}_i}{25}$$

$$\bar{R} = \frac{\sum_{i=1}^{25} R_i}{25}$$

4.4 计算 $\bar{x}$ 图的控制限

中心线 $CL = \bar{\bar{x}}$

上控制限 $UCL = \bar{\bar{x}} + A_2 \bar{R} = \bar{\bar{x}} + 0.577 \bar{R}$

下控制限 $LCL = \bar{\bar{x}} - A_2\bar{R} = \bar{\bar{x}} - 0.577\bar{R}$

4.5 计算 R 图的控制限

控制中心线 $CL = \bar{R}$

上控制限 $UCL = D_4\bar{R} = 2.114\bar{R}$

下控制限 $LCL = D_3\bar{R} = 0$

4.6 作控制图并打点

在 $\bar{x} - R$ 控制图规范样式（略）中标出坐标刻度，并分别将各组统计量（$\bar{x}$、R）点入控制图并连成折线。

4.7 判断过程是否处于稳定受控状态

4.7.1 如果不出现图 8.5-1 中的八种失控模式，则认为生产过程处于稳定受控状态：

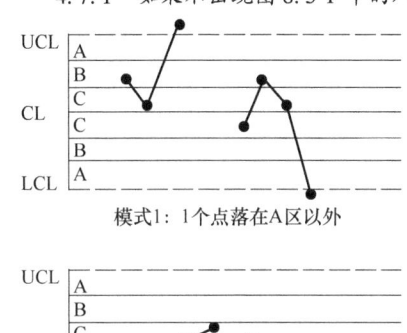
模式1：1个点落在A区以外

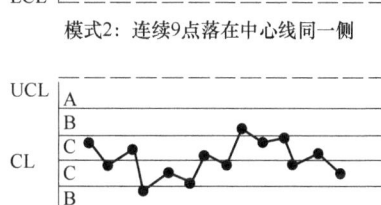
模式2：连续9点落在中心线同一侧

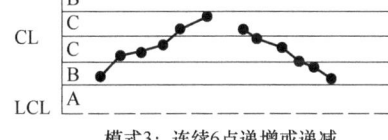
模式3：连续6点递增或递减

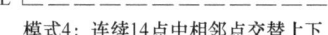
模式4：连续14点中相邻点交替上下

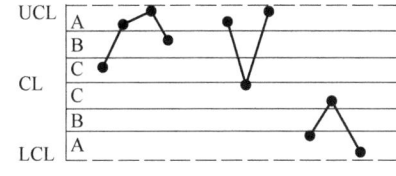
模式5：连续3点中有2点落在中心线同一侧的B区以外

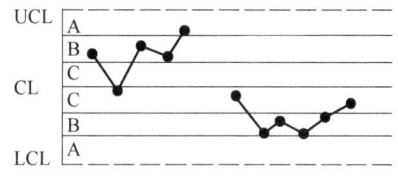
模式6：连续5点中有4点落在中心线同一侧的C区以外

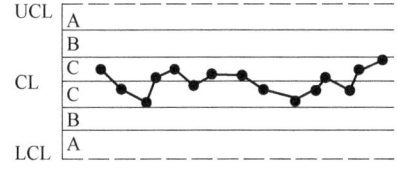
模式7：连续15点落在中心线两侧的C区内

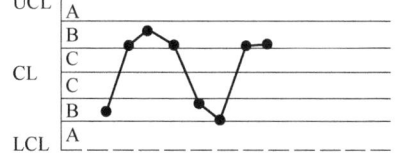
模式8：连续8点落在中心线两侧且无一在C区内

图 8.5-1　八种过程失控模式

4.7.2 在发现生产过程处于失控状态时,应查明原因后排除异常点。排除异常点后的数据组数大于或等于 20 组时,可利用排除异常点后的数据重新计算控制限并打点判断。排除异常点后的数据组数小于 20 组时,应重新抽样从 4.1 条款起重新作图。

4.8 判断过程能力是否达到质量要求

在过程受控的情况下,判断过程能力是否达到质量要求,即:Cp 或 Cpk 是否达到规定质量要求。

4.9 转为控制用控制图

对分析用控制图进行判断,当过程处于稳定受控状态且过程能力达到规定质量要求时,将分析用控制图的控制界线延长,转为控制用控制图,进行日常的质量管理。

4.10 控制用控制图的使用

4.10.1 PQC 质检员对每批产品首件检验合格后,按每 2 小时抽取样本容量 $n=5$ 的样本,分别计算平均值 $\bar{x}$ 和极差 R 并在控制图中打点。

4.10.2 生产技术部 PE 工程师应经常巡视各应用控制图的岗位,判断工序是否处于稳定受控状态。

如果不出现图 8.5-1 中的八种过程失控模式,则认为生产过程处于稳定受控状态,生产继续进行。

4.10.3 当控制图上点的排列发生异常时(出现八种过程失控模式之一种),生产技术部 PE 工程师应及时会同有关部门查找原因,采取必要的纠正和预防措施。

4.11 中心线和控制界限的修正

控制用控制图使用 3 个月后或过程有了重大调整时,应根据实际质量水平对中心线和控制界限进行修正。

4.12 控制图保存在生产技术部,保存期为 3 年

5. 记录

5.1 $\bar{x}-R$ 控制图规范样式(略)

8.5.6 测量系统分析(MSA)控制程序

测量系统分析(MSA)控制程序

1. 目的

通过 MSA,了解测量变差的来源,测量系统能否被接受,测量系统的主要问题在哪里,并针对问题适时采取纠正措施。

2. 适用范围

适用于公司产品质量控制计划中列出的测量系统。

注意:根据公司以往的经验,偏倚、线性、稳定性的影响很小,所以 MSA 中可忽略它们的影响,可不进行偏倚、线性、稳定性分析。

3. 职责

3.1 质量部计量室负责编制 MSA 计划并组织实施。

3.2 各相关部门配合质量部计量室做好 MSA 工作。

4. 工作程序

4.1 测量系统分析（MSA）的时机

4.1.1 初次分析应在试生产中且在正式提交 PPAP 之前进行。

4.1.2 一般每间隔一年要实施一次 MSA。

4.1.3 在出现以下情况时，应适当增加分析频次和重新分析：

1）量具进行了较大的维修；

2）量具失准时；

3）顾客需要时；

4）重新提交 PPAP 时；

5）测量系统发生变化时。

4.2 测量系统分析（MSA）的准备要求

4.2.1 制定 MSA 计划，包括以下内容：

1）确定需分析的测量系统；

2）确定用于分析的待测参数/尺寸或质量特性；

3）确定分析方法：对计量型测量系统，可采用极差法和均值极差法；对计数型测量系统，可采用小样法；

4）确定测试环境：应尽可能与测量系统实际使用的环境条件相一致；

5）对于破坏性测量，由于不能进行重复测量，可采用模拟的方法并尽可能使其接近真实分析（如不可行，可不做 MSA 分析）；

6）确定分析人员和测量人员；

7）确定样品数量和重复读数次数。

4.2.2 量具准备。

1）应针对具体尺寸/特性，选择有关作业指导书指定的量具，如果有关作业指导书未明确规定某种编号的量具，则应根据实际情况对现场使用的一个或多个量具做 MSA 分析。

2）确保要分析的量具是经校准合格的。

3）仪器的分辨力 i 一般应小于被测参数公差 T 的 1/10，即 $i < T/10$。在仪器读数中，如有可能，读数应取至最小刻度的一半。

4.2.3 测试操作人员和分析人员的选择。

1）在 MSA 分析时，测试操作人员和分析人员不能是同一个人，测试操作人员实施测量并读数，分析人员做记录并完成随后的分析工作。

2）应优先选择通常情况下实际使用所选定的量具实施测试的操作工/检验员作为测试操作人员，以确保测试方法和测试结果与日后的正式生产或过程更改的实际情况相符。

3）应选择熟悉测试和MSA分析方法的人员作为分析人员。

4.2.4 分析用样品的选择。

1）样品必须从实际生产或检验过程中选择，并考虑尽可能代表实际生产中存在的所有产品变差（可根据生产特点，在一天或几天内生产出的产品中抽取）。

2）如果一个量具适用于多个规格产品的尺寸/特性测量，在做该量具的MSA分析时，应选择其中一个过程变差最小的规格产品作为样品，以避免过大的零件变差造成分析结果的不准确。

3）给每个样品编号并加上标签，但要避免测试操作人员事先知道编号，以确保按随机顺序测量。

4.3 计量型测量系统分析——均值和极差法

当测试用零件多于300件且有足够的时间时，可采用均值和极差法对计量型测量系统进行分析。

4.3.1 数据的收集。

采用表8.5-7（见文件后）收集数据，数据收集程序如下：

1）取得包含10个零件的一个样本，代表过程变差的实际或预期范围。

2）指定操作者A、B和C，并按1至10给零件编号，使操作者不能看到这些数字。

3）让操作者A以随机的顺序测量10个零件，并将结果记录在第1行。让测试人B和C测量这10个零件并互相不看对方的数据，然后将结果分别填入第6行和第11行。

4）使用不同的随机测量顺序重复上述操作过程。把数据填入第2、7和12行。在适当的列记录数据。例如，第一个测量的零件是7，则将测试结果记录在标有第7号零件的列内，如果需要试验3次，重复上述操作，将数据记录在第3、8和13行。

5）如果操作者在不同的班次，可以使用一个替换的方法。让操作者A测量10个零件，并将读数记录在第1行。然后，让操作者A按照不同的顺序重新测量，并把结果记录在第2行和第3行。操作者B和C也同样做。

4.3.2 收集数据后的计算。

量具的重复性和再现性的计算如表8.5-7和表8.5-8所示。表8.5-7是数据表格，记录了所有研究结果。表8.5-8是报告表格，记录了所有识别信息和按规定公式进行的所有计算。

收集数据后的计算程序如下：

1）计算每个操作者对每个零件所测数据的极差。从第1、2、3行中的最大值减去它们中的最小值；把结果记入第5行。在第6、7和8行，以及11、12和13行重复这一步骤，并将结果记录在第10和15行（见表8.5-7）。

填入第 5、10 和 15 行的数据是极差,它们总是正数。

2) 计算每个操作者的平均极差。将第 5 行的数据相加并除以零件数量,得到第一个操作者的测量平均极差 $\bar{R}_a$。同样对第 10 和 15 行的数据进行处理得到 $\bar{R}_b$ 和 $\bar{R}_c$(见表 8.5-7)。

3) 计算所有操作者总的平均极差 $\bar{\bar{R}}$。将第 5、10 和 15 行的数据($\bar{R}_a$、$\bar{R}_b$、$\bar{R}_c$)转记到第 17 行,将它们相加并除以操作者数,将结果记为 $\bar{\bar{R}}$(所有极差的平均值)(见表 8.5-7)。

4) 计算极差图(R 图)的上下控制限。将 $\bar{\bar{R}}$(所有极差的平均值)记入第 19 和 20 行并与 D_3、D_4 相乘得到极差控制图下限和上限。极差图的上控制限(UCL_R)填入第 19 行。少于 7 次测量的极差图下控制限(LCL_R)等于零。

5) 检查极差是否受控(R 图中,点是否落在控制限内)。若极差在控制限内,可继续算下去。若极差在控制限外,则要查找原因,或重测,或剔除,再重算。

详细说明:对于极差大于控制限 UCL_R 的数据,应让原来的评价者对这些超限零件重新进行测量,或剔除这些数据。利用剔除后的其余数据(或重新测量的数据)重新计算 $\bar{\bar{R}}$ 及上控制限 UCL_R。应对造成失控状态的特殊因素进行纠正,并保证不再发生。

6) 计算每个操作者对每个零件所测数据的均值。

计算每个操作者对每个零件所测数据的均值,并填写在第 4、9、14 行上。

7) 将行(第 1、2、3、6、7、8、11、12 和 13 行)中的值相加。把每行的和除以零件数并将结果填入表 8.5-7 中最右边标有"平均值"的列内。

8) 计算每个操作者总的测量均值。将第 1、2 和 3 行最后一列的平均值相加并除以测量次数,结果填入第 4 行中的 $\bar{\bar{X}}_a$($\bar{\bar{X}}_a$ 为 A 操作者总的测量均值)栏位中。对第 6、7 和 8,以及第 11、12 和 13 行重复这个过程,将结果分别填入第 9 和第 14 行中的 $\bar{\bar{X}}_b$($\bar{\bar{X}}_b$ 为 B 操作者总的测量均值)、$\bar{\bar{X}}_c$($\bar{\bar{X}}_c$ 为 C 操作者总的测量均值)栏位中(见表 8.5-7)。

9) 计算各个操作者总的测量均值的极差 $\bar{X}_{DIFF}$。将第 4、9 和 14 行的操作者总的测量均值(指 $\bar{\bar{X}}_a$、$\bar{\bar{X}}_b$、$\bar{\bar{X}}_c$)中的最大值和最小值填入第 18 行中适当的空格处。并确定它们的差值,将差值填入第 18 行标有 $\bar{X}_{DIFF}$ 处的空格内(见表 8.5-7)。

10) 计算每个零件总的测量均值。将每个零件每次测量值相加并除以总的测量次数(试验次数乘以操作者数)。将结果填入第 16 行零件均值 $\bar{X}_P$ 的栏中(见表 8.5-7)。

11) 计算各个零件总的测量均值的极差 R_P。用第 16 行中的最大的零件均值($\bar{X}_P$ 最大)减去最小的零件均值($\bar{X}_P$ 最小),将结果填入第 16 行中标有 R_P 的空格内。R_P 是各个零件总的测量均值的极差(见表 8.5-7)。

12) 计算所有测量值的总均值 $\bar{\bar{X}}$。将第 16 行中的值相加除以零件数量得到所有测量值的总平均值 $\bar{\bar{X}}$。

13) 将 $\bar{R}$、$\bar{X}_{\text{DIFF}}$ 和 R_P 的计算值转填入报告表格的栏目中（见表 8.5-8）。

14) 在表格（见表 8.5-8）左边标有"测量单元分析"的栏下进行计算。

15) 在表格（见表 8.5-8）右边标有"总变差%"的栏下进行计算。

16) 检查结果，确认没有产生错误。

注意：表 8.5-8 中的总变差 TV 可用 1/6 公差（即 1/6T）替换，相应的，"%总变差"改变为"%公差"。

4.3.3 计算结果的分析。

在同时满足下列条件的情况下，测量系统的重复性和再现性 GRR 可以被接受。

(1) $\bar{X}-R$ 图应同时满足下列条件。

1) 在 $\bar{X}$ 图上有 50% 以上的子组均值 $\bar{X}_i$ 在上下控制限之外。

2) 在相应的 R 图上诸极差受控（点都落在控制限内）。

(2) %GRR 决定准则。

1) %GRR < 10%——测量系统可接受。

2) %GRR 在 10%~30% 之间——在权衡应用的重要性、量具成本、维修费用等基础上，可以考虑接受。

3) %GRR > 30%——测量系统不能接受。应努力找出问题所在，并加以纠正，然后再进行测量系统分析。

(3) 分级数 ndc 决定准则。

ndc 应该大于或等于 5，即：$ndc \geq 5$。

$ndc \geq 5$ 说明测量系统有足够的分辨力。

4.4 计数型测量系统分析——小样法

(1) 确定两位操作者 A、B，并选择 20 个零件。

注意：在选取 20 个零件时，可有意识地选择一些稍许低于或高于规范限值的零件。

(2) 每位操作者随机地将每个零件测量两次，将结果记录在"计数型测量系统分析表（小样法）"中。表中用符号"NG"表示不合格品，"G"表示合格品。

(3) 对量具进行分析评价。

如果每个零件的测量结果（每个零件 4 次）一致，则接受该量具，否则应改进或重新评价该量具。如果不能改进该量具，则拒收并应找到一个可接受的替代的测量系统。

5. 支持性文件

（无）

6. 记录

6.1 测量系统重复性和再现性分析数据表（均值和极差法）（见表 8.5-7）

6.2 测量系统重复性和再现性分析报告（均值和极差法）（见表 8.5-8）

6.4 计数型测量系统分析表（小样法）

表8.5-7 测量系统重复性和再现性分析数据表（均值和极差法）

零件号和名称：		量具名称：		日期：	
被测特性：		量具编号：		测量人：A、B、C	
规格要求：		量具规格：		分析人：	

测量人/测量次数		零件										平均值
		1	2	3	4	5	6	7	8	9	10	
1. A	1											
2.	2											
3.	3											
4.	均值											$\bar{X}_a =$
5.	极差											$\bar{R}_a =$
6. B	1											
7.	2											
8.	3											
9.	均值											$\bar{X}_b =$
10.	极差											$\bar{R}_b =$
11. C	1											
12.	2											
13.	3											
14.	均值											$\bar{X}_c =$
15.	极差											$\bar{R}_c =$
16.	零件平均值 ($\bar{X}_P$)											$\bar{\bar{X}} =$ $R_P =$
17.	（[$\bar{R}_a =$] + [$\bar{R}_b =$] + [$\bar{R}_c =$]）/ [测量人数量 =] = $\bar{R}$											$\bar{R} =$
18.	[MAX($\bar{X}_a, \bar{X}_b, \bar{X}_c$) =] − [MIN($\bar{X}_a, \bar{X}_b, \bar{X}_c$) =] = $\bar{X}_{\text{DIFF}}$											$\bar{X}_{\text{DIFF}} =$
19.	[$\bar{R} =$] × [$D_4 =$] = UCL_R							测量次数	2	3		$UCL_R =$
20.	[$\bar{R} =$] × [$D_3 =$] = LCL_R							D_4	3.267	2.574		$LCL_R =$
21.	[$\bar{\bar{X}} =$] + [$A_2 =$] × [$\bar{R} =$] = $UCL_{\bar{X}}$							D_3	0.000	0.000		$UCL_{\bar{X}} =$
22.	[$\bar{\bar{X}} =$] − [$A_2 =$] × [$\bar{R} =$] = $LCL_{\bar{X}}$							A_2	1.880	1.023		$LCL_{\bar{X}} =$

注：圈出极差大于控制限 UCL_R 的数据。让原来的评价者对这些超限零件重新进行测量，或剔除这些数据。利用剔除后的其余数据（或重新测量的数据）重新计算 $\bar{R}$ 及上控制限 UCL_R。应对造成失控状态的特殊因素进行纠正，并保证不再发生。

表 8.5-8 测量系统重复性和再现性分析报告（均值和极差法）

零件号和名称：	量具名称：	日期：
被测特性：	量具编号：	测量人：
规格要求：	量具规格：	分析人：

来自数据表的信息：$\bar{R}=$ ＿＿＿，$\bar{X}_{DIFF}=$ ＿＿＿，$R_P=$ ＿＿＿。

$\bar{X}-R$ 图：（用附件形式附在分析报告后面）

测量单元分析			% 总变差（TV）
重复性—设备变差（EV） $EV=\bar{R}\times k_1$ = ＿＿ × ＿＿ = ＿＿	试验次数	k_1	%$EV=[EV/TV]\times100\%$ = [＿＿／＿＿] ×100% = ＿＿%
	2	0.8862	
	3	0.5908	
再现性—评价人变差（AV） $AV=\sqrt{(X_{DIFF}\times k_2)^2-(EV^2/nr)}$ $=\sqrt{(\_\_\times\_\_)^2-(\_\_^2/\_\_\times\_\_)}$ = ＿＿ n—零件数量 r—试验次数	评价人数量	k_2	%$AV=[AV/TV]\times100\%$ = [＿＿／＿＿] ×100% = ＿＿%
	2	0.7071	
	3	0.5231	
重复性和再现性（GRR） $GRR=\sqrt{EV^2+AV^2}$ $=\sqrt{\_\_^2+\_\_^2}$ = ＿＿	零件数	k_3	%$GRR=[GRR/TV]\times100\%$ = [＿＿／＿＿]×100% = ＿＿%
	2	0.7071	
零件变差（PV） $PV=R_P\times k_3$ = ＿＿ × ＿＿ = ＿＿	3	0.5231	%$PV=[PV/TV]\times100\%$ = [＿＿／＿＿] ×100% = ＿＿%
	4	0.4467	
	5	0.4030	
	6	0.3742	
	7	0.3534	
总变差（TV） $TV=\sqrt{(GRR)^2+(PV)^2}$ $=\sqrt{\_\_^2+\_\_^2}$ = ＿＿	8	0.3375	$ndc=1.41[PV/GRR]$ $=1.41[\_\_／\_\_]$ = ＿＿
	9	0.3249	
	10	0.3146	

重复性和再现性分析结论：

8.6 其他类

8.6.1 应急计划管理规定

应急计划管理规定

1. 目的

制定应急计划,以便在紧急情况发生时,组织可启动应急计划以确保生产的顺利进行及产品、服务的及时交付。

2. 适用范围

适用于本公司在停水、停电、劳动力短缺、关键设备故障、生产材料短缺、人员短缺、火灾、信息系统遭到网络攻击等紧急情况发生时应急计划的控制。

3. 职责

3.1 生产技术部负责停水、停电、关键设备出现故障时的应急计划的实施。

3.2 采购部负责物料短缺时的应急计划的实施。

3.3 人事行政部负责劳动力短缺、火灾、信息系统遭到网络攻击时的应急计划的实施。

4. 工作程序

4.1 应急准备

4.1.1 就本公司可能发生的影响准时交货的紧急状态,管理者代表负责组织相关部门编制应急计划。

4.1.2 本公司现有的紧急情况应急计划见表8.6-1。

4.1.3 当出现表8.6-1中未列出的紧急情况时,有关部门应及时根据情况采取相应的应急措施。

表8.6-1 紧急情况应急计划

紧急情况	应急准备	应急响应
停电	1)与电力公司协商,要求其停电时事先通知 2)使备用发电机保持完好状态,并备足燃油	1)起用备用发电机 2)调整生产计划 3)安排加班
停水	保证蓄水池蓄满水	使用蓄水池中的水
关键设备出现故障	1)与供应商签订维修合同,保证随叫随到 2)储备一定量的易损件 3)按《设施、设备管理程序》等文件的要求对设备做好维护保养	1)如生产技术部维修人员无法排除故障,要立即通知设备供应商派人维修 2)调整生产计划 3)购买新设备 4)事后要对维护机制进行检讨,并根据需要进行修订

（续）

紧急情况	应急准备	应急响应
物料短缺	1）要求材料供应商备有一定的库存量，若遇可知的变异时，应提前通知本公司 2）仓库严格监督物料的安全库存量，降至安全库存量时，要立即通知物控部安排采购 3）同样的物料，应寻找2家以上的供应商	1）紧急采购 2）调整生产计划
人员短缺	1）根据生产任务，提前预测人员需求并及时招聘 2）与职介所签过协议，保证人员能及时供给 3）多能工的培养	1）紧急招聘 2）进行内部人员调整 3）调整生产计划
火灾	按《火灾应急预案》的要求做好应急准备	按《火灾应急预案》的要求做好应急响应
信息系统遭到网络攻击	网络专员要加强对信息系统的日常监测工作。监测的内容主要包括： 1）局域网通信性能与流量 2）网络设备和安全设备的操作记录、网络访问记录 3）服务器性能、数据库性能、应用系统性能等运行状态，以及备份存储系统状态等 4）服务器操作系统、数据库安全审计记录，业务系统安全审计记录 5）计算机漏洞公告、网络漏洞扫描报告 6）病毒公告、防病毒系统报告 7）其他可能影响信息系统的预警内容 网络专员获得外部重大预警信息或通过监测获得内部预警信息后，应对预警信息加以分析，按照早发现、早报告、早处置的原则，对可能演变为严重事件的情况，部署相应的应对措施，通知相关部门做好预防和保障应急工作的各项准备工作，并及时报告领导	1）当发现网络被非法入侵、网页内容被篡改，应用服务器的数据被非法拷贝、修改、删除，或有黑客正在进行攻击等现象时，使用者或网络专员应断开网络，并立即报告应急小组 2）网络专员立即关闭相关服务器，封锁或删除被攻破的登录账号，阻断可疑用户进入网络的通道，并及时清理系统、恢复数据和程序，尽快将系统和网络恢复正常

4.2 应急计划的沙盘推演、消防演习

4.2.1 管理者代表组织对应急计划进行沙盘推演、消防演习，以检验应急计划的有效性。沙盘推演、消防演习实施后，应填写"应急计划沙盘推演总结报告""消防演习总结报告"。

4.2.2 对沙盘推演、消防演习的结果进行评价，必要时修改应急计划。

4.3 应急响应

4.3.1 紧急情况发生时，各责任部门应立即按表8.6-1中的应急响应要求开展行动。

4.3.2 在执行应急计划的同时，营销部应通知顾客，告知影响其运作状况的程度和持续时间。必要时，人事行政部还要通知其他相关方。比如发生较大火灾时，要将火灾情况向附近的工厂、所在地的安全生产监督管理局通报。

4.3.3 在发生生产停止的紧急情况后重新开始生产时，应进行首次检验或作业准备验证，通过后方可继续进行生产。

4.3.4 过程异常关闭时（如设备异常停机、生产线异常中断等），应对受影响的产品进行评价。如评价认为需对产品重新进行检测，则应对产品重新进行检测，否则不能放行产品。

4.4 纠正与完善

4.4.1 在紧急情况发生后，组织应根据实际的应急情况，评审应急计划，必要时进行修订，以提高应急能力。

4.4.2 每年12月第2周，管理者代表组织跨部门小组（包括最高管理者）对应急计划进行评审，并在必要时进行修订。对应急计划的评审是要看能否正确确定潜在事故和制定合适的应急计划，能否对紧急事故做出及时响应，以减少对顾客及其他相关方的影响。

5. 支持性文件

5.1 《火灾应急预案》

6. 记录

6.1 应急计划沙盘推演总结报告

6.2 消防演习总结报告

8.6.2 运行环境管理规定

运行环境管理规定

1. 目的

对运行环境进行管理，以实现产品的符合性、保护员工身心健康。

2. 适用范围

适用于公司中影响产品符合性、影响员工身心健康的工作场所的环境控制。

3. 职责

3.1 人事行政部负责维持作业现场的清洁卫生，负责对作业人员的职业卫生和安全进行管理。

3.2 生产技术部负责工作方法的研究。设备科负责确定、提供工作环境所需的设施并对这些设施进行维护。

3.3 仓库负责仓库物资贮存环境的管理与监控。

3.4 生产部负责生产环境的管理与监控。

4. 作业程序

4.1 环境设施的管理

4.1.1 设备科根据实现产品符合性和劳动保护的需要，确定并提供环境设施，以创造良好的工作环境，包括：

1）安排适用的厂房、车间并适当装修，以防止暴晒、风雨侵袭和潮湿。
2）配置适当的通风、温控及安全消防器材，以保持适宜的温湿度和安全。
3）配置防止噪声超标的隔音、吸音装置等。

4.1.2　设备科应建立环境设施台账，编写必要的环境设施维护保养规定，做好环境设施的保养、维修工作。保养、维修情况应记录在"设施、设备保管记录本"上。

4.1.3　设备科每年的12月份做出下一年度的环境设施维护保养计划（填写"年度环境设施、设备保养计划"），按计划对环境设施进行维护保养。日常工作中，如环境设施发生问题，设备科应及时检修。

4.2　生产环境管理

4.2.1　生产环境要求

1）生产现场按物流去向分区，做到工房整洁、明亮，物品堆放有序，产品标识完整，设备清洁、完好。
2）生产区域所用的工、量具及附件摆放正确，取放有序。
3）使用白电油（正己烷）等有毒化学品的场所应保持良好通风，使用者戴防毒口罩。
4）根据作业需要，佩戴必要的口罩、耳塞、黑镜、安全帽等用以防止粉尘、噪声、强光辐射及高空坠物。

4.2.2　人事行政部应确保及时提供劳动保护用品。人事行政部清洁组应维护作业现场的清洁卫生。

4.2.3　设备科编制必要的设备安全操作规程，操作工必须严格遵守，不得违章操作。

4.2.4　生产技术部在相关的工艺文件和作业指导书中，写明作业时应注意的安全事项，员工应严格遵守这些安全规定。

4.2.5　生产技术部应使用IE技术进行作业研究与分析，以提高作业者的效率，减轻其劳动强度。要鼓励作业者对作业方法进行创新和改良。

4.3　仓库环境管理

4.3.1　仓库环境要求通风、干燥、明亮、清洁，货架排列整齐，过道通畅。

4.3.2　仓库区域严禁烟火，设立明显的禁烟和防火标志。

4.4　5S活动

按《5S活动管理规定》的要求，每周进行5S活动检查，检查后填写"5S活动检查表"。

4.5　其他

4.5.1　人事行政部对员工进行安全教育，培养员工的安全意识。

4.5.2　厂区内配置足够的消防器材，保持防火通道的畅通。

4.5.3　在易发生安全隐患的场所，设立明显的安全警示标志/安全警示语。如：吊车下不准站人，操作天车应戴安全帽等。

4.5.4 在接触 IC（Integrated Circuit，集成电路）的地方，配置防静电带。

4.5.5 遵守劳动法规的要求，合理安排作业时间，合理支付员工的薪酬。

4.5.6 各部门主管如发现工作环境不利于保护产品质量与劳动安全，应及时向人事行政部等有关部门报告。以便及时解决问题。

5. 支持性文件

5.1 《5S 活动管理规定》

6. 记录

6.1 5S 活动检查表

8.6.3 实验室管理规定

实验室管理规定

1. 目的

对实验室进行管理，确保检测结果的正确性。

2. 适用范围

适用于对本公司实验室及与实验室相关的活动的管理。

3. 职责

3.1 质量部实验室主任负责实验室全面事务的管理。

3.2 各委托实验部门配合实验室做好相关的工作。

4. 工作程序

4.1 实验室人员的配备。

4.1.1 实验室人员资格应符合《质量部岗位任职要求》中的规定。

4.1.2 实验室人员上岗前，应接受岗前培训。岗中要适时参加有关培训。详见《培训控制程序》。

4.2 检测设备的管理。

4.2.1 编制专门的"实验室设备台账"，记录实验室用于试验、评价的设备。

4.2.2 所有的检测设备、标准物质必须定期送国家认可的计量检定机构进行检定/校准。详见《监视和测量设备控制程序》。

4.2.3 检测设备的环境条件应满足要求。必要时，应将环境条件的技术要求形成文件。

4.3 实验室设施和环境的控制。

4.3.1 实验室的设施和环境条件应满足以下几点：

1) 动力和照明电按380V 和220V 供给。

2) 对在校准/检测过程中产生油烟及有害气体的实验室，安装通风排气系统。

3) 恒温恒湿实验室有空调机和去湿机。

4）对电磁干扰、灰尘、振动、电源电压等严格控制，对发生较大噪声的检测项目采取隔离措施。

5）相邻区域的工作不相容时，采取有效的隔离措施。

4.3.2 根据检测项目及相关的实验规程与要求，制定各检测项目进行有效工作时所需的设施及环境条件标准，经质量部经理批准后实施。

4.3.3 按有关作业指导书的要求对环境条件进行测量，并将测量结果记录在"实验室环境条件监控记录"中。

4.4 实验室内务管理。

4.4.1 实验室应清洁卫生、整齐规范，方便检测工作的进行。

4.4.2 对检测区域的基本要求为：

1）进入检测区域应遵守换鞋制度。

2）外单位人员不得擅自进入。经实验室负责人同意，方可进入。

3）检测区域内一律穿实验服。

4）离开实验室应切断水、电源，关好门窗。

5）消防、卫生设施配备齐全，灭火器不得随便搬动。

4.4.3 实验室工作人员应保持实验室的良好内务，保持室内、场地整洁、安静。

4.5 样品管理。

按《实验室样品管理规定》的要求做好样品的接收、标识、流转、贮存、发放、处置的管理工作。

4.6 实验管理。

4.6.1 编制"实验室业务能力一览表"，列明实验室有能力进行的试验、评价。

注意：每一次实验，都要指出所依据的作业指导书和国际/国家/行业/客户标准。

4.6.2 对每一种检测，都要制定检测作业指导书。制定检测作业指导书时要依据有关的国际/国家/行业/客户标准。应用一览表说明所有的实验及其所依据的作业指导书和国际/国家/行业/客户标准。

4.6.3 检测要按照规定的流程进行，检测完毕的样品上要贴上已检标识。

4.6.4 检测完毕，要出具实验报告。报告经实验室主任签字批准后下发有关部门。

5. 支持性文件

5.1 《质量部岗位任职要求》

5.2 《实验室样品管理规定》

6. 记录

6.1 实验室设备台账

6.2 实验室环境条件监控记录

6.3 实验室业务能力一览表

8.6.4 合理化建议管理办法

合理化建议管理办法

1. 目的

为充分调动员工的积极性、主动性和创造性，推动公司管理创新，实现目标，增强内部活力，鼓励员工为公司的发展提出合理化建议，特制定本办法。

2. 适用范围

本办法所称的合理化建议，是指公司全体员工提出的节约成本、提高效益、改进工作流程或管理创新的合理化建议，以及技术创新、工作方式改进等方面的构想和方案。

3. 合理化建议的范围

凡涉及安全、生产、技术、工艺、能源环保、工程、设备、质量、计量、财务、营销、物流、人力资源、信息化、行政后勤、保卫、企业文化建设等方面，具体的、可操作的、有创新性的、实施后能够提高效率、降低损失、产生经济效益或有利于强化、规范企业管理的具体方案，均可列入合理化建议范围。

4. 合理化建议不予受理的范围

4.1 属于人身攻击和批评、抱怨性质而不具建设性的建议。

4.2 无具体内容、具体改进措施的建议。

4.3 已在进行中及已完成改善工作的建议。

4.4 不能实施但能给予合理解释的建议。

4.5 属于既有的规定、作业标准或一般例行性业务，其所提的工作方法或技术毫无创新的建议。

5. 合理化建议分级

合理化建议从实施、评估范围的角度分为部门级、公司级两层，其中部门级为各部门、分公司等。

5.1 员工建议侧重点在各部门、分公司内部的，由各单位进行评估并实施。

5.2 员工建议侧重点在公司范围内、需职能部门或分公司配合开展实施的，由公司人力资源部与相关职能部门协商后，报公司行政委员会评估实施。

6. 合理化建议申报途径

6.1 部门级合理化建议申报途径。

6.1.1 各部门、分公司指定专人负责收集、汇总员工针对部门内部的合理化建议，各单位可通过部门内部会议等形式评估合理化建议的可行性，并于10个工作日内给予员工书面答复。

6.1.2 各单位员工可通过公司合理化建议征集平台提交建议，由公司人力资源部将信息反馈给各单位后，由各单位进行评估、实施，并给予员工书面答复。

6.1.3 合理化建议在各单位实施后，有在公司范围内扩大实施必要的，可向公司进行申报。

6.2 公司级合理化建议申报途径。

6.2.1 合理化建议邮箱：公司员工可以通过合理化建议邮箱，提交自己对公司各个方面的建议。

6.2.2 OA 办公平台：公司员工可以通过 OA 办公平台采取公开或内部流程两个途径提交对公司的各个方面的建议。

6.2.2.1 公开平台：公司员工可通过 OA 办公平台发表合理化建议。

6.2.2.2 内部流程：公司员工可通过 OA 办公平台"合理化建议流程"提交合理化建议。

7. 合理化建议受理及评审程序

7.1 部门级合理化建议受理及评审程序。

7.1.1 各部门根据员工提出的或公司反馈给部门的合理化建议，提出审查意见。

7.1.2 由各单位主要负责人召集专题会议对合理化建议进行评估，并将评估结果向员工进行书面反馈。能予以改善、实施的，可在部门内部开展、实施。

7.1.3 员工的合理化建议需职能部门或分公司配合的，由公司人力资源部与相关部门一起进行评估。

7.2 公司级合理化建议受理及评审程序。

7.2.1 员工可随时通过邮箱、OA 办公平台提出合理化建议，必要时应附图样、数据、资料等。自提交建议单之日起，提议人有义务向公司详细说明建议情况和相关问题。

7.2.2 人力资源部在收到建议提案后，按月度进行汇总、整理，并对建议内容是否符合规定受理范围提出初步资格审查意见。如可受理，则将意见转相关主导部门、公司领导；如不受理，则应清楚、准确地告知原因。

7.2.3 对正式受理的建议，人力资源部落实建议执行部门或主办人，主导部门应在 10 个工作日内反馈意见。

7.2.4 人力资源部根据执行部门反馈的意见进行整理后，报公司行政委员会审批后实施。

8. 合理化建议奖励

8.1 各单位内部奖励。

员工针对各部门的合理化建议，经部门内部评估后，能够予以实施的，可视情况参照公司奖励标准给予员工 300 元至 1000 元的奖励。

8.2 公司奖励。

8.2.1 创意奖：对建议新颖，效果不明确的员工，经过公司审核建议后准予试行，可给予现金 300 元的经济奖励，同时给予公司范围内嘉奖奖励一次。奖金随薪资一同发放。

8.2.2 鼓励奖：对所提建议虽好但公司目前无法实施的员工，经过公司审核建议后，可给予现金 500 元的经济奖励，同时给予公司范围内通报奖励一次。奖金随薪资一同发放。

8.2.3 采纳奖：对所提建议符合公司实际情况、效果突出的员工，经过公司审核建议后发布执行，给予现金 1000 元的经济奖励，同时给予公司范围内通报奖励一次。奖金随薪资一同发放。

8.2.4 员工所提合理化建议经采纳实施后，对公司的经济效益提升、管理措施改善、技术改革创新等有重大意义的，经公司行政委员会评估后，公司将视合理化建议的贡献程度对员工予以晋升。

8.6.5 产品防护管理规定

产品防护管理规定

1. 目的

在产品的整个形成和最终完成交付过程中,规范防护标识、搬运、贮存、包装、保护、污染控制和交付等活动,以防止直接或间接影响产品的质量。

2. 适用范围

适用于所有外购和外协产品、在制品、半成品和成品。

3. 职责

3.1 生产部负责生产过程中物资流转的搬运,负责产品的包装工作。

3.2 仓库负责库存物资的贮存管理工作,负责组织物资入库和出库的搬运。

3.3 营销部负责产品的交付。

3.4 产品研发部负责包装设计。

3.5 生产技术部负责编写必要的搬运、包装作业指导书。

3.6 质量部负责入库物资的验收检查及贮存过程中出现问题物资的复查工作。

3.7 各部门做好所属区域内物品的保护。

4. 工作程序

4.1 包装要求。

4.1.1 产品研发部应根据产品的特点以及环保、安全的要求制定产品的包装规范并对包装进行设计。设计包装时应考虑在包装物上设立必要的防护标识,如小心轻放、请勿倒置、堆码、易损、防淋、防压等防护性标识。

4.1.2 包装材料入库前由质量部IQC质检员验收。

4.1.3 生产部按包装作业指导书、工序卡的要求进行包装、装箱作业并做好适当标识。质量部对包装的质量进行检查。

4.2 污染控制、搬运要求。

4.2.1 编制必要的污染控制、搬运作业指导书。

4.2.2 使用与产品特性相适应的容器和搬运工具,防止产品损坏、被污染或变质。

4.2.3 作业人员按《污染控制管理规定》的要求做好个人卫生以及工作环境的维护。

4.2.4 防止超高搬运,以免物品坠落砸伤员工。

4.2.5 搬运天那水等化学品,要防止意外倾倒、泄漏,以免污染环境、伤害员工。

4.2.6 搬运中,注意保护产品标识,防止丢掉或被擦掉。

4.2.7 对搬运人员进行必要的培训,以熟悉搬运要求。机动叉车、吊车操作者,需持证上岗。

4.3 贮存、与保护。

4.3.1 贮存环境。

仓库环境要求通风、干燥、明亮、清洁、通畅。

仓库区严禁烟火，配置适量的消防器材。

4.3.2　验收入库

1）入库产品必须检验合格，产品包装容器/产品标识卡上应有检验印章或标签。仓管人员应认真核实缴库的数量，检查产品的合格标识，然后开具"入库单"办理入库。

"外购（协）件入库单"一式四联，第一联给仓库，第二联给财务、第三联给生产计划科，第四联给采购。

"成品（半成品）入库单"一式四联，第一联给仓库，第二联给财务，第三联给生产计划科，第四联给入库部门。

2）外购、外协物资到货时，仓管应该核对送来的货物是否与"采购单"上所要求的品名、型号、规格、数量一致。

3）物资经清点入库后，应当在仓库台账、"物资收发卡"上登记。

4）对于待检和不合格物资必须采取隔离措施，以防误用。

4.3.3　存放与保管。

1）能上架的物品最好上架贮存，一般应上轻下重，以保持货架稳固。

2）不能上架的物品，按规定的区域堆放。

3）货架分区、分类排放整齐。

4）外观相似的产品避免相邻摆放，摆放要便于清点和搬运。

5）仓库堆放的物品，其堆放高度以不损伤物品、不使货架变形为宜。

6）贮存品应分类别、入库日期进行必要的隔离和标识，以便先进先出。

7）易损物品、危险物品、顾客提供的物品设专区摆放并给予醒目标识。危险化学品的管理要严格执行《化学品管理规定》，以防化学品泄漏污染环境、伤害员工。

8）有贮存要求的物品，要使用对应四季的绿、红、黄、白色标，标明物品的入库时段，每超过一年，加贴一个同样颜色的色标。

9）按物品的分类建立台账。账、卡、物应一致，不一致时应按《仓库管理规定》进行调整。

10）仓库仓管员应经常查看库存物品，并按《仓库管理规定》做好产品的定期盘点检查工作，检查库存品状况、容器状态以及存储环境。盘点检查或日常检查中发现物品有异常时（如超过贮存期限或变质），应填写"信息联络单"通知质量部。

4.3.4　超过检验有效期物资的处理

1）公司规定金属件的检验有效期为半年，其他物资的检验有效期为1年（允许有±1月的误差）。

2）超出检验有效期的物资，执行《不合格品控制程序》。

3）定期盘点或日常检查时，应注意库存品的检验有效，如从标识卡上发现超期，应通知质量部复检。

4.3.5　退料、补料、呆滞废料的处理按《仓库管理规定》执行。

4.3.6　出库。

1) 生产用物资的发放。仓库根据"生产通知单"进行备料,生产车间凭"生产通知单"(领料联)从仓库领料。

2) 其他内部物资的发放。领料部门填写"领(补)料单"交仓库,仓库对"领(补)料单"核实后发料。

3) 向外发货。营销部开具"发货通知单"通知仓库发货。仓库应在发出的货物上做好必要的发货标识(如目的地标识)。

4) 贮存品的发放应贯彻先进先出的原则。

5) 仓库向车间发出有条件接收/紧急放行/让步接收物料时,应开出"有条件接收/紧急放行/让步接收物料使用通知单"给生产车间、质量部、生产技术部。

6) 发料后原则上要求当日销账,当凭证较多、发货较集中时,应在2天之内销账完毕。

4.3.7 物资进出时,仓库应填写好仓库台账,并做好"物资收发卡"。

1) 进货时,应在台账上说明进入货物的供应商、货物批号(可能时)。

2) 生产物料发放时,根据需要,在台账上说明发出物料的供应商、入仓日期、货物批号(可能时)。

3) 向外发货时,应在台账上说明货物的去向。

4.3.8 仓库外的其他部门也有责任对所属区域内的物品采取适当的保护措施,包括隔离、分类存放、维护等,使产品不变质、损坏、丢失或错用。

4.4 交付。

做好产品交付给客户前的质量保护措施。

4.4.1 本公司送货时,应做到合理堆放,规格正确,不遗漏数量,不搞野蛮运输和装卸。

4.4.2 委托外部运输时,应对运输单位的质量保证能力进行验证,明确保护产品质量的责任,并对其环境、职业健康安全施加影响。见《运输公司的评审及考核的规定》。

4.4.3 应注意与运输单位办好货物的交接手续。

4.5 以上过程中发生的异常质量问题,由发现人填写"信息联络单"通知质量部经理及相关部门负责人。视情况采取纠正和预防措施。

5. 支持性文件

5.1 《仓库管理规定》

5.2 《化学品管理规定》

5.3 《运输公司的评审及考核的规定》

6. 记录

6.1 外购(协)件入库单

6.2 成品(半成品)入库单

6.3 生产通知单

6.4 物资收发卡

6.5 物资库存台账

6.6 领(补)料单

6.7 有条件接收/紧急放行/让步接收物料使用通知单

8.6.6　生产计划管理规定

生产计划管理规定

1. 目的

对生产计划的制定与实施进行控制，确保能按质、按量、按时完成生产任务。

2. 适用范围

本文件适用于公司生产计划的控制。

3. 职责

3.1　营销部负责提供市场信息。

3.2　仓库负责提供产品的库存情况。

3.3　生产计划科计划员负责生产计划的制定并监督实施。

3.4　采购部负责生产物料的采购。

3.5　生产车间按生产计划的要求，在规定时间内按质、按量完成任务。

4. 作业内容

4.1　生产计划。

4.1.1　每月20日，营销部发货人员根据合同/订单评审结果制定下一月份的"月销售计划"，经营销部经理批准后送交生产计划科。

4.1.2　生产计划科计划员根据营销部的"月销售计划"，结合车间的生产能力（参阅"生产能力负荷表"），于每月的25日，制定出下一月份的"月生产计划"，经生产经理审批、生产副总经理批准后下发有关部门。

4.1.3　生产计划科物控员根据"月生产计划"及物料库存情况，制定"月物料请购计划"经生产部经理审核、生产副总经理批准后交给采购部，采购部按《采购控制程序》进行采购作业。

4.1.4　生产计划科计划员每周应更新"月生产计划表"，作为生产进度控制的依据。

4.1.5　营销部发货人员每周四提出下一周的"周销货计划"交给生产计划科计划员，计划员根据"周销售计划""月生产计划"及库存情况，于每周五制定下一周的"周生产计划"。"周生产计划"应经计划科物控员、生产车间主管确认，经计划科科长审核，经生产经理批准。

4.1.6　生产计划科计划员根据"周生产计划"编制"生产通知单"，经生产计划科科长批准后，连同"周生产计划"一起下发至有关部门。"生产通知单"一式五联，第一联交仓库备料，第二联交生产车间领料，第三联交物控员作账，第四联交生产车间存档，第五联自留。

4.2　生产计划控制。

4.2.1　生产车间凭"生产通知单"（领料联）从仓库领料进行生产。生产车间应按"周生产计划"的要求控制生产进度。

4.2.2 各车间根据每日生产情况填写"生产日报表"报生产计划科计划员,计划员据此填写"生产进度跟踪表",并在每月末统计本月的生产计划达成情况。

4.2.3 如因人员不足、设备和模具的故障等因素造成原计划不能按期完成时,车间应及时填写"生产计划调整申请单"交给生产计划科,生产计划科视情况对生产计划进行必要的调整。

4.2.4 生产计划科计划员对生产计划进行变更时,应填写"生产计划变更通知单",经计划科科长审核、生产部经理批准后下发至生产车间等有关部门。

4.2.5 如生产过程中发现进度落后或有品质异常情况将影响交期或数量时,计划科科长应及时与有关部门协商处理,当交期最终不能符合要求时,应出具联络单给营销部说明原因。营销部发货人员按《产品要求的确定及合同/订单评审控制程序》的有关规定与客户重新协商变更交期。

4.3 临时生产指令。

对于紧急订单,生产计划科计划员应插排加急的"生产通知单"(在"生产通知单"上盖"加急"印章)给有关部门。如因此影响原生产计划,应下发"生产计划变更通知单"给生产车间等部门。

5. 支持性文件

5.1 《采购控制程序》

5.2 《合同管理程序》

6. 记录

6.1 月销售计划

6.2 生产能力负荷表

6.3 月生产计划表

6.4 月物料请购计划

6.5 周销货计划

6.6 周生产计划

6.7 生产通知单

6.8 生产日报表

6.9 生产进度跟踪表

6.10 生产计划调整申请单

6.11 生产计划变更通知单

8.6.7 事态升级管理规定

事态升级管理规定

1. 事态等级划分

1.1 这里只以顾客现场问题如何进行升级管理做个示范,其他事态的升级管理有待补充。

1.2 事态等级划分见表8.6-2。

表8.6-2 事态等级划分

事态等级	描 述
Level 1 （1级问题）	1）现场发生设备、夹具等故障，但不影响产品质量 2）现场有能力解决的问题 3）有关事项延误，但不影响顾客要求的设备验收时间
Level 2 （2级问题）	1）Level 1 不能在 2 小时内解决时，升级为 Level 2 2）依靠现场的能力无法解决的技术、质量问题 3）有关事项延误，影响到顾客要求的设备验收时间
Level 3 （3级问题）	1）Level 2 不能在 8 小时内解决时，升级为 Level 3 2）设备可能被顾客退货 3）现场出现严重的安全事故

2. 事态升级流程（见图8.6-1）

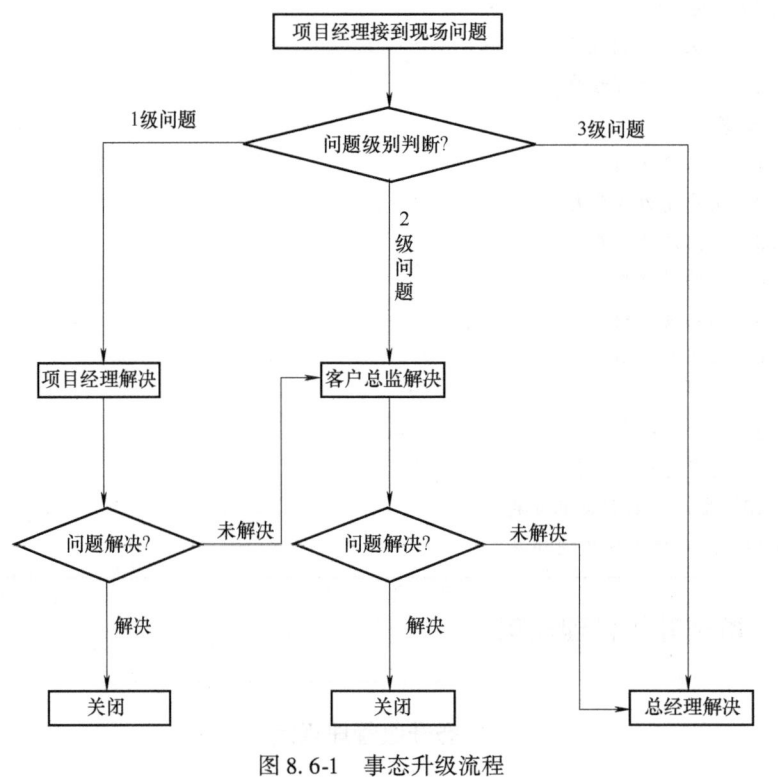

图8.6-1 事态升级流程

8.6.8 质量成本指南

质量成本指南

1）质量成本管理的过程详见笔者所编著的《IATF 16949 质量管理体系五大工具最新版一本通》的附录。

2）这里主要就不良质量成本（内部和外部不符合成本）的设置，提供一个范本，见表 8.6-3。

表 8.6-3 不良质量成本统计表

二级科目	三级科目	费用明细项目	统 计 部 门	金额	合计
内部不良质量成本	原材料报废损失费	仓库呆滞料报废损失费	仓库		
		车间人为报废损失费	仓库		
		车间制造报废损失费	仓库		
		工艺报废损失费	仓库		
		品质报废损失费	仓库		
	半成品报废损失费	仓库半成品报废损失费	仓库		
		车间半成品报废损失费	生产部		
	成品报废损失费	仓库成品报废损失费	仓库		
	来料不良内部加工费	来料不良内部加工费	生产部		
	停工待料损失费	因材料未到厂停工损失费	生产部		
		因工艺指导失误停工损失费	生产部		
		因技术更改停工损失费	生产部		
	返工损失费	因材料异常返工费	生产部、质量部		
		因生产部失误返工费	生产部、质量部		
		因技术更新（工程更改）返工费	生产部、质量部		
		因客户验货拒收返工费	生产部、质量部		
		返工损失材料费	生产部、质量部		
	附加运费	销售系统发生的合同之外的运输费用	销售部		
		采购系统发生的合同之外的运输费用	采购部		
	内部维修损失费	内部维修工时费	生产部		
		内部维修材料费	工艺部		

(续)

二级科目	三级科目	费用明细项目	统 计 部 门	金额	合计
外部不良质量成本	保修期产品维修费用	差旅费	客服部		
		运输费	客服部		
		人员工时费	客服部		
		保修期产品材料费	客服部		
	退货机处理损失费	退货机不可利用材料费	生产部		
		退货机处理人员工时费	生产部		
	退货及换货损失费	运输费	营销部		
	索赔损失费	赔付费用	财务部		
合计					

8.6.9 记录管理制度

记录管理制度

1. 目的

规范质量记录的管理，客观、真实、准确地反映质量活动和质量管理体系的有效运行，为产品的可追溯性以及采取改进、纠正措施提供依据。

2. 适用范围

本程序文件适用于与公司质量管理体系有关的所有记录。

3. 职责

3.1 公司各级负责人负责相关质量记录的编制、处理的审批。

3.2 各部门负责相关质量记录的编制、填写、收集、保存、归档、移交、处理。

3.3 行政人事部负责监督、审查质量记录控制的实施情况。

3.4 质量记录的填写人员，对所记录的每一个数据和文字负责。

4. 作业程序

4.1 质量记录的分类、范围和形式。

4.1.1 凡质量管理体系中的记录、报告、检查证据等，均属"质量记录"的范围。对需要控制的质量记录，可分为下列两种类型：

1）与质量管理体系运行有关的质量记录，主要有：质量管理体系审核、管理评审、合同评审、合格供应商评定、纠正和预防措施、培训及考核等记录。

2）与产品、服务有关的记录，主要有：检查记录、不合格处置等记录。

4.1.2 质量记录可以是表格、图表、报告、光盘、照片等形式。

4.2 质量记录样式的编制和审批。

4.2.1　各部门根据工作需要，可自行编制质量记录样式的草案。编制时，应按《文件控制程序》的要求给予质量记录样式唯一的编码。

4.2.2　新编制的质量记录样式，需经部门负责人/公司主管领导审批（可与文件一同审批。单独审批时，采取在背面签名的方式进行）。

4.3　质量记录样式的发放与更改。

4.3.1　质量记录样式可与其支持的文件一同发放，也可单独发放。

4.3.2　管理者代表组织编制在用质量记录样式目录——"质量记录目录及其保存期"，分发至各部门，以便各部门使用。

4.3.3　质量记录样式的更改，需经部门负责人/公司主管领导批准。质量记录样式更改时，应给予新的版号。发放更改后的质量记录样式时，要收回旧样式。

4.4　质量记录的管理。

4.4.1　填写要求。

质量记录的字迹应清晰、真实，并按要求正确填写，且不应随意涂改。如有错误，应用划线的方式进行更正并签名，必要时注明日期。

4.4.2　收集、归档。

1）质量活动的开展均伴随有质量记录的产生，每一项活动结束后，该项活动的负责人应将该项记录整理成文交给相关部门/人员。

2）质量记录原件持有人应根据需要将质量记录的复印件分发至有关部门/人员，分发时应要求收件人在原件背后签字（必要时），或将记录直接送至有关部门/人员。

3）各岗位员工根据需要保存其工作中产生或收到的质量记录。

4.4.3　查阅、借阅。

1）已归档的质量记录，借出时应填写必要的"文件借阅登记表"。

2）经相关部门负责人同意，可查阅其质量记录。

3）所有记录的原件一律不借给公司以外的单位/人员。

4.4.4　质量记录的标识、储存和保护。

1）质量记录按类别装订成册（至少一年装订一次），做好必要的名称、部门、时间标识，保存在适当的档案柜（箱、夹）中便于查阅，并注意做好防虫鼠、防潮等工作以防止质量记录的损坏、变质和丢失。

2）采用其他媒介的质量记录，也应有相应的储存条件，如光盘，应注意防潮、防压、防磁，以免存储内容丢失。必要时，可复制备份。

4.5　外来质量记录的控制。

4.5.1　供应商提供的物资，其有关的质量记录，由质检部等相关部门予以管理。

4.5.2　顾客的质量投诉，由质检部等相关部门进行管理。

4.5.3　其他外来记录由相关部门保存。

4.6　质量记录的保存期。

4.6.1　质量记录的保存期按"质量记录目录及其保存期"的规定执行，没有特别规定的，保存期为1年。

4.6.2 生产件批准文件（可包括已批准产品、适用的试验设备记录或已批准的试验数据）、工装记录（包括维护和所有权）、产品和过程设计记录、采购订单/合同及其修正，其保存时间必须是产品在现行生产和服务中要求的在用期再加上一个日历年。

4.7 质量记录的处理

4.7.1 已超过保管期或无查考价值的质量记录，可剔除处理。

4.7.2 质量记录的处理方式为销毁。

4.7.3 文件管理员负责销毁过期的质量记录。

5. 支持性文件

5.1 《文件控制程序》

6. 记录

6.1 文件借阅登记表

6.2 质量记录目录及其保存期（表8.6-4）

表8.6-4 质量记录目录及其保存期

序号	记录名称	表格样式编码	保存期限（年）	保存单位	备注
1	文件取号登记表	COP01-01	长久保存	相关部门	
2	文件分发清单	COP01-02	1	行政人事部	
3	文件归档编目清单	COP01-03	长久保存，及时更新	行政人事部	
4	受控文件分发回收记录	COP01-04	长久保存，及时更新	行政人事部	
5	文件领用申请表	COP01-05	1	行政人事部	
6	文件更改通知单	COP01-06	1	行政人事部	
7	文件评审表	COP01-07	1	行政人事部	
8	文件借阅登记表	COP01-08	单页用完后保存1年	行政人事部	
9	文件外发记录	COP01-09	长久保存，及时更新	行政人事部	
10	图样及技术文件更改通知单	COP01-10	保存到下次更改为止	行政人事部	
11	质量记录目录及其保存期	COP02-01	长久保存，及时更新	行政人事部	
12	信息联络单	COP03-01	1	接受单位	
13	管理评审计划	COP04-01	3	管理者代表	
14	管理评审输入报告（年终总结报告及下一年度计划）	COP04-02	3	管理者代表	
15	管理评审报告	COP04-03	3	管理者代表	
16	会议/培训签到表	COP05-01	1	各使用部门	
17	培训计划	COP05-02	1	行政人事部	
18	员工培训记录表	COP05-03	保存至员工离职后2年	行政人事部	
19	培训申请表	COP05-04	1	行政人事部	
20	培训效果评价表	COP05-05	1	行政人事部	
21	考试试卷		1	行政人事部	
22	员工档案		保存至员工离职后2年	行政人事部	

(续)

序号	记录名称	表格样式编码	保存期限（年）	保存单位	备注
23	设备（设施）台账	COP06-01	长久保存，及时更新	行政人事部/生产部	
24	设施、设备保管记录本		用完后保存1年	行政人事部	
25	设备验收单	COP06-02	保存至设备报废	生产部	
26	设备日常保养记录	COP06-03	1	生产部	
27	设备定期保养记录	COP06-04	1	生产部	
28	设备检修单	COP06-05	1	生产部	
29	固定资产报废申请单	COP06-06	1	行政人事部/生产部	
30	生产指令单	COP07-01	1	销售部	
31	报价单	COP07-02	1	销售部、财务部	
32	……				

8.6.10 协商和沟通管理制度

协商和沟通管理制度

1. 目的

建立有效的协商和沟通机制，保证员工充分参与质量、环境、OHS（Occupational Health & Safety，职业健康和安全）事务的协商与管理，保证内外部信息得到及时、有效地交流。

2. 适用范围

适用于质量、环境、OHS事务的协商和内外部信息交流的管理。

3. 职责

3.1 产品研发部、生产技术部、营销部、采购部等部门负责收集对应相关方的信息。

3.2 质量部负责协商和沟通的综合管理，负责统筹内外部信息的传递、处理，并做好相关信息的汇总、保存工作。

3.3 各部门负责工作范围内信息的传递和收集。

3.4 人事行政部负责监督处理公司内部员工反映的问题。

3.5 管理者代表对信息的传递和处理进行监督。

4. 作业程序

4.1 质量、环境、OHS事务的协商。

4.1.1 公司和各部门在组织进行下列活动时，应与员工或其代表协商：

① 质量、环境、OHS方针的制定、修订、评审。
② 管理体系文件，特别是作业指导书的制定、修订和评审。
③ 过程的识别与确定；环境因素的识别与评价；危险源辨识、风险评价和风险控制的策划。
④ 可能影响工作场所环境、OHS变化的任何活动。

4.1.2 协商前，要做好"质量、环境、OHS事务协商计划"，按计划进行。必要时，将"质量、环境、OHS事务协商计划"及协商的结果通报给有关相关方，以得到他们的理解与支持。

4.1.3 员工或其代表参与协商的方式有：口头或书面意见和建议，参与会议讨论等。

4.1.4 人事行政部收集员工的意见和建议，将这些意见反馈给相关部门，并监督其处理。

4.2 信息的交流与沟通。

4.2.1 信息的分类。

4.2.1.1 外部信息。

① 安全生产监督管理局、劳动局、环保局、产品检查机构、质量技术监督局、认证机构等检查或监测的结果及反馈的信息。
② 市场动态。
③ 相关方反馈的信息及其投诉。相关方指顾客、工程合同方、供应商、运输公司、社区居民等。
④ 政策法规、标准类信息，如法律、法规、条例、标准等。
⑤ 其他外部信息，如各部门直接从外部获取的有关质量、环境、OHS等方面的信息。

4.2.1.2 内部信息。

① 内部日常信息，指正常情况下的各类信息。
② 内部异常突发信息，指活动中发生偏差的信息，如质量、环境、OHS不符合信息。
③ 紧急信息，如火灾、伤亡、环保设施失灵等紧急情况。
④ 其他内部信息（如员工的建议等）。

4.2.2 信息的交流。

信息可通过报告、记录、讨论交流、电子媒体、通信等方式予以传递。

4.2.2.1 外部信息的交流。

① 质量部、人事行政部、营销部负责环保局、安全生产监督管理局、劳动局、产品检查机构、质量技术监督局、认证机构等监测或检查结果及反馈信息的收集。这类信息汇总到质量部，由质量部传递到公司相关部门。当监测或检查结果出现不符合情况，按照《纠正和预防措施控制程序》的要求进行处理。

② 政策法规、标准类的资料信息由R&D、品质与安全部等相关部门负责收集、更新、整理，交文控中心保存。详见《文件控制程序》《法律法规和其他要求控制程序》。

③ 生产技术部负责与工程合同方、采购部负责与供应商、营销部负责与运输公司、质量部负责与社区居民等相关方进行沟通。对这些相关方传来的信息，各责任部门应尽快处理。如问题严重，相关部门应及时将信息传达到质量部、管理者代表等有关部门。

a) 如是书面信息，直接将其复印件分发给有关部门。

b) 如是口头信息，则应将其填写在"信息联络单"上，复印后分发给有关部门。

质量部组织相关部门针对相关方反映的问题，采取纠正措施，详见《纠正和预防措施控制程序》。

当相关方要求答复时，应将处理结果通告对方。

④ 市场信息、顾客不满意信息、顾客投诉的处理由营销部负责。对顾客反映比较严重的问题，营销部应及时转达给质量部、管理者代表等有关部门。参照《顾客服务控制程序》执行。

⑤ 各部门直接从外部获取的其他信息，以"信息联络单"的方式反馈到质量部等有关部门。

4.2.2.2 内部信息的交流。

① 日常信息由各部门按"数据和信息传输要求一览表"的规定收集并传递。

② 异常的不符合信息，由发现者填写"信息联络单"交由责任部门处理。如问题严重，则应将"信息联络单"送质量部、上级主管各一份。质量部应据此适时向有关责任部门发出"纠正和预防措施要求单"，详见《纠正和预防措施控制程序》。

③ 火灾、伤亡、环保设施失灵等紧急情况，执行《应急准备和响应控制程序》。

④ 其他内部信息，如员工的建议之类，提出者以"信息联络单"的形式反馈给质量部等部门进行处理。

4.2.3 信息的归档与保存。

4.2.3.1 各部门做好信息的接收、传递、分类和归档工作。

4.2.3.2 质量部作为信息控制中心，应做好信息的整理分类、索引编制、保护管理工作，确保信息的完整、可靠与可用。

4.2.3.3 质量部每月都应将整理、分类的信息传递到有关部门，供有关部门进行归纳、分析，以寻求改进的机会。

4.2.4 信息的公开。

4.2.4.1 对于可为公众所获知的信息，如宣传画、实况照片、绩效监测结果等，应定期或不定期地张贴在公司、部门的宣传栏中，以提高员工的警觉性。

4.2.4.2 当相关方想了解本公司的质量、环境、OHS方针及其他可公开的信息（如环境、OHS信息）时，质量部应及时发送。

5. 支持性文件

5.1 《纠正和预防措施控制程序》

5.2 《文件控制程序》

5.3 《顾客服务控制程序》

5.4 《应急准备和响应控制程序》

5.5 《记录控制程序》
6. 记录
6.1 质量、环境、OHS 事务协商计划
6.2 信息联络单
6.3 数据和信息传输要求一览表（见第6章6.2节）

8.6.11 产品标识和可追溯性管理制度

产品标识和可追溯性管理制度

1. 目的

对产品以适当方式进行标识，以防止产品混淆。对有可追溯性要求的产品实行控制和追溯。

2. 适用范围

适用于产品的标识和可追溯性活动。

3. 职责

3.1 仓库负责对购进物品进行标识，负责仓库中产品标识的维护。

3.2 质量部负责产品生产全过程标识有效性的监督。当发生需要追溯的情况时，组织并协调追溯工作的进行和控制。

3.3 生产部各车间负责在制品、半成品、成品的标识，负责保护标识在流转过程中的有效性。

4. 作业程序

4.1 进货标识控制。

4.1.1 物料进厂，仓管员应给物料贴上"进料标识卡"，内容包括：名称、编号、型号/规格、供应商、进厂日期、数量、供应商生产批号。

4.1.2 质量部按照《进料检验和试验控制程序》对原材料、外协件、外购件进行检验或试验，并依照《检验和试验状态控制程序》对货品的检验状态进行标识。

4.1.3 对于入库的物料，仓库应记入台账，并按要求分门别类地摆放在指定位置。仓库应对不同进厂日期的购入货品做好区分。

4.1.4 管理上应保持卡、账、物一致。

4.1.5 发放时应核对物资与领用要求的一致性，发放遵循先进先出的原则。

4.2 生产过程中流转物品的标识。

各车间在流转物品的盛装容器上标识其名称、型号/规格等内容，并根据需要进行标识的流转控制。

4.3 入库半成品、成品的标识。

4.3.1 入库半成品用"半成品标识卡"进行标识，标识卡的内容包括：产品型号、班组/作业员/机台、数量/重量、生产日期、生产批号等。

4.3.2 入仓成品用序列号、内外标识卡进行标识。

1）每个成品，有一个序列号。

2）内标识卡贴在内包装箱上，内容包括：名称、型号、数量、生产批号。

3）外标识卡贴在外包装箱上，内容包括：型号、名称、数量、生产批号、毛重、体积。

4）在盛装产品的容器、包装袋（盒）上，有产品名称、型号、生产批号（产品序列号）/生产日期标识。

5）如顾客有特殊标识要求，生产计划科应在"生产通知单"上说明，生产车间应按"生产通知单"上的要求做好标识。

4.3.3 入库半成品、成品的检验状态标识参见《检验和试验状态控制程序》。

4.4 产品标识的管理。

4.4.1 质量部监督做好各类标识，以防止不同类型、状态的物品混淆。

4.4.2 各部门负责对所属区域内各类标识的维护，如发现标识有损坏、遗失等情况，需报原标识部门处理。

4.5 产品的可追溯性。

4.5.1 仓库要做好进出库记录、产品收发卡，车间要做好"生产流程单""生产日报表"。

4.5.2 通过"出厂成品→成品生产批号（产品序列号）→成品检验记录→生产流程单→进出库记录→进货检验单→原辅料、包装材料"这一追溯链条实现可追溯。

4.5.3 顾客有特殊追溯要求时，质量部应按顾客的要求制定"产品追溯清单"，明确规定需追溯的产品、追溯的起点和终点、追溯的内容及途径、标识及记录方式。一旦发生问题，质量部应组织有关部门按照"产品追溯清单"进行追溯。

5. 支持性文件

5.1 《产品检验控制程序》

6. 记录

6.1 进料标识卡

6.2 半成品标识卡

6.3 （成品）内、外标识卡

6.4 产品合格证

6.5 产品追溯清单

8.6.12 检验和试验状态管理制度

检验和试验状态管理制度

1. 目的

规定检验状态的标识种类和管理办法，确保不同状态的产品不会混淆。

2. 适用范围

本文件适用于对进料、在制品、半成品及成品的检验和试验状态的控制。

3. 职责

3.1 质量部负责制定产品检验状态标识的办法，监督检查各执行部门对本程序文件的实施。

3.2 各有关部门（生产车间、仓库等）应熟悉并掌握各类检验状态标识并严格执行。

4. 作业程序

4.1 进货物料检验状态标识。

4.1.1 仓管将所收物料放入待检暂存区。

4.1.2 检验合格的物料，在其合适的位置贴上蓝色的"IQC 检验合格"（Incoming Quality Control，来料质量控制）标签。

4.1.3 检验不合格，但做特采处理的物料，在其合适的位置上贴橙色"IQC 特采接收"标签。

4.1.4 检验不合格，但做"加工/挑选使用"的物料，在其合适位置上贴黄色"加工/挑选使用"标签。

4.1.5 检验不合格做退货处理的物料，在其合适位置上贴红色"IQC 退货"标签。

4.2 生产过程中检查或自检发现单个不合格品时，在其相应部位贴红色箭头纸，或者将其放在有"不合格品"标识的容器/红色容器中，或者将其放在不合格品区域。

4.3 五金、塑胶车间 QC（质量控制）巡检检验状态标识。

4.3.1 做好的产品放在机台旁待检。

4.3.2 QC 巡检判定的合格批，QC 质检员在"半成品标识卡"上盖蓝色"QC 巡检合格"章，或者将其放在有"合格"标识的容器中，或者将其放在合格区。

4.3.3 QC 巡检判定的不合格批，如做"返工（挑选）"处理，在其上贴黄色"巡检返工（挑选）"标签。

4.3.4 QC 巡检判定的不合格批，如做"报废"处理，在其上贴红色"巡检报废"标签。

4.3.5 QC 巡检判定的不合格批，如做让步接收处理，在其上贴橙色"QC 让步接收"标签。

4.4 五金、塑胶车间 QA 半成品入仓检验状态标识。

4.4.1 做好的产品放在待检区。QA 正在检查中的产品，应挂上"QA 正在检查中"标牌。

4.4.2 QA（质量保证）入仓检查判定的合格批，QA 质检员在"半成品标识卡"上盖蓝色"QA 检查合格"章。

4.4.3 QA 入仓检查判定的不合格批，如做"返工（挑选）"处理，在其上贴黄色"QA 返工（挑选）"标签。

4.3.4 QA 入仓检查判定的不合格批，如做"报废"处理，在其上贴红色"QA 报废"标签。

4.3.5 QA 入仓检查判定的不合格批，如做让步接收处理，在其上贴橙色"QA 让步接收"标签。

4.4 装配车间、插件车间检验工序 QC 检验状态标识。

检验工序 QC 对产品进行全检，检验状态标识如下：

4.4.1 经 QC 质检员检验合格的产品，QC 质检员在产品上贴"QC PASS"标签，或者用铅笔做一标记，或者将产品放在合格区域（位置）。

4.4.2 对 QC 质检员检验不合格的产品，QC 质检员在产品的不合格位置贴"坏机纸"，或者将其放入有"不合格"标识的容器/红色容器中。

4.5 装配车间 QA 成品入仓检验状态标识。

4.5.1 做好的产品放在生产线尾端待检区。QA 正在检查中的产品，应挂上"QA 正在检查中"标牌。

4.5.2 经 QA 检验合格的产品，在产品的外箱上贴蓝色"QA PASS"标签。

4.5.3 经 QA 检验不合格的产品，如做"返工"处理，在其上挂黄色"QA 返工"标牌，或者贴上黄色"QA 返工"标签。

4.5.4 经 QA 检验不合格的产品，如做"报废"处理，在其上贴红色"QA 报废"标签。

4.5.5 经 QA 检验不合格的产品，如做"让步接收"处理，在其上贴橙色"QA CONCESSION"标签。

4.6 检验状态标识的管理。

4.6.1 合格章应盖在标识卡的相应位置。标牌、标签、坏机纸、标记等检验状态标识均应置于明显而不影响使用的位置，各使用部门或人员应注意保护标识的牢固和完整。

4.6.2 不合格区域应有标明"不合格"的字样。红色容器用来盛装不合格品，用其他颜色的容器盛装不合格品时，应有标明"不合格"的字样。

4.6.3 质量部负责处理各类检验状态标识运行中的问题。

4.6.4 各有关部门严格按照本程序文件的规定保护好各类检验状态标识，发现标识不清或无标识的情况，应及时报告质量部。

5. 支持性文件

（无）

6. 记录

（无）

8.6.13 顾客财产管理制度

顾客财产管理制度

1. 目的

对顾客的财产进行标识、验证、保护和维护的控制，确保顾客财产的完整性和正确性。

2. 适用范围

适用于顾客提供的产品（原材料、零配件、包装材料等）、技术文件（知识产权）以及顾客退回本公司维修的产品的控制和管理。

3. 职责

3.1 质量部负责对顾客提供的产品进行验证，负责对顾客退回维修的产品进行检验。

3.2 仓库负责对顾客提供的产品、顾客退回维修的产品进行入库数量点收并做好标识与贮存保护。

3.3 生产技术部（生产工程师）负责对顾客退回维修产品的修理。

3.4 文控中心负责顾客提供的文件的发放、回收、销毁及原稿的保存。

4. 作业程序

4.1 顾客提供产品的控制。

4.1.1 顾客提供的产品进厂时，仓库管理员应核对对方的"送货单"，确认品名、规格、数量等无误，包装无损后，将其放置在待检区，并在物料上贴上"客供物料标识卡"，然后立即通知IQC进行检验工作。

4.1.2 IQC按照《进货检验和试验控制程序》的规定，对顾客提供的产品进行检验，出具"IQC检验报告单"。

检验不合格时，应填写"顾客财产异常记录表"，连同"IQC检验报告单"一起及时反馈给顾客，与顾客协商处理办法。

4.1.3 验收后准予入仓的物料，仓库应将其置于专门的区域存放，并按《产品防护和交付控制程序》的要求，做好产品的贮存保管工作。

4.1.4 顾客提供的产品应该用于顾客指定的用途，未经顾客书面同意不得挪作他用或做不适当的处理。

4.1.5 在贮存、维护、使用中发现顾客提供的产品有异常现象（丢失、损坏、不适用等）时，应对产品进行隔离和适当标识，并及时出联络单给质量部。质量部确认事实后，填写"顾客财产异常记录表"，及时反馈给顾客，与顾客协商处理办法，然后按协商的办法对顾客的产品做出处理并记录。

未经顾客同意，不得对顾客提供的产品做出修理、报废等处理。

4.2 顾客退回本公司维修的产品的控制。

4.2.1 维修的退货由营销部运回或顾客送回。营销部将维修的退货送至仓库，仓管员点清品名、数量后，在营销部的"顾客产品维修报告单"上签名。营销部将仓库签名后的"顾客产品维修报告单"送至质量工程师。

4.2.2 仓管员将维修的退货放置在待检区，并在其上贴"顾客维修产品标识卡"，然后通知质量工程师对退货维修品进行检验。

4.2.3 质量部质量工程师对退回维修的产品进行检查，检查的结论及处理意见应填写在"顾客产品维修报告单"上，然后将"顾客产品维修报告单"分发给生产工程师（PE）、营销部、仓库。

如果质量工程师在检查中发现产品的损坏是因顾客使用不当造成的，质量工程师应出联络单给营销部，营销部应就此提醒顾客正确的使用方法以防止再发生。

4.2.4 PE将顾客退回维修的产品从仓库领出进行修理，修理后的产品需经质检员检验，合格后，贴一专用的"顾客产品维修合格"标签。

4.2.5 PE将合格的修理品送至仓库，仓库通知营销部将修理好的产品送给顾客。

4.2.6 如发现顾客退回维修的产品丢失、修理不经济等异常问题，相关部门应出具"顾客财产异常记录表"给营销部，由营销部同顾客协商解决办法。

4.3 顾客提供的技术文件的控制。

顾客提供的技术文件的控制参照《文件控制程序》执行。应在每份顾客提供文件上醒目地标识出顾客名称。

未经顾客同意，不得向外泄露顾客的技术文件。

5. 支持性文件

5.1 《进货检验和试验控制程序》

5.2 《产品防护和交付控制程序》

5.3 《文件控制程序》

6. 记录

6.1 顾客财产异常记录表

6.2 顾客产品维修报告单

8.6.14 返工、返修作业指导书

返工、返修作业指导书

1. 目的

本文件规定了零部件产品不合格品评审中，如何确定返工、返修，并通过必要的返工、返修，使其满足规定要求或满足预期的使用要求的有关准则。

2. 适用范围

本文件适用于公司零部件产品的返工、返修。

3. 职责

3.1 制造工程科负责编制返工、返修工艺。

3.2 质量保证科负责编制返工、返修后产品检验指导书。

4. 管理要求

4.1 返工、返修的基本要求。

4.1.1 不合格品的评审按《不合格品控制程序》的有关要求执行。

4.1.2 本《返工、返修作业指导书》已考虑了企业现有返工、返修中的风险。对于临时返工、返修，在返工、返修前，要进行PFMEA分析，确定返工、返修中的风险以及风险控制措施。应将风险控制措施写入临时返工、返修作业指导书中。

4.2 符合下列情况之一的不合格品，经评审后可做返工处理：

4.2.1 漏工序（例：钻孔、倒角）。这个工序放到后面加工，不影响产品满足规定要求。

4.2.2 工序加工有下列缺陷：

1) 焊接表面缺陷。
2) 电镀镀层薄。
3) 机加工件粗糙度、尺寸超差，但实体位于工艺图样规定的最小包容线外。
4) 热处理硬度偏高或偏低，硬度层深度偏浅且未经加工、变形范围不大于工艺规定的要求。

4.2.3 部分总成装配中的错装与漏装。

4.2.4 总成装配后，在事后的试验或检验等过程中发现所装零件不合格。

4.2.5 其他通过工艺试验，证明返工后能使产品满足规定要求的。

4.3 下列情况不准返工：

4.3.1 原材料的理化指标不符合规定。

4.3.2 压铸件及铸件化学成分、气孔疏松等内在质量不符合规定。

4.3.3 橡塑件不符合规定。

4.3.4 成品零件中内在质量及性能不符合规定。

4.4 下列情况，做返修处理：

4.4.1 不能返工的不合格品，经评审认为通过返修能满足预期的使用要求的，可做返修处理。

4.4.2 返修需向顾客提出申请，经批准后才能流转，并记录返修情况。

4.5 返工、返修要求：

4.5.1 凡需返工、返修的产品，由检验人员开"返工、返修单"，其具体操作程序见《不合格品控制程序》。

4.5.2 若产品的返工、返修不能按原工艺进行，则制造工程科编制临时返工、返修工艺；质量保证科编制返工、返修后产品检验指导书。

4.5.3 返工、返修后，操作人应在产品上贴一返工、返修颜色标签，在标签上写上员工代号。通过标签，可实现可追溯。

4.6 返工、返修后产品的检验。

4.6.1 返工、返修产品必须进行100%的检验。

4.6.2 在线返工由操作工按检验操作指导书执行检验。

4.6.3 离线返工由操作工按离线工位检验操作指导书执行检验，若不能返回流水线，则按顾客批准的返工流程进行检验。

5. 支持性文件

5.1 《不合格品控制程序》

6. 记录

（略）

8.6.15 产品安全性管理规定

产品安全性管理规定

1. 目的

对产品的安全性进行管理,确保在产品的生产和使用中不出现安全事故。

2. 适用范围

适用于公司的原材料、零配件、半成品、产品的安全性管理。

3. 职责

3.1 技术中心是产品安全性管理的主导部门,负责产品安全性的识别与管控方法的开发。

3.2 质量部负责做好与产品安全性有关的检验与试验工作。

3.3 采购部负责采购物料安全性的管理,负责把安全性的要求在供应链传达。

3.4 总经理对产品的安全负最终的责任。

4. 管理要求

4.1 产品安全法规的识别。

4.1.1 技术中心负责识别与我公司产品设计、生产、销售有关的产品安全法律法规、标准、行业规范。这涉及产品的生产国、销售国。

4.1.2 技术中心建立"产品安全性法律法规、标准、行业规范一览表",适时或每年更新一次。

4.2 在设计工作中落实产品安全性。

4.2.1 应将与产品安全有关的法律法规、标准、行业规范,以及以往产品安全方面的经验教训作为设计的输入,写入"设计任务书"中。

4.2.2 在设计过程中,要确定产品和过程的安全特性,建立"产品和过程的安全特性清单"。产品安全特性是指如果超出规定的界限就会导致人的生命和财产损失的产品特性;过程安全特性是指影响人员安全的生产因素。

4.2.3 在图样、设计文件、工艺文件中标识出产品和过程的安全特性。标识符号是"S"。

4.2.4 在FMEA、控制计划中,应有产品和过程的安全特性方面的控制措施。在控制计划的"反应计划"中应有针对产品、过程安全特性不合格或操作失控所采取的纠偏措施等。

4.2.5 与产品安全特性有关的图样、设计文件、工艺文件,包括FMEA、控制计划,应送公司质量安全官审批。必要时,送顾客审批。

4.2.6 如要对产品或过程进行更改,更改前,要对更改可行性(含风险、产品安全性)进行评审,并保证产品或过程更改在实施之前应获得批准。详见《技术更改管理规定》。

4.3 在产品销售中落实产品的安全性。

应将产品符合哪些国家安全标准,以及产品中的安全注意事项写入"产品使用说明书"。"产品使用说明书"随产品发售给顾客。

4.4 在采购中落实产品的安全性。

采购部应在整个供应链中（包括顾客指定的货源）传达并落实产品安全要求，所采购的物料、零部件必须符合国家（含生产国、销售国）的安全标准要求。

4.5 安全教育。

人力资源部按《培训控制程序》的要求，确保对涉及产品及其制造过程中产品安全的人员进行相关培训。

4.5 在生产中落实产品的安全性。

4.5.1 生产车间按《车间安全生产制度》的要求做好安全生产。

4.5.2 按《标识和可追溯性管理规定》的要求，在整个供应链中进行产品追溯。

4.6 产品安全问题通报。

4.6.1 按《信息管理制度》的要求做好产品安全信息的通报，并按《事态升级管理规定》的要求确保产品安全问题得到及时处理。

4.6.2 如果产品安全性问题涉及顾客，由营销部向顾客通报。

5. 支持性文件

5.1 《信息管理制度》

5.2 《事态升级管理规定》

6. 记录

（略）

8.6.16 防错法应用作业指导书

防错法应用作业指导书

1. 目的

本文件规定了防错装置（防止不合格产品的制造或装配、防止不合格产品的传输的装置）设计的思路，防错法使用中的要点。

2. 适用范围

适用于本公司防错法的使用。

3. 职责

3.1 技术中心在产品、过程设计中贯彻防错思想，并做好防错装置的设计。

3.2 质量部主导对防错装置进行验证，并负责防错装置的日常管理。

4. 管理要求

4.1 在设计和开发阶段，防错法的落实。

4.1.1 在设计和开发阶段，应在考虑类似产品中的问题，以及同类工厂防错装置建立的基础上，在设计中落实防错方法，建立产品检验、生产中的防错装置。原则上但不限于在以下几个方面设立防错装置：

1）涉及性能、安全方面的。

2) 风险系数和严重度高的。
3) 特殊特性优先考虑防错装置的使用。

4.1.2 公司现有的常用防错装置见表8.6-5。

表8.6-5 常用的防错装置

序号	防错装置	作用	防错类型
1	检测定位销	检测零件是否漏加工	预防、探测
2	限位开关	检测零件装反、防止漏序、防止错误零件、机床或工装互锁	预防、探测—停机、报警、控制
3	计数器	检查数量	预防、探测—报警、控制
4	报警器	失控报警	预防—停机、报警
5	光电开关	检查遗漏零件	预防—控制
6	导向定位销	工件正确定位	预防
7	干扰定位销	工件正确定位	预防、探测
8	传感器	探测、检查漏装零件，检查临界物理量	探测—停机、控制、报警
9	目视化	实物或图片或色标	预防—控制

4.1.3 在进行DFMEA和PFMEA时，考虑防错方法、防错装置的建立。

4.1.4 应将防错方法、防错装置整合到控制计划中。在控制计划中，应规定对防错装置进行验证试验的频率，并针对防错装置的失效，制定一个反应计划。

4.2 防错装置的验证。

4.2.1 在小批量试生产中，质量部主导对新的防错装置进行验证验收，填写"防错装置验证验收报告"，只有验证验收合格的防错装置，才能正式投入使用。质量部应建立"防错装置台账"。

4.2.2 开班前或按控制计划规定的频率，质量部对防错装置进行验证，填写"防错装置验证记录"。

4.2.3 若使用比照件对防错装置进行验证，那么应参照对计量器具的管理方法，定期对比照件进行验证/校准，做好验证/校准标识。同时参照计量器具的管理，对比照件的使用进行控制。

比照件是指经过验证/校准的好的或坏的标准件（零件），用以检验防错装置的功能。

4.2.4 质量部可以采用失效操作或模拟失效操作，检查防错装置的功能是否有效。要做好相应的试验（验证）记录。

4.3 防错装置失效时的处理。

4.3.1 防错装置失效时，应按反应计划的要求进行处理。

4.3.2 操作工应立即停机，并向班组长报告。

4.3.3 对受影响的产品进行100%的人工检测，或采用其他替代方法继续作业（见《过程控制临时更改管理规定》）。

5. 支持性文件

（略）

6. 记录

（略）

8.6.17 员工反腐败反贿赂行为规范

员工反腐败反贿赂行为规范

1. 目的

建立良好的商业秩序，营造良好的发展环境，杜绝商业贿赂、腐败行为。

2. 适用范围

适合本公司的一切商业活动或对外接触的活动。

3. 职责

3.1 综合管理部负责反腐败反贿赂的监督和管理。

3.2 全体员工自觉遵守反腐败反贿赂行为规范，并对腐败、贿赂行为进行举报。

4. 管理要求

4.1 严厉禁止的行为。

本公司在对外商业活动中，禁止以下行为：

4.1.1 违反规定以附赠形式向对方单位及其有关人员给予现金或物品．

4.1.2 以捐赠为名，通过给予财物获取交易、服务机会、优惠条件或者其他经济利益。

4.1.3 提供违反公平竞争原则的商业赞助或者旅游以及其他活动。

4.1.4 提供各种会员卡、消费卡（券）、购物卡（券）和其他有价证券。

4.1.5 提供房屋、汽车等物品供对方使用。

4.1.6 提供干股或红利。

4.1.7 通过赌博，以及假借促销费、宣传费、广告费、培训费、顾问费、咨询费、技术服务费、科研费、临床费等名义给予、收受财物或者其他利益。

4.1.8 其他违反法律、法规的行为。

4.2 反腐败反贿赂预防。

4.2.1 对重点环节、重点部位工作的人员（包括营销部、采购部、设备部、质量部），实行预防腐败/贿赂承诺制，所有人员都需签订"反贿赂/反腐败承诺书"。

4.2.2 所有与公司有业务来往的供应商、服务商、承包商，都应与本公司签订"严禁贿赂承诺书"。

4.2.3 综合管理部对重点环节、重点部位人员的廉洁行为进行监督、监察。

4.2.4 各部门对工作中发现的违纪违规问题，要及时制止，并向综合管理部通报。

4.2.5 各部门应将执行"反贿赂/反腐败承诺书"的情况作为员工绩效考核的重要内容，以及升职、免职的重要依据。

4.2.6 本公司的供应商、承包商、服务商如有贿赂、腐败行为，本公司将取消其资格。其行为构成犯罪的，交由司法机关依法追究其法律责任。

4.2.7 本公司建立反贿赂/反腐败电子信箱（E-mail：××××××@qq.com），并公布举报电话（0755—××××××××）。

4.3 举报及违规处理。

4.3.1 每位员工都有义务、有权力就贿赂、腐败行为,向综合管理部举报。举报电话及信件可以采用匿名方式。

4.3.2 综合管理部必须在3天内向举报人反馈举报处理情况。3天内不反馈,举报人有权直接向公司行政总监、总经理举报。

4.3.3 综合管理部应严格为举报人员保密。对违规泄露举报人员信息或对举报人员采取打击报复的人员,将予以撤职、解除劳动合同,触犯国家法律的,移送司法机关依法处理。

4.3.4 对违反职业道德,给公司造成经济损失者,公司将依法对其进行经济索赔。情节严重触犯国家法律的,移送司法机关依法追究其法律责任。

5. 支持性文件

(略)

6. 记录

(略)

8.6.18 法律法规和其他要求控制规定

法律法规和其他要求控制规定

1. 目的

及时获取、识别、使用、更新与公司的质量、环境、职业健康安全有关的法律法规和其他要求,以保证公司的生产、经营、管理活动符合相应的法律法规和其他要求。

2. 适用范围

适用于公司获取、识别、使用和更新适用的质量、环境、职业健康安全法律法规和其他要求。

3. 职责

3.1 质量部负责收集法律、法规、标准和其他要求,并组织相关部门对其适用性进行确认。

3.2 文控中心负责保存相关法律、法规、标准和其他要求原件,负责发放相关法律、法规、标准和其他要求文件。

3.3 各部门负责将相关法律、法规、标准和其他要求传达给员工并遵照执行。

4. 工作要求

4.1 与公司相关的法律法规和其他要求内涵。

与公司相关的法律法规和其他要求包括:

1) 国际公约;
2) 国家质量、环境、职业健康安全法律、法规、标准、行政规章制度。
3) 所在省、市质量、环境、职业健康安全法律、标准、行政规章制度。

4) 与产品销售目的国有关的法律法规、标准、准则。

5) 其他政府部门（质量技术监督局、环保局、消防局、劳动局、安全生产监督管理局等行业主管部门）颁布的质量、环境、职业健康安全法规以及规范性的通知、公报、条例。

6) 相关方（含顾客）提出的规范性要求等。

4.2 法律法规和其他要求获取的方法和频次。

4.2.1 质量部从相关机构及顾客处获取相关的最新质量、环境、职业健康安全法律法规、标准及其他要求。

4.2.2 质量部每月底收集一次法律法规和其他要求。

4.3 法律法规和其他要求的选择与确认。

4.3.1 质量部对收集到的法律法规和其他要求逐一进行确认，确定出适合本公司的法律法规和其他要求。并在确定出的法律法规和其他要求上加盖"外来文件确认章"。

4.3.2 编制"适用的法律法规及其他要求清单"。编制时，最好按控制对象进行分类，每一类按"国际→国家→市→县（区）"的次序登记。

4.4 法律法规和其他要求的实施。

4.4.1 质量部将"适用的法律法规及其他要求清单"报管理者代表审批。审批通过后，交给文控中心发放至各部门。

4.4.2 文控中心做好法律、法规、标准及其他要求原件的登记、保存工作，并负责将"适用的法律法规及其他要求清单"中的文件复印，加盖"外来文件"印章后发放到公司相关部门和相关方；也可以在质量部的指导下，对"适用的法律法规及其他要求清单"中的文件进行针对性的摘编，然后将摘编的内容分发到公司相关部门和相关方。

4.4.3 各部门要组织学习与本部门相关的适用法律法规及其他要求，并将这些要求纳入到相关的作业指导书中，严格遵照执行（公司按国家、省、地（市）各级中要求最严的执行）。

4.4.4 如果顾客为特定产品符合法律法规要求确定了特殊控制，质量部应确保按照特殊控制的要求实施。如果特殊控制涉及组织的供应商，则应对供应商实施特殊控制。

4.4.5 采购部应确保外部提供的过程、产品和服务符合本公司产品生产国和产品销售目的国的法律法规要求。采购部应要求供应商提供相关的证明文件。

4.4.6 质量部每年6月、12月对适用的法律、法规和其他要求的遵循情况进行评价。评价时，要针对法律、法规和其他要求的条文，逐一评价，评价结果记录在"法律法规和其他要求符合性评价表"中。

4.5 法律法规和其他要求的更新。

4.5.1 当外来的法律法规和其他要求文件需要更新或增加时，质量部应及时修正"适用的法律法规及其他要求清单"，并指导文控中心将的新的内容补发至相关部门。

4.5.2 对过期或作废的法规和其他要求文件，文控中心应及时收回，并按《文件控制程序》的要求进行管理。

5. 支持性文件

（略）

6. 记录

（略）

8.6.19 服务工作规范

服务工作规范

1. 目的

及时为顾客提供服务，最大限度地满足顾客的要求。

2. 适用范围

适用于本公司产品的销售服务。

3. 职责

3.1 营销部负责组织和实施对顾客的服务工作。

3.2 质量部负责对服务中反馈的质量问题进行分析、处理。

3.3 产品研发部等部门有责任对服务工作提供必要的协助。

4. 作业程序

4.1 服务的内容。

4.1.1 售前、售中服务的内容：

1）营销部利用订货会、展览会以及派发各种宣传资料等形式，向顾客介绍本公司产品的信息，为用户了解产品提供机会。

2）通过主动拜访顾客、问询、咨询等工作，了解顾客的需要。

3）对用户进行产品知识的培训，使其能够正确使用与维护。

4）按《合同管理程序》的要求做好合同/订单的评审与落实。

5）选择合适的运输方式，准时地将产品交付给顾客。

4.1.2 售后服务的内容：

1）处理有关产品和服务的来函、来电、来访。

2）实行"三包"（即包修、包换、包退）服务。在"三包"期内，由于设计、生产、装配不当引起的质量故障将实行"三包"服务。因顾客使用不当引起的故障，或超"三包"期的，给予有偿服务。"三包"期限规定为顾客自购买日起一年内。

3）向顾客提供维修配件。

4）建立顾客档案，以便更好地为顾客服务。顾客的档案内容一般包括：顾客名称、地址、电话、电子信箱、邮政编码、联系人等。

4.2 服务的控制。

4.2.1 顾客投诉的处理。营销部顾客专员应将顾客投诉记录在"顾客反映情况记录表"中，并在一天内答复顾客，给出明确的处理意见。

4.2.2 去顾客现场处理问题。

需去顾客现场处理时，按下列步骤执行：

1）营销部顾客专员用电话或邮件通知顾客所在地区的服务中心。

2）服务中心人员与顾客约定上门服务时间。一般视路途远近在1~3日内赶到现场。

3）服务人员在事故现场，要仔细了解故障情况，分析故障发生的原因，属于"三包"范围的，则给予"三包"服务。不属于"三包"范围的，提供有偿服务。

4）在现场如发现是 NTF（No Trouble Found）产品（指服务保障期间被替换的零件，但经我公司人员检查分析却是合格品的产品），则应耐心地向顾客说明情况，并做好相关处置。

5）现场服务完成后，服务人员要填写"售后服务维修单"，并要求顾客在上面签署验收意见。

6）服务人员回来后，要及时将"售后服务维修单"交服务中心负责人验证，同时扫描一份发给质量部。

7）质量部视问题的严重性，适时启动纠正措施，见《纠正措施控制程序》。

4.2.3 顾客直接退回本公司产品的控制。

1）营销部顾客专员接收顾客退回的产品，将其放在仓库暂存区。

2）顾客专员填写"顾客退回产品送检单"交质量工程师。

3）质量工程师对顾客退回的产品进行检验与分析，属于"三包"范围的，则按"三包"服务处理。质量工程师应将处理意见填写在"顾客退回产品送检单"上。

如质量工程师发现是 NTF 产品，则应通知顾客专员，由顾客专员向顾客说明情况并协商后续处理措施。

质量工程师应根据检验与分析的结论，适时启动纠正措施。见《纠正措施控制程序》。

4）顾客专员将顾客退货连同"顾客退回产品送检单"送至仓库，办理入库手续。

5）仓库管理员根据"顾客退回产品送检单"上的处理意见，通知相关部门进行修理、报废或换货工作。

4.2.4 对服务中心进行验证。

1）每年 12 月的第 3 周，营销部组织质量部等部门对服务中心进行验证，确保其服务符合要求。

2）验证的内容包括服务的及时性、处理问题的能力、信息传递的速度及准确性、服务中使用的工具或测量设备的有效性、服务人员是否得到培训等。

3）应将验证的结论记录在"服务中心验证报告"中。

5. 支持性文件

（略）

6. 记录

（略）

8.6.20 审核员管理规范

审核员管理规范

1. 目的

明确审核员的资格要求及资格保持，确保审核员能胜任其工作。

2. 适用范围

适用于本公司质量管理体系审核员、产品审核员、过程审核员的管理。

3. 职责

3.1 人力资源部做好审核员的履历管理，建立"合格审核员名单"。

3.2 管理者代表批准审核员的资格，对审核员进行年度评价。

4. 管理要求

4.1 审核员个人行为要求。

审核员个人行为要求适合于所有审核员，包括质量管理体系内审员、第二方审核员、过程审核员、产品审核员。审核员个人行为要求包括：

1) 有道德，即公正、可靠、忠诚、诚信和谨慎。
2) 思想开明，即愿意考虑不同意见或观点。
3) 善于交往，即灵活地与人交往。
4) 善于观察，即主动地认识周围环境和活动。
5) 有感知力，即能了解和理解处境。
6) 适应力强，即容易适应不同处境。
7) 坚定不移，即对实现目标坚持不懈。
8) 明断，即能够根据逻辑推理和分析及时得出结论。
9) 自立，即能够在同其他人有效交往中独立工作并发挥作用。
10) 坚韧不拔，即能够采取负责任的及合理的行动，即使这些行动可能是非常规的和有时可能导致分歧或冲突。
11) 与时俱进，即愿意学习，并力争获得更好的审核结果。
12) 文化敏感，即善于观察和尊重受审方的文化。
13) 协同力，即能有效地与其他人互动，包括审核组成员和受审核方人员。

4.2 质量管理体系内审员资格要求。

4.2.1 质量管理体系内审员的基本条件：

1) 具有大专以上学历。
2) 接受过 IATF 16949 内审员培训，并取得培训合格证书。
3) 接受过 APQP、FMEA、PPAP、MSA、SPC 培训，并取得培训合格证书。
4) 3 年以上工作经验，最好有 1 年生产/质量/工艺/设计工作经验。

4.2.2 质量管理体系内审员的个人行为要求。见 4.1 条款。

4.2.3 质量管理体系内审员的基本能力：

1) 了解汽车行业审核过程方法，包括基于风险的思维。
2) 了解适用的顾客特殊要求。
3) 了解 ISO 9001 和 IATF 16949 中适用的与审核范围有关的要求。应具备与审核范围有关的知识和能力。
4) 了解与审核范围有关的适用的核心工具要求。如 AIAG（美国汽车工业行动集团）的 APQP、FMEA、SPC、MSA、PPAP 五大工具等。

5) 了解如何策划审核、实施审核、报告审核以及关闭审核发现。

4.3 质量管理体系第二方审核员资格要求。

4.3.1 质量管理体系第二方审核员的基本条件：

1) 具有大专以上学历。

2) 接受过 IATF 16949 内审员培训或 IATF 16949 第二方审核员培训，并取得培训合格证书。

3) 接受过 APQP、FMEA、PPAP、MSA、SPC 培训，并取得培训合格证书。

4) 3 年以上工作经验，最好有 1 年生产/质量/工艺/设计工作经验。

4.3.2 质量管理体系第二方审核员的个人行为要求。见 4.1 条款。

4.3.3 质量管理体系第二方审核员的基本能力：

1) 了解汽车行业审核过程方法，包括基于风险的思维。

2) 了解适用的顾客对本公司的特殊要求和本公司对供应商的特殊要求。

3) 了解 ISO 9001 和 IATF 16949 中适用的与审核范围有关的要求。应具备与审核范围有关的知识和能力。

4) 了解待审核方的制造过程，包括 PFMEA 和控制计划。

5) 了解与审核范围有关的适用的核心工具要求。如 AIAG（美国汽车工业行动集团）的 APQP、FMEA、SPC、MSA、PPAP 五大工具等。

6) 了解如何策划审核、实施审核、编制审核报告并关闭审核发现。

4.4 产品审核员资格要求。

4.4.1 产品审核员的基本条件：

1) 具有大专以上学历。

2) 接受过 IATF 16949 内审员培训，并取得培训合格证书。

3) 接受过 APQP、FMEA、PPAP、MSA、SPC 培训，并取得培训合格证书。

4) 接受过 VDA 6.5 培训，并取得培训合格证书。

5) 3 年以上工作经验，最好有 1 年生产/质量/工艺/设计工作经验。

4.4.2 产品审核员的个人行为要求。见 4.1 条款。

4.4.3 产品审核员的基本能力：

了解产品要求，尤其是顾客对产品的要求，并能够使用相关测量和试验设备验证产品符合性。

4.5 过程审核员资格要求。

4.5.1 过程审核员的基本条件：

1) 具有大专以上学历。

2) 接受过 IATF 16949 内审员培训，并取得培训合格证书。

3) 接受过 APQP、FMEA、PPAP、MSA、SPC 培训，并取得培训合格证书。

4) 接受过 VDA 6.3 培训，并取得培训合格证书。

5) 至少 3 年的工作经验（超过 2 年专业经验），尤其是汽车制造行业的经验，其中至少 1 年的质量管理经验。

4.5.2 过程审核员的个人行为要求。见 4.1 条款。

4.5.3 过程审核员的基本能力：

1）具有待审核的相关制造过程方面的技术知识，包括过程风险分析（例如 PFMEA）和控制计划。

2）了解与待审核过程有关的产品。

3）有良好的质量工具和方法方面的知识（如：FMEA、PPAP 生产件批准、SPC、8D 方法等）。

4）有相关顾客特殊要求的知识。

4.6 审核员的任命。

4.6.1 当某个员工满足上述审核员资格要求后，人力资源部填写"内审员资格审查表"，经管理者代表批准后，该员工成为合格审核员，由人力资源部发给其审核员证书。

4.6.2 人力资源部建立"合格审核员名单"。每次审核时，审核组长应从"合格审核员名单"中选取审核员。

4.7 审核员能力的保持与提高。

4.7.1 审核员一年内应至少参加相关审核工作1次。产品审核员应至少参加产品审核1次，第二方审核员应至少参加1次对供应商的审核，以此类推。

4.7.2 ISO 9001、IATF 16949、VDA 6.3、VDA 6.5、五大工具换版，或顾客特殊要求变更时，审核员应参加相关培训，了解并掌握相关变化，并取得相关的培训合格证书（如有的话）。

4.7.3 当质量管理体系、工艺过程、产品标准发生重大变化时，审核员应参加相关培训，了解并掌握相关变化。

4.7.4 审核员必须参加公司组织的审核员技能提高培训课程。

4.8 审核员资格的保持与取消。

4.8.1 人力资源部建立"审核员履历卡"，记录审核员的审核经历、培训经历。

4.8.2 每次审核完成，审核组长都要填写"审核员工作表现评价表"，对各位审核员的工作进行评价。管理者代表填写"审核组长工作表现评价表"，对审核组长的工作进行评价。

4.8.3 每年12月下旬，管理者代表对审核员进行一次总评价，填写"审核员年度评价表"。只有符合4.7条款要求，并且在每次审核工作表现评价中（见4.8.2条款）得分80分以上者，才能保持审核员的资格，否则取消其资格。

4.8.4 人力资源部根据年度评价情况，适时修改"合格审核员名单"。

5. 支持性文件

（略）

6. 记录

（略）

参 考 文 献

[1] 张智勇. 内审员与管理者代表速查手册 [M]. 北京：机械工业出版社, 2006.
[2] 张智勇. ISO 9001: 2008 内审员实战通用教程 [M]. 北京：机械工业出版社, 2009.
[3] 张智勇. 品管部工作指南 [M]. 北京：机械工业出版社, 2012.
[4] 张智勇. ISO 9001: 2015 内审员实战通用教程 [M]. 北京：机械工业出版社, 2016.
[5] 张智勇. IATF 16949: 2016 内审员实战通用教程 [M]. 北京：机械工业出版社, 2018.
[6] 张智勇. ISO 9001: 2015 文件编写实战通用教程 [M]. 北京：机械工业出版社, 2016.